伦理学术

美德伦理新探

邓安庆　主编

2019年秋季号
总第007卷

上海教育出版社

本刊由源恺基金提供部分资助

《伦理学术》*Acadēmia Ethica*

姜新艳:美国雷德兰兹大学哲学系教授

Jiang Xinyan: Professor of Philosophy, University of Redlands

克勒梅:德国哈勒大学教授

Klemme Heiner F.: Professor of Martin-Luther-Universität Halle-Wittenberg

李文潮:德国柏林勃兰登堡科学院波茨坦《莱布尼茨全集》编辑部主任

Li Weichao: Chief Editor of *Leibnitz Edition Set* by Berlin-Brandenburgische Akademy by Potsdam

廖申白:北京师范大学哲学系教授

Liao Shenbai: Professor of Philosophy, Beijing Normal University

林远泽:台湾政治大学哲学系教授

Lin Yuanze: Professor of Philosophy, National Chengchi University

刘芳:上海教育出版社副社长

Liu Fang: Vice President of Shanghai Educational Publishing House

罗哲海:德国波鸿大学中国历史与哲学研究部主任、德国汉学协会主席

Heiner Roetz: Dean of Sektion Geschichte & Philosophie Chinas, Ruhr-Universität Bochum, President of The German Association of Chinese Studies

孙向晨:复旦大学哲学学院教授

Sun Xiangchen: Professor of Philosophy, Fudan University

孙小玲:复旦大学哲学学院教授

Sun Xiaoling: Professor of Philosophy, Fudan University

万俊人:清华大学哲学系教授

Wan Junren: Professor of Philosophy, Tsinghua University

王国豫:复旦大学哲学学院教授

Wang Guoyu: Professor of Philosophy, Fudan University

杨国荣:华东师范大学哲学系教授

Yang Guorong: Professor of Philosophy, East China Normal University

约耳·罗宾斯:剑桥大学社会人类学系特聘教授,剑桥马克斯·普朗克伦理、经济与社会变迁研究中心主任,三一学院院士

Joel Robbins: Sigrid Rausing Professor of Social Anthropology; Director of Max Planck Cambridge Centre for Ethics, Economy and Social Change; Fellow of Trinity College

让中国伦理学术话语融入现代世界文明进程

邓安庆

当今世界最严重的危机是世界秩序的日渐瓦解。美国作为西方世界领头羊的地位岌岌可危,而之前把欧盟作为世界平衡力量之崛起的希冀也随着欧盟的自身难保而几近落空。中国作为新兴大国的崛起,却又因其缺乏可以引领世界精神的哲学,非但自身难以被世界接纳,反而世界感受着来自中国的不安和焦虑。因此,今日之世界,说其危机四伏似乎并非危言耸听,文明进步的步履日渐艰难,野蛮化的趋向却显而易见。

所以,当今世界最为迫切的事情莫过于伦理学术,因为伦理学担负的第一使命,是以其爱智的哲思寻求人类的共生之道。哲学曾经许诺其思想即是对存在家园的守护,然而,当它把存在的意义问题当作最高的形而上学问题来把握和理解的时候,却活生生地把存在论与伦理学分离开来了,伦理学作为道德哲学,变成了对道德词语的概念分析和道德行为规范性理由的论证,从而使得伦理学最终遗忘了其"存在之家"。哪怕像海德格尔那样致力于存在之思的哲人,却又因不想或不愿涉及作为人生指南意义上的伦理学,而放任了存在论与伦理学的分离。但是,当代世界的危机,却不仅是在呼唤存在论意义上的哲学,而且更为紧迫的是呼唤"存在如何为自己的正当性辩护",即呼唤着"关于存在之正义的伦理学"。"伦理学"于是真正成为被呼唤的"第一哲学"。

不仅欧美与伊斯兰世界的矛盾正在呼唤着对存在之正当性的辩护,中国在世界上作为新兴大国的崛起,中国民众对于现代政治伦理的合理诉求,都在呼唤着一种为其存在的正当性作出辩护的伦理学！

然而，当今的伦理学却无力回应这一强烈的世界性呼声。西方伦理学之无能，是因为在近一个世纪的反形而上学声浪中，伦理学早已遗忘和远离了存在本身，它或者变成了对道德词语的语义分析和逻辑论证，或者变成了对道德规范的价值奠基以明了该做什么的义务，或者变成了对该成为什么样的人的美德的阐明，总而言之，被分门别类地碎片化为语言、行为和品德的互不相关的分类说明，岂能担负得起为存在的正当性辩护的第一哲学之使命？！

中国伦理学之无力担负这一使命，不仅仅表现在我们的伦理学较为缺乏哲学的学术性，更表现在我们的伦理学背负过于强烈的教化功能，在一定程度上损伤了学术的批判品格和原创性动力。但是，为存在的正当性辩护而重构有意义的生活世界之伦理秩序，发自中国的呼声甚至比世界上任何地方都更为强烈地表达出来了。

如果当今的伦理学不能回应这一呼声，那么哲学就不仅只是甘于自身的"终结"，而且也只能听凭科学家对其"已经死亡"的嘲笑。

我们的《伦理学术》正是为了回应时代的这一呼声而诞生！我们期望通过搭建这一世界性的哲学平台，不仅为中国伦理学术融入世界而作准备，而且也为世上的"仁心仁闻"纳入中国伦理话语之中而不懈努力。

正如为了呼应这一呼声，德国法兰克福大学为来自不同学术领域的科学家联盟成立了国际性的"规范秩序研究中心"一样，我们也期待着《伦理学术》为世界各地的学者探究当今世界的伦理秩序之重建而提供一个自由对话和学术切磋的公共空间。中国古代先哲独立地创立了轴心时代的世界性伦理思想，随着我们一百多年来对西学的引进和吸纳，当今的中国伦理学也应该通过思想上的会通与创新，而为未来的"天下"贡献中国文明应有的智慧。

所以，现在有意义的哲学探讨，决非要在意气上分出东西之高下，古今之文野，而是在于知己知彼，心意上相互理解，思想上相互激荡，以他山之石，攻乎异端，融通出"执两用中"的人类新型文明的伦理大道。唯如此，我们主张返本开新，通古今之巨变、融中西之道义，把适时性、特殊性的道德扎根于人类文明一以贯之的伦常大德之中，中国伦理学的学术话语才能真正融入世界历史潮流之中，生生不息。中国文化也只有超越其地方性的个殊特色，通过自身的世界化，方能"在一世界一中"实现其本有的"天下关怀"之大任。

Let the Academic Expressions of Chinese Ethics Be Integrated into the On-Going Process of the World Civilizations

By the Chief-In-Editor Prof. Deng Anqing

To us the most serious crisis in the present world is the gradually collapse of the world order. The position of America as the leading sheep of the western world is in great peril, meanwhile the hope that the rising European Union can act as the balancing power of the world is almost foiled by the fact that EU is busy enough with its own affairs. It is true that China is a rising power, but due to the lack of a philosophy to lead the world spirit, it is not only difficult for the world to embrace her, but also makes the world feel uneasy and anxious instead.

Thus, the most urgent matter of the present world is nothing more than ethical academic (acadēmia ethica), since the prime mission taken on by ethics is to seek the way of coexistence of the human beings through wisdom-loving philosophication. Philosophy once promised that its thought was to guard the home of existence, but when it took the meaning of existence as the highest metaphysical issue to be grasped and comprehended, ontology and ethics were separated abruptly from each other, resulting in such a fact that ethics as moral philosophy has being becoming a conceptual analysis of moral terms and an argument for the normal rationale of moral acts, thus making ethics finally forget its "home of existence". Even in the case of the philosopher Martin Heidegger who devoted himself to the philosophical thinking of existence, because of his indisposition or unwillingness to touch on ethics in the sense as a life guide, he allowed for the separation of ontology from ethics. However, the crisis of the present world is not merely a call for a philosophy in the sense of ontology, but a more urgent call for "a self-justification of existence", that is, call for "an ethics concerning the justification of existence." Consequently "ethics" truly becomes the called-for "prime philosophy".

Not only does the conflict between Europe and America on one part and Islamic World on the other call for the justification of their existence, but also China as a new rising great power, whose people cherishing a rational appeal to a modern political ethic, calls for a kind of ethics which can justify her existence.

Alas! The present ethics is unable to respond to the groundswell of such a call voice of the world. The reason of western ethics' inability in this regard is because ethics has already forgotten and distanced itself from existence itself with the clamor of anti-metaphysics in the past nearly a century, thus having become a kind of semantic analysis and logic argumentation, or a kind of foundation-laying of moral norms in order to clarify the duty of what should be done, even or a kind of enunciation of virtues with which one should become a man; in a word, ethics is fragmented under categories with classification of language, act and character which are not connected with each other; as such, how can it successfully take on the mission of the prime philosophy to justify existence?!

The disability of Chinese ethics to take on this mission not only show in the lack of philosophical academic in a sense, but also in our ethics has on its shoulder comparatively too much stronger functions of cultivation, thus injuring the critical character of academic and the dynamics of originality. However, it is much stronger the call sounded by China than that sound by the world to justify existence in order to reconstruct the ethical order of the meaning world.

If the present ethics fails to respond to such a calling voice, then philosophy not only allows herself to be close to "the end" happily, but also let scientists to laugh at her "already-dead" willingly.

Our *Acadēmia Ethica* is just born in time to respond to such a call of the times. Through building such a worldwide platform, we are wishfully to prepare for the Chinese ethical academic to be integrated into that of the world, and try unremittingly to incorporate the "mercy mind and kind exemplar" in the world into Chinese ethical terminology and expression.

To responded to such a call, just as Frankfurt University of Germany has established an international Center for Studies of Norm and Order for the federation of scientists and scholars from all kinds of academic fields, we hope the brand new *Acadēmia Ethica* to facilitate a common room for those scholars who investigate the issue of reconstructing the ethical order of the present world to dialogue freely and exchange academically.

Ancient Chinese sages originated independently a kind of world ethical system in the Axial Age; with the introduction and absorption of the western academic in the past more than a hundred years, the present Chinese ethics should play a role in contributing the wisdom of Chinese civilization to the future "world under the heaven" by thoughtful accommodation and innovation.

Thus, at present time the meaningful philosophical investigations are definitely not to act on impulse to decide whether the west or the east is the winner, whether the ancient time or the present time is civilized or barbarous, but to know oneself and know each other, understand each other in mind, inspire each other in thought, with each other's advice to overcome heretic ideas, thus making an accommodation of a great ethical way of new human civilization, "impartially listening to both sides and following the middle course". Only out of this, we advocate that the root should be returned to and thus starting anew, the great changes of ancient and modern times should be comprehended, the moral principles of west and east should be integrated into each other, any temporary and particular moral should be based on great permanent ethical virtues of human civilizations, so and so making the academic expressions of Chinese ethics with an everlasting life integrated into historical trends of world history. Only through overcoming the provincial particulars of Chinese culture by her own universalization can she "in the world" undertake her great responsibility ——"concern for the world under heaven".

目 录

Contents

美德伦理学:历史及其问题

邓安庆

一、美德概念之本源与美德伦理学之兴起

我们今天所说的美德伦理学:Virtue Ethics,如果就 Virtue 的希腊词源而言,翻译为"德性伦理学"更为准确,因为在被视为 Virtue Ethics 最为经典表达的亚里士多德那里,"德性"是个中性词,他不仅研究"美德",而且也研究"恶德",甚至不在我们当今的"伦理"或"道德"意义上使用,而是在"物性之功能、特长"上使用:人有人的德性,马有马的德性,刀有刀的德性,胃有胃的德性,说的都不是道德上的"美德",而是功能上的品质。"德性"是万事万物"自然获得"的基本品性,"天然的品质",每个"事物"都有一种内在的、将其自身偶然获得的"天然品性"自我造化出"最优""最好"的能力,这种能力就是它的"德性"。如"眼睛有眼睛的德性",亚里士多德说的就是"眼睛"具有把它自身的基本功能"看"的"品性"发展到最优状态的能力。当我们像亚里士多德那样说"胃有胃的德性"时,也是就"胃"自然获得的品质,即作为一个器官的"消化功能"而言的,就是说,"胃"把它的消化功能完全实现出来,达到"最优",它是一个"好胃",一个"有德性的""胃"。所以,古希腊人讲"德性"时,他们说的是:ἀρετή/arête,一方面是事物天然具有的品性,一方面是这种天然品性(作为某种"功能")自身具有的"最优化"能力。前者是"潜能",后者是"实现",德性是促使"物性"由"潜能"到"实现"的能力。把这样的"德性"词语翻译为我们现代的"美德",显然不是含义对等的表达,因为它更多的是用于非人类行为意义上的每个事物、每个器官及其部分的"功能实现"所体现出来的事物本身的某种特质、特长或功能,

— 1 —

而非特指人类的人格品质和行为品质。因此,港台学者通行将其翻译为"德行伦理",也同样是与古希腊的含义不甚符合的。

当然,Virtue 不是源于希腊语而是拉丁语的写法,它的含义有些许改变。virtue 来自拉丁语 virtus,词根 vir 即男人,其形容词形式 virile,即是"男性的",有男子汉气概的意思。古罗马神话中有一个广受崇拜的神祇 Virtus(维尔图斯)是刚毅、勇猛的铁汉形象,这个形象塑造了古罗马文明的鲜明特质。虽然勇气、勇敢在古希腊也是最为重要的德目之一,但并没有直接以它作为美德的词根。"美德"是把 Virtue 道德化,更强调"德性"/"德行"是"人为"的善举,是在人类生活中正确、公正和智慧的恰当表现,而 ἀρετή/arête 不限于人,本义是一般"物性""自然的""本质的"力量表现。所以,如果是在亚里士多德意义上使用 Virtue Ethics,"德性伦理学"还是其最理想的表达。

本文的标题之所以用"美德伦理学",是因为当代英美的哲学家试图把它当作一个独立的伦理学类型使用它,因此,把它当作一个区别于古代"德性论"的新概念,翻译为"美德伦理学"也是一个好的选择。虽然当代美德伦理学家一般都把亚里士多德伦理学作为典范,但古代却没有出现一个"美德伦理学"概念来标识自己的伦理哲学思想,我们一般也都是把"美德伦理学"视为一个地道的当代英美哲学概念。这样说来,这个概念就是一个非常新的概念,即从 1958 年牛津大学哲学家伊丽莎白·安斯库姆(G. E. M. Anscombe, 1919—2001)在英国皇家学会的《哲学》杂志上发表《现代道德哲学》一文,才是它的开端,之后就出现了一个引起广泛共鸣的复兴传统德性伦理的潮流,力图把这种"美德伦理学"与现代两种主流的规范伦理学,即康德"道义论的义务伦理学"和英美"功利论的后果主义伦理学"并列,以区别于规范伦理学。从此,学界把亚里士多德伦理学称之为"德性伦理学"或"美德伦理学"的说法便流行开来,事实上,亚里士多德自己只把他的伦理学当作从属于"政治学"的"实践哲学"。

安斯库姆的《现代道德哲学》之所以能起到一面旗帜的作用,实际上是与该文对现代道德哲学的清算与批判契合了人们对于现代伦理学的不满情绪有关。该文对功利主义道德哲学的批判,应该说是切中要害的:"后果主义是他[指西季威克——引者]以及自他以来的每一个英语世界的学院派道德哲学家的标志性特征。通过它,以前会被视为一种诱惑的那种考虑,那种由老婆和阿谀奉迎的友人向男人们力陈的考虑,由道德哲学家们在他们的理论中给予了一定的地位……后果主义是一种浅薄的哲学,这是它的一个必然特征。"①而对康德义务论伦理学的批评则给人不着边际之感:"康德引入了'为自己立法'的

---

① [英]伊丽莎白·安斯库姆:《现代道德哲学》,谭安奎译,徐向东编:《美德伦理与道德要求》,南京:江苏人民出版社,2007 年,第 51 页。引者并不清楚,如果德里克·帕菲特(Derek Parfit,1943—2017)教授看到了这一评语会不会找她算账?

理念,这与如下一种情况一样荒唐,即在一个多数票要求极大尊重的现时代,人们要把一个人所做的每一个反思决定都称为导致了多数票的一票……没有关于何者可以算作对一个行为的贴切描述——这种描述带有一种构造该行为的法则的观点——的约束条件,他关于可普遍化法则就是无用的。"①但对现代道德哲学的这种整体批判显露出作者一个非常敏锐的洞见,即她认为,自西季威克(Henry Sidgwick,1838—1900)以后,英语世界的道德哲学界有名气的作家们之间的区别微不足道,他们都在一种越来越狭窄的伦理学视野下从事道德规范的合理性论证,而并没有为道德规范的有效性提供如同亚里士多德德性论那样的一种关于一个人的完整美德的规范:"这个具有一整套美德的'人'就是那种'规范'。一如具有一组牙齿的'人'是一种规范一样。但在这个意义上,'规范'不再与'法则'大体等价了。在这种意义上,关于一种'规范'的观念让我们与亚里士多德主义的伦理学较之以与一种伦理的法律观念更接近了。"②

但把一个"有美德的人"本身作为"规范",以反对现代的"规范"伦理,实质上是把"美德"与"规范"对立起来。表面上,这是以"内在的美德"去反对"外在的规范",但实质上当我们把那个"有美德的人"作为"我的"规范时,那个"人"对"我"而言,恰恰不是内在的,而是外在的。例如,当我们把"雷锋"作为我们的道德楷模时,我们是要去学习他做"好人好事"的"原则",是这个"做人的善的原则"让"雷锋"成为"雷锋"的美德(做好人好事),而不是简单地去学习他所做的"好人好事"。如果是后者,那我们只是把雷锋这个人作为我们"规范"的基础,"雷锋"就没有内化为我们内在美德的"原则"。相反,康德强调伦理的和道德的规范区别于法律的规范,恰恰是内在的,当把合法的法律规范自愿地转化为我们的"动机",规范、义务才是"伦理的"。安斯库姆在把"规范"和"美德"对立起来的同时,认为从事道德哲学只要我们拥有一种令人满意的心理哲学,证明一种义务或责任在心理意义上是可能的,道德义务和责任以及对"应当"的道德意识的概念,统统"都应该被抛弃",真是过于大胆和极端的言辞。

整个说来,安斯库姆这篇文章的意义,实际上不在于她比现代道德哲学提供了什么更好的论证,而在于她为复兴传统德性论伦理学指出了方向,但她把"规范"与"美德"对立起来,只谋求对德性做出某种心理说明的倾向,乃是与从康德到胡塞尔以来致力于建立一种严格科学的哲学要求背道而驰,也预示了之后的美德伦理学最多只能在道德心理学上有所建树,而很难在哲学的基础论证上超越传统伦理学,甚至有可能还根本不如现代道德

---

① [英]伊丽莎白·安斯库姆:《现代道德哲学》,谭安奎译,徐向东编:《美德伦理与道德要求》,南京:江苏人民出版社,2007年,第42页。译文稍有修改。
② 同上书,第53页。

哲学本身,它的意义更多地可能只限于一种"复兴"的号召。因为专注于从心理哲学去论证,把"美德"理解为单纯的心理倾向或秉性,是非常容易的,甚至把美德的基础理解为心理上的同情或移情,但这种纯粹心理主义的阐释跟真正的"道德感"无关,不用说苏格兰启蒙运动的情感主义,事实上,康德的道德情感理论已经超越了这一阶段,甚至连随她之后发展美德伦理学的麦金太尔(Alasdair MacIntyre,1929—)也不会同意这样做。决定于个体美德的,虽然有心理机制的自然作用,但人的社会性或政治性使得心理潜能无不在坚硬的社会政治现实面前遭遇被塑造和改变的命运,否则,就不会有那么多美德伦理学的后起之秀讨论道德运气了。单纯的心理机制必须在社会文化精神共同体的互动中才能完善,这也就是麦金太尔试图从社会共同体、社会目的论去改造亚里士多德自然目的论的理由。如果仅仅依赖一种心理哲学来论证伦理的规范或美德,都是不可能成功的,或者说它根本不是阐明伦理或道德的美德之唯一合适的基础。

二、美德伦理学的类型

在安斯库姆之后,关于美德伦理学的讨论越来越多,他们一个总体倾向就是,试图把美德伦理学论证为与道义论伦理学和功利主义伦理学并列,且比它们更具优势的、独立的伦理学类型。福特(Philippa Foot,1920—2010)曾这样描述"美德伦理学"起初的发展:"许多年来关于美德与恶习的主题被分析传统的道德哲学家们忽略了。对此缄默不语起因于人们认为,这不属于道德的基础,而且由于像休谟、康德、密尔、摩尔(G.E.Moore)、罗斯(W.D.Ross)和普里查德(H.A.Prichard)这些当今道德哲学的绝大部分都是由他们所主导的哲学家们,表面上也有这种看法,这种忽略也许根本就不值得惊讶。最近时间内事情似乎也发生了变化。在前十至五年时间中,越来越多的哲学家才转向这一主题,尤其是冯·莱特(G. H. von Wright)和彼得·吉奇(Peter Geach)。冯·莱特于1963年出版他的著作《多种多样的善》(The Varieties of Goods),为诸美德的贡献确实不是表面上的一章。而彼得·吉奇的书标以《论美德》(The Virtues)之题于1977年面世。从此之后,为此主题出版了一系列令人感兴趣的杂志论文。"①

这也就是说,美德伦理学起初的发展是对分析传统的道德哲学忽略美德现象开始的,而这种批判随之从分析哲学转向了对整个现代规范伦理学的批判,促使大量重视美德的文章出现,一直从20世纪60年代到70年代基本上处在这种状态中。1978年,詹姆士·

① Philippa Foot: *Tegenden und Laster*, in: Tegendethik, Herausgegeben von Klaus Peter Rippe un Peter Schaber, Philipp Reclam jun. Stuttgart, 1998, S.69.

华莱士(James D.Wallace)也还是像这些学者们一样出版了《诸美德与诸恶德》(*Virtues and Vices*),直到80年代,随着麦金太尔一些具有创造性的论文和著作的出版,带来了一个新局面:"真正将美德的重要性同伦理学的探究模式相结合,并带入更广泛讨论中来的,仍要归功于麦金太尔在20世纪80年代的杰出工作。"①麦金太尔1984年出版的《追寻美德》(*After Virtue*)②已经成为美德伦理学的经典著作,他还出版了许多有关美德伦理学的其他著作:《谁之正义,何种合理性》《三种对立的道德探究观》《伦理学简史》等。可以说,麦金太尔不仅是在批判现代规范伦理学不足的意义上,而且更在美德伦理学本身的形态上讨论美德伦理。他特别突出强调了亚里士多德就已经确立的理论框架"目的论":伦理学是为了实现人类所有活动的最终目的——幸福——而必须培育自身的美德,美德是实现人生幸福的美好品质。同时,他也看出这种美德伦理实际上需要依存于城邦政治的伦理实体:以社会共同体的传统与实践所认同的共同善来塑造。因此,麦金太尔美德伦理的构想,一方面有亚里士多德的基础,另一方面也同亚里士多德主义的马克思主义相联系,大大超越了其他英美美德论者。在麦金太尔之后,美德伦理学发展起来而且显然朝向了几个不同方向上发展。根据高国希和叶方兴的研究,他们把美德伦理区分为如下四种类型③:新亚里士多德主义(Neo-Aristotelian)美德伦理学;新斯多亚主义(Neo-Stoics)美德伦理学;情感主义(Sentimentalism)或新休谟主义(Neo-Humean)美德伦理学和德性自我主义或尼采主义美德伦理学。

当代美德伦理的基本类型是新亚里士多德主义,主要代表人物有麦金太尔、福特和赫斯特豪斯(Mary Rosalind Hursthouse,1943—)。福特主要研究领域是道德哲学,但其涉猎广泛,元伦理学、美德伦理学、应用伦理学都有她的贡献。著名的"电车困境"就是由她最先提出来的。在美德伦理学领域,她被称为除安斯库姆、麦金太尔之外的第三位奠基者。她与安斯库姆一样,以"美德伦理"反对"现代规范伦理",但与麦金太尔不一样,她始终坚持自然主义的美德立场,这也就更加接近亚里士多德的自然目的论立场。在美德上,她除了弘扬传统的四主德:勇敢、节制、智慧和正义外,特别重视仁慈、博爱的价值,这在价值观上不仅复兴古希腊的古典价值,而且延伸至中世纪基督教的核心价值。在道德判断问题上,她赞同我们从后果考虑行动的道德性,认为道德判断具有预设的特征,其规范的效力取决于与行动者有相适应的利益和愿望。她的主要著作有:《美德与恶德以及其他道德哲

① 李义天:《美德伦理学与道德多样性》,北京:中央编译出版社,2011年,第6-7页。
② 中文已经有两个版本,分别是龚群译的《德性之后》(商务印书馆)和宋继杰译的《追寻美德》(译林出版社)。
③ 高国希,叶方兴:《当代德性伦理学:模式与主题》,《伦理学研究》,2015年第1期。

学论文》(*Virtues and Vices and Other Essays in Moral Philosophy*, Berkeley：University of California Press；Oxford：Blackwell，1978)；《自然的善》(*Natural Goodness*. Oxford：Clarendon Press，2001,此书被翻译为德文:Suhrkamp Frankfurt am Main，2004),《道德困境以及道德哲学其他主题》(*Moral Dilemmas. And Other Topics in Moral Philosophy*, Oxford：Clarendon Press，2002)。

赫斯特豪斯是复兴亚里士多德主义美德伦理的重要旗手。她的代表作《美德伦理学》(*On Virtue Ethics*, Oxford University Press，1999)开篇就力陈"美德伦理学"是个"专有名词",标识那种强调美德品质而非义务或规则的伦理学思路。她要"详加讨论的这种独特的美德伦理学版本,是一种比较普通的类型,名为'新亚里士多德主义'。该普通类型之所以'新',至少是因为我前面提到的那个理由,即,支持者俨然允许自己把亚里士多德视为明显错误的,同时,我们没有让自己的看法局限于亚里士多德的美德清单的范围。(比如,仁慈或慈善就不是一个亚里士多德主义的美德,但所有的美德伦理学者现在都把它列入清单。)而之所以是'亚里士多德主义的',则是因为无论什么地方,它都以牢记坚持亚里士多德的伦理著作为宗旨。因此,我这里提出的仅仅是美德伦理学诸多可能样式中的一个版本。"①

这显示出,"新亚里士多德主义的美德伦理学"绝不意味着只是单方面地"复兴"或"弘扬"经典的亚里士多德伦理学思想,而是既有继承,同时也蕴含着扬弃。当然,与他们的宗旨相应,在这一支脉的发展进程中更多的是涌现出许多亚里士多德伦理思想的坚定捍卫者。如年轻的温特(Michael Winter,1965—)于2012年出版《重思德性伦理学》,驳斥人们对亚里士多德伦理学的种种批评,试图回到亚里士多德的语境捍卫他的德性论,认为亚里士多德德性论的最大优点就是面对、处理复杂的社会情境具备灵活性(flexibility)②。但大多数新亚里士多德主义者采取赫斯特豪斯的态度,更多的是在当代伦理生活境下依据亚里士多德,补充亚里士多德的论证,剔除他的不可接受的错误观点,而将他的依然具有意义的德性论"运用于"解决当代人的伦理难题。如赫斯特豪斯在《美德理论与堕胎》(*Virtue Theory and Abortion*)中,就"应用了"亚里士多德的美德理论来解决当代人的堕胎困境。她的努力显示出她试图打破一直以来理论/应用、事实/价值之间的二元对立,事实上,这种对立在亚里士多德实践—本体论中根本就不存在。

新斯多亚主义美德伦理学,是除新亚里士多德主义之外的另一支重要力量,其主要代

① ［新西兰］赫斯特豪斯:《美德伦理学》,李义天译,南京:译林出版社,2016 年,第 9 页。
② 参见高国希,叶方兴:《当代德性伦理学:模式与主题》,《伦理学研究》,2015 年第 1 期。

表人物有努斯鲍姆(Martha Nussbaum, 1947—),她的成名作《善的脆弱性:希腊悲剧与哲学中的运气与伦理》(*The Fragility of Goodness*: *Luck and Ethics in Greek Tragedy and Philosophy*, New York: Cambridge University Press, 1986)早已在国内拥有大量读者。书中她借用诗人品达的葡萄藤之喻,来阐明一种亚里士多德自然主义的美德观:"人的卓越就像葡萄藤那样成长,得到了绿色雨露的滋养,在聪慧而公正的人当中茁壮成长,直达那清澈的蓝天。"但"阳光雨露""根壮土沃",可遇不可求,一个杰出的人虽然有责任培育自身的卓越,但时时刻刻需要"有运气"获得外界的滋养,否则,孤立无助或无常的变故也会随时摧毁世上任何一个本来就细弱的生命。因此,人生的繁荣发达,单靠人的理性是不自足的,哪怕具有坚定地追求正义美德的个人,也容易受到外部各种复杂因素的影响,这些因素随时可能严重威胁着个人的成长,使得人不得不带有各种不稳定的情绪面临捉摸不定的"道德运气"。人类能够抵御危险、赢得运气的东西只有他的善良,而承认人的脆弱性将是人类具备善良的关键。所以在伦理学上,努斯鲍姆选择了回避柏拉图,而倾情于古希腊悲剧剧作家和亚里士多德。她提倡一种关注人类普遍关怀并实现幸福生活的美德理论。但她不像亚里士多德那样,致力于思考如何选择优良政体以实现城邦政治的善治,在参与政治生活中实现人的政治本性,并进而实现自身的美德,借助于美德实现作为最高善的幸福。她之所以被称之为新斯多亚主义美德伦理的代表,主要是因为她的幸福观和美德论更类似于斯多亚主义,或者说她的思想资源更多出自斯多亚主义的。这从努斯鲍姆的哲学研究特别注重情感领域尤其能找到更多理由。她对情感的描述和辩护,具有明显的斯多亚主义风格,特别强调对情感的自我控制以及情感分析对于心灵治疗的哲学意义。同时,她对悲伤、同情、爱、厌恶和羞耻等广泛的情感现象作出了有价值的分析。这些分析可以进一步印证一个斯多亚主义的美德观:成就自身的德性即幸福。在努斯鲍姆的另一部重要著作《欲望的治疗——希腊化时期的伦理理论与实践》(*The Therapy of Desire*: *Theory and Practice in Hellenistic Ethics*)①,她的新斯多亚主义倾向更加清晰。虽然这并非专门讨论斯多亚主义情绪控制与心灵治疗的书,而是涉及了对整个希腊化时期哲学的讨论,包括伊壁鸠鲁主义、怀疑主义、犬儒主义等。

情感主义美德论或新休谟主义美德论是当代美德伦理学的另一种类型。其代表人物是美国迈阿密大学哲学系的斯洛特(Michael Slote),他是一位勤奋而多产的教授,他于1976年写作了《现代伦理理论的精神分裂症》(*The Schizophrenia of Modern Ethical*

---

① 中文版由徐向东、陈玮翻译,北京大学出版社 2018 年出版。

Theories)批判现代规范伦理,之后出版了大量美德伦理学的著作:《善与美德》(*Goods and Virtues*, *Oxford*:*Clarendon Press*, 1983),《共通感:道德与后果主义》(*Common-Sense Morality and Consequentialism*, Routledge and Kegan Paul, 1985),《从道德到美德》(*From Morality to Virtue*, Oxford University Press, 1992),《攀越最优化:合理选择研究》(*Beyond Optimizing*:*A Study of Rational Choice*, Harvard University Press, 1989),《出于动机的道德》(*Morals From Motives*, Oxford University Press, 2001),《关怀与同情的伦理》(*The Ethics of Care and Empathy*, Routledge, 2007),《伦理学史散论》(*Essays on the History of Ethics*, Oxford University Press, 2009),《道德情感主义》(*Moral Sentimentalism*, Oxford University Press, 2010),《不可能完美:亚里士多德,女性主义和伦理学的复杂性》(*The Impossibility of Perfection*:*Aristotle*, *Feminism and the Complexities of Ethics*, Oxford University Press, 2011),《从启蒙到接受:重新思考我们的价值观》(*From Enlightenment to Receptivity*:*Rethinking our Values*, Oxford University Press, 2013),《一种情感主义者的心灵理论》(*A Sentimentalist Theory of Mind*, Oxford University Press, 2014),《人性发展与人性生活》(*Human Development and Human Life*, Springer, 2016)。这些著作基本反映了斯洛特道德哲学思想发展的轨迹。他与上述美德伦理学家共同之处在于强调道德哲学要更加基于人作为"行动者"的品德或美德,而反对仅仅从"行动"出发的规范或规则。但就其美德伦理学的思想资源而言,他更倾情于苏格兰的道德情感主义,尤其是休谟的同情论,这也使得他的美德伦理更加突出地强调情感的伦理意义,由此发展出一种新的道德情感主义的美德论。因此,与上述美德伦理学家或多或少都是亚里士多德主义者不同,他的美德论很早就同亚里士多德区别开来。哪怕 1992 年的《从道德到美德》宣称他"抛弃了道德概念",同各种规范伦理学相抗争,显示美德伦理的优点①,但也没有特别表现出他是支持亚里士多德德性伦理学路向的,他只是强调:"我采取的美德伦理学将会避免使用专门的道德观念。它的基础的德性论观念将是美德或值得赞赏的品质、行动或个人的观念。"②但从 2001 年《出于动机的道德》开始,他的情感主义就已经形成,已经是与亚里士多德理性主义完全不同的情感主义路向了。赫斯特豪斯这样评价他是公正的:"迈克尔·斯洛特近年来提出的'基于行动者'的美德伦理学,就不是在亚里士多德那里发现的,而是在 19 世纪

---

① "尽管美德伦理学以往从未获得普遍承认,而且一直遭到排斥,但我认为这是正确的策略,而且是斯洛特在《从道德到美德》一书中孜孜以求的策略。"[新西兰]赫斯特豪斯:《美德伦理学》,李义天译,南京:译林出版社,2016 年,第 8 页。

② [美]迈克尔·斯洛特:《从道德到美德》,周亮译,南京:译林出版社,2017 年,第 109 页。

的伦理学家马蒂诺那里发现的美德伦理学。"①在 2010 年的《道德情感主义》中，他终于系统地论证了美德伦理学如何必然要从行为者的内在品质和动机中去谋求善之依据和由此依据推出德行方案。他把此称之为"基于行动者的美德伦理学"（agent-basend virtue ethics）以区别于亚里士多德的所谓"聚焦于行动者的美德伦理学"（agent-focused virtue ethics），虽然这种区分在美德伦理学内部也没获得认同，但他的学说提出了两点独特的观念：人的整体优秀品质优先于行动规范；人的情感，尤其是对他人同情的共通性情感能够更好地为人的道德品质、道德动机以及道德词汇的意义提供系统的阐述。他还进一步根据人的内在品质将他的基于行为者的情感主义美德分为三种类型：作为内在力量的道德（morality as inner strength）、作为普遍仁慈的道德（morality as universal benevolence）和作为关怀的道德（morality as caring）②。这三种道德都是带有强烈的情感色彩的。他的情感主义不仅仅是为一种美德寻求情感上的心理基础，更想以情感主义的方法论为整个规范伦理学建立元伦理学的基础，并进一步借助于"移情（empathy）机制"将从个体的仁慈、关怀的美德推进在法律、制度和社会习俗方面的关怀政治，从而发展出社会正义。

德性自我主义或尼采主义美德伦理学的代表人物是斯旺顿（Christine Swanton）③。她的代表作是《美德伦理学——一种多元论的视野》（Virtue Ethics：A Pluralistic View，Oxford University Press，2003），将美德的重要特征视为"良好内在状态的表达"。这种表述应该说非常不严格。在一般日常语言中，它既可以是身体的良好状态，也可以是心理或生理的良好状态，究竟什么是德性的"内在良好状态"？需要更多其他的阐释和说明，甚至远不如传统的说法：一个有德性的好人，就是有好的性情或性格或有良心的人。从她另一本著作《尼采主义的美德伦理学》中，人们当然可以发现，"内在的良好状态"，是与"精神状态"相关的，甚至更贴近地说，是与尼采的"强力意志"相关。"道德是意志的产物"，这是西方伦理学的一个经典的和现代的命题，"意志"不仅肯定自我，而且意欲实现自我的卓越，这当然是一种美德。但问题是，意志既可以意欲善也可以意欲恶，在这种可善可恶的"自由"中，如何是"善良意志"，这是意志论道德不得不面对的问题。斯旺顿在她试图将尼采

---

① ［新西兰］赫斯特豪斯：《美德伦理学》，李义天译，南京：译林出版社，2016 年，第 9 页。
② 参见李义天：《美德伦理学与道德多样性》，北京：中央编译出版社，2012 年，第 180 页。
③ 就我所见，国内学界最早介绍这位伦理学家思想的是陈真的《当代西方规范伦理学》（"斯旺顿的美德目标中心论"），南京：南京师范大学出版社，2006 年，第 288 - 290 页。现在有许多论文提到或研究了她的美德伦理学思想，见高国希，叶方兴：《当代德性伦理学：模式与主题》，《伦理学研究》，2015 年第 1 期；童建军，刘光斌：《化德性为规范：西方的理论尝试及其批评》，《现代哲学》，2009 年第 4 期；文贤庆：《美德伦理对正确行为的说明》，《哲学动态》，2009 年第 3 期；［新西兰］拉蒙·达斯：《美德伦理学和正确的行动》，陈真译，《求是学刊》，2004 年第 2 期等。

的强力意志美德化的过程中,首先想将尼采从"非道德主义"的所谓"误解"中解放出来,从美德的视角理解强力意志(Wille zur Macht),这一初衷当然是新颖而且可欲的。从她提出以"目标中心论"来评价一个行为正确性(而非美德性)而言,似乎"意志"的德性力量可以得到辩护。但是,以"目标定向"评价美德行动,似乎把"美德"和"目标"的"正当关系"颠倒了,她不是以"终极目标"来定义"善",继而定义"美德"(在亚里士多德那里非常明确地以人类所有活动的"终极目标"来定义"善"或"好"),而是以"美德"来定义"正确行动"。由于这种混淆,就会直接导致"目标"被"外在化"于行动者自身的美好,当把"道德"作为去实现一种"外在目标"的"强力意志"时,也就不再是内在的美德,而将"美德"混同于一般习俗的"规范"了。"美德"作为出于自身之美好和卓越的功夫与实践(行动),一定是内在的,其实践或行动都直接指向自身,而不以任何外在的东西为标准。所以,在阐释"美德"时,如果脱离亚里士多德实体论的潜能—实现学说,我们就很难正确地理解何为"因其自身之故的善"和作为自身之卓越性的内在美德。强力意志只有回到自身的美好与卓越的实现,才有可能是真正美德论的。回到亚里士多德的这一立场,我们才能准确理解斯旺顿所致力于论证的"强力意志是理解尼采德性论的关键。"

三、美德论者对现代规范伦理的批评靠谱吗?

表面上看,无论是康德伦理学还是功利主义伦理学,这两大现代伦理学的主流确实都以论证或阐明"行动规范"的"道德性"为主要特征,就此而言,美德论者对它们的批评似乎有理而且富有启发,传统美德在"现代"的断裂这一问题上显然清楚地表现了出来。但是,如果我们不对"现代"做个时间上的明确划分,这个批评就显得与我们所具有的哲学史知识不相符合,因为从现代开始一直到 19 世纪,强调德性论的哲学流派一直就未曾中断过:英国道德哲学从萨夫茨伯里第三伯爵(Anthony Ashley Cooper, 3st Earl of Shaftesbury, 1671—1713)开始就定位于德性论而非规范论①,之后哈奇森(Francis Hutcheson, 1694—1746)作为格拉斯哥大学的道德哲学教授,出版《论美与德性观念的根源》(1725)、《论激情和感情的本性与表现以及对道德感的阐明》(1728)和《道德哲学体系》(1755)都是在论述一种德性论的道德哲学;直至 19 世纪所谓苏格兰启蒙运动高潮时期爱丁堡大学的道德哲学讲席(1764—1785)获得者亚当•弗格森(Adam Ferguson, 1723—1816)的《道德哲学要义》(*Institutes of Moral Philosophy*)、《圣灵学与道德哲学分析》

---

① 参见本期陈晓曦的文章:《沙夫茨伯里的美德观念:以伦理学演化史为视角》。

(*Analysis of Pneumatics and Moral Philosophy*) 也都是情感主义德性论的。休谟(1711—1776)对美德伦理学的影响,更不用再说了,亚当·斯密(1723—1790)更是以大家都十分熟悉的《道德情操论》出名。

英国如此,意大利和法国同样如此,德性论从来没有被规范伦理淹没。马基雅维里(Niccolò Machiavelli,1469—1527)最著名的两部著作一是《君主论》,一是《李维史论》。被称之为"邪恶的圣经"的《君主论》虽然是向君主阐述了一套统治权术,让君主不要受任何道德法则的束缚,要内怀奸诈,外示仁慈,只需考虑效果是否有利,不必考虑手段是否有害,对人民宁蒙吝啬之讥而不求慷慨之誉,宁可与贵族为敌也不能与人民为敌。但他向君主推荐的德目依然是丰富的,我们可以说这部书是"恶德"的传授者,但绝不能说是规范的传授者。而对于他的另一部书,现代研究者更是倾向于认为:"《李维史论》的主题,是复兴古代德行的可能性与可取性。"①

在18世纪的法国哲学家中,孟德斯鸠(1689—1755)在《论法的精神》中论证了"美德绝非君主政体的原则"和"在君主政体中以什么取代美德",阐明"美德的天然位置紧靠着自由,而并不靠近奴役,也同样地并不靠近极端的自由"②。伏尔泰(1694—1778)在他的《形而上学论》最后的"第9章"以"论美德与过恶"为标题。爱尔维修(1715—1771)在他的《论精神》中认为认识精神就是与认识人心和感情联系在一起的,因此不得不与道德学相联系。而在"论与社会相联系的精神"这一章中,他的核心是论述"正直"的美德,论"各种保证美德的方法",与个人、与特殊集团、与不同时代和不同民族相联系的正直。③ 同时在他代表作《论人的理智能力和教育》中有大量章节都是"论美德"。霍尔巴赫(1723—1789)在他的《社会体系》中论述了"道德学的自然原则""人的道德观念、意见、过恶和美德的起源"。尤其是卢梭,他延续了18世纪启蒙哲学家们主要感兴趣的思想点:"不在于使社会稳定,而在于要改变社会。他们并不追问是怎样成为它的那现状的,而是要追问怎样才能使它比那现状更好。"④从这样一个思考方向上,我们就能理解卢梭为什么在伦理学上那么重视良心、情感和德性。美国学者布拉姆甚至把他描绘成为"共和国"的"美德英雄":"展示对'美德'的个人热情的欲望为让-雅克·卢梭的著作提供了源源不断的动力。他的两篇伟大演说控诉了现代社会的道德缺失;他的政治作品描绘出美德之邦的轮

---

① [美]利奥·施特劳斯:《关于马基雅维里的思考》,申彤译,南京:译林出版社,2003年,第15页。
② [法]孟德斯鸠:《论法的精神》(上卷),许明龙译,北京:商务印书馆,2015年,第34-36页。
③ 参见北京大学哲学系外国哲学史教研室编译:《十八世纪法国哲学》,北京:商务印书馆,1979年,第459-467页。
④ [美]卡尔·贝克尔:《18世纪哲学家的天城》,何兆武译,北京:生活·读书·新知三联书店,2001年,第94页。

廓;他关于教育的小册子教导我们,一个人该如何朝着美德来提升自己;他的小说将美德描绘成'最甜美的感官享受';他的自传集中描写了他'沉醉在美德中'这一重要时刻。这些文化产品的虚构解释给让-雅克·卢梭贴上标签,认定他是一个由美德铸就的英雄。"①

从这些例子中我们容易看出,美德伦理学家们对"现代规范伦理"的批评,显然是不符合 18 世纪乃至 19 世纪前几十年的状况的。如果我们注意到安斯库姆的一个时间节点是说"西季威克及其之后的'后果主义'",那么她的批评可以接受一半。另一半,她对康德的批评,包括麦金太尔对康德的批评,则显示出他们对康德的理解不仅表面,且不全面。麦金太尔说:"康德提供的绝对命令的典型例子是告诉我们不要做什么:不要背弃诺言,不要撒谎,不要自杀等。但至于我们应该从事什么活动,我们应当追求什么目的,绝对命令却似乎保持沉默。"② 如果他知道康德的"绝对命令"只是对"伦理义务"之本性(obligation)——定言的约束力——的阐明,而人对自身的伦理义务和道德义务(如:作为一个道德的存在者对自身的完善性义务)本身则指明了"应该做"的目标和目的:尽其为人的本务而实现人之为人的最高道德使命,如果他同时阅读了《判断力批判》"自然目的论"和"道德目的论"的论证以及《道德形而上学》中的"德性论",他就不该得出他关于康德伦理学的那些批评了。

有意思的是,麦金太尔对 18 世纪英国和法国伦理学史的描述,实际上与他在《追寻美德》中对"规范伦理"的批评形成了鲜明对照。他虽然从洛克的政治哲学开始讨论英国伦理思想,但列举的大多数都是我们上述提到的那些情感主义美德论思想,始终没提这些思想究竟是规范论的还是德性论的,而他最后一章的标题"现代道德哲学"显然指的是摩尔之后英美的"元伦理学"。

总之,从道德哲学史的角度看,虽然现代人一再地感受到了传统美德在现代伦理生活中的失落、缺失、边缘化,但绝不是只有 1958 年之后的美德伦理学者才第一次对此提出强烈批评,实际上批评声一直不绝于耳。但是,现代之后重新呼唤传统美德或新德行,有时能够讨好,但更多的是令人怀疑和讨厌。狄德罗、休谟、卢梭都体验到了现代的道德焦虑。"狄德罗全部作品都洋溢着一种对道德的焦灼关怀","一般说来,'哲学家们'都像是休谟和狄德罗一样,是雄心勃勃地想要被人尊之为'有德行的人'的。那原因恰恰在于,从他们对手的观点看来,他们乃是道德与德行的敌人"。③ 这也就是我们上面考察的,在 17—

---

① [美]卡罗尔·布拉姆:《卢梭与美德共和国》,北京:商务印书馆,2015 年,前言 i 页。
② [美]麦金太尔:《伦理学简史》,龚群译,北京:商务印书馆,2003 年,第 261 页。
③ [美]卡尔·贝克尔:《18 世纪哲学家的天城》,何兆武译,北京:生活·读书·新知三联书店,2001 年,第 79 页。

19世纪的欧洲哲学中,不断地有哲学家在构建德性论的原因。所以,也绝对不是只有1958年之后的美德论者才开始"复兴""美德伦理"。著名现象学家舍勒1913年就发表了一篇《德性的复苏》(*Zur Rehabilitierung der Tugend*),开篇就给我们描述了这一场景:"18世纪的诗人、哲学家、教士一类的市民在呼唤德性一词时慷慨激昂,致使这个词变得令人生厌,我们一听到或读到它,便难以忍俊。"他更是对美德怀着崇高的敬意:"基督教的神圣象征使得德性自发地从个体的心底放出光彩,并带来这种思想:德性的善与美并不基于人对他人的行动,而是首先基于心灵本身的高贵和存在,德行对他人而言,至多不过是顺便具有意义的可见范例而已。""现代人不再把德性理解为一种对意愿和行为的充满生机又令人欣喜的能力意识和力量意识……不仅德性的获得,而且德行本身都被当作我们的累赘。"所以,通过对"现代人"的这种批判,他从基督教而非亚里士多德复兴美德伦理:"德行根本就与一切习俗尖锐对立;德性具有内在的高贵——也只有内在的高贵才是其尺度。一般地讲,德性才能够'使人承担义务',才能从自身出发去规定人们可能义务的等级、品质和充足。"① 这说明,在伦理学上为何对德性论的复兴一再地重新开始。

四、美德伦理能够成为一种独立的伦理学类型吗?

这既是美德伦理学的一个内部问题,在伦理学史上也是一个外部问题。从内部来讲,每一个当代的美德论者都试图将美德伦理作为一个完整的伦理学类型,让它成为与现代康德道义论的义务论体系和功利主义后果论体系相提并论的三种规范伦理之一。但实际上,无论是对这样一种伦理体系特征的表述,还是对其规范特征的表述,都存在严重的内部分歧。正如赫斯特豪斯所言:

> 美德伦理学被描绘成许多样子。它被描述为:(1)一种"以行为者为中心"而不是"以行为为中心"的伦理学;(2)它更关心"是什么",而不是"做什么";(3)它着手处理的是"我应当成为什么样的人",而不是"我应当采取怎样的行为";(4)它以特定的德性概念(好、优秀、美德),而不是以义务论的概念(正确、义务、责任)为基础;(5)它拒绝承认伦理学可以凭借那些能够提供具体行为指南的规则或原则的形式而法典化。

我之所以列举上述清单,是因为对美德伦理学的这些描述实在太常见,而不是因

---

① 中文译文《德行的复苏》(引文中的"德性"均为引者由"德行"改来,特此说明),刘小枫选编:《舍勒选集》(上),上海:上海三联书店,1999年,第711-713页。

为我觉得它们很好。相反,我认为,就其粗糙的简短性而言,这些描述存在着严重的误导性。①

对于任何一个完备的伦理学体系,行为者和行为,关心他能够"是什么"和他应该"做什么",美德和义务,等等,都是不可分割的,而美德伦理学一味地为了显示自身的独特性,强行把它们分割并对立起来,势必造成这种理论过于做作、狭隘和碎片化,其实究其根本什么问题都不可能获得彻底的哲学阐明。因此,笔者曾经著文对此提出了强烈批评,②而我的批评实际上也只不过是分析哲学内部如弗兰克纳(William Frankena)对规范美德伦理学批评那样的一种延伸而已,他认为,"如果我们想要给美德一个明确的、较为客观的定义,我们就会发现,我们要么成了利己主义的美德论者,要么成了功利主义美德论者,要么成了义务论的美德论者。每一种美德的定义都依赖相应的规范伦理学理论,因此,美德伦理学理论上没有自身的独立性,最多只能是其他伦理学理论的补充"③。但就是这种"补充"强行想把自己建构成独立的体系与其他理论对立起来,而又没有自己独立的存在论、知识论和价值论的基础阐明,这势必给人造成"霸王硬上弓"之感。我们只需设想一下,当代美德论者只把"美德"突出为中心以取代道德规范概念,但有的是依赖于亚里士多德,有的是依赖斯多亚主义,有的依赖休谟,有的依赖尼采,如此等等,所有这些"美德"赖以成立的"哲学体系"确实完全不同,甚至相互对立,如何可能在这些相互对立的基础和主张之上形成一种美德伦理学的独立类型呢?因此,弗兰克纳的第二个批评就是:美德伦理学根本无法为我们提供正确行为的指导原则,而这却是一门伦理学应有的或主要的职责。而如果美德伦理学想要完成伦理学应有的这项职责,那么"美德依然只从属于义务和规则"。④

这才非常到位地与康德道德哲学连接上了。美德论者把康德当作批判的靶子,但他们根本不知道,"德性论"作为与为行动立法的法权规范论相对的伦理学,实际上最早是由康德正式提出来并做出了系统地论证:

伦理学在古时候意味一般伦理学说(Sittenlehre:philosophia moralis),人们也把它

---

① [新西兰]赫斯特豪斯:《美德伦理学》,李义天译,南京:译林出版社 2016 年,第 27 页。
② 邓安庆:《分析进路的伦理学范式批判》,《中国社会科学评价》,2015 年第 4 期。之后,在 2016 年,《哲学动态》《华东师范大学学报》等刊物对此展开了深入讨论。
③ 转引自陈真:《当代西方规范伦理学》,南京:南京师范大学出版社,2006 年,第 271 页。
④ 同上书,第 276 页。

称之为关于义务的学说。后来人们发觉，把这个名称只用于伦理学说的一个部分是适宜的，亦即转用于单独关于义务的学说上，这些义务是不服从于外部法则的（人们在德语中恰当地给它找到德性论这个名称），于是，现在总的义务学说的体系就被划分为能够有外部法则的法权论（ius）体系和不能有外部法权的德性论（Ethica）体系。（MS：Metaphysik der Sitten，in Immanuel Kant Werke Band Ⅳ，S.508①

　　康德在这里首次把"古代"（他实际上指的是希腊化时期斯多亚主义的"古代"②）作为一般规范论的"义务论"伦理体系，区分为为行动立法的外部规范（外部法则），区别于它是不能有外部法则的"德性论（Tugendlehre）"，并强调这是伦理学的"一个部分"，这一"德性论"的"伦理学"试图论证，一个有美德的人是如何确立自己行动的道德性的，这种具有"道德性"的"美德"体现为一个人的为人处事的原则上，这个原则就是行动以可普遍化的法则为自己主观的准则立法，继而把这种自律的德性法落实为自己的义务上践行：对自身的义务，对他人的义务等。所以，不从行动的立法原理出发，"有美德的人"如何能成为一种"规范"是根本说不清楚的。

　　同样一直批评康德伦理学的德国古典哲学家、神学家施莱尔马赫后来明确把一门完备的伦理学体系区分为"描述的伦理学""哲学的伦理学"和"应用的伦理学"。而"哲学的伦理学"也称之为"真正的伦理学"，以"研究人类行为的整体为对象"，"指明历史中的那些法则"如何使"人的本性通过理性而灵性化"（Beseelung）。任何一门伦理学都是一个体系，这个体系必须包含三个各自独立的部分："诸善论"（Güterlehre，相当于后来新康德主义提出的"价值论"）、"德性论"（Tugenglehre）和"义务论"（Pflichtslehre）。"德性论"和"义务论"之所以必要，是因为"德性和伦理存在是通过合乎义务的行为才变得能够存在"，也就是说"每种合乎义务的行动都以德性和伦理存在为前提"，德性和义务对于伦理学而言是相互的、对应的，体现于人的品质为德性，而德性品质必须体现为行动原则所具有的伦理性，即出于义务而尽义务的德性，所以两者不可分割，不可对立。但从分殊的角度，它们鉴于从属于"至善"原则下可各自分述为一个体系。③

① *Metaphysik der Sitten*，in Immanuel Kant Werke Band Ⅳ，S.508.中文参见李秋零主编：《康德著作全集》第6卷，北京：中国人民大学出版社，2007年，第392页。
② 参见邓安庆：《论康德的两个伦理学概念》，《伦理学研究》，2019年第4期，该文也论证了康德的"德性论"伦理学概念的来源和在其伦理学体系中的地位。
③ 关于施莱尔马赫的伦理学思想的系统研究，请参阅邓安庆：《施莱尔马赫》，台北：东大图书印行公司，1999年；《启蒙伦理与现代社会的公序良俗——德国古典哲学的道德事业之重审》，北京：人民出版社，2014年，第300－331页。

从康德和施莱尔马赫丰富的哲学伦理学中，我们十分清楚地看到，任何试图拒绝道德、义务等规范概念的哲学根本不可能阐明"德性"，而缺失"德性论"的伦理学根本就不是"实践"伦理学，伦理学的实践必定是指向人自身"成人"，即伦理理念和道德原则内化为自身的德性品质。把两者对立起来、分割开来的伦理学显然是作茧自缚，不可能成功，因而也是没有前途的事业。因此，国内现在也有论文对美德伦理展开了批判。① 有鉴于此，我们认为，美德伦理学要能在现代取得成功，能够真正成为与义务论和后果论相提并论的伦理学体系，必须继续在实践哲学的基础理论，即实践的形而上学（伦理形而上学）上能够取得突破，并在美德伦理的相关领域进行延伸性的探究。这就是我们《伦理学术》第 7 期分"美德伦理学""美德政治学""美德法理学"和"美德认识论"等栏目深入探讨的初衷。感谢清华大学李义天教授帮我约了其中大部分稿件，感谢各位作者和译者为美德伦理新探贡献了自己的才智与努力。

---

① 江畅:《再论德性论与伦理学的关系》,《南京师范大学学报》,2019 年第 5 期;韩燕丽:《也谈德性伦理学的基本概念》,《道德与文明》,2019 年第 2 期等。

海德格尔、《黑色笔记本》与灭绝犹太民族①

[法]埃曼纽尔·法耶②(著)

刘剑涛　张　晨③(译)

【摘要】近年,在海德格尔与妻子埃尔弗里德的通信集、《海德格尔全集》,尤其是《黑色笔记本》中发表的文章,向我们揭露了他与希特勒就德意志种族或德意志本质的统治持有相同设想。如同希特勒在《我的奋斗》中所说,海德格尔事实上一同谈论"本质"(Wesen)和"种族"。我们因而可以称其为"本质化的种族主义",犹太民族被他诬蔑为无世界的(weltlos)和无历史的。这是一种秉持纳粹精神的反犹立场,对海德格尔的全部思想起着建构作用。

【关键词】反犹主义,《黑色笔记本》,国家社会主义,种族主义,本质

> 存有指向思想的道路在灭绝的边缘紧紧展开。
>
> 马丁·海德格尔:《黑色笔记本》④

随着《黑色笔记本》前四卷在《全集》中出版,马丁·海德格尔思想和作品中的反犹主义问题引发了新话题;在这些笔记本中,特别是 1938—1946 年间,出现了明确且极为激进

---

① 该译文受教育部哲学社会科学研究重大课题攻关项目"当代国外社会科学方法论的新形态及中国化研究"(项目编号:17JZD041)支持,刘剑涛为子课题"现象学的社会科学方法论及中国化研究"负责人。

② 作者简介:埃曼纽尔·法耶(Emmanuel Faye),巴黎第一大学哲学博士,法国鲁昂大学现当代哲学教授,研究方向为近代德法哲学、当代政治哲学。

③ 译者简介:刘剑涛,哲学博士,西北政法大学哲学与社会发展学院讲师,研究方向为现象学、社会科学的哲学。张晨,法语语言文学硕士。

④ "Hart an der Grenze der Vernichtung läuft der Weg, der vom Seyn dem Denken gewiesen." Martin Heidegger, *Überlegungen VII—XI* (*Schwarze Hefte 1938/39*), Peter Trawny, éd., GA 95, Frankfurt a. M.: Klostermann, 2014, p.50.

的反犹主义言语。这些言辞关系到海德格尔语言中的核心词汇:存在与存在者的区分、扎根与无根基性①的对立、历史与无历史的对立、世界与无世界的对立。海德格尔亲自决定,这部作品在他去世后接在课程稿、论文和研讨班讲稿后面发表在《全集》末尾。与此同时,一条新的辩护战线也逐渐浮现出来,在这当中,《黑色笔记本》的编辑彼得·特拉夫尼(Peter Trawny)的主张被认为起着重要作用,因为他可以在读者了解之前先解读这些文本。②

《黑色笔记本》的编辑非但没有表现为海德格尔的批评者,反而毫不含糊地成了其坚定的捍卫者。"我甚至可以说",他写道,"我的书不只在结尾部分很明确地证明我多么想解救海德格尔——尽管他后来自己出色地解救了自己。"③事实上,特拉夫尼定义的保卫战线得到了编辑海德格尔作品的克洛斯特曼出版社的鼎力相助,以便出版特拉夫尼的论著,而特拉夫尼的编辑工作——连同他延续论著想法撰写的后记中的那些问题很大的评论——获得了权利所有者的主要代表赫尔曼·海德格尔(Hermann Heidegger)的积极赞扬,即便后者拒绝承认其父的反犹主义。④ 人们尤其觉察到特拉夫尼试图将反犹主义的《黑色笔记本》与海德格尔的其他作品割裂开来看待,以便更好地将海德格尔的"历史性的"反犹主义限定在"十几年间"这个假定时期内⑤,然而,《黑色笔记本》的反犹主义主张却证明并强化了我们能够依据已出版作品而对海德格尔的反犹主义作出的一系列评论和分析。因此,我们提议再次回到那些此前已经被察觉出反犹主义的内容,并将其与《黑色笔记本》中的某些"沉思"与"评注"对照。

---

① "Bodenständigkeit"和"Boden"有关,后者有"土地"和"根基"两层意思,海德格尔往往同时运用这双重含义。——译注
② Peter Trawny, *Heidegger und der Mythos der jüdischen Weltverschwörung*, Frankfurt a. M.: Klostermann, mars, 2014; 3e éd. augmentée, mars, 2015.这部专著的法译本标题温和—— *Heidegger et l'antisémitisme. Sur les Cahiers noirs*(traduit par Jean-Claude Monod et Julia Christ, Paris: Seuil, 2014)。特拉夫尼接着又出版了第二部专著 *Irrnisfuge. Heidegger An-archie*(Berlin: Matthes & Seitz,2014);其法语版由蒙彼利埃的 Indigène 出版社同年出版,题为 *La liberté d'errer, avec Heidegger*。他在书中抨击哈贝马斯在 1945 年后致力于德国的正常化,并努力推进一种既无论据也无道德责任的思维模式。"奥斯维辛"在书中被比作一个"神话",海德格尔则被描述为"拯救了'奥斯维辛'"的哲学家。这点见 Michèle Cohen-Halimi et Francis Cohen, *Le cas Trawny. À propos des "Cahiers noirs" de Heidegger*, Paris: Sens & Tonka,2015。
③ "Ich würde sogar sagen, dass nicht nur das Ende meines Buches zeigt, inwie[f]ern ich Heidegger retten will-obwohl er sich übrigens ganz gut selbst rettet".见彼得·特拉夫尼致塞姆(M. Semm)的文章: http://mehdibelhajkacem.over-blog.com/article-heidegger-reponse-de-peter-trawny-aux-insultes-fran-aises-124343775.html(2014 年 10 月 9 日访问)。网络上的这篇文章中有"inwiegern"一词,但我建议读作"inwiefern"。
④ 见 Hermann Heidegger, "*Schwarze Hefte*", *1200 Seiten, 3 Fundstücke*,这个对话发表在极右杂志 *Sezession*,n°60, juin, 2014, pp.52-53。我们要提请注意,当赫尔曼·海德格尔与一位变得有批判性的海德格尔主义者发生冲突时,就毫不犹豫地将其封杀,正如他曾这样对待弗朗哥·沃尔皮(Franco Volpi)。彼得·特拉夫尼还在《黑色笔记本》每一卷的后记的结尾特意感谢赫尔曼·海德格尔的信任。
⑤ Peter Trawny, *La liberté d'errer...*, *op. cit.*, p.57.

一、犹太化和德意志种族

海德格尔的反犹主义早就被出自他本人的一整套证言、信件和文献证实。我们已经提到过那个已知的最早表达，也是其最恶毒的言论。那句话构成了"德意志种族"未来的一个规划：同"我们的文化及大学的犹太化（Verjudung）"斗争，并且"找到足够多的内部力量去战胜它"。①

海德格尔并没有放弃"犹太化"一词，即便它已成为《我的奋斗》中最醒目的字眼。事实上我们还在他给国务委员维克多·施沃雷尔（Geheimrat Viktor Schwœrer）的一封密信中再次发现他使用它，这封信使我们知晓《存在与时间》的作者的诸多写作策略和方式："我在报告中只能间接提到的内容"，他写道，"可以在此说得更加清楚些"。② 这便是他的表里不一：在公开发表的作品中以间接方式提出那些在他所处时期可以接受的事物，而在隐秘的私人著述或时期内则更加粗暴地表达，直到能够更加直接表达的时刻适时到来。③ 他要对施沃雷尔说些什么？ 在 1929 年面临这一抉择："再次为我们的德意志精神生活"赋予"扎根土地的真正的力量与教化者"，或者让德意志精神生活"明确地"屈从于"日益增强的广义和狭义的犹太化"。

我们看到了海德格尔的思考方式：他所属的世界观，建立在"扎根土地"与"德国大学与精神生活中的日益增强的'犹太化'"之间的正面对立之上。1929 年，他像在 1916 年写给妻子的一封信中那样哀叹的犹太化，若"狭义上"指那些被视为犹太人的人，那么"广义上"应被理解为包含了海德格尔否拒的一切事物，从个人主义和民主直到自由主义与所谓的计算理性。不断玩弄"犹太化"一词的两层含义，使人得以借宗教和以为的种族而斥责特定人群，同时谴责犹太教使人堕落的影响力，视之为导致人从大地上拔根、理性化、空洞的普遍化、个体化和民主的罪魁祸首。

我们在一份报告中发现了同样的思考方式，这份报告将在四年之后导致犹太哲学家理查德·赫尼希斯瓦尔德（Richard Hönigswald）被慕尼黑大学解职，而再次提及海德格尔

---

① "*Mein Liebes Seelchen !*" *Briefe Martin Heideggers an seine Frau Elfride*, édité et commenté par Gertrud Heidegger, München: Deutsche Verlags-Anstalt, 2005.

② 这封信由历史学家 Ulrich Sieg 发布，"Die Verjudung des deutschen Geistes," *Die Zeit*, 28 décembre, 1989: http://www.zeit.de/1989/52/die-verjudung-des-deutschen-geistes。

③ 关于这点我们应当提出疑问：除了在删节过的已发表文章中，海德格尔为什么在第三帝国统治下极少在与"犹太民族"有关的课程中表达能与我们今天在《黑色笔记本》中读到的内容相提并论的评注意见？他关于"犹太游牧民族"的陈述则是个特例，我们在 2007 年首次披露。见 E. Faye, *Heidegger, l'introduction du nazisme dans la philosophie*, Paris: Le Livre de Poche, 2007.

运用的术语极为重要：否定那种"自由悬浮"并"逐步弱化，最终变为符合普遍逻辑的世界理性"的拔根意识。这样，假定的"犹太化"的广义和狭义之间的双重游戏让海德格尔得以运用国家社会主义的反犹主义的所有陈词滥调，将《认识论的基本问题》①的作者任职于慕尼黑大学宣告为"一个丑闻"，而无须明确提及赫尼希斯瓦尔德是犹太人。②

此外，海德格尔借这位犹太同事攻击仍旧会在慕尼黑大学占主要地位的自由主义和"天主教体系"，他的攻击方式由它和国家社会主义共同瞄准的目标表明了他的反犹主义和后者的反犹主义的一致性到底有多高。相反，将一种因为植入"存在的历史"就声称有所不同的反犹主义与纳粹特有的反犹主义对立起来，则是冒险为海德格尔的言论辩护。事实上，同海德格尔如出一辙，国家社会主义者将他们否认的一切事物都联系在一个假定的犹太根源上：正如我们所说，不仅仅是"自由主义"的所有表现，还有基督教本身，尤其是天主教。我们看到海德格尔在 1932 年夏季学期课上抨击"犹太民族"，后者被指责连同罗马风尚与基督教一起，完全改变并歪曲了希腊思想。③

这场打压所谓的"犹太化"的斗争的目的到底是什么？海德格尔在给施沃雷尔的信中直截了当地说：帮助"新生力量发展壮大"，以此"回到正轨"，而《全集》将随着出版规划好的 1933—1935 年最为露骨、恶毒的课程稿和研讨班讲稿而努力在其身后开辟这条道路。在这一点上，人们再怎么强调一个掩藏至深的事实都不够，具体说就是，这位校长在任职最后几周开展了一项极其重要但至今未被研究④的活动，而且和国家社会主义种族理论并不对立。他在课上嘲笑"过时的自由主义生物学"⑤，作为弗莱堡大学的校长—领袖，他需要大力设立"一个种族理论和遗传生物学的教席"：他强调自己要求设立这一职位已有"数月之久"⑥。

---

① Richard Hönigswald, *Grundfragen der Erkenntnistheorie, kritisches und systematisches*, Tübingen：Mohr, 1931, réédité en 1997 chez Meiner.

② 我引用和翻译了导致理查德 · 赫尼希斯瓦尔德被解雇的反犹主义报告全文。见 E. Faye, *Heidegger, l'introduction du nazisme dans la philosophie*, Paris：Le Livre de Poche, 2007, pp.109 - 111。

③ "Römertum, Judentum und Christentum haben die anfängliche Philosophie — d. h. die griechische — völlig verandert und umgefälscht." Martin Heidegger, *Der Anfang der abendländischen Philosophie（Anaximander und Parmenides）*, Peter Trawny, éd., GA 35, Frankfurt a. M.：Klostermann, 2012, p.1.

④ 赫尔曼 · 海德格尔在他编辑出版的《全集》第 16 卷中列出了三封标明"1933 年 4 月 13 日海德格尔校长"的信，但没有按照顺序，它们的编号分别为"3077"（第 268 页）、"3079"（第 269 页）及"3046"（第 270 页），这意味着后者在 4 月 13 日这天至少寄出 33 封信。

⑤ Martin Heidegger, *Sein und Wahrheit*, GA 36/37, *op. cit.*, p.178.

⑥ Martin Heidegger, *Reden und andere Zeugnisse eines Lebensweges*, GA 16, op. cit., p.269.海德格尔将海因茨 · 里德尔的课设为必修课，后者曾是纳粹优生学家欧根 · 费舍尔的学生和弗莱堡党卫队"种族局"（Rassenamt）的前任局长（见 Arno Münster, *Heidegger, la "science allemande" et le national-socialisme*, Paris：Kimé, 2002, p.29）。

回到这一节开始提到的致埃尔弗里德的信,我们从中可以读到其他反犹言论。① 然而,已经引用过的1916年那句仍然最能说明问题,因为它表明了海德格尔的反犹主义如何构成。这并不仅仅涉及具有个人意义的个体情感,而是关于德意志种族与犹太人之间的根本对立的思想,犹太人则被认为要完全占领德国文化和大学。

实际上,这一对立将表明它是决定海德格尔的全部作品(所谓《全集》)构成的一个关键。国家社会主义者夺权之后,海德格尔在1933—1934年冬季课程"论真理的本质"上公开谈论"领导原初日耳曼根源的本质的根本可能性迈向统治"。这里的用词不同于1916年:"原初日耳曼根源的本质"代替了"德意志种族"。但是,德意志种族或者日耳曼根源的统治计划,在这两种言论中是一样的。② 这个计划同阿道夫·希特勒在《我的奋斗》中考虑的十分接近,他赋予德意志帝国的任务是"不仅要收集并保存这个民族最宝贵的储存物,还要将它们缓慢并稳当地引向一个统治地位"。③ 我们在《黑色笔记本》中找到了同一企图,海德格尔在1933—1934年冬天向全体德国人指明了这个目标:"赢得我们的本质的统治范围。"④

二、德意志为其本质的斗争和存在的净化

海德格尔将在1933—1934年的研讨班"论自然、历史与国家的本质与概念"上从这一种族统治计划中提出如下观点:政治的第一概念就是一个民族的"自我主张"。这个词也出现在他的校长演讲标题中:《德国大学的自我主张》。

在这门课上,海德格尔不仅谈论根源,还有"根源的本质"(Stammeswesen)。单是"本质"一词就汇聚了他计划的所有种族意义。因而他不需要经常使用"种族"(Rasse)一词,因为对他来说这和"文化"(Kultur)一样,是非德意志词。他更喜欢用"根源"(Stamm)、

---

① 海德格尔在1920年8月12日叹息:"所有这一切都被犹太人和牟利者吞没了。"13年之后,国家社会主义者夺取了政权,海德格尔声称,卡尔·雅斯贝尔斯这个"原本的德意志人""以其最为可靠的直觉和最高的要求感知到我们的命运和任务,却被其妻羁绊",其妻盖特尔德·雅斯贝尔斯是犹太人,海德格尔为此感到不快(1933年3月12日)。

② Martin Heidegger, *Sein und Wahrheit*, GA 36/37, *op. cit.*, p.89.我们将看到海德格尔以自己的方式改写了阿尔弗雷德·博伊姆勒(Alfred Baeumler)1931年在其代表作 *Nietzsche: Der Philosoph und Politiker* 中使用的术语:"原初日耳曼的"(urgermanisch)、"日耳曼人的本质"(das Wesen des Germanen)(Alfred Baeumler, *Nietzsche: Der Philosoph und Politiker*, Leipzig: Reklam, 1931, p.94.),从而将其变成了自己的术语。

③ Adolf Hitler, *Mein Kampf*, p.439.我们在2007年再版的 *Heidegger, l'introduction du nazisme dans la philosophie* 前言中提到对比希特勒和海德格尔这两种言论,这成了弗朗索瓦·哈斯杰(François Rastier)的一篇语义分析的对象,见 François Rastier, " Heidegger aujourd'hui-ou le mouvement réaffirmé," in E. Faye, éd., *Heidegger, le sol, la communauté, la race*, pp.273 – 275。

④ Martin Heidegger, *Überlegungen Ⅱ—Ⅵ*, GA 94, *op. cit.*, p.144.

"宗族"（Geschlecht）或"种类"（Art）这类词。或者,他只谈论"本质"（Wesen）。在这方面,他和希特勒的术语也很接近,后者 1933 年 9 月在党代会的一个关键演讲中将归属于一个特定种族与自身本质联系在一起:"国家社会主义是一种世界观,内在倾向于该世界观的人组成了有机的共同体并成立政党,它成为一个本质上属于特定种族的政党。"①

在《黑色笔记本》的"沉思"部分,海德格尔 1938 年明确说:"德意志人的'原则'就是为他们最本己的本质斗争。""仅仅因为这个原因,为了其'实质'而战斗才必要。"②海德格尔关于德意志人的"原则"的这个定义,为他的门徒,即修正主义历史学家恩斯特·诺尔特的观念开辟了一条道路,后者的定义由于远在 1945 年之后提出而更具有防御性,但归根结底海德格尔的定义已经很接近于对国家社会主义的下述理解:"此种现象——通过它,历史性生存将意识到自身作为受威胁的存在,并走向一场终极的政治斗争。"③此外具有讽刺意味的是,我们看到海德格尔使用了关于德意志民族本质的实体范畴,然而此前,从《存在与时间》第九节到《黑色笔记本》的开头,他都声称拒绝使用有利于存在者的那些范畴来界定"此在"。我们同样要记住这种要详细界定德意志民族之"原则"的意愿。为了其最本己的"本质"而斗争并不是一个普遍的命令,因此并不涉及所有民族,根据他的说法,而是确立德意志民族的"原则"。这就在战争中为它赋予了一项特权。事实上,不是为了一个有限的、明确的政治或军事目标,而是为了其本质和实质斗争,这为德意志民族赋予了可以消灭任何威胁它的事物的权力。

海德格尔继而从本质跳到存在。从 1932 年起,他在《黑色笔记本》中坚称:"只有德意志人能够以原初的新颖方式使存在成为诗并诉说。"④此前,他还在同一页中提到"为一种扎根的本质建立根基"。⑤

一旦我们知晓海德格尔将他所称的存在与德意志本质视为同一的方式,就会很明显

---

① "Der Nationalsozialismus ist eine Weltanschauung, indem er die ihrer innersten Veranlagung nach zu dieser Weltanschauung gehörenden Menschen erfaßt und in eine organische Gemeinschaft bringt, wird er zur Partei derjenigen, die eigentlich ihrem Wesen nach einer bestimmten Rasse zuzusprechen sind." Adolf Hitler, "Die deutsche Kunst als stolzeste Verteidigung des deutschen Volkes", Rede vom I. September 1933 auf der Kulturtagung des Parteitages, in E. Klöss, *Reden des Führers. Politik und Propaganda Adolf Hitlers 1922—1945*, München, 1967, p.110.

② "das 'Prinzip' der Deutschen ist der Kampf um ihr eigenstes Wesen; und nur deshalb ist der Kampf um ihre 'Substanz' eine Notwendigkeit." Martin Heidegger, *Überlegungen Ⅶ—Ⅺ（Schwarze Hefte 1938/39）*, GA 95, *op. cit.*, p.11.

③ "er dasjenige Phänomen war, in dem die historische Existenz sich als gefährdete ihrer selbst bewußt wurde und einen politischen Endkampf führte." Ernst Nolte, *Historische Existenz. Zwischen Anfang und Ende der Geschichte*? München: Piper, 1998, p.14.

④ "Der Deutsche allein kann das Sein ursprünglich neu dichten und sagen." Martin Heidegger, *Überlegungen Ⅱ—Ⅵ*, GA 94, *op. cit.*, p.27.

⑤ "die Fügung des Bodens eines angestammten Wesens," Ibid.

地看到,他在 1941 年,也就是国家社会主义德国同苏联交战期间,启示录般地呈现出人类以其当前形式而终结的可能性,由此坚定地提出"对由于存在者的霸权(Vormacht)而深陷歧途的存在的最初净化"①。彼得·特拉夫尼在他 2014 年发表的专著《海德格尔与反犹主义》第一版中指出了海德格尔的这个观点,并恰如其分地强调:"净化"意味着"灭绝(Vernichtung)外来群体"。但他在无证据的情况下声称海德格尔应该并没有想到这一点。② 难道他不是本应该反过来继续质疑并追问"外来群体"指什么,这里针对的敌人是什么吗?简言之,特拉夫尼难道不是本该在此提到海德格尔在课上大力呼吁的灭绝,并且坚持正视在《黑色笔记本》中出现的这个主题吗?③

我们事实上看到,他给哲学学生布置了逐出内部敌人的任务,以使他们在肉体和精神上同时"彻底"灭绝。④ 此外,"Vernichtung"——消灭或灭绝,这个被积极倡导的主题,并非"只见一例",而是再次出现在编写好却未讲授的"尼采的形而上学"课程讲稿中,这门课专门为 1941—1942 年冬季学期而设,并与《黑色笔记本》中的反犹主义主张同时期。⑤

三、从无历史到无世界

正是在 1938—1939 年间的一段非常长的"沉思"之中,海德格尔在《黑色笔记本》里首次用这个明目张胆地攻击犹太民族。我们可以用其开头的一句话来形容这种沉思,即"正在发生之事"(Was jetzt geschieht)。这种反犹主义言论的发表与以"水晶之夜"为开端的针对所有犹太人的大屠杀同时期发生。他以某种方式回顾了摩尼教式的二元对立,至少从他 1916 年的宣言开始,这种对立建构了他的所有思想。尽管我们处于"西方人的伟大开端史的末尾",跳转到"另一开端"意味着要"将无历史的事物都看作一段不为人知的历史的最外部的灰色沉淀……"被视为无历史的事物也被称为"无根基""无本质",以及

---

① "*Die erste Reinigung von seiner tiefsten Verunstaltung durch die Vormacht des Seienden*," Martin Heidegger, *Überlegungen XIII—XV* (*Scharze Hefte 1939—1941*), Peter Trawny éd., GA 96, Frankfurt a. M.: Klostermann, 2014, p.228.

② Peter Trawny, *Heidegger und der Mythos der jüdischen Weltverschwörung*, op. cit., p.23.

③ 我们在理查德·沃林(Richard Wolin)2014 年 9 月 12 日组织的《黑色笔记本》研讨会上提出这一指责,作为回应,彼得·特拉夫尼最终将海德格尔呼吁彻底灭绝内部敌人的文章作为"灭绝与自我灭绝"(Vernichtung und Selbstvernichtung)一章的言论核心,这一章是他的论著的第三版的增补。我们则开始在《世界报》(*Monde*)的一个论坛上回应。见 E. Faye, "L'extermination nazie n'est pas une philosophie," in *Le Monde des livres*, 29 janvier, 2015, p.8.

④ 我 2005 年首次翻译并评论了这个文本。见 E. Faye, "Heidegger, Carl Schmitt et Alfred Baeumler: le combat contre l'ennemi et son anéantissement," *Heidegger, l'introduction du nazisme dans la philosophie*, op. cit., pp.249 - 281.——原注 中译文见埃曼纽尔·法耶:《海德格尔、施密特与博伊姆勒——打击敌人并消灭之》,刘剑涛,张晨译,张庆熊,孙向晨主编:《现代外国哲学(第 15 辑)》,上海:上海三联书店,2018 年,第 54 - 75 页。——译注

⑤ Martin Heidegger, *1. Nietzsches Metaphysik 2. Einleitung in die Philosophie-Denken und Dichten*, GA 50, op. cit., p.70.

"堕落到单纯存在者和疏离存有"的东西。他重复着蕴含存在与存在者之间的存在论差异的遁词,以及他从 1925 年"卡塞尔讲座"以来就惯用的否定说法,不过现已采用了拟人形式:事实上,他不再像 20 年代那样说"无历史性"(Geschichtslosigkeit),而说"无历史者"(Geschichtslose),不再说"无根基性"(Bodenlosigkeit),而说"无根基者"(Bodenlose)。他还增加了"非本质"(Unwesen)这个词,后者也出现在 1938 年的讲座"世界图像的时代"中。① 所有这些否定说辞都围绕着一个未曾言明之物。不过海德格尔这次将说出这未曾言明之物:

> 在这场"战斗"中,由于没有目标,人们毫无限制地战斗,也因此,它只不过是对"战斗"的歪曲,而它的"胜利"或许是最大的无根基,它和虚无相连,它使所有事物服从它自身(犹太民族)。然而,真正的胜利,即有历史的战胜那些无历史的,唯有通过那无根基之人的自我放逐才能获得,因为那样的人的存有没有危险,他总是仅仅通过存在者思考,并将他的算计当作现实而安放。②

界限已经突破。反犹主义言论已经发出,就在一大段拐弯抹角的言辞之后(我们只援引了只言片语和结论),出现了一番直截了当的声明,构成《笔记本》的第六部分:

> 这个庞然大物隐藏最深的形象之一,可能也是最古老的特征,是其顽强的计算、交换和谋划阴谋的技巧,犹太民族的无世界性正是通过这一技巧创建。③

"庞然大物"(das Riesige),抑或反复使用的"密谋"或"诡计"(Machenschaft)这样的词汇,构成了海德格尔在 30 年代末形成的"存在的历史"中的权力意志的非本真体现,他

---

① E. Faye, "La subjectivité et la race dans les écrits de Heidegger," in *Heidegger*, *le sol*, *la communauté*, *la race*, *op. cit.*, p.80.

② "Und vielleicht siegt in diesem 'Kampf', in dem um die Ziel-losigkeit schlechthin gekämpft wird und der daher nur das Zerrbild des 'Kampfes' sein kann, die größere Bodenlosigkeit, die an nichts gebunden, alles sich dienstbar macht (das Judentum). Aber der eigentliche Sieg, der Sieg der Geschichte über das Geschichts-lose, wird nur dort errungen, wo das Bodenlose sich selbst aus-schließt, weil es das Seyn nicht wagt, sondern immer nur mit dem Seienden rechnet und seine Berechnungen als das Wirkliche setzt." Martin Heidegger, *Überlegungen VII—XI* (*Schwarze Hefte 1938/39*), GA 95, *op. cit.*, pp.96 - 97.

③ "Eine der verstecktesten Gestalten des Riesigen und vielleicht älteste ist die zähe Geschicklichkeit des Rechnens und Schiebens und Durcheinandermischens, wodurch die Weltlosigkeit des Judentums gegründet wird." Ibid., p.97.

用这样的意志来反衬德意志命运及本质之"伟大"（die Größe）。

如果说犹太民族的无世界性不仅是"庞然大物"最隐秘形式，而且是最古老形式，那么，这意味着犹太民族构成了其第一形式，从中可以产生海德格尔所谓的美国主义、布尔什维主义等，简而言之，不同形式的"阴谋"。于是在开始启动的隐秘历史和看不见的战争中，犹太民族被称为头号敌人，从中再产生各种形式的敌人。

我们还需强调从指责无根基性过渡到指责无世界性所体现的激进化。海德格尔提出的包含反犹主义的第一个关键词取自约克·冯·瓦滕堡伯爵写给威廉·狄尔泰的信（信件发表在埃里希·罗特哈克尔1923年主编的一个合集里），这个词就是无根基性（Bodenlosigkeit），《存在与时间》中的老生常谈。① 例如，根据海德格尔在《哲学贡献（论事件）》中的表达形式②，他对无根基性的反对体现为"反对拔根的战斗"。然而早在十年前，"拔根"一词就在《存在与时间》的第170页出现了两次。

然而，海德格尔带着相同目的在《黑色笔记本》中使用"无世界性"（Weltlosigkeit）一词，再次形容犹太民族。这一假定的"犹太民族的无世界性"将在"计算、交易和谋划阴谋的顽固技巧"中找到其本质。这不只是重拾关于会算计的犹太人的反犹主义陈词滥调，我们还可以说这是一种激进化：犹太人不再仅仅是"被拔根的"或"无乡土的"，而是被明确宣布为"无世界的"（weltlos）。我们还需再强调"无世界的"这个说法是海德格尔在课上用来形容非人（infra-humain）吗？在"形而上学的基本概念"这门课上区分"无世界的"动物与"无世界的"石头之后，他声称动物本身并不是"全球配置"。③ 海德格尔于是将犹太人看作非人的（infra-humain）吗？他在同一门课上强调说：对于人类是死亡（sterben），而对动物就只是消亡（verenden）。④ 然而他在1949年的"不莱梅讲座"中谈及灭绝营的受害者，也就是犹太人时也说了同样的话。犹太人就这样被完全非人化，而那些不是全球配置的犹太人，可能没有"我们德意志空间的任何彰显"（1933—1934年冬季研讨班），在这个世界上也不再有一席之地，毋宁说他们从来就不曾拥有过。我们可以说他们是"非世界

---

① 海德格尔在《存在与时间》第401页（1927年原版的页码）中重新采用了约克的说法。我们还在《存在与时间》的第21、168、170、177和320页看到了这个词［与这个词对立的反面即"根基性"（Bodenständigkeit）］。Jaehoon Lee 指出约克在自己的文章中明确了被假设为"犹太人的上帝信仰"的无根基性（Bodenlosigkeit）和犹太流亡者的没有土地（Landlosigkeit）之间密切相关，见 *Heidegger*，*le sol*，*la communauté*，*la race*，*op.cit.*，p.30。
② Martin Heidegger，*Beiträge zur Philosophie（Vom Ereignis）*，GA 65，p.101.我们不用去看这一卷现有的法语译文，它没法再看。
③ Martin Heidegger，*Die Grundbegriffe der Metaphysik. Welt-Endlichkeit-Einsamkeit*，GA 29/30，§ 47，p.289sq.
④ Ibid.，§ 61，p.388.

的、卑鄙的"。① 于是我们发现,海德格尔所谓的"在世存在"(In-der-Welt-Sein)的生存论状态能够被其发明者用作一个带有反犹主义目的的歧视性词语。

那些本质上就缺乏土地、世界以及任何将其与存在紧密相连的根的事物,都无法"在世存在"。我们需注意,海德格尔在《黑色笔记本》中再次着手处理无世界的问题,他在这方面引用了 1929—1930 年冬季课程中对动物和石头之无世界性的确定。② 我们所称的海德格尔的"存在论的否定主义"(他甚至在"不莱梅讲座"中否认了灭绝营遇难者有死亡(sterben)的资格,这不仅因为他们数量巨大,而是首先因为他们没有处在"存在之庇护"之中),这种"世界的诗"在这里找到了它的一个起源。

四、日耳曼特质的去种族化

我们在接下来一卷中能读到一个更加迂回且缺乏根据的阐述。海德格尔的言论分布在好几个层面上,这些层面的安排能让我们理解,是什么让人相信他的思想含糊,虽则他的立场表露得非常坚决。

海德格尔先批判了"种族原则"对现代史产生的影响:"……在阴谋时代,种族被提升至'原则'层面,它由历史(或仅仅由编年史)明确地和特别地建构……是阴谋力量的一个'后果',必定以策略性的算计掌控存在者。"③已经发表的海德格尔的文章中有一些类似表述,让他的辩护者们坚信这些话语首先针对国家社会主义者。然而《黑色笔记本》中谈到计算时很明显包含了私心盘算的反犹主义含义。接下来的思考向我们证实他质疑的正是犹太人,而他们也变得对被看作是对各民族存在规划盘算好了的"种族原则"的统治有责任了。他继续说:

---

① 对海德格尔思想中的犹太民族的"无世界性"的批判性分析,在 2014 年 2 月以不太完整的形式对文集 *Heidegger, le sol, la communauté, la race* 作结,近期又被唐娜泰拉·迪·切萨雷(Donatella Di Cesare)几乎逐字逐句地用在作品 *Heidegger e gli Ebrei. I "Quaderni neri"* (Bollati Boringhieri, novembre 2014, pp.205 - 207)中。此外,她未曾提及她还借用了我们的诸多分析,包括对"闪米特游牧民族"、海德格尔和施密特眼中的敌人、《哲学贡献》、关于尼采的课程等的分析,这些内容都在 2012 年我们出版的那本书的意大利文版中。她以少见的恶意猛烈攻击我和佛朗哥·沃尔皮,并嘲笑沃尔皮最近一次讲座的题目《再见了海德格尔》(*Goodbye Heidegger*,第 18 页)。她指责我们再次质疑海德格尔理论被赋予的哲学地位,而其理论的种族灭绝目的如今已经确定。为了支撑其关于一个"形而上学的反犹主义"的论题,她甚至坚信纳粹主义是一种哲学,并认为在这方面可以拿列维纳斯 1933 年那篇《希特勒主义哲学》(*La philosophie de l'hitlérisme*)作为依据,但她似乎并不知道列维纳斯在 1945 年过去很久之后,为曾经将"哲学"和"希特勒主义"这两个词连用表示"羞耻"。这一点见罗杰·布格里沃(Roger Burggraeve)在 *Emmanuel Levinas et la socialité de l'argent*(Leuven:Peeters, 1997, pp.91 - 92)中对列维纳斯的阐明。

② Martin Heidegger, *Überlegungen VII—XI* (*Schwarze Hefte 1938/39*), GA 95, *op. cit.*, p.282.

③ "Daß im Zeitalter der Machenschaft die Rasse zum ausgesprochenen und eigens eingerichteten 'Prinzip' der Geschichte (oder nur der Historie) erhoben wird, ist […] eine Folge der Macht der Machenschaft, die das Seiende […] in die planhafte Berechnung niederzwingen muß." Ibid., p.56.

犹太人凭借优异的计算天赋已经按照种族原则"生活"了最长时间,所以他们最强烈地反对不受限制地应用[这一原则]。①

海德格尔随后说到"通过阴谋诡计侵占生活",并揭露了一个"计划",它导致"各民族完全去种族化(Vollständige Entrassung),被压制在一种以平均主义方式建构和塑造的一切存在者的机制之中"。② 他接着说:

> 去种族化是各民族的自我疏离——是历史的丧失,也就是存有的决断领域的丧失。③

值得注意的是海德格尔两次使用了"去种族化"(Entrassung)一词,这是国家社会主义种族思想中最突出的用语。根据蒂埃里·费拉尔指出的含义,这个词在纳粹语义下实际上意味着:"由于一些外来因素影响,比如犹太人的出现,德意志人口中的日耳曼种族成分被逐渐削减。"④在国家社会主义的反犹世界观中,去种族化不仅仅具有生物学意义,更是"精神的",正如我们在国家督学弗里茨·芬克(Fritz Fink)接下来的言论中看到的,Stürmer 出版社 1937 年出版的小册子质疑了人们认为的犹太人的思考和计算天赋:"犹太男人亵渎非犹太妇女和去种族化(Entrassung),并非唯独因为犹太血统决定的性欲。这更多是邪恶的思想和计算的流露。"⑤

海德格尔接着明确说这种"去种族化"威胁着"拥有自己原初历史力量的民族",这些力量如"德意志特质"与"俄罗斯特质"(Deutschtum und Russentum)——他小心地将"俄罗斯特质"与布尔什维主义区分开,对他来说,后者是西方思想的灾难。

---

① "Die Juden 'eben' bei ihrer betont rechnerischen Begabung am längsten schon nach dem Rasseprinzip, weshalb sie sich auch am heftigsten gegen die uneingeschränkte Anwendung zur Wehr setzen." Ibid., p.56.海德格尔在这里为"生活"加了引号。

② "Was diese mit solcher Planung betreibt, ist eine vollständige Entrassung der Völker durch die Einspannung derselben in die gleichgebaute und gleichschnittige Einrichtung alles Seienden." Martin Heidegger, *Überlegungen VII—XI* (*Schwarze Hefte 1938/39*), GA 95, *op. cit.*, p.56.

③ "Mit der Entrassung geht eine Selbstentfremdung der Völker in eins — der Verlust der Geschichte — d. h. der Entscheidungsbezirke zum Seyn." Ibid., p.56.

④ Thierry Feral, *Le national-socialisme, vocabulaire et chronologie*, Paris: L'Harmattan, 1998, p.39.

⑤ "Die Schändung und Entrassung nichtjüdischer Frauen durch Juden hat ihren alleinigen Grund nicht etwa in der blutlich bedingten sexuellen Gier des Juden. Sie ist vielmehr noch der Ausfluß teuflischer Überlegung und Berechnung." Stadtschulrat Fritz Fink, *Die Judenfrage im Unterricht*, Nürnberg: Stürmer-Verlag, 1937, p.44. Cité par Cornelia Schmitz-Berning, *Vokabular des Nationalsozialismus*, Berlin: Walter de Gruyter, 2007, p.625.

我们初步评注和阅读笔记本得出的临时结论是什么？首先，要避免像彼得·特拉夫尼那样把犹太民族或"世界犹太民族"（Weltjudentum）与国家社会主义描述为海德格尔眼中的阴谋的对称且被相提并论的两个面。① 实际上，特拉夫尼对纳粹和寻找自身本真本质的"纯粹德国人"的区分，并没能在写着有关本质或本真、纯粹的德意志根源的主题，并且将希特勒、海德格尔和国家社会主义者团结在一起的文本中看到。至于《黑色笔记本》的这位编辑在犹太民族和纳粹主义之间建立的对照关系，也并不更加符合海德格尔的言论。对海德格尔来说，阴谋有不能相提并论的不同面：有那些诡计多端的——被他看作诡计起源的犹太人和"世界犹太民族"，也有那些被操控的人，有时候是国家社会主义者自己，他们任凭自己掉进"阴谋"和算计的陷阱里。然而，事实上《黑色笔记本》仍旧满篇赞美海德格尔所称的"国家社会主义本质力量"，而且从他哀叹日耳曼民族的去种族化来看，他似乎远没有要断绝和国家社会主义的关系。他嘲笑加引号的"平庸的国家社会主义者"②，目的是拿来与一个"才智横溢的国家社会主义者"③对比，后者丝毫未被否认，相反地，因为以摧毁所谓的资产阶级精神和文化的能力阻止了"危险的运动资产阶级化"而受到赞赏④。更普遍地说，他害怕看到国家社会主义演变为"理性社会主义"。⑤ 另外，我们还看到，在一段关于国家社会主义和哲学之间关系的决定性阐发中，海德格尔认为国家社会主义一定有助于"采取一种全新的存在的根本立场"！

因而我们看到，国家社会主义与他所谓的存在和真理的联系对海德格尔来说十分关键。相反，"世界犹太民族"（Weltjudentum）则没有获得任何正面评价，被他等同于"从存在中将所有存在者连根拔起"。⑥ 这是最彻底的贬低。犹太民族每一次都同非本质、无根

---

① 特拉夫尼如是写道："被阴谋诡计操控的犹太人和国家社会主义者为了统治世界而战斗，然而本真的德意志人在寻找他们本真的本质。犹太民族没能成为这场战斗的胜利者，难道是因为它同纳粹，那些纯粹的德国人一同跌入了深渊吗？这正是海德格尔提出的问题，并不具有修辞特征。"Peter Trawny, "Heidegger et l'antisémitisme," in *Le Monde*, 20 janvier, 2014: http://www.lemonde.fr/idees/article/2014/01/20/heidegger-et-l-antisemitisme _ 4350762 _ 3232.html. 我回应了他的这篇文章，见"Sa vision du monde est clairement anti-Semite," in *Monde*, 28 janvier, 2014: http://www.lemonde.fr/idees/article/2014/01/28/heidegger-sa-vision-du-monde-est-clairement-antisemite _ 4355884 _ 3232.html.
② "'*Vulgarnationalsozialismus*' sprechen..." Martin Heidegger, *Überlegungen II—VI*, GA 94, *op. cit.*, p.142.
③ "Der geistige Nationalsozialismus ist nichts 'theoretisch'..." Ibid., p.136.
④ "Die drohende Verbürgerlichung der Bewegung wird gerade dadurch wesentlich un möglich, daß der Geist des Bürgertums und der durch das Bürgertum verwaltete 'Geist' (Kultur) von einem geistigen Nationalsozialismus her zerstört wird." Ibid., p.136.
⑤ Voir Martin Heidegger, *Überlegungen XII—XV* (*Scharze Hefte 1939—1941*), GA 96, *op. cit.*, p.195, et Sidonie Kellerer, "Les Cahiers noirs et leur combat contre la 'machination' juive," in *Cités*, pp.139-146: 142.
⑥ "die Entwurzelung alles Seienden aus dem Sein," Martin Heidegger, *Überlegungen XII—XV* (*Scharze Hefte 1939—1941*), GA 96, *op. cit.*, p.243.

基/土地,无历史及无世界——简言之,就是无根的存在者——相提并论。因为不在"存在"之中,确切地说,犹太民族就不参与此在(Dasein)。从字面意义上说,犹太人并不存在。这样也就能理解他谈到犹太人时候为何要给生活一词打上引号。因此,海德格尔认为,在那种被觉察为对日耳曼性质的全面去种族化的威胁中,有一种对存在的彻底否定。这也就是为什么把海德格尔的反犹主义纳入他所谓的存在的历史看起来有问题。犹太民族或"世界犹太民族",假如它表达了"从存在中""连根拔起……",实际上就不能属于海德格尔所谓的存在的历史,在这历史中永远找不到关于犹太民族的贡献的记载。在海德格尔与其国家社会主义者戮力同心的这场打击"世界犹太民族"的"看不见的战争"中,这个民族被他形容为"利用阴谋捏造'历史'"的起源——历史一词被他加上了引号——它"以同样方式将所有主要人物玩弄于股掌之间"。①

海德格尔在二战中归于犹太人的角色更加可恶。他在1941年末这样写道:

> 世界犹太人,受德国放逐的移民煽动,到处都捉摸不定,以其施展的一切力量,在哪里都不必参与战争行动;相反,我们只能牺牲自己民族最优秀者的最优质鲜血。②

然而,当东部前线已经开始大规模灭绝欧洲犹太人时,日耳曼民族却被海德格尔塑造为英勇的受害者,不得不面对一个捉摸不定、看不见又到处部署力量的敌人而保卫自身。犹太人从此被直截了当地认定为敌人,尽管在这样一本笔记——海德格尔生前未出版的《黑色笔记本》——里秘密写下;而他1934年初作为长期目标提出的彻底消灭,如此一来就得到了正当性论证。

在接下来的"笔记本"中,按照同一精神,"犹太共同体"被海德格尔呈现为"西方的基督教时代,即形而上学时代的毁灭原则"。③ 然而,和笔记本的所有人西尔维奥·维尔

---

① Ibid., p.133."看不见的战争"的意义见 Sidonie Kellerer, "A quelle 'guerre invisible' Heidegger faisait-il référence ?" in *Le Nouvel Observateur*, 11 mai, 2014 ; http://bibliobs.nouvelobs.com/actualites/20140510.OBS6734/a-quelle-guerre-invisible-heidegger-faisait-il-reference.html。

② "Das Weltjudentum, aufgestachelt durch die aus Deutschland hinausgelassenen Emigranten, ist überall unfaßbar und braucht sich bei aller Machtentfaltung nirgends an kriegerischen Handlungen zu beteiligen, wogegen uns nur bleibt, das beste Blut der Besten des eigenen Volkes zu opfern. " Martin Heidegger, *Überlegungen XII—XV* (*Scharze Hefte 1939—1941*), GA 96, *op. cit.*, p.262.

③ "Die Judenschaft ist im Zeitraum des christlichen Abendlandes, d.h. der Metaphysik, das Prinzip der Zerstörung." Martin Heidegger, *Anmerkungen I—IV* (*Schwarze Hefte 1942—1948*), Peter Trawny, éd., GA 97, Frankfurt a. M.: Klostermann, 2015, p.20.

塔①先前所言截然相反,我们现在发现,维尔塔家族长期持有的笔记本并不仅仅记于战后,而是从 1942 年就开始撰写。其内容中很能说明问题的一部分和"最终解决"处于同时期。在整个大战和 1942—1944 年消灭欧洲犹太人的背景下,再次将犹太共同体作为"毁灭原则"提出来,不仅缺乏理论依据,而且在为灭绝犹太人的政策作合法化论证。

五、从全面灭绝到自我灭绝

在 1938 年间,大概是秋季,应该也是和迫害德国犹太人的水晶之夜同一时期,海德格尔在回顾德意志为了其本质而斗争的《笔记本Ⅶ》②中高深莫测地声称:"存有指向思想的道路在灭绝的边缘紧紧展开。"③三年之后的 1941 年秋天,特莱西恩施塔特这座城市成了关押犹太人的集中营,紧接着变成了通往波兰的灭绝营的中转站,国家社会主义者制定的政策明确而具体,强迫犹太团体领袖们参与他们毁坏自身的行为,海德格尔则积极倡导这项灭绝政策。对他而言:

> 政策的最高属性和最高行动是为了让敌人陷入一种他被迫走向自我灭绝的局面(Selbstvernichtung)。④

来年,当"灭绝边界"被国家社会主义者完完全全突破时,海德格尔再次改口。关于"犹太因素",当"从形而上学角度上"表现出"本质上是'犹太'的"事物——也就是我们所见到的他在别处宣称的"种族原则"——转而反对犹太民族本身从而使其灭亡的时候,他甚至谈到了"自我灭绝的历史顶点"⑤。如此一来,灭绝欧洲犹太人的责任就被海德格尔归到犹太人自己身上,而不是国家社会主义者!

自我灭绝这一主题的用法在以上两种陈述中的演变,显示了海德格尔能如何迅速地

---

① "Diese Notizen stammen vermutlich von 1945 und 1946." Silvio Vietta, "Eine grundlegende Entwurzelung," in *Zeit-Online*, 30.Januar, 2014：http://www.zeit.de/2014/05/interview-silvio-vietta-heidegger-schwarze-hefte.

② Martin Heidegger, *Überlegungen Ⅶ—ⅪI* (*Schwarze Hefte 1938/39*), GA 95, *op. cit.*, p.1.

③ "Hart an der Grenze der Vernichtung läuft der Weg, der vom Seyn dem Denken gewiesen." Ibid., p.50.

④ "Die höchste Art und der höchste Akt der Politik bestehen darin, den Gegner in eine Lage hineinzuspielen, in der er dazu gezwungen ist, zu seiner eigenen Selbstvernichtung zu schreiten." Martin Heidegger, *Überlegungen Ⅻ—ⅩⅤ* (*Scharze Hefte 1939—1941*), GA 96, *op. cit.*, p.260.

⑤ "C'est seulement lorsque l'essentiellement 'juif' au sens métaphysique combat contre l'élément juif, que le summum de l'auto-extermination est atteint dans l'histoire. / Wenn erst das wesenhaft "Jüdische" im metaphysischen Sinne gegen das Jüdische kämpft, ist der Höhepunkt der Selbstvernichtung in der Geschichte erreicht." Martin Heidegger, *Anmerkungen I—Ⅳ* (*Schwarze Hefte 1942—1948*), GA 97, *op. cit.*, p.20.

根据世界战争形势来修改其言论。1942 年,德国国防军在东线战场首次失利以及美国参战,预示着第三帝国战败,此时他及时地避而不提国家社会主义者灭绝欧洲犹太人乃有意为之,这一措施正是他一年前赞美高层政策时含蓄要求过的。

不过,海德格尔的言论仍在继续演变。1945 年,在被破折号和引号分隔得支离破碎的一句话中,他将德意志人民塑造成了一场比"毒气室"更恶劣的劫难的受害者。①

刽子手向受害者的逆转,是那些最强硬的纳粹分子在 1945 年完全失败后的共同之处:海德格尔用伪哲学语言的风格勾勒此行径,并没有消除任何它显示出的厚颜无耻和野蛮。因此,要指出下述事实,我们就不能不对此表达保留意见,即《黑色笔记本》的编辑彼得·特拉夫尼与直到 2015 年春都担任《海德格尔全集》副主任的唐娜泰拉·迪·切萨雷,就利用职务之便,在其出版前就引用它们。他们提前发布了第 97 卷的节选,夹带着挑衅的评论。海德格尔最邪恶的言论实际上被描述为"给哲学从深不可测的程度上思考大屠杀的机会"。②"那些试图阻止海德格尔思想影响(Wirkung)的人",则被他们看作"哲学的敌人"!③ 于是,哲学思想看来被《黑色笔记本》作者的最糟糕言论所绑架。④

六、《黑色笔记本》中的汉娜·阿伦特

我们希望强调海德格尔反犹主义的灭绝目标,好让海德格尔的新辩护者们不再试图将一个所谓的被升华并推崇到"存在的历史性的"(seinsgeschichtlich)主题层面的反犹主义降到最低或者使其从历史上变得为人接受。由于我们现在不得不根据特拉夫尼版的《黑色笔记本》着手工作,我们很可能要在重重陷阱之间前行。然而编辑几乎没有给出手稿状况信息。

不过,在更深入分析之前,倘若让熟悉海德格尔笔迹的编辑初步研究其墨迹,我们应

---

① "Wäre z.B. die Verkennung dieses Geschickes — das uns ja nicht selbst gehörte, wäre das Niederhalten im Weltwollen — aus dem Geschick gedacht, nicht eine noch wesentlichere" Schuld "und eine "Kollektivschuld", deren Größe gar nicht — im Wesen nicht einmal am Greuelhaften der "Gaskammern" gemessen werden könnte; eine Schuld — unheimlicher denn alle öffentlich "anprangerbaren" "Verbrechen" — die gewiß künftig keiner je entschuldigen dürfte. " Ibid., pp.99 – 100.

② "Sarebbe questa forse, per la filosofia, l'occasione per pensare nella sua profondità abissale la Shoah. " Donatella Di Cesare, "Heidegger:'Gli ebrei si sono autoannientati'," *Corriere della Sera*, 8 février, 2015.在 *Hohe Luft* 杂志 2015 年 2 月 10 日做的德语访谈《犹太人的自我毁灭》(*Selbstvernichtung der Juden*)中,作为《海德格尔全集》的副主任,她甚至到了声称"我们需要海德格尔,哪怕是为了理解大屠杀"的地步(wir brauchen Heidegger, selbst um die Shoah zu verstehen)。

③ "Es gibt Feinde der Philosophie, die die Wirkung von Heideggers Denken gern verhindern würden. "见彼得·特拉夫尼关于海德格尔反犹主义的论著的第三版刊后语,同样于 2015 年 2 月中旬出版。

④ 这一点见 Emmanuel Faye, Sidonie Kellerer et François Rastier, "Heidegger und die Vernichtung der Juden," in *Tages Zeitung*,9 avril, 2015。

该能很容易地确定,《黑色笔记本》的注释的初稿是否有增补痕迹。然而,海德格尔本人以及他的某些编辑的重写和篡改让我们深为警惕,因而我们如今无法接受对他已发表文章的既非哲学又很天真的解读。① 在《黑色笔记本》中,一旦海德格尔后来的干预过于显眼,彼得·特拉夫尼就给出一些说明,但这还不够。

举一个例子:海德格尔在《黑色笔记本》中摘抄了阿伦特书中一长段内容,这本书题为《拉尔·瓦伦哈根:一位犹太女性的生活》,1959 年首次以德语出版。② 在首字母"H. A."之前,他只提到了拉尔·瓦伦哈根的名字。③ 有一个注释明确指出,这是关于汉娜·阿伦特以及关于拉尔·瓦伦哈根的专题著作,但是我们丝毫无法解释及澄清后来的这个补充。④ 编者只是在后记中简明扼要地指出,在"沉思"的第九本中有十九处"附注"(Beilagen),其中包括引用阿伦特,都撰于"五六十年代"。⑤ 简言之,只要《全集》中还没有发表一部哲学和批评版的海德格尔手稿,哪怕是初步研究,我们都仍将受制于马丁·海德格尔本人和他弟弗里茨抑或编者们对这些文本的可能操控。⑥

下面就是海德格尔选自阿伦特著作并编入《黑色笔记本》的引文:

当我们被细节、当下、幸福与不幸更加分散和耗尽时,当一切都被决定时,难道不总是到了最后,开端才迫切地再现,那是为了实现目标而不得不忘记的开端,像曾经沉溺于人类生活的财富和过度丰裕之中那样? 开端难道不总是披着本真、坚不可摧的外表,以及存在的核心?⑦

---

① 例如,弗兰克·乔尔斯(Frank Jolles)发现 1933—1934 年冬季课程被篡改得很严重,首次在《时代周报》(*Die Zeit*)上发表的一篇德文访谈中提到这,接着在《自由报》刊登的略有不同的法文版中也提到(见 E. Faye, "L'antisémitisme des *Cahiers noirs*, point final de l'œuvre heideggérienne?" in *Libération*, 26 janvier, 2014)。我们现在正在筹备出版弗兰克·乔尔斯(2014 年 2 月逝世)撰写的著名研究。

② Hannah Arendt, *Rahel Varnhagen*, München:Piper, 1959.

③ Martin Heidegger, *Anmerkungen I—IV* (*Schwarze Hefte 1942—1948*), GA 95, *op. cit.*, p.265.

④ 我们还需注意另外两个既令人困惑又没能解释清楚的补充,这次是在第 94 卷《沉思 II—VI(1931—38 年笔记)》中:我们在已发表的《黑色笔记本》的第一本笔记,即 1931 年秋至 1932 年秋写的"沉思 II—VI"中发现有一处提到 1934 年夏季课程(第 23 页),还有一处提到 1935 年夏季课程(第 86 页)。这些难道不能证明《黑色笔记本》的编纂实际上比标注出的日期还要晚吗? 然而《黑色笔记本》的笔迹符合后来重新抄写的文章中的笔迹,而不是当年写下笔记的笔迹。

⑤ Martin Heidegger, *Überlegungen VII—XI* (*Schwarze Hefte 1938/39*), GA 95, *op. cit.*, p.453.十九处"附注"在第 260 - 267 页。

⑥ 我们将把海德格尔在《全集》第 96 卷中删除一句反犹言论作为例子,而这很久之后才由其编者透露出来。P. Trawny, *Heidegger und der Mythos. ..*, *op. cit.*, pp.51 - 52.

⑦ Hannah Arendt, *Rahel Varnhagen. La vie d'une Juive allemande à l'époque du romantisme*, *op. cit.*, pp.207 - 208.唐娜泰拉·迪·切萨雷提到了海德格尔借用,但没有说明日期问题,也没有质疑后来插入《黑色笔记本》的原因(D. Di Cesare, *Heidegger, les Juifs, la Shoah. Les Cahiers noirs*, *op. cit.*, pp.342 - 344)。

这段出现在"友谊破裂"一章,这章主要讲述了拉尔·瓦伦哈根和亚历山大·冯·德·马尔维茨之间的强烈友情,而这段情谊 1811 年随着拉尔决定接受她未来丈夫卡尔·奥古斯特·法恩哈根·冯·恩塞的爱情最终戛然而止。

这段引用,再加上海德格尔十年前在"不莱梅讲座"上曾借用阿伦特另一部作品《六篇文章》(Sech Essays)中"制造尸体"的说法,就可以让我们不再抱有海德格尔从来拒绝阅读阿伦特作品这一固见。相反,从这两个事实看,他读了她的德文作品,采纳了其说法并引用。

海德格尔因何种原因需要将这段出自阿伦特之手的文字插入他的《黑色笔记本》中?选取这段的原因是其主题化和海德格尔风格的术语吗?似乎等到 50 年代的《笔记本》出版了再试图作答会比较合适。我们可以先提出一个假设。在同页海德格尔还提到了他看来充满讽刺意味的保罗·许纳费尔德的书,这本书与阿伦特关于拉尔·瓦伦哈根的那部作品同年出版。[①] 选择这样一段话,将其中的海德格尔式主题"开端"用海德格尔的语言解读为"本真"和"存在的核心",《校长演说》的作者就可以希望煽起火来反对许纳费尔德这样的作者——后者和阿伦特一样是德国犹太人。海德格尔想把阿伦特的担保当作战略运用,这个手法由此也被《黑色笔记本》这一页的内容证实。

Heidegger, *Black Notebooks* and Extermination of Judaism

Emmanuel Faye

【**Abstract**】 The texts of Heidegger recently published in his correspondence with Elfride, his *Complete Works* and more particularly *Black Notebooks*, reveal to us that he shares with Hitler the same project of domination of the German race or of the German essence. Like Hitler in *Mein Kampf*, Heidegger indeed speaks of essence (Wesen) as well as race. We can therefore speak of an essentialized racism, in relation to which Judaism is stigmatized as absence of world (weltlos) and absence of history. It is an opposition of the Nazi spirit, which is revealed as structuring for all the Heideggerian thought.

【**Keywords**】 Antisemitism, *Black Notebooks*, National Socialism, Racism, Essence

---

① Paul Hünerfeld, *In Sachen Heidegger*, *Versuch über ein deutsches Genie*, Hamburg: Hoffman und Kampe, 1959.这一点参见 Sidonie Kellerer, "Les *Cahiers noirs* et leur combat contre la 'machination' juive," art. cit., p.140。

【原著导读】

性差异：一种激情的伦理学

张　念①

【摘要】 现代性困境归根究底是一种伦理困境，存在论的伦理学已经在本原处展开了理论突围。女性主义哲学家伊利格瑞在此理论背景之下，将性差异带入伦理发生的始源现场，来清理现象学的主体论残渣。伊利格瑞重新绘制柏拉图的"洞穴"拓扑图，将爱欲还原为爱欲行为和生命孕育活动。本真的实存之道上，性差异作为本体裂隙——间距，在伦理勇气的发生之所，伦理规范走向一种伦理激情的敞亮之中。

【关键词】 性差异，伊利格瑞，爱欲现象学，伦理责任

新生命来到这个世界，人们提出的第一个问题就是："男孩？女孩？"确认之后，一套男女有别的文化建制就开始运作起来。这提问究竟是个体意义的，还是伦理层面的？都不是，是生命关照的自动反应，即伊利格瑞所说的本体——本原层面的。在西方哲学传统中，存在论关心的是大写的"一"（ONE）如何存在的问题，然后才是可见世界的分殊，性别就成了认识论层面的二元性问题——当然得益于 20 世纪勃兴的性别研究。第一哲学即形上学为万物如何如此这般而奠基，在这样的传统中，性别被排除在哲学问题之外。那么注重伦理生活的中国传统，性别问题在古老智慧的发端处即赫然显现，《周易·辞说》有云：夫妇之道造端乎伦理。这句话大概可以呼应伊利格瑞的女性主义哲学的内核，仅从字面意义上而言。之于我们，开启伦理之道的夫妇同时与其他四伦并置，即君臣、父子、兄弟、朋友，全是男人之间的关系。我们知道，在整个古代社会的生活经验之中，夫妇之道承纳阴阳二极的宇宙观，生命诞出自一个原初的伦理实体。那么什么是女人？"阴气盛女出"，阴为隐，为内，为不可见，而可见的"女人"只有妻子（妾）和母亲（女孩—姐妹初潮便

---

①　作者简介：张念，同济大学人文学院教授，博士生导师，主要研究领域包括：女性主义理论、政治哲学和文化理论。

嫁人,就女性成人世界而言,只有妻和母),在家(家族和宗族)的共同体之内,她们则成了内部的内部,即"家"之中的内帏。以父系为轴心,血亲和伦理身份是第一层包裹,而内帏这一实存的物理空间则是第二层包裹,内帏空间就是女人的身份认同。把女人一层层包裹起来,要看护的也是要禁闭的究竟是什么?另外,如何讲述"缠足"的故事,用女人自己的嗓音?所谓齐家治国,家与国在同一逻辑层面,没有像古希腊那样作出家与城邦的划分,所以亚里士多德才说:人是政治的动物,即没有城邦(政治),人和动物没什么区别。传统中国人会说,没有"家",人如禽兽。而我们的传统智慧就本体层面而言,事物的来处是"二"——伊利格瑞的核心哲学术语,以此质询大写的"一"——如古希腊哲学所理解的那样。

当然,无论西方本体论路径,还是中国的伦理路径,什么是夫妇之道?同样取法自然(宇宙论),这依然是形上学的,不同的是,后者没有逻各斯为中介,直接化成为夫妇蜃景?如果不是,那是形而下的生殖本能,动物也生殖,把我们全部的伦理原则奠基于动物本能,似乎很矛盾,因为生殖的动物没有"家",那么夫妇指的是什么?在伦理发生的现场,那开天辟地的第一对"夫妇"如何表征,是抽象的阴气和阳气?用伊利格瑞的话说,本体论也好,道德哲学也好,都是一副嘴唇在说话,全部都是男人的嗓音,阴性——女人的另一张嘴,即阴唇,是静默无言的。那么如何让女人的两副嘴唇一起说话,这是女哲学家伊利格瑞一生所致力的学术志业。

因此,我们可以把《性差异的伦理学》①读作对"夫妇之道造端乎伦理"这一命题的哲学思考。伊利格瑞通过追踪了六位男性哲学家的文本:他们是柏拉图、亚里士多德、笛卡尔、斯宾诺莎、梅洛-庞蒂以及列维纳斯,以身体线索的五个扭结构成五个重要议题,这包括:爱欲、空间—处所、激情、自我—包裹、不可见性和他者,我们发现,主题层层递推,最后抵达伦理现象学大师列维纳斯的话语场域。而列维纳斯的伦理学独特性在于从爱欲现象去思考神秘的"他者",即被爱的女人,这样一来,一桩关于"女性之谜"的哲学公案——东方/西方都如此,如何内在地支配着伦理学中不言自明的(道德)主体性原则,"他人即地狱"对应着"女人即深渊",这个内隐的"内帏—女人"终于露出峥嵘之貌。对此,西方压制排斥——逻辑上的第二性;东方隔离锁闭——内帏的分而治之。从发生形态学而言,同样都是对本原的摹写,一个是柏拉图的洞穴说,另一个就是《道德经》里的玄牝之门;一个是子宫形象,为真理—知识的洞外世界打底,本质(是其所是)取代本原;一个是阴户形象,

---

① Luce Irigaray, *An Ethics of Sexual Difference*, tran, Carolyn Burke and Gillian. C. Gill, London, The Anthone Press, 1993.《性差异的伦理学》已由笔者翻译,译本待出版。

此形象经过儒家的再次摹写,形成道德位序这一超稳定结构,得其位正,是其所是,给予生命以意义,并规范行为秩序,范导利益分配,形塑情感体验;从精神分析而言,摹写(语言—符号象征系统)基于恐惧,知识(主体)和道德(主体)筑起安全防卫的栅栏,那么恐惧什么?什么被拦截过滤掉了?正是这恐惧无意识激发了科学理性和道德理性定秩的雄心。

性差异的拓扑图形

现代秩序维度包括:人与神、人与人、人与世界,分别指向神学、人道主义、科学理性,这几乎也是整个近现代西方哲学史不同阶段的不同主题,而从伦理学的角度要厘清的是关系问题,谁和谁的关系,谁主导的,是谁在定义谁,以什么为中心,地心说还是日心说,主体哲学还是客体哲学?科学史哲学家米歇尔·塞尔认为,也许都是,不管怎样,新事物不断涌来,指引着未来。① 而今世界秩序的瓦解被体验为既有伦理的失败,大地似乎摇晃起来。如果还将伦理理解为我们所熟悉所信靠的那种秩序井然,伊利格瑞认为这样之于现实的骚动于事无补,而是应该拿出更大的伦理勇气,去勘探井然有序的生发之地(故事)。在那里,险恶的躁动带来生也带来死,只有穿越这样的两可局面,重新去问:阴—阳是如何相遇的,怎么在一起的,在一起的样子是怎样?也许新的伦理图景——是的,我们中国人说的位序结构难道不也是一种拓扑意义上的地形图吗——会增添新的定位元素(local),在地化不应该是总体性之下的特殊性调试,或文化上的多元主义——姿态上的礼貌而已,而应该是结构意义上的重新定位。《性差异的伦理学》正是从性别本体—本原层面,思考失败的原因以及重建秩序的可能性。

女性主义如果要向世界宣示新的价值,那么首要的工作就是重新绘制那"得其位正"新的拓扑。在这本 1993 年出版的讲座集开篇,伊利格瑞就宣称:性差异是我们时代最重要的议题,她试图在上述三个维度之外添加上男人与女人,或者说性差异本来就是既有维度中的隐线,她的静默如无言的自然,无言并不等于无声,只是主体的耳朵听不见而已。

如何让"女人"开口说,伊利格瑞在其早期的博士论文《他者女人的窥镜》作了大量的拓扑工作,这始源的图型就是柏拉图的洞穴—子宫。洞穴不是哲学史告诉我们的寓言,洞穴故事进行了双重的摹写,一个是戏剧(行为),一个投射(理念)。前者关乎对行动的模仿,后者关乎"大写的理念窥镜"对母性—始源位置的篡夺以及颠倒。伊利格瑞通过重读柏拉图的洞穴说,列出了自己的拓扑图形,与柏拉图的地形定位点相对应:投射墙/子宫后

① 米歇尔·塞尔:《生地法则》,邢杰,谭弈珺译,北京:中央编译出版社,2016 年,第 45 页。

壁,洞内矮墙/隔膜,处女膜,朝向洞外的通道,那个斜坡/宫颈管状物、阴道。亚里士多德说戏剧是对行为的模仿,看起来像一次真正的行动(looklike),这行动不是针对理念的模仿,这行动是生命的孕育过程,是鲜活的创生行动。我们知道剧场是古希腊人重要的生命空间之一,和广场集市(agora,民主)、神庙、家庭并置。伊利格瑞将这生命空间再次还原,那看起来像的,究竟像什么?这个什么才是本原。对于男性接生婆、产科医生和哲学家而言,这洞穴里的生命创生戏剧被改写成那个理念的脚本,就是说经由 logos 的编排——logos 最初的含义在古希腊哲学家泰勒斯那里是指两个比例及其等式——在洞穴—子宫—母性场所上演了,变化行为的过程被化约为一个等式,这个等式告诉我们:思维和实存的同一性。因此,这个秩序是这样的:先有洞外煞白的理性世界,然后才是生活世界的幻影流动;先有哲学家,才有在洞内深处被捆住、跪在地上的无知的“囚徒”,伊利格瑞的问题是,不可能像康德那样懂得游泳的知识就一定会游泳,或者一定要先知道妇产科知识才会生小孩?

那些只能看到投影—幻影的囚徒,背对两种光线,一个是洞内火把——据说是智者们的无聊意见,一个是洞口外的理性之光,这是双重否定的辩证法。伊利格瑞设想,这个走出洞内的囚徒必须彻底遗忘洞内的幻影、那些曾经存在过的痕迹,那些恐惧无助、因理性匮缺而导致的哑口无言,那试图站起来的勇气、力量、生长的挣扎被遗忘,彻底遗忘是为了更好地记住同一性的真理,而所有的当下(present)必须被表征—再现(represent)掠走:

> 这种思维转向暗示了一种跳跃、错误与滑动,这里充满危险。一个人可能丢失其视觉、记忆、语言和平衡,他通过一个单行道,否定了所有关系的枷锁和所有颠三倒四,他甚至敢于在颠倒中移动,但是他是在生死之间徘徊。这里有足够的理由说明那个囚徒现在被翻转过来了。①

和洞穴—子宫的分离,这是生命的第一道伤口,就理论而言,这“颠倒—翻转”的后遗症要蕴集千百年,这个个人才走向了弗洛伊德医生的诊疗椅榻,重新捡起“母亲”的记忆,理性父亲不可能单独抚育这个“私生子”。②

当然,分离不可撤销也不可调和,在柯林斯的俄狄浦斯王最终还是成了一个疯疯癫癫

---

① 露西·伊利格瑞:《他者女人的窥镜》,屈雅君等译,郑州:河南大学出版社,2017 年,第 546 页。
② [法]雅克·德里达:《khδra》,见《解构与思想的未来》,夏可君校编,长春:吉林人民出版社,2006 年,第 274 - 275 页。

的老头,但他的坏脾气使得他更加确信的是:要一切,不放弃任何东西。"错误的必然性"尽管被黑格尔放入辩证环节,但他的辩证法依然是个封闭的环套,其开创性的意义在于"此时此地"才是开端,主体就在我们自己的脚下,现在所站立的地方,不在洞外,也不在天上。伊利格瑞不满意黑格尔之后的哲学家,包括尼采和海德格尔,仅仅撞开了"生活世界"的半扇门,通往那曾被废弃的地洞。洞穴故事的错误不是逻辑层面的环节性中介,这错误在于"差异的渎职"。

因为透过理性窥镜所获得的"洞穴说"——伊利格瑞将其比附为妇产科的医疗器材,一种凹镜——只是看起来像,依然是种投射,与那囚徒看到的洞壁投影一样,就感觉而言。其真正的力量在于梦想和幻觉构成了让我们信念和判断的背景,①那些被废弃的踪迹不可抹除。并非要回到另一种起源,要么洞内要么洞外,而内外之间的洞穴自身却被遗忘了,洞穴自身是可思的吗? 这处所是空间还是质料? 有没有另外的拓扑,这图型尊重差异—间距,非线性、动态的,没有二元对立? 伊利格瑞说,有的,这就是"性差异伦理学"讲座提出的重要议题:封套的运动。

性差异为什么重要?

在赤裸生命这里,人总是已经被性别化了(sexed),这实存性的差异先于任何文化与自然的对立。在这个前提下,性—差异启动了思维活动,这总是已经被"定性"的性差异,其参照轴本应该是多重的和异质的,然而事情并非如此,经由形上学和认识论的框定,性差异(sexual-difference)在社会文化领域就被表征为单一的性别制度(gender)。

在柏拉图的洞穴寓言中,那站起来走出洞外的人成了哲学家,他的使命是返回洞中,解放被锁链困住的囚徒,这举动被称之为哲学教育,这样的哲学家在政治上被称为哲学王。而正义的理念正是基于洞内/洞外的合乎比例的对称性。而女性主义哲学家们认为这逻辑化的,几何数学化的拓扑对称性其实隐藏着另外的非对称性,移动本身值得思考。

既然柏拉图的拓扑图型是一种颠倒,这颠倒在海德格尔早期的讲座"形而上学问题"中回响,他试图回答:为什么存在者存在而无反而不在,"无"的本质是什么? 晚年在《同一与差异》一中,海德格尔为传统形上学破题,以存在和存在者的"绝对差异性"命题,将存在引入"生活世界",指出"差异之为差异"为本体运动机制奠基。伊利格瑞作为海德格尔的优异读者,她将海德格尔关于"绝对差异"的本体性论题导入"性差异"之中,将差异

---

① Dylan Evans,《拉康词典导读》,London,Routledge,1996,pp. 117 - 119。见词条"mirror stage",镜像是人才有的幻觉,6—18 个月大的婴儿和同龄黑猩猩不同,后者对镜像不感兴趣,小婴儿会兴奋。

者的差异存在释放到两性的面对面之中,贯通本体论和伦理实践,并以生命的本原活动——性活动和妊娠活动——为原初场景,证成系词"being"的丰富性、开放性及其险峻。

根据实存说法,洞外的真理世界不可见。问题究竟出在哪里?对此,女性主义最早的理论回应,就是波伏娃的《第二性》。这本具有浓厚存在主义气息的经典,完成了一个非常重要的工作,以"实存先于本质"的命题作担保,先把女性在历史和生活中的生命"处境"描述出来——这是海德格尔的术语,指实存论的结构性元素——幸亏有这个逻辑意义上的"先于",否则女人们根本无法显现,在历史哲学中他们的实存近乎鸡毛蒜皮,因为日常生活是反—哲学的。但波伏娃最后论及妇女解放的时候说,你们剪断了她的翅膀,却责怪她不会飞翔。问题又折回去了,究竟有没有在一种可称为"女人性"的本质,显然没有,本质怎么可能是二元的呢?那么"处境"中的女人要"越狱",这飞翔的翅膀是什么?波伏娃的回答包括她自己的生命践行表明只能是:像男人那样独立。两个对等的主体并肩而行,但她又告诫女人,不要忘记性差异。这性差异究竟说的是什么,是一般人熟悉的性别制度所导致的表面区别?可这性差异已经被文化整饬为一般意义上的习俗—习惯了,这不正是《第二性》所批判的吗?如果不是文化表征层面的,那么这性差异是指什么?

波伏娃留下的疑难显然是重新堕入了柏拉图对称性的圈套逻辑之中,"先于"并没有完全摆脱"本质",这根深蒂固的"主体"惯性杀了个回马枪,那么拔除"唯我论",女性主义理论会走向何方?虚无或神秘主义?他者的面庞只能盖上知识面纱,但无法抹除。就现实经验而论,解放了的女人不可能完成身体—处境的变性手术——跨性别恰恰是性差异运作的结果,这身体性的差异在《第二性》上卷开篇就被细致地论及,波伏娃把自己放在论争性的层面,驳斥男权视角中女性劣等的生理依据,这张身体—生命图谱有理由让女人说:我就是我的身体。这会被指责为性别本质主义吗?这样一来女权主义面临双重诘难:要么接受主体论,妇女解放的社会成果不言而喻,仅以 gender 为社会批判的方法论工具,以 human-right 为政治正当性根基已经足够?那么 feminism 就可以抹除了?要么放弃主体论,带着 feminism 这死气沉沉的被二次谋杀的"女人",重返本体论的发生之地,去侦查源头处那恐怖的从"娶母"到"弑母"的生命故事,修复和再造那曾遗失的女—主体事件。

伊利格瑞一方面她坚持主体性言说的重要性,这尖利的来自 gender 的噪音可以调试和平衡权利的倾斜,另一方面那别样的话语仿生学工作从哪里着手?别无他途,重返身体—生命创生的现场。因为身体依然是自然—文化的统一体,同时又是非自然非文化的,《第二性》正是在这个悖论性的身体—处境界面上,通过对女性经验的严密思考,波伏娃难题才终于在精神分析理论中得到一个解决之道,精神分析认为身体有自己的语言,不同于社会的话语系统,或者说后者也许是其模本。

关于创生故事,柏拉图晚年写了《蒂迈欧篇》,算是首次提及在《理想国》中被遗忘"洞穴"的本来状态。在《蒂迈欧篇》中与理型并置的正是"切诺"(chora),一个既非真空又非具体处所的载体或空间,一个接受者和容器,并和理型一样是永恒的。但这容器无形无性,她是"有",但又不是理型层面的理念,无从界定,这和柏拉图在该篇末尾谈论人的生命降生时的子宫相似,①经由德里达的名篇《切诺》的精彩解读,②他认为柏拉图说的"切诺"最好的例子正是"女性存在者",她不同于理型归因,有自己的理由(理性),否则柏拉图没有道理把她和理型并置称之为永恒的存在。这样一来,让波伏娃始终放心不下的,但又无从安置的"性差异"终于露出其端倪,这次不是存在主义的现象界,而是不可见的实在界。

于是女性主义者将柏拉图这本体层面实在的"载体"与子宫—母性—空间联系起来。在这样的思想背景之下,伊利格瑞重读柏拉图《会饮篇》和亚里士多德的《物理学》有关"空间—处所"的篇章,她发现其中的逻辑短路正是理性自身的界限所造成的,用伊利格瑞的话说就是:逻辑地去澄清女人缺乏逻辑这回事。

把柏拉图的颠倒再颠倒一次,离开洞穴是为了返回,对翻转的翻转并不意味着回到另一个起源,起源只有一个,就在此时此地。这样伊利格瑞和黑格尔更加接近了,或者成了半个黑格尔主义者,如其他卓越的当代法国思想家那样,在精神现象学的终末处去迎接新的黎明。这次女哲学家更加小心翼翼,拒绝在场形上学的诱惑,女性主义解救了同一性的羁绊,闭合的环套尽管曾经得到动态的辩证的推论,但伊利格瑞没有止步于此,她拒绝逻辑环套,就必须深入本体论,把在场形上学还原成在场无意识,在那性差异的裂隙处去寻找理论的生机。在亚里士多德的《物理学》中,时间是丈量运动—变化的尺度,同时也被运动和变化所丈量,那么历史终结就是应该采纳这古老的时间定义,当下,此时此地,正是那时间的时间性,既塌陷、断裂,同时也制造了过去与未来。

性差异只能是本体的罅隙,这哲学事故成就了哲学故事。但切诺依然找不到她的位置,腾出位置不是为了居有(property),是为了邀约一种适宜女人的栖居之地,女人自己的根据、自己的理性。正如阴阳两极,它们是如何吸引的,内外两个面是怎么缝合的,这就是

① 柏拉图:《蒂迈欧篇》,谢文郁译注,上海:世纪出版集团,2003 年,边码 91B,第 91 页。
② [法]雅克·德里达:《Khδra》,见《解构与思想的未来》,夏可君编校,长春:吉林人民出版社,2006 年。在这篇著名文献中,德里达重思柏拉图《蒂迈欧篇》中那个令人匪夷所思的希腊词"切诺",柏拉图认为切诺在创生活动中和"理性"对等,但无形无状,飘忽不定,无从定义。

说在二元之间存在一个第三者，第三类存在，才可打通有无、洞内洞外，可见与不可见的，知与无知、爱与被爱、男人和女人之间的阻隔，柏拉图的《会饮篇》认为是爱欲（eros）。爱诺是希腊神话中的小神，或精灵，它粗鲁、不修边幅并无家可归。小爱神是丰饶之神和匮乏之神的孩子，爸爸足智多谋，妈妈是个女乞丐，它是在美神阿芙洛狄忒的生日宴上受孕的。它"从母亲那里得来提问的习惯，从父亲那里汲取艺术的技能"。提问就是一种智慧的激情，是过程性，处在无知和智慧之间，倾向和趋附爱神的爱人们，他们是多产的富有创造力的，在爱之中的爱人们没有主动与被动，爱与被爱的区分，有的只是相互的给予。但在对话的后半部，爱成了"理性的政变"，变成了理念，爱的目的性或者说对象性越来越明显，爱要获取美、正义和不朽，柏拉图让爱神定居于城邦，他在《理想国》里说，一支由爱人组成的军队是战无不胜的，爱神被收编和羁押了。一种互渗互动的鲜活的此刻的爱欲生活，对所有生命来说都是值得拥有，并且是如此紧迫。但爱作为守护神，就这样被对象和目的取代了。

这个不同于爱人们的第三种力量，是无从定义的，正如我们身体中的器官隔膜或保护膜，它们既不是空间又不是器官类的组织物，因此《物理学》里的空间论干脆把柏拉图那说不清道不明的，如小爱神般游来荡去的存在当作没有生命的质料。而爱神，按照女祭司迪奥提玛的说法，是在主体之外的一个绝对边界行动位置，这个绝对才可形成看护的氛围，但这个位置被真理所占有，被爱欲的结果所标记，被另外的第三者即爱欲的结晶孩子所登陆，到《会饮篇》散场，爱神也黯然退去了。

封套：内外之间的女人栖居地

一个边缘的富有伸展性的居无定所的位置，伊利格瑞称之为封套。这个封套的含义大于亚里士多德的空间定义。亚里士多德认为：一物存在必须占有某个空间，或被整全意义上的空间（宇宙，空气）所包裹，一物既在空间（容器）之内，也可与容器剥离。伊利格瑞以性爱过程和妊娠过程为例，她的问题是：女人为世界提供封套——就目的论而言，但不是僵化呆滞的容器，这空间养生护生，有自己运动变化的理由和根据，封套自身的运动同样会具有空间性，运动自身同样具有善的目的。亚里士多德在《尼各马可伦理学》开篇就列出两种伦理的至善：一个是活动以外的产品，另一个就是活动（积极生活）自身。

这奇妙的封套既可在事物之内，也可在事物之外，可内可外，空间的空间。她必须是她自己的容器，她是质料又是形式，作为存在物，在话语系统中还找不到她自己的位置。她吓坏了，会慌乱地随便捡起外在的事物当成自己的封套：一个家，一个丈夫，一个孩子，还有美丽的华服,错乱从此绽出。从伊利格瑞的空间论来说,女人自己就是封套,那子宫那阴道,包裹孩子包裹男人,但作为事物而存在的封套有别于亚里士多德所说的占有一处的物理空间,那可计算的容积是静态的,只有运动时直上直下的,没有封套的舒张或收缩。亚里士多德顾此失彼,事物作为整体的一部分,它的变化似乎是单独完成的,这变化并不涉及空间—封套自身的改变。物理学意义上的空间概念无法解释封套的变化和运动,伊利格瑞引入精神分析概念,小孩将妈妈想象为阳具母亲,阳具—母亲可以理解为那整全的事物,用亚里士多德的话说是包裹万物的宇宙,欲望层面表现为被全能所覆盖的"绝对快感"(Jouissance),然而出生的事实制造了阉割的始源创伤,脱离母体进入外部的世界,从此这忧伤的记忆—伤口,仅仅依赖于语言符号整饬抚平,但是身体和语言的间距无法克服,这间距在伊利格瑞看来,正是为欲望的运作提供了条件,而非亚里士多德所认为的那样,事物的空间边界正好与形式(概念)的边界吻合,对此伊利格瑞才说:物理学家大多是形上学家。

而从女性主义的角度来看,这被征用的呆滞母性——空间外翻成"一"的形象,世界就成了子宫—封套的模本,而母亲—女人自己则成了被废弃的生命基地。这样一来,这基地,这载体,那说不清道不明的希腊名字"切诺",在女性主义的视野中有了自己的运动图谱,其拓扑标记包括:隔膜、黏液、膜状物、多孔性组织、皮肤,她们既非形式又非质料,这些标记本身就是生成者,都无法用确定的点、线、面所绘制。德里达说,这名字要找到自己的位置,但她并不是要求偿还。小爱神被城邦正义所羁押,这亏欠不需要清算,而是要找回那个更本原的位置,"母亲"自身的在想象界的镜像是怎样的? 如果不从小孩的视角看,其实《物理学》中有关运动的论述已经给出了另外的视角,只不过需要修复与再造而已。

所以,自爱在女人这里成了一个难题,那本原的封套运动建立的是与多重他者的联系,经验之中,女人一自爱,她就被劈成无数瓣,她无法从原子—个体那自得圆融的意义上闭合自身,自爱会牵扯太多的伦理愧疚,本质上的多元就会来捣乱。如果有本原的最佳范例,伊利格瑞说只能是性爱活动和妊娠活动,男人和孩子在女人的身体之中,这是与自身同一的始源场景,这非自身的存在被体验为亚里士多德意义上的"物体和封套—空间"同一性,但亚里士多德又说,作为容器,物体可以和她分离,物体在哪儿,空间就在哪儿。这下女人就会发慌,她的同一性无据可依了。

但伊利格瑞认为,封套一定是运动—欲望的朝向,因为她深藏间距的秘密,用波伏娃的话说,女人一生都在和自异性问题相处,就她们的不同生理—生命阶段而言,她有初潮,乳房隆起、月经循环、绝经等生理现象,这些生理现象使得女人的身体如一台生命—生成—自异又自洽的装置,这恰恰是其道德优势的现象学还原,饱含对他者的深切领悟(apprehend)。那么性爱活动不可能像人们所认为的那样,谁占有谁,谁依附谁,谁控制谁,而是一种相互的缠绕与包裹。另一种翻转,"是他将她放进自己的身体里,放进广袤的宇宙,把她从其所依附的狭小境地中解放出来",他的手和阴茎是道成肉身的表现,性活动在此时是开放的系词,being 的鲜活性就是男人为女人提供的封套,如尼采所喟叹的那样:我终于变成了空间,谢谢你接受我,我的灵魂。尼采后来自认为自己携带子宫,哲学的生产性难道是一场爬回"妈妈"肚子里的撤返—回归行动? 怀旧是伦理错误,是的,道成肉身的男人让性爱富有神性,而一般意义的母性—母爱是神圣爱欲的额外注脚。我们发现,女人在家里,阴茎在身体里,小孩在子宫—母亲怀抱里,这一套方位图完全不同于男性哲学家爱欲现象的方位图。

这样既没有理由如弗洛伊德所断言的那样:小女孩相对于小男孩,道德性(社会化)有所匮缺。如果爱欲图式是在相爱者的结合模式中得到理解,而不是在有男性所书写的欲望符号中,强迫女人如男人那样去欲求,女人就没有理由张皇失措了。

自爱被等同于自私,此处不宜栖居。那么爱他者,这传统中女人之女人性,即柔巽,是否就避免了这个难题呢? 不可能,因为没有自爱,我们不知道女人是作为什么去爱他者,她无立足之地,就伦理而言,关系就无从说起。

伊利格瑞认为这困境在于,男人原子般的自爱—自闭症不可能在爱欲关系中为女人提供封套,家四壁合围,作为他的私有财产,没有通道抵临他者。要偿还的倒是那被霸占的封套—伦理空间,男权—理性的自闭空间如何为我们、为女人提供适宜男人—女人一起栖居的世界,那么伦理关系就应该是一种可逆的双向维度:同一之爱/他者之爱,男人和女人彼此相互包裹。

爱欲:作为不可败坏的伦理责任

弗洛伊德说,身体有自己的语言,然而倾听身体的言说,不仅仅局限于精神分析的小黑屋。伊利格瑞建议男人们重新找回自己的"身体"。她列举了两个范例,一个是梅洛-庞蒂,另一个列维纳斯。

伦理学遵从规则,但始终不能克服这样的难题:他者之谜,即我如何能够感觉到接收到他人的感觉,他人对我来说如此不可捉摸,那么,我与他人的关系是基于什么立场而被规定的? 当然康德说基于理性。但问题是,如果人人都是理性之人,那么永无止境的冲突与对抗又是怎么回事？

如果认知的主—客关系绑缚了我们的直觉和感觉，那么有没有可能重新回到话语之前的"感觉摇篮"，回到感官层面，比如可见性，当然这是一个模糊的地带，视而不见不是矛盾性的表达，而是说"视"与"见"的间距制造了看的活动。看的活动过程里是交织着很多晦暗不明之物，这不同于和直观紧紧跟随的表象，看到某物脑子里马上弹出一个简单的概念，这是什么什么，知道这什么的什么，就是"见"，"看"仿佛就完满了。

如果没有概念呢？你看到一个叫不出名字的存在，这时"看"大于"见"，所以梅洛-庞蒂才把看的目光称之为一种触摸，比如有人从背后看我，脖子或后背会有感应，但你看不见背后那人，他人的看不可看，但可感触。这感触是沉默的经验，不可见但可感触，而可见的随着声响而言，一个言辞的声音，一个能够发出声音的词汇。他者是无名的，但我能感受到他者的触摸。

感触的界面是身体，身体是可见的，那么身体的语言就变得神秘了，需要破译？

在这个是否需要破译，是否能够得到理解的节点上，伊利格瑞和梅洛-庞蒂产生了分歧。她认为梅洛-庞蒂没有彻底根除目的论，他的现象学还是在为这个以视觉为中心的主体服务，或者是某种艺术现象学，比如我们常常听到的这句话：这幅画我看不懂，或我看懂了。

正如直观要去跟简单的概念汇报，梅洛-庞蒂的感触须得向可见性靠拢，尽管他说的可见性是鲜活的开放的，这里存在两次扭转：他人的看被我的脖子知觉到，感触是无言的，但脖子是身体的一部分，我的身体知觉到了他人的看，脖子发热的知觉，发热当然不是被动性的物理反应，这里不是说目光带有温度，而是强调身体感应和身体知觉的奇妙。这知觉还不是概念，是身体的一部分，那么可以说我知觉到了一种不可见的可见性。体验依然为意义的更新服务，他者为我而在。

当然脖子背后那不可见的可见性，有其重要的伦理维度，正如神的凝视，良心接收到，会不安。看是包裹和触摸，但这依然是超越性的触摸，从性差异的角度说还不够"现象学"，还需进一步还原：一种是母亲产前凝视的位置，她和胎儿的交流，在彼此的不可见性中看见彼此；另外这神性触摸就是爱人们的触摸，爱人的爱抚，眼睛看不到爱抚，爱抚只能感触不可看。爱抚为我们彼此的身体塑形，爱抚这肉身的差异，而不是看，爱抚把彼此变成那个完全不同于俗见中的、曾经被看见过的男人和女人，这感知经由差异而生产差异，彼此不同，进而与自身不同。

如何建立起与他者的关系，梅洛-庞蒂的分析非常的精微，他者如光或电流，刺激我的身体,这和笛卡尔的好奇类似,每次相见都如初相见时的雀跃,新颖带来激情。尽管梅洛-庞蒂无比感激他物或他者的馈赠,卸下主体的傲慢,去探究可感世界的知觉逻辑,"这逻辑既不是我们神经构成的产物,也不是我们的范畴能力的产物,而是对一个世界的提取,我们的范畴、我们的构成、我们的'主体性'能够阐明这个世界的框架"。① 既非生物性的,也非知识性;既非生理冲动又非伦理规范,这逻辑需要被言说,但伊利格瑞认为这还是男性主体升级版本,因为感觉不可对象化,梅洛-庞蒂自己也说意向性依然有对象,内在心理对象依然是对象,至少有种倾向之姿先于感觉。而感觉处在内外之间,他在我的身体之中,而我在他的怀抱之中,内外缠卷,在差异的间隔中保持连续性,因此,激情不是瞬间的事物,它具有连续性,而只有差异能够做出这样的承诺。这差异如梅洛-庞蒂所说的肉身漩涡,时间性和空间性相互包覆、渗透和缠绕,这形象才是伊利格瑞要伸张的爱欲现象学,肉身漩涡不可让渡。伊利格瑞振聋发聩地说:神用肉身来爱我,爱人的手靠过来了。

触觉就是触觉,不可被视觉取代,它们之间没有互逆性。伊利格瑞顺着性差异的路径走到列维纳斯《爱欲现象学》的文本中,这里有爱抚,但让她不满的是:爱抚中显现的是被爱的女人,被爱的女人在虚弱中升腾起他者的神性光芒。如何感知他者,列维纳斯认为,只有爱欲彻底地丧失对象的时候才有可能,裸露的身体是无名的,在此我们的感官走得更远了,既不是生理意义上快感,"快感"仅仅是急切本身,而是一种朝向新的道德知识的急迫感,去爱他者的爱。裸露的身体处在一种"女性状态",这温柔的意志没有对立面,也无法映衬出身体性方面的"我能"——这涉及自由意志。温柔意志表现在爱抚中,爱抚不会攫取、占有什么,爱抚不会定于一格,爱抚如流淌的涓涓细流,它并不想抓住什么,但它撩拨,撩拨那隐匿的试图逃走的事物。爱不可认知,不是知识,在这里连情感元素也作为某种知识而存在,比如爱美,爱相知,爱门当户对,爱着他人对我的爱护,总有概念出没才有好的感觉。但爱欲中的爱抚,什么也抓不住的爱抚,会将我们带向另外的层面,会为知识为道德打开新的面向。列维纳斯借助爱欲现象学来让我们感知"爱抚"的道德意识,因此,他才说:"道德意识完成了形上学,如果形上学就在于进行超越的话。"② 爱欲现象超越对象,超越社会关系,超越主/奴、超越控制与反控制,让伊利格瑞惊叹的是:男性哲学家就是不肯说出性差异的超越性,在此他者能被感知,但没有恰切的伦理位置。性差异帮我们在伦理图式中"协同定位",其前提就是女人的显身,让好消息灌注于此时此地。

爱欲的道德意识现在产出了一个孩子,列维纳斯接下来就开始说生育了,孩子成了这

---

① 梅洛-庞蒂:《可见的与不可见的》,罗国祥译,北京:商务印书馆,2016 年,第 316 页。
② 伊曼纽尔·列维纳斯:《总体与无限——论外在性》,朱刚译,北京:北京大学出版社,2016 年,第 252 页。

场爱欲现象的战利品,是男性主体—我自身的陈列物。伊利格瑞的诘问是:爱欲还是被利用了,男性哲学家在他们触及道德来源的羞耻和亵渎问题的时候,肉身的原罪依然在场,爱欲因而是苦涩的,这样的他者伦理学因为性差异维度的匮乏,必然会重复着神学的叙事框架。

女性状态,女性爱人的脆弱性,他者的非人格性,这些在列维纳斯的他者伦理学中,试图代表着未知的有待发现的维度,但爱欲现象学分明试图在爱抚行为中唤起并感知这"未知",即这在场的"将来"。伊利格瑞认为列维纳斯真正的苦涩在于:当男性爱人攀升到超越性的高度时,女性爱人堕入到列维纳斯所说的"具有温柔意志的婴孩或动物状态",一个那么高,一个那么低,他们怎么相遇的,怎么相爱的? 现象学中男性主体单独地把存在实现出来了,即他们说的超越,这是理论的重要收获,但是正如德里达在《马刺》一文中所言,他们的"林中路"遗忘了女人。

他者—女人依然是男性哲学自身自异性的一种投射,他们把这自异性外化成外部事物,然后再通过道德攀升以此克服这分裂。伊利格瑞认为,如果女性爱人也具有同样的伦理责任呢,她也要攀升,在同样的高度,如何述说她的他者之爱?

女性有着针对无限性的不安和恐惧吗? 显然不是,有两种哲学,男人的和女人的,女人认为我们相爱,那么我们的身体也相爱,这里既不涉及高度,也不涉及深度,是在肉身记忆中保存的栖居之所,她不是天使,不是女神,她要的此时此地,今生今世。这样的伦理之境需要男人和女人共同承担风险,这地方被称作"非域之境"(atopia)。

Sexual-difference, An Ethics of Pathos

ZHANG Nian

【Abstract】 There have been achievement viewed from ontological ethics on ereignis considering that dilemma of modernity is ethical dilemma mostly. irigaray as feminist philosopher interpreted that sexual-difference is aways the original place where ethics taking place, through which the subjective residues from phenomenology is dissipated. she redesigned Plato's topographic cave and restored eros to erotic action and pregnancy. as interval, sexual-difference is taking place with which ethic courage is breaking forth, meanwhile ethical rules transforming to ecstatic pathos.

【Keywords】 Sexual-difference, Luce Irigaray, Phenomenology of Eros, Ethical Responsibility

【美德伦理学】

伦理视野下的中世纪亚里士多德主义

王　晨①

【摘要】本文试图通过厘清"中世纪亚里士多德主义"这一术语的明确内涵,在亚里士多德主义者和反对者的竞争中考察中晚期中世纪伦理思想的发展。文章在交代中世纪亚里士多德学说复兴的背景之后对中世纪亚里士多德主义发展的不同阶段进行分别讨论,首先说明 13 世纪经院学者如何继承并发展亚里士多德的实践学说以及保守主义神学家的应对措施,其次通过对"自然与神迹""理性与意志""政体与教会"的详细讨论指出14 世纪理性主义者和意志主义者对亚里士多德实践原则的贯彻和反驳。

【关键词】亚里士多德主义,中世纪伦理学,经院哲学,理性主义,意志主义

世俗与神圣之间的微妙关系是中世纪历史进展的内在动力,中世纪思想的各个领域都与这个对子密切相关。然而囿于中世纪鲜明的宗教底色,以往的研究过于倚重天主教②完备的话语系统对相关议题进行解释,这使得直到 20 世纪中叶的中世纪思想研究几乎等同于天主教思想研究。③ 近年来由于新材料的不断发现和研究视野的大幅拓宽,中世纪研究重新受到学界的重视。诸文明的交互影响,科学与哲学的复兴,12、13 世纪大学教育的蓬勃发展,14 世纪罗马法的复兴……相关研究在呈现出中世纪内在丰富性的同时也让学者反思对于中世纪思想的标签化处理是否恰当。天主教中心主义的解释路径对中古世界宗教背景强调的代价是对 12 世纪以来全面复兴的世俗力量的低估。然而传统哲

---

① 作者简介:王晨,复旦大学哲学学院伦理学博士研究生。
② 本文涉及东西教会分裂之前的相关内容时统一使用"基督教"这一术语进行论述,在涉及东西教会分裂之后的内容时根据论述需要使用"天主教""基督教"等术语加以区别,考虑到指称的差异性特此说明。
③ 吉尔松(Etienne Gilson)指出:"天主教思想、犹太教思想与回教思想相互影响,而且一再影响,如果把它们当作几个封闭而且孤立的系统来研究,是不能令人满意的",然而其书中论述的二十个主题却都是在论证"天主教哲学"这一概念的合法性基础上,在天主教语境中展开的。作为中世纪思想史研究的权威,吉尔松的考察方式对后世影响深远。参见吉尔松:《中世纪哲学精神》,沈清松译,上海:上海人民出版社,2008 年,第 19 页。

学史对这一时期的研究也同样不可取,以概念为核心的哲学史在处理新旧世界变迁时略去了大量细节,以至于理性似乎呈现为一种代替旧权威的新信念突然登上了历史舞台。事实上,理性原则自 11 世纪起就经由辩证法的复兴被确立起来,新旧世界的交替与其说是对于理性不同的态度,不如说根本上是对人性及人类社会之权力结构的全新理解。长期持续的文明冲突、世俗生活与神圣领域的张力、异教思想的活力和基督教权威的弱化使得人们不得不寻求新的出路。这些矛盾都通过 13 世纪西欧与亚里士多德的相遇这一改变西方文明进程的历史事件而获得了理论化的表达。世俗与圣神的张力被自然与启示、律法与神迹、理性必然性与意志自由、国家与教会等关系具体地呈现出来,13、14 世纪的经院学者正是在吸收亚里士多德思想资源的前提下以支持或反对的立场在论辩过程中推动历史进程的。

一、"中世纪亚里士多德主义"的概念界定与判摄标准

整个哲学和科学在中世纪中晚期的复兴及其后来的境遇都和拉丁世界与亚里士多德的全部著作相遇有着莫大的关系。在 12 世纪之后的数百年里,以亚里士多德的名义复兴起来的知识渗透到西欧教育的各个学科之中,学习和运用亚里士多德的学说成为当时极为普遍的现象;因此,当学者在使用"亚里士多德主义"或者"中世纪亚里士多德主义"的标签来对这一影响加以说明时,多少存在着模糊性。这不仅是因为"亚里士多德主义"(Aristotelianism)并没有对应的拉丁词,该术语直到 16 世纪才被确定下来,同时也因为亚里士多德学说在中世纪的广泛影响,学者几乎无法对"中世纪亚里士多德主义"的确定内涵进行严格界定。不仅像大阿尔伯特(Albertus Magnus,1200—1280)这样乐于接受亚里士多德的学者使用着亚氏的理论;波纳文图拉(Bonaventure,1221—1274)、司各脱(John Duns Scotus,1265—1308)这些对亚里士多德并不十分友好的神学家也多少借鉴了亚氏的理论;然而在奉亚里士多德为哲学权威的阿奎那那里,亚氏的哲学原则却并没有被严格地贯彻到底。因此,奈德曼(Cary J.Nederman)认为中世纪的"亚里士多德主义"具有一种矛盾的性质:"它无处不在,同时也并不在任何一处。"①由于亚里士多德的学说成为中世纪大学文学院(Faculty of Arts)的基础课程,几乎所有中世纪的饱学之士都或多或少地受到了亚里士多德主义的影响。爱德华·格兰特(Edward Grant)也指出:"亚里士多德主义的本质处于一套基本的一般原理的核心,所有的中世纪自然哲学家都赞同这些原理,

---

① Cary J.Nederman, *The Meaning of "Aristotelianism" in Medieval Moral and Political Thought*, Philadelphia:University of Pennsylvania Press,1996,p.564.

没有人对此提出过挑战。这就是使他们成为亚里士多德主义者的东西……不幸的是,很难确定中世纪自然哲学家认为什么是亚里士多德的核心原理。"①究竟什么是中世纪亚里士多德主义的核心原则,判断一个思想家是否是"亚里士多德主义者"的标准又是什么?这是首先要解决的问题。

关于该问题,学者们给出了不同的界定方法和相应的判摄标准。部分学者认为,鉴于亚里士多德的文献和学说对中世纪造成的影响是多方面的,因此应该依程度不同而区分为宽泛的亚里士多德主义和严格的亚里士多德主义;另有一些学者认为,应该依照中世纪知识的门类和学科的划分分别给出相应学科内对于亚里士多德主义的判摄标准而非仅仅从总体上做出模糊的界定。保罗·奥斯卡·克里斯蒂勒(Paul Oskar Kristeller)从文本学的角度提供了评判标准,他指出:"亚里士多德传统……包括各种各样的思想者和观念,它们由于共同引用亚里士多德的著作而联系在一起,构成了哲学学科中阅读和讨论的基本材料。"②阿兰·葛维慈(Alan Gewirth)给出了一个和克里斯蒂勒相似但并不相同的概念界定标准:"'亚里士多德派'这个表述……仅仅指那些使用亚里士多德任何概念或学说的作家。因此它是一个包容性的术语,并不意味着对亚里士多德的解释进行正确性和权威性的判断。"③这两个标准都强调文本的价值,使用亚里士多德的文献和术语是判断中世纪学者是否为亚里士多德主义者的一个必要前提,二者的区别在于克里斯蒂勒仅仅强调对亚氏文献的引用,而葛维慈强调将亚氏的文献和学说作为权威来引用。这类标准虽然非常直接地强调了文本的重要作用,但是纯文本的考察并不能提供有效的判断依据,很多经院学者在其作品中部分地遵循着亚里士多德,一边又用亚里士多德的这个原则反对他别的结论,仅从文本运用方面无法断定其立场。更重要的是,在 13 世纪翻译运动兴起之前,亚里士多德的主要作品并不为拉丁世界熟知,很多学者是借助西塞罗和波爱修等人的文献间接地遵从和运用亚里士多德的学说的,仅仅文献层面的判摄标准不足以界定这类学者的思想。这也说明亚里士多德的著作和学说并不是"空降"到拉丁世界的,在此之前,学者们通过其他文献知晓了亚里士多德的学说,并为随后的复兴做好了准备。所以相较于直接的文本,基于核心概念的判摄标准似乎更有说服力。麦金太尔指出,阿伯拉尔(Pierre Abélard,1079—1142)在其《伦理学》中用来界定善恶的美德概念正是来源于波爱修所传授的亚里士多德关于美德的论述,他强调:"古典的、亚里士多德传统内(无论希腊

---

① 格兰特:《近代科学在中世纪的基础》,张卜天译,长沙:湖南科学技术出版社,2010 年,第 199 页。
② Paul Oskar Kristeller, *Renaissance Thought and Its Sources*, Chicago:The University of Chicago Press,1981,p.39.
③ Alan Gewirth, *Marsilius of Padua and Medieval Political Philosophy*, New York:Columbia University Press,1952,p.33.

样式还是中世纪样式)的道德论证却至少包含了一个核心的功能概念,即被理解为具有一种本质的本性和一种本质的目的或功能的人的概念。"①人性(human nature)、自然(nature)确实是亚里士多德哲学的核心概念,可是麦金太尔的标准仍旧只能在宽泛的意义上指出亚里士多德式道德论证的基本要素,却不能仅仅根据这些讨论涉及自然或人性的积极功能就将其断定为亚里士多德主义的,毕竟这些概念不是为亚里士多德所独享的。

采取分学科的而非整体性的方式界定中世纪亚里士多德主义的学者似乎更有成效,效法爱德华·格兰特在自然科学领域给出的标准,奈德曼提供了中世纪实践学问中的亚里士多德主义的判断标准。《尼各马可伦理学》的第一个译本出现在 12 世纪,但只涵盖了第二卷和第三卷(*Ethica Vetus*),第二个译本,仅仅包含第一卷(*Ethica Nova*)以及一些段落,直到 13 世纪初才出现。② 比起考证文献和概念的历史,他更关注于实践学科本身的构成部分,并援引 11、12 世纪的资源对其立场加以说明。"实践可以分为独居的、私人的和公共的;或者将其分为伦理的、经济的和政治的;或者再次分为道德的、行政的(*dispensativam*)和公民的……当我们将伦理学称为实践的一个分支时,我们应该把这个词用在个人的道德行为上,这样伦理的知识和独居的知识是相同的。"③这段来自圣维克多的雨果(Hugh of Saint Victor,1096—1141)的论述表明,一种不同于奥古斯丁式道德哲学描述④的实践哲学划分方式已经受到关注。多明我·冈迪萨林(Dominicus Gundisalvi,Dominicus Gundissalinus,1115—1190)对此进行了更为明确的论述:"公民科学(Civil Science)探究行动的类别,和有意志的受造物的习惯;探究导致这些习惯性行动的品质、道德以及运作;探究这些行动的目的;它教导这些应该如何存在于人身上,以及以何种方式在人身上被固定和塑造……它在那些运作的和通过计算和演绎的方式发生的行动之间做出区分,在那些能带来真正幸福和不能带来幸福的行动间做出区分。"⑤可见,以亚里士多德的方式来思考实践知识的主题和内容的想法绝非偶然地出现在了前经院哲学的中世纪

① 阿拉斯戴尔·麦金太尔:《追寻美德:道德理论研究》,宋继杰译,南京:译林出版社,2011 年,第 74 页。

② Norman Kretzmann, Anthony Kenny, Jan Pinborg, *The Cambridge History of Later Medieval Philosophy from the Rediscovery of Aristotle to the Disintegration of Scholasticism, 1100—1600*, Cambridge: Cambridge University Press, 2008, p.657.

③ Cary J.Nederman, *The Meaning of "Aristotelianism" in Medieval Moral and Political Thought*, p.576.原文参见 Hugh of St.Victor, *Didascalion*: *De Studio Legendi*, ed.C.H.Buttimer, Washington, 1939, 6.14。

④ 奥古斯丁沿用了柏拉图而非亚里士多德的哲学学科划分方法:"柏拉图把哲学分为三个部分:一个是道德哲学,主要涉及行动;另外是自然哲学,与思考相关;第三是推理哲学,在于区分真假",此外奥古斯丁对道德哲学的界定非常窄,仅将其视作关于个人行动和德性之恰当目的的知识。参见奥古斯丁:《上帝之城:驳异教徒》,吴飞译,上海:上海三联书店,2007 年,第 285 - 286,291 - 292 页。

⑤ Cary J.Nederman, *The Meaning of "Aristotelianism" in Medieval Moral and Political Thought*, p.579.原文参见 Dominicus Gundisalvi, *De Divisione Philosophiae*, ed.Ludwig Baur, Munich, 1903, p.134。

拉丁学术里。据此奈德曼认为,其他学者未能清晰地界定"中世纪亚里士多德主义"的原因,在于他们并未真正意识到中世纪亚里士多德学说在被中世纪学者运用时所拥有的独特哲学意义。即便没有阅读过亚里士多德的原始著作,这些中世纪学者仍有意识地采纳了亚里士多德的学科划分方式并在实践学科中强调对公共领域的关注,这才是判断一种实践学说是否为亚里士多德主义的标准。

奈德曼关于实践学科中的"中世纪亚里士多德主义"的界定方法的启发之处在于他让研究者从知识的构成方面来考虑这一术语的界定标准,然而用此标准来评价经院学者的立场时则会遇到新的困难。自 13 世纪起,几乎所有知识精英都熟悉亚里士多德的学说,不论是大学在俗教师还是各修会的学术领袖都深受其影响。即便像波纳文图拉这样的保守主义神学家也综合了奥古斯丁和亚里士多德对于知识的分类方式。① 虽然承认亚里士多德的哲学科目表,但波纳文图拉坚持认为所有自然知识都只能以启示之光为前提才有意义。这不仅意味着在奥古斯丁主义神学家那里,哲学并没有其独立的真理性根据,更重要的是当哲学原则和神学原则发生冲突的时候,这类神学家必然会牺牲哲学来捍卫信仰的真理性。天主教传统对实践问题有一套独立的理解模式,虽然亚里士多德被经院学者视为自然理性的权威,但这位大哲学家并没有成为智慧和幸福的终极权威。严格的亚里士多德主义者肯定会认为关于人的幸福只能以亚里士多德的方式实现,伦理学和政治学的理论研究以及相应的实践必能切中目的;神学家却教导人们恩典和拯救才是人生至福的真正所在。

因此,关于中世纪亚里士多德主义宽泛却也恰当的判断标准可能是:一种中世纪的实践学说是亚里士多德式的,那么在处理幸福及其实现的探讨中必须包含亚里士多德提供的方案,必须肯定人的独立价值,肯定理性、德性和政治共同体在幸福的实现中所起到的不可或缺的作用。据此我们或许可以在中世纪伦理学的范围内给出一份有代表性的名单:以布拉班特的西格尔(Sigerus de Brabant,1240—1284)和达契亚的波埃修(Boethius de Dacia)为拉丁阿威罗伊主义者,由于捍卫哲学独立的地位而更像严格的亚里士多德主义

---

① 在《论艺学向神学的回归》中,波纳文图拉借助奥古斯丁关于知识的光照学说将知识分为关于技艺的光照、关于自然的感性认识之光、关于可理解的真理的哲学认识之光和关于拯救的《圣经》之光,其中哲学之光包含物理学、逻辑学和道德学,而道德学又包含了修道哲学、家政哲学和政治哲学。参见赵敦华,傅乐安编:《中世纪哲学》,北京:商务印书馆,2013 年,第 1236－1240 页。

者,但丁凭借其政治学著作《论世界帝国》(*Monarchia*)而跻身这一行列;大阿尔伯特[①]和阿奎那[②]因其对亚里士多德作品的评注以及在他们的实践学说中充分考虑亚里士多德思想的重要性并且承认哲学和人的完善之间的必然关系,可以被视为温和的亚里士多德主义者;虽然也运用了亚氏的学说,但是波纳文图拉、司各脱和奥卡姆(William of Ockham,1285—1349)这些方济各会的大师则是立场鲜明的反亚里士多德主义者[③]。

二、中世纪亚里士多德主义的兴起与反响

正如无法对"中世纪亚里士多德主义"这一术语进行精确界定一样,任何一种对中世纪中晚期思想发展脉络的概念化梳理尝试都带有极大的风险。在高度评价亚里士多德学说对于 13 世纪经院哲学的构成性作用之余,学者们往往留于文献翻译的历史事实而忽略对这一哲学复兴运动更深层次原因的思考。回顾基督教历史便不难发现,早期教父正是在与异教徒的论战过程中确立起基督教神学独立的真理性根据的,难以想象数百年后阿拉伯世界提供的希腊哲学与相应的注解能够获得如此不同的待遇。德尔图良(Tertullianus,150—230)护教神学中揭示出的雅典与耶路撒冷的张力以及奥古斯丁对堕落人性和罗马政治的深刻批判难道随着时间的推移丧失了解释力吗?亚里士多德主义的复兴究竟又为中世纪世界提供了怎样的可能性呢?

如果说"黑暗时代"的标签对于中世纪前期历史的判断多少有失公允,那么将其视作对该时期理论成就的评价则多少是恰当的。随着西罗马帝国的灭亡,"自由七艺"[④]的教育仅留有空洞的形式,数百年里世俗知识和神学理论的进展极为缓慢,这一状况直到 11 世纪才有所转变。卡洛林文艺复兴最重要的贡献在于"三艺"中的逻辑或辩证法的复兴,

---

① 大阿尔伯特是第一个对亚里士多德作品给出完整拉丁文评注的思想家,他于 1248—1252 年以及 1263—1267 年间完成了两部关于《尼各马可伦理学》的评注。大阿尔伯特的评注特点是在其研究中对哲学和神学的内容作出了严格的区分。Norman Kretzmann,Anthony Kenny,Jan Pinborg,*The Cambridge History of Later Medieval Philosophy from the Rediscovery of Aristotle to the Disintegration of Scholasticism*,1100 – 1600,p.660.

② 阿奎那在 1271—1272 年期间在参考格罗斯特的修订版的基础上完成了他的《尼各马可伦理学》评注,虽然评注中没有明确使用阿尔伯特的科隆演讲(Albert's Cologne lectures),但是其评注明显受到了大阿尔伯特的影响。参见 Norman Kretzmann,Anthony Kenny,Jan Pinborg,*The Cambridge History of Later Medieval Philosophy from the Rediscovery of Aristotle to the Disintegration of Scholasticism*,1100 – 1600,p.662.

③ 14 世纪在巴黎完成对《尼各马可伦理学》的学习和评注成为获得文学(Art)硕士学位的必要条件,然而 14 世纪的两位最重要的思想家——司各脱和奥卡姆的威廉都没有对《尼各马可伦理学》做过评注。

④ 自由七艺(the seven liberal arts)包括语词技艺(三艺,*trivium*)——语法、修辞和逻辑(或辩证法),以及数学技艺(四艺,*quadrivium*)——算数、音乐、几何学和天文学。关于中世纪自由七艺的复兴,参见瓦格纳:《中世纪的自由七艺》,张卜天译,长沙:湖南科学技术出版社,2016 年,第 26 – 32 页。

这直接导致了哲学和思辨神学从适时复兴的辩证法中兴起。① 世俗生活的日益繁荣复杂促进了专业知识的发展及相应行会组织的成立,自12世纪起在主教座堂学校和托钵僧团学校之外综合性大学被陆续建立起来。这些现实条件都为拉丁世界接受亚里士多德哲学体系提供了极为有利的保障,总体上宽松的社会氛围和高涨的求知欲使得亚里士多德学说在传入之初并未受到来自教会的阻力。发现亚里士多德体系的过程在1100年左右就开始了,直到1270年才结束。② 在此期间的主要工作是翻译并理解亚里士多德本人的原始文献以及相应的阿拉伯学者的注释。亚里士多德关于逻辑学方面的著作由于中世纪辩证法教学的需要被首先翻译出来,随后是自然哲学和形而上学作品(《论灵魂》《物理学》和《形而上学》等),实践哲学著作的翻译则在最后完成——作为中世纪通行的《尼各马可伦理学》拉丁译本则由格罗斯特(Robert Grosseteste,1168—1253)在1246—1247年完成,同时一并出版的还有关于《尼各马可伦理学》希腊文注释的拉丁文翻译;③《政治学》则是在1260年左右由莫尔贝克的威廉(William of Moerbeke,1215—1286)从希腊文译出。④

拉丁亚里士多德主义发展的第一阶段的主要工作是由经院学者完成的,大学教师和多明我会神学家为此付出大量精力,翻译运动不仅确立了亚里士多德作为哲学权威的地位,也为拉丁世界提供了全新的理性主义世界图景。随着新的论证方法和详实的文献材料出现,"世界的永恒性"⑤"灵魂不朽和现实的无限性"等形而上学问题在亚里士多德哲学原则的支持下被发挥出来,敏锐的思想家都意识到以理性推论为基础的哲学和启示神学之间存在难以调和的冲突。以大学文学院教师为主要群体的激进亚里士多德主义者通

---

① 参见大卫·瑙尔斯:《中世纪思想的演化》,杨选译,北京:商务印书馆,2012年,第116页。
② 同上书,第248页。
③ 这些评注包括:Eustratius对第一卷和第六卷的评注;3世纪无名氏对第二到五卷的评注;以弗所的迈克尔(Michael of Ephesus)对第五卷、第九卷和第十卷的评注;12世纪无名氏对第六卷的评注;以及亚斯巴修(Aspasius)对第八卷的评注。Norman Kretzmann, Anthony Kenny, Jan Pinborg, *The Cambridge History of Later Medieval Philosophy from the Rediscovery of Aristotle to the Disintegration of Scholasticism, 1100-1600*, p.659.
④ 《政治学》最早的拉丁文注释由大阿尔伯特在1265年左右完成,此后阿奎那对《政治学》的第3卷第6章之前的文本做了注释,剩余的部分由其弟子奥涅弗的彼得(Peter of Auvergne, ?—1304)完成。由于《政治学》拉丁译本存在一些错误,且阿拉伯世界没有关于该文本的研究,中世纪学者对亚里士多德的政治思想可能因此而产生部分误解。参见同上书,pp.723-730。
⑤ 13世纪重要的思想家几乎都参与了关于世界永恒性的讨论,在这场持续近一个世纪的讨论中,延续性、持续性、永久性、不灭性、永恒性等概念被反复争辩。经院学者在此过程中区分了永恒(aeternitas)、永常(aevum)、时间(tempus)三个概念,在处理世界的受造与永恒问题的同时涉及了圣神意志、人类灵魂和尘世共同体的讨论,在此过程中不同学者凭借各自立场鲜明的理论处理神学和哲学的关系问题。Richard C. Dales, *Medieval Discussions of the Eternity of the World*, Leiden: E. J. Brill, 1990, pp. 86-129.参见恩斯特·康托洛维茨:《国王的两个身体》,徐震宇译,上海:华东师范大学出版社,2018年,第392-411页。

过指出神学和哲学相互独立的平行关系来捍卫哲学和亚里士多德原则自身的真理性。这种二元论立场试图强调作为逻辑推论必然结果的哲学结论与神学教义的无涉性以回避神学家的责难。作为温和亚里士多德主义者的阿奎那则依据亚里士多德原则发展出一套自然神学，在自然理性与特殊启示的关系问题上通过阐明恩典对自然的成全关系来维系哲学与神学整体的统一性。以波纳文图拉为代表的保守主义神学家虽然也部分地运用亚里士多德的学说，但更多是在保证神学理论真理性的前提下对哲学进行改造，并且对亚里士多德在哲学上的权威性提出质疑。①

关于世界永恒性的形而上学思考在揭示出神学与哲学的紧张关系之余也间接影响了经院学者对实践问题的思考，对于人性的积极评价和对理性能力的高度信任助长了人们对尘世生活的乐观态度。虽然亚里士多德笔下的城邦政治实体不再现实存在，经院学者仍旧可以运用亚里士多德实践哲学中具有普遍意义的论证来指导实践生活。亚里士多德伦理学凭借目的论学说提出了对幸福这一人类实践之终极目的的论述，幸福是因其自身之故而被欲求的东西，这一目的不是外在地被给予的，而是人类凭借实践理性能力把握到的；同时这个目的也并不在别处而是在人自身，人的自我实现就是这一目的的达成。因此激进的亚里士多德主义者只需遵循亚里士多德教诲，借助理性的力量就足以发现并实现这一目的。然而神学家即使承认这套学说内在的融贯性也能够提出质疑，依据就是《圣经》中关于人类堕落的描绘：人类的罪正是由于不听从神的教诲而相信自己的判断，才会被魔鬼引诱而被赶出乐园，失去与神同在的至福。经院学者并没有像早期教父那样强调原罪学说，只是在理性与幸福的关系上他们和哲学家存在分歧。亚里士多德主义者强调理性与幸福的必然关系，这种自然主义的立场并没有为启示留下空间；阿奎那则希望恩典能够成全自然，因此人类可以拥有自然的幸福和超自然的幸福，双重幸福学说让亚里士多德式的德性论和目的论与天主教神学一同构成了整个伦理学体系。然而正像基督徒对于旧约律法存废问题的对立性评价一样，阿奎那保留了自然的积极意义，而波纳文图拉认为在至福的获得上自然理性并没有发挥作用的余地——"请寻求恩典不要理论，要渴望不要理解，要祈祷的呻吟不要诵读的勤奋，要新郎不要教师，要上帝不要人"②。比起亚里士多德式的循序渐进的实现过程，波纳文图拉认为信仰的真理要求一种柏拉图式的灵

---

① 波纳文图拉认为亚里士多德特别的错误质疑就是他对柏拉图理念论的反对，波纳文图拉特别注重对奥古斯丁"光的形而上学"的运用，强调上帝神圣光照对于人的认识及其实践运用的决定性作用。参见马仁邦：《劳特里奇哲学史（十卷本）第三卷，中世纪哲学》，孙毅等译，北京：中国人民大学出版社，2008年，第251－252页。

② 波纳文图拉：《心向上帝的旅程》，7.6，参见赵敦华，傅乐安编：《中世纪哲学》，北京：商务印书馆，2013年，第1235页。

魂转向,在实践领域里自然与启示不是一个总体的两个阶段,而是禁锢和挣脱锁链的自由之旅这两个相对的状态。在反对者看来,不管亚里士多德的学说还是人类的历史都没能让人真正实现幸福,因此他们认为人凭借自己的理性无法获得这一稳定自足的终极目的。人自身的完善是有限的,恩典才是至福的充足条件;和哲学伦理学不同,神学并不直接指导人类凭借自身之力达到幸福,而是在神人关系的前提下阐明每个个体的职责和应尽的义务,并希望通过个人信仰的坚定和道德的完善以配享神的恩典并实现至福。

虽然对于亚里士多德哲学的总体性评价有所区别,对于亚里士多德的具体理论的解释和改造也存在明显差异,13 世纪的学者却都热衷于学习和介绍亚里士多德的学说。在拉丁阿威罗伊主义的影响之下,大学内的人文主义迅速发展壮大,大量关于神学教条和哲学原则不一致的公开自由讨论最终导致了教廷的不满,1277 年 3 月 7 日,巴黎主教唐皮耶(Stephan Tempier)对文学院课程的内容进行审查,并罗列了 219 条命题进行谴责。大谴责公布的"77 禁令"的内容虽然并非全部出自亚里士多德本人,但大都与亚里士多德主义关系密切,其中有 20 条还牵涉到阿奎那。禁令涉及神学、自然哲学、形而上学和实践哲学的方方面面,其中与伦理学相关的内容主要涉及意志自由、德性和幸福等主题:"意志本身与质料一样有两种相反的可能,但它被可欲对象所决定,正如质料被推动者所决定一样"(第 161 条);"意志必然追求理性确定了的东西,它不会偏离理性的指示。但这种必然性不是强制性,而是意志的本性"(第 163 条);"在得出要做某件事的结论之后,意志不再自由,依法惩罚只是为了纠正无知,使他人从中获得知识"(第 165 条);"幸福在现世,而不在另外世界"(第 172 条)。① 大谴责是以波纳文图拉为首的保守神学家对直到 13 世纪中叶的亚里士多德学说复兴的控诉,虽然其本意并不在于公正地探究哲学和神学的关系,但这一事件确实在彰显教会权威的同时也再次显明了亚里士多德哲学与天主教信仰体系之间难以调和的矛盾。② 大谴责可被视作中世纪亚里士多德主义发展的中点,以此为界区分出前后两个阶段。大谴责在一定程度上限制了 13、14 世纪在俗学者对亚里士多德学说

---

① 关于大谴责及"77 禁令"的具体内容,参见赵敦华:《基督教哲学 1500 年》,北京:人民出版社,1994 年,第 436 - 447 页。

② 关于大谴责的后续影响,学界有两种差异明显的态度。极小主义者(Minimalists)认为唐皮耶的谴责以一种夸张的方式发挥了中世纪亚里士多德主义者的立场和学说,拉丁亚里士多德主义者并未对哲学和神学间的冲突明确表态,因此唐皮耶是自己立起稻草人并对其批判,虽然这一举动在当时引起了震动,但对后世哲学的发展影响甚小。极大主义者(Maximalists)则强调该谴责在限制哲学讨论方面的持久影响,并认为唐皮耶虽有夸大但正确且严肃地意识到了哲学提供的新的可能性对神学的威胁。参见马仁邦:《中世纪哲学:历史与哲学导论》,吴天岳译,北京:北京大学出版社,2015 年,第 279 - 280 页。

进一步的讨论和发挥,也对阿奎那这种亲近亚里士多德的神学研究风格表示不满,因此14世纪的经院哲学虽然依旧会运用亚里士多德的文献和学说,但是其主要特征是对哲学进行更靠近波纳文图拉立场的改造。

三、14世纪意志主义的挑战与经院之外的亚里士多德主义

阿奎那和波纳文图拉无疑是13世纪经院哲学的两座高峰,如果说13世纪最瞩目的学术成就是对亚里士多德学说的复兴并在此基础上建立了宏大的自然神学体系,那么,14世纪的学术特征则是在对上个世纪亚里士多德主义者发展出来的新学说的反思和批判。作为波纳文图拉的后继者,同属方济各会的邓斯·司各脱和奥卡姆的威廉以更精细的方式继续着前辈的工作。14世纪的经院哲学相较于13世纪而言更具专业性,由于前人的梳理和大谴责的清算,学者得以有条理地直接处理关键问题,因此14世纪学者提供的大多是原创的洞见而非大全式的思想体系。哲学与宗教这个对子可以用其他术语从不同角度进行替换表达,13世纪的学者从自然与启示的关系层面来理解这个对子,激进亚里士多德主义者强调自然和启示的平行关系,阿奎那通过将自然解释为自然启示以实现与特殊启示的协调一致,波纳文图拉则强调启示作为自然的前提条件来凸显启示的优越性。进入14世纪之后,这个问题被落实到更具体的层面加以处理,其典型表述是意志(*voluntas*)和理智(*intellectus*)的关系。

中世纪的反对者认为,亚里士多德哲学提供的理性主义世界图景的最大危险是对超越性力量的否认,理性的必然性要求神也不能违背他创造的因果律,这导致即便创造论可以和理性主义泛神论取得某种和解,基督的道成肉身和受难复活等神迹也势必成为疑难。以阿奎那为典型的理性主义神学家为了处理这一困难,将意志和理智统一于理性(*ratio*)概念之下,并通过区分了人类理性的潜在性和神圣理性的现实性来解释为人不解的神圣意图与理性的一致性。然而在意志主义神学家看来,《圣经》记载的神圣历史所彰显的正是神的完美意志以及凌驾于世界之上的绝对权能,如果神没有绝对自由,那么不仅堕落和救赎都成为神自导自演的闹剧,而且全部神学教条倒成了对理性哲学拙劣的模仿。关于神的意志和理智关系的理论探讨过渡到实践领域时,问题会暴露得更为明显:理性主义者很容易在强调哲学知识提供的实践智慧时弱化神学特有的价值标准和实践方案,而虔诚的教徒也可能在遵守律法和履行自己对神的义务时表现出对世俗生活的冷漠。不过像奥卡姆这样的意志主义神学家并没有凭借其宗教热忱拒斥对该问题的哲学研究,他通过对神的守序权能(*potentia ordinata*)和绝对权能(*potentia absoluta*)加以区分来说明神的

理性和意志的关系。① 神的绝对权能是指神具有可以做任何不包含内在矛盾事情的能力,守序权能则是指神为其创造和立约(旧约和新约)而被限制的能力。奥卡姆对于上帝权能的区分在保证了人类理智认识到的自然法和习俗的有效性的同时,也为特殊启示和神迹留出了空间。在缓和理性与信仰冲突的问题上,奥卡姆看似和阿奎那取得了某种相似性,但是阿奎那用更带有思辨气质的形而上学论证将问题收束到理性概念内部加以解决,而奥卡姆对神圣意志和绝对自由的处理方式则有更明显的行动主义倾向。如果仔细辨识就能发现这里的分歧源于双方对理性概念理解的不同:阿奎那真正继承亚里士多德的理性原则,将理性视作实现活动,而意志主义神学家仅仅将理性理解为知性认识和判断能力。

　　中世纪亚里士多德主义者和反对者关于意志和理智关系的争论还主要表现在其对实践目的和相应的行动理论的不同理解之上。亚里士多德伦理学和基督教神学对人类实践活动总目的的理解并不一致,两种实践目的所要求的行动当然是不同的,阿奎那的伟大之处在于用德性伦理学的框架将哲学和神学的实践知识恰当地安放在同一个伦理学体系之中。阿奎那更彻底地贯彻了亚里士多德的理性原则,而没有像亚里士多德那样在思辨生活和伦理生活的选择上呈现出含混性,由于思辨理性以自身为对象而无需外部善的支持,所以相较于依赖实践活动的实践理性更为完善。② 当然这得益于对幸福论两段式的理解,思辨活动因为以神为对象而直接指向彼岸的至福。双重幸福之所以能够取得一致性,是因为阿奎那认为善和存在的可置换性(convertibility)。所有存在都是善的(*omne ens est bonum*),此世的幸福和彼岸的幸福虽有差异,但在整个存在秩序中有其确定位置,而这个存在秩序能为人的理性能力认识。在相应的行动理论中,阿奎那也强调理智的作用,他认为"按幸福的本质而言,不可能在于意志的活动……幸福在于目的之达成,目的之达成不在于意志的活动。意志在愿望目的时,是指向那不在的;意志安息于目的时,其所享受的是已经存在的……因此,幸福的本质在于理智动作,因幸福而来的快感属于意志"(ST1-2,q3.4)。虽然意志欲求善,但由于目的是行动的原因,因此必须由理智将对目的的认识提供给意志才能引起意志的运作;在阿奎那看来,虽然在具体行动中意志是指向目的的动力,但必须先有关于善的知识,意志才能指向善(参见ST1-2,q9.1-3)。阿奎那的行动理论遭到了司各脱的强烈反对,司各脱并不否认理性在实践生活中的积极作用,但他认为对

---

① 参见马仁邦:《中世纪哲学:历史与哲学导论》,吴天岳译,北京:北京大学出版社,2015年,第315页。
② 实践理性的活动不是为了自身,而是为了行动,而行动又指向一个目的……现世所能有的不圆满的幸福,首先并主要在于思辨,其次才在于操持人的行动及情感的实践理性(ST1-2, q3.5)。

于自然目的的认识和欲求是每个有理性的人依其本性必然如此的,这个自然的过程并没有体现出道德价值①;此外,人们也不会因为一个人拥有更多的知识就认为他更加良善。因此,司各脱对自然的完善和道德的善做出明确区分,②并对意志和理智在实践行动中的关系进行了解释。司各脱认为意志的力量(will's power)恰恰在于纯粹的自由选择,意志行动就是意志力量的直接体现,它不需要通过中介间接地完成。意志并不必然地要被某个目的引起或满足于某个目的,它本身就是自由活动的力量。所以,意志可以意欲理性认识提供的目的,也可以不意欲这个目的。不光自然的目的,甚至超自然目的也并不必然地为意志欲求。③ 因此,司各脱认为理性能做的仅仅是提供认识,思辨理性提供关于真的认识而实践理性则提供关于善的认识,自然法的去善避恶原则就是实践理性的第一原则;道德行动完全取决于意志自由的选择,善恶的道德价值在于每次道德实践行动中意志是否意欲正确的理性(right reason)。

理性主义者和意志主义者关于实践行动的动力和价值判断的依据上存在分歧,造成这种差别的原因在于对人的实践活动的不同理解。中世纪亚里士多德主义者强调理性的价值,阿奎那认为实践理性对善的认识是实践活动的第一因,不仅实践的目的来自理性的认识,自然法也直接等同于人类理性因分有至善而能够进行善恶判断,习惯和德性的稳定性也由于理性的必然性才得以形成。然而,司各脱认为亚里士多德的理性主义立场不能成为实践学说的根基,因为他没有能够对理性和意志做出明确的区分,理性虽然能够认识到事物的对立面,但是理性本身是自然的(必然的),而意志却有力量在对立面之间做出自由选择。④ 意志主义者认为理性只有认识的功能,实践理性也只是人类判断善恶的能力,道德行动的根据在于自由意志的独立选择能力;因此人类拥有关于善的知识并不必然行善,而德性也仅仅是对意志重复地遵循正确理性行动的描述而已,自然主义的德性伦理学必须、也只有在道德哲学的基础上才有意义。司各脱和奥卡姆都清楚地意识到,一般意义上的伦理德性是基督徒和异教徒凭借其自然禀赋就能够

---

① 参见 Thomas Williams, *The Cambridge Companion to Duns Scotus*, Cambridge:Cambridge University Press,2002,p.338。
② 参见 Duns Scotus, *Selected Writings on Ethics*, Thomas Williams(trans.,ed.), Oxford:Oxford University Press, 2017, p.349。司各脱在 *Quodlibetal Questions* q.18 关于"外在行动是否为内在行动增加善或恶"的讨论中通过是否由意志引起的标准界分了内在行动和外在行动,并进一步区分了道德行动者和道德行动本身,司各脱认为只有自愿的意志行动才有善恶的道德价值,道德行动者本身的自然完善与否和道德价值无关,外在的道德行动的善恶也是由于意志的内在活动间接地拥有道德价值。
③ 参见 Duns Scotus, *Selected Writings on Ethics*, Thomas Williams(trans., ed.), Oxford:Oxford University Press, 2017, pp. 56-65。*Ordinatio* Ⅰ, d. 1, part 2, q. 2:"意志是否必然地满足于理智所把握的目的"。
④ 参见 Duns Scotus, *Selected Writings on Ethics*, Thomas Williams(trans.,ed.), Oxford:Oxford University Press, 2017, pp. 6-7。*Questions on Aristotle's Metaphysics* Ⅸ, q. 15:"亚里士多德关于理性和非理性力量的区分是否恰当"。

拥有的,而只有功德(merit)才能导向救赎,①自然和神圣的界限由自由意志而非理性划出。

拉丁亚里士多德主义的复兴对晚期中世纪的独特影响体现在政治学领域。《政治学》可能是亚里士多德主要著作中对经院哲学产生最微弱影响的一部,造成这一情况的原因是多方面的:首先,阿拉伯世界并没有发现《政治学》的文本,因此拉丁学者无从参考阿拉伯作家关于《政治学》的研究材料;其次,由于《政治学》是最后被翻译成拉丁文的亚里士多德著作,因此对该文本的研究有明显的滞后性,阿奎那在生前也只是完成了该书第三卷第六章之前的注释;再次,由于经院学者的学术旨趣所限,学者们对《政治学》的研究明显弱于对亚里士多德其他文本的研究;最后,《政治学》所涉及的内容与政治实践关系密切,而经院学者的生活和工作环境与政治实践的关系较为疏远,此外,基督教传统对政治的消极态度也减弱了学者们对具体政治问题的研究兴趣。

然而,在大学之外,一个响亮的名字被归入了亚里士多德主义者的阵营——但丁·阿利基耶里。但丁凭借其政治哲学作品《论世界帝国》获得了哲学家的称号,随着但丁的出现,一类新型政治思想家进入西方历史舞台,他在作品中所表达的心态在西方政治思想的模式中注入了一种新的元素。② 在谈及《论世界帝国》这部作品时,学者往往强调但丁对于政教权力来源和政教关系的解释,不过熟悉这一时期历史的人很容易就能在12世纪教会法学家那里找到相关的讨论,但丁的处理方式和当时的二元论者并无太大差异。③《论世界帝国》真正的意义在于对政治和政治学的重新肯定。由于奥古斯丁在《上帝之城》中对罗马政治乃至政治本身的无情批判,政治生活对于人的幸福之间的必然关系就被消解掉了,基督教试图用宗教共同体替代政治共同体,用教会代替城邦和国家来处理公共生活和人类幸福的问题。然而这种处理方式不但没能为人类带来幸福,反而导致了教会和政体、教会和异教之间漫长而激烈的冲突。但丁正是基于对当时混乱时局的深刻反思,从而提出了世界帝国的政治构想,这一尝试旨在通过对亚里士多德自然主义人性学说的改造,以理性及其把握到的人类整体性目的作为纽带,将全人类凝聚在一统的尘世政治共同体之中,在保障人类和平共处的前提下追求全人类的尘世幸福。因此,如果说基督教试图用信仰共同体取代政治共同体来对人类幸福给出方案,那么但丁则试图在世俗生活层面上

① 参见马仁邦:《中世纪哲学:历史与哲学导论》,吴天岳译,北京:北京大学出版社,2015年,第316页。
② 沃格林:《政治观念史稿·卷三:中世纪晚期》,段保良译,上海:华东师范大学出版社,2009年,第67页。
③ 二元论者强调教宗与皇帝各自独立,政教权力都直接来自神,而这种观点和5世纪时格拉西乌斯一世(Sanctus Gelasius Ⅰ)提出的政教权分立的思想并无二致。参见恩内斯特·康托洛维茨:《国王的两个身体》,徐震宇译,上海:华东师范大学出版社,2018年,第595-596页。

让帝国模仿教会,通过政治本身来回答人类幸福的问题。①

值得注意的是,但丁并不只是在应对政教问题时将亚里士多德的政治学当作工具直接照搬,他在保留亚里士多德政治学基本原则的同时对具体理论进行了改造。但丁明确意识到亚里士多德政治学的城邦前提,然而以城邦为界限的政治学无法处理城邦之间的冲突,因此,但丁将政治共同体的界限从自然城邦扩展到整个人类,并试图借此来消解各个城邦、国家和民族文化间的冲突。人自然地要过城邦生活,但人并不生来就在人类政治共同体之中,但丁需要为人类政治共同体提供现实性基础。正是出于这一要求,但丁对亚里士多德政治学中的人性进行了中世纪的改造。但丁强调人类理智的普遍性和统一性,认为全人类有一个共同的目的,即人类理智的发展;人类政体的建立正是基于这一理智目的,同时也以实现这个目的为目标。但丁运用亚里士多德关于目的同时作为始因和终因的学说,首次从原则上阐明了政治社会具有为全面发展的人类天赋充当活动场所的目的。② 但丁对亚里士多德政治学的复兴和改造不仅使得理性主义政治学传统在中断千年后重新复苏,同时也为政教关系、政治学和神学关系的扭转提供了理论支持。而作为 14 世纪亚里士多德主义的代表,但丁对人类理性能力的颂扬奏响了新时代的序曲,意大利文艺复兴正是在对希腊理性主义的科学精神和哲学精神的继承和发展中孕育了西欧现代性的种子。

四、小结

中世纪亚里士多德主义者和反亚里士多德主义者的争论并没有以一个确定的结论告终:在后续的岁月里,人文主义者继续强调理性的积极作用,但丁基于罗马帝国昔日的辉煌历史提出的世界帝国构想,在强化尘世政治权力独立性的同时为人类精神的世俗化进展提供了哲学依据;而司各脱、奥卡姆这些强调意志自由和上帝绝对全能的神学家则在通过反对亚里士多德主义者的自然主义立场的过程中发展出以意志和行动为核心的道德神学,这不仅为宗教改革提供了理论支持,更对康德乃至整个现代道德哲学起到建构性作用。中世纪中晚期的亚里士多德主义的复兴对西方文明的现代化进程起着至关重要的作用,如果没有与亚里士多德的文献相遇,中世纪的大学或将是另一幅景象,科学和哲学的

---

① Joan M. Ferrante 认为《论世界帝国》的独创性在于指出了帝制是"教会的模仿"(*imitatio Ecclesiae*),这与教宗制是"帝国的模仿"(*imitatio imperii*)恰恰相反。Joan M. Ferrante, *Dante and Politics*, Toronto:University of Toronto Press, 1997, p.185.

② 参见沃格林:《政治观念史稿·卷三:中世纪晚期》,段保良译,上海:华东师范大学出版社,2009 年,第 78 页。

复兴也会减缓步伐。不管遵从还是反对这位大哲学家,中世纪学者都从这位可敬的导师或严肃的对手那里获益良多。如果没有亚里士多德,阿奎那的自然神学体系将无法完成,坚持奥古斯丁传统的神学家也无须且无法提出更为精细的学说;如果没有中世纪学者的解释,没有和天主教神学进行如此深入的对话,路德、霍布斯等近代思想家或许不会对亚里士多德怀有那么重的偏见。中世纪亚里士多德主义的演进过程呈现出来的是异质文明在交互运动中的变化和各自的命运,中古历史揭示出的文明互动特征和对人性的普遍关怀值得当下处在全球化进程中的世界诸国借鉴和反思。

A Research of Medieval Aristotelianism from the Perspective of Ethics

WANG Chen

【**Abstract**】 This paper attempts to clarify the clear connotation of the term "Medieval Aristotelianism", and to examine the development of medieval ethics in the high and late Middle Ages in the competition between Aristotelian and opponents. After explaining the background of the revival of Aristotle's doctrine in the Middle Ages, this paper discusses the different stages of the development of Medieval Aristotelianism. Firstly, it explains how the scholars in the thirteenth century inherited and developed Aristotle's theory of practice and the response of conservative theologians. Secondly, through the detailed discussion of "nature and miracle", "*intellectus and voluntas*", "regime and church", it points out how rationalists and volitionalists in the fourteenth century carried out and refuted Aristotle's practical principles.

【**Keywords**】 Aristotelianism, Medieval Ethics, Scholastic Philosophy, Rationalism, Voluntarism

自然、理性与德性

——斯多亚学派的德性理论①

叶方兴②

【摘要】 随着德性伦理学的复兴,斯多亚学派的德性理论正成为当代德性伦理学完成自足的理论建构亟待借鉴的思想资源。斯多亚学派的德性理论奠基于自然之上。自然包括了人性自然与宇宙自然,既是宇宙运行与人类生活的动力原则,也成为德性理论乃至整个伦理学的本体。作为人的内在品质,德性指向人的理性能力的完善。德性是唯一善,是幸福生活的充要条件。幸福生活应该与自然保持一致。自然的即理性的,合乎自然的生活就是合乎理性的生活,幸福生活是要与自然一致,去除一切情感形式,达到内心宁静的不动心状态。对斯多亚学派的德性论定位,不应过多地纠缠"斯多亚德性理论是否成为一种德性论",而是关注斯多亚学派的德性理论究竟能够对当代德性论的自我建构提供哪些有益的思想方案。

【关键词】 德性论,斯多亚,自然,人类理性,情感

从德性的视角梳理斯多亚学派的伦理思想,大致可以呈现两种不同的维度:一种是将之置于西方思想史的脉络当中,专门讨论斯多亚学派的德性理论(一般可以称之为 stoic virtue theory 或 stoic virtues);另一种是在当代西方德性伦理学复兴的视域下,将斯多亚学派作为独立类型的德性伦理学资源,从而形成斯多亚式的德性伦理学(virtue ethics)。这两种路径关乎德性理论(virtue theory)与德性伦理学(virtue ethics,亦可称德性论)的区分。前者较之后者相对宽泛,德性理论是"专门聚焦德性的研究领域"(a field of inquiry),而德性伦理学则是"以德性为中心的规范性理论"(normative theory)③。以此为标准,在讨论斯多亚学派的德性问题上,第一种路径主要分梳或剥离出斯多亚学派伦理学的德性要素,从而展现斯多亚学派在德性思想史上的意义,而第二种路径以德性论的自我建构为

---

① 本文系教育部人文社会科学研究青年基金项目"21 世纪以来西方德性伦理学的多样性研究"(项目编号:17YJC720033)、华东师范大学青年预研究项目"21 世纪以来西方德性伦理学的多样性研究"(项目编号:2017ECNU-YYJ007)的阶段性成果。
② 作者简介:叶方兴,华东师范大学马克思主义学院副教授,研究重点为德性伦理学、品德教育。
③ Liezl van Zyl, *Virtue Ethics:A Contemporary Introduction*, Routledge,2018,p.12.

目标,尝试从斯多亚伦理学理论中开放出一种自立的(self-standing)德性伦理学。

如果说,第一种呈现斯多亚学派在德性问题的思想史意义是"史"的进路的话,那么第二种在德性伦理学复兴背景下旨在为德性论自我说明提供理论资源的研究路径则偏向于"思"的进路。就前者而言,斯多亚学派在德性思想史上无疑发挥承上启下的作用,不仅承接了古希腊德性论这一德性论的经典形态(classical version),而且对古罗马、中世纪,乃至对近代思想文化都产生了深远的影响。甚至,在斯多亚学派的思想脉络中已经可以窥视出德性理论现代转换的关键性思想酵素。可以说,"在古代哲学各派中,斯多亚学派对现代哲学的内容和形式都产生了最大的影响"。"在伦理学上,斯多亚学派也似乎是特别现代的。"①在德性伦理学(virtue ethics)的理论自我说明问题上,斯多亚学派逐渐成为亟待可以借鉴思想资源的备选项。虽然早期的德性论复兴主要依循亚里士多德路径,但近些年来,斯多亚学派正成为德性论复兴主要的灵感来源②,成为德性论多样化的路径之一[或是被纳入幸福主义德性论(eudaimonialism virtue ethics)的阵营,或是单独被筛选出来]。

事实上,无论是从"史"还是"思"的角度,斯多亚学派对德性问题的探讨既有反映德性问题的普遍性特质,也呈现出与众不同的学术意义。斯多亚学派肇始于公元前300年的芝诺(Zeno of Citinum),跨越晚期希腊化、古罗马等不同时期,前后延绵400年左右,虽然其思想内部呈现出差异性,但我们可以勾勒其大致轮廓,刻画这一学派在德性问题上整体性的思想肖像。本文尝试梳理斯多亚学派言说德性(virtue)的方式,敞开斯多亚学派德性分析的基本维度,并进一步对其中的德性理论是否构成德性伦理学展开简要评述。

一、作为德性论本体的自然

斯多亚学派的伦理学从属其宇宙论。伦理生活的意义总是建立在对人性与宇宙规律的认识和把握之上。斯多亚学派有强烈的泛神论倾向,认为神是真实的存在,人们的行动合乎宇宙的规律,受宇宙法则支配。整个宇宙都由神圣理性控制并管理,德性的生活就是理性的生活,可以从自然的生活寻求根源。自然的即理性的,合乎自然的生活就是合乎理性的生活。人能够认识到自己所遵循的规则和律令,德性的行动就是能够自觉遵守宇宙

---

① Christopher Shields, *The Blackwell Guide to Ancient Philosophy*, Wiley-Blackwell, 2003, p.291.
② Michael Slote, Virtue Ethics, in Hugh La Follette and Ingmar Persson, *The Blackwell Guide to Ethical Theory (Second Edition)*, Blackwell Publishing, 2013, p.394.

规律的行动。以宇宙论与伦理学相一致的思路,斯多亚学派提出了自然法的概念。整个自然是神圣理性体现并贯穿于其中。自然法就是合乎理性,自然的生活就是理性的生活。

德性是合乎自然本性的正确性情,而这里的自然指向事物的动力性的原则(pneumatic principle)。作为性情,德性与自然保持一致。泰德·布伦纳(Tad Brenna)将德性视为一致性的性情(consistent disposition)。但这里的自然,不只是人与其他动物一样均享有的本能自然,更是人性自然(human nature)和宇宙自然(cosmic nature),即人性与宇宙法则。宇宙中的一切事物均由理性支配,受制于自然规律,但只有人才能算是特殊的存在,区别于其他事物。人和万物一样均为神圣的宇宙创造物的一分子,是自然的一部分,但人不同于其他动物之处,就在于人有理性选择的能力,能够做出道德判断,进行意志选择。朱丽叶·安娜斯(Julia Annas)在表达德性的时候指出,德性是一种具有伦理价值并表现稳定性、习惯性特征的性情,实践推理居于核心的地位。① 在此,实践推理源于人的理性本质,并根本上指向人性自然(human nature)。就此来说,人的自然不仅指向生命自然,而且体现人独有的理性存在。

在泰德·布伦纳看来,"自然"概念在斯多亚德性论中的位置甚至超过德性、正当行为和幸福等地位,具有奠基性地位。② 也就是说,"自然"成为斯多亚学派伦理学的基本概念,是人在现实生活中从事道德行动的动力和准则。在此,亚里士多德的自然主义显然已经深深地影响了斯多亚学派对幸福、德性、理性等问题的判断。斯多亚学派对自然的诠释不仅"包括人的两重属性(身体与灵魂),以及人们作为与自然一致的存在所具有的必然发生的自然动机",将"价值与自然联系起来"③,而且赋予自然更为丰富的内涵和更为彻底的理论地位。斯多亚学派的代表人物克吕西坡(Chrysippus)在《论目的》中指出:"我们[人]的自然是宇宙自然的部分,故目的当是依照自然生活,亦即依照自己本身的自然和宇宙的自然,不做任何律法禁止的,也就是正确理性渗透所有事物……"④这里可见斯多亚学派对自然做出的典型区分:人性自然和宇宙自然,前者是人的理性能力,后者则指向宇宙运行的自然法则。但两者又并非决然无关,人性自然是宇宙自然的一部分。威廉·

① Julia Annas, *Intelligent Virtue*, Oxford University, 2011, p.12.
② Tad Brennan, The Stoic Theory of Virtue, in: Lorraine Besser-Jones, Michael Slote: *The Routledge Companion to Virtue Ethics*, Routledge, 2015, p.46.
③ Brad Inwood, Ethics: *After Aristotle*, Harvard University Press, 2014, pp.84 – 85.
④ Brad Inwood, Lloyd P. Gerson, *The Stoics Reader: Selected Writings and Testimonia*, Hackett Publishing Company, 2008, p.67.

斯蒂芬斯（W. O. Stephens）指出，斯多亚学派的代言人（spokesman）爱比克泰德在五种意义上使用"自然"概念：（1）本性、本质、品质（如贫困、流放或死亡的本质）；（2）宇宙被视为由结构与法则决定的和谐秩序，在这个意义上，爱比克泰德视自然为神（宙斯）；（3）特殊自然，个体有机体所包含用以塑造自身的自然法则（如一只狗、一条蛇或一棵树的自然）；（4）人性自然，仅仅是一种特殊种类的具体自然，因为它对所有的智人群体而言是一样的；（5）作为个体的一套独特特征（如爱比克泰德的"自然"是一个释放的奴隶和受人尊敬的老师）。①

在斯多亚学派看来，德性是人的行动合乎自然的状态，至于人如何获得自然进而转换为内在的德性，便涉及斯多亚学派最有特色的 Oikeiôsis 理论。该理论尝试为伦理学提供自然主义的基础。就事物的本性来说，无论是人类还是其他动物都有自我保足（self-preservation）的本能，可以说，事物的正当性正是以自我保足的本性为出发点。Oikeiôsis 是个内涵宽泛的概念，而且很难有对应的现代翻译。不过，Oikeiôsis 关涉的核心问题是"'什么东西是属于我自己的'以及'别人如何同自己相似或一致'，作为动词的 Oikeiôsis 关乎'使某物变为己有'的过程"。② 就其意思而言，大抵可以等同于"appropriate""endearment""reconciliation"等英语词汇。中国台湾学者将之翻译为"视为己有"③，意思大致为"自我占有""转入""占有"等，与之相对的意思是"转移出去"。

按照斯多亚学派提供的 Oikeiôsis，人们"转入""占有"自然是人的天性，是人的自然倾向，也是指理性的人"占有"对自己来说合适的东西。作为理性的存在物，人以自己的意志选择或挑选符合自然的存在物，这既包括自我保足，也关乎理性选择，"追求对一个人来说适当的或合适的事物的自然倾向"。④ 克里斯托弗·吉尔（Christopher Gill）认为，Oikeiôsis 是在描述人性发展的问题上，将人的发展过程的自然性（naturalness）⑤展现出来。人的成长是一个从婴儿到成熟人性的过程，这是一个不断的"占有"（appropriation），获取应有人性状态的自然过程。在此，Oikeiôsis 总是与人的目的（telos）紧密相关。对斯多亚学派来说，人的目的无外乎是"与自然相一致地生活"（life in accordance with nature）或遵循自然（following nature），在实现理想生活的过程中，不断地把握或占有各种

---

① William O.Stephens, *Stoics Ethics*, Continuum, 2007, pp.123-124.
② Christopher Gill, Oikeiôsis in Stoicism, Antiochus and Arius Didymus, in: *From Stoic to Platonism: the development of philosophy(100BCE-100CE)*, Cambridge University Press, 2017, p.101.
③ 丁福宁：《斯多亚学派的视为己有（Oikeiôsis）》，《台湾大学哲学评论》，2013 年第 46 期，第 1-52 页。
④ Susan Suave Meyer, *Ancient Ethics*, Routledge, 2008, p.137.
⑤ Christopher Gill, Oikeiôsis in Stoicism, Antiochus and Arius Didymus, in: *From Stoic to Platonism: the development of philosophy(100BCE-100CE)*, Cambridge University Press, 2017, p.102.

自然事物,进而做出合适的选择。经由 Oikeiôsis,人得以趋近自然,占有自然,进而实现人的自然化,并最终成为有德性的人,过上与自然相一致的生活。

斯多亚学派进一步认为,人的 Oikeiôsis 存在诸多与众不同之处,人不仅是理性的存在物,人还有社会性的一面。即是说,人不是独居的、孤立的,人在成长的过程中,不断意识到他人的存在。"人性具有社会性面相(social dimansion)。人除了照顾自己自然状态的需要,追求个体的最终幸福,人还要将他人的福祉视为自己的责任。"①从而,Oikeiôsis 不仅有自然性(人性自然与宇宙自然)的向度,也内蕴了人的社会性内涵(当然,斯多亚的人性自然概念已经能够为理性人的普遍交往提供依据)。在玛格丽特 • 葛丽芙(Margaret R.Graver)看来,Oikeiôsis 反映人性固有的心理天赋,不仅关乎自我照料,而且具有"指向他人的自然倾向"②。到了斯多亚学派的晚期,对人的设定已经不再囿于希腊式的城邦人,一种具有普遍意识、走向更为广阔社会空间的世界公民(citizens of world)思维已经初露端倪。这样,Oikeiôsis 呈现出自我与他人的双重面相,将保存自己应该有的自然,同时将他人的善也纳入自身之中。"肯定自己自然状态中的一切为自己拥有的,并将自然世界与他人的善视为己有。"③这样,经由对他人善的合理关照,Oikeiôsis 不仅把握了人性自然的多重维度,而且为往后伦理学拓展到普遍化的道德责任,进一步影响近代自然法观念埋下伏笔。

二、德性:人之理性能力的完善

德性概念的诠释无法脱离斯多亚学派整体性的思想语境。一般认为,伦理学是斯多亚理论的重要构成部分,甚至是最重要的部分。黑格尔在《哲学史讲演录》(第三卷)中指出,"斯多亚派的道德学说是最为著名的。然而他们的伦理学也同样没有超过形式主义。虽然不容否认,他们对于伦理学的阐述曾采取了对于表象似乎很可取的途程,但事实上仍然大半是外在的和经验的"④。按泰德 • 布伦纳(Tad Brenna)的说法,尽管斯多亚学派坚持德性论,但如果不审视其整体的理论语境的话,就会变得荒谬不可能。⑤ 从内容结构上看,斯多亚理论包括三个部分:物理学、逻辑学和伦理学。这其中,物理学、逻辑学都在为

---

① 丁福宁:《斯多亚学派的视为己有(Oikeiōsis)》,《台湾大学哲学评论》,2013 年第 46 期,第 1–52 页。
② Margaret R.Graver, *Stoicism and Emotion*, The University of Chicago Press,2007,p.175.
③ 丁福宁:《斯多亚学派的视为己有(Oikeiōsis)》,《台湾大学哲学评论》,2013 年第 46 期,第 1–52 页。
④ [德]黑格尔:《哲学史讲演录》(第三卷),北京:商务印书馆,1978 年,第 29 页。
⑤ Tad Brennan, The Stoic Theory of Virtue, in: Lorraine Besser-Jones, Michael Slote: *The Routledge Companion to Virtue Ethics*, Routledge,2015,p.46.

伦理学提供基础。物理世界并不是与目的、价值、理性无关的，而是本身就渗入了神圣的（divine）理性法则。从而，对德性的诠释无法摆脱斯多亚的物理学和逻辑学。①

在龙格（A.A.Long）看来，斯多亚伦理学的核心要义有二：一是关于自然或世界的神圣管理与人类理性管理的关系的激进直觉；二是幸福与自然或与人类幸福生活的神圣安排相一致。② 德性是幸福生活的充分条件，幸福生活必然是德性的生活，它与自然保持一致，并从根本上服从人类理性和宇宙法则。整个宇宙是由起决定作用的统一的神所支配。宇宙是一个整合的、统一的理性存在，"是一个整体性的生命存在，由称之为'神'或'逻各斯'或'精神'（pneuma）加以激发和组织"。③ 人类是宇宙的一部分，以理性活动的能力形式分享了宇宙的功能。作为自然整体的一部分，人的行为需要和自然一致，人的行动应合乎宇宙的理性法，自然的生活即理性的生活。可以说，斯多亚学派正是在"神—人—自然"共生一体的整体主义（holistic）框架下讨论德性问题。

那么，德性究竟是什么呢？这对亚里士多德来说较为明确。在《尼各马可伦理学》的第二卷第五节，亚里士多德通过分析，认为德性不是感情，不是能力，而是品质，进而认为"每种德性都既使得它是其德性的那事物的状态好，又使得那事物的活动完成得好"。④ 而对于斯多亚学派来说，人们对德性的认识也不尽相同，在大多数的代表人物那里，德性被明确视为品质（disposition），也有人将之视为能力（agency），认为德性是人的理性能力的完善。此外，还有人将斯多亚的德性视为技术（teche），如约翰·塞拉斯（John Sellars）认为，斯多亚学派在理解德性时，采取了一种不同于亚里士多德的技术概念，德性是一种生命的表现性艺术。⑤

在斯多亚学派看来，只有人才有德性，德性总是人的德性。对于其他事物来说，虽然也存在自然本性的完善问题，但无关乎对错，难以进入伦理评价。也就是说，"它们的完善与正当无关"⑥。所以，在最严格的意义上说，并非任何自然本性的完善都可视为德性，只有人的自然完善，也即人的理性能力的完善，才能称之为德性。德性只与人性自然（human nature）有关，德性是完善的理性，而理性的完善是人实现其目的的重要保证。这

---

① Susan Suave Meyer, *Ancient Ethics*, Routledge, 2008, p.138.

② A.A.Long, *Stoic Studies*, University of California Press, 1996, p.185.

③ Tad Brennan, The Stoic Theory of Virtue, in：Lorraine Besser-Jones, Michael Slote：*The Routledge Companion to Virtue Ethics*, Routledge, 2015, p.26.

④ NE.1105b19 - 1106a15.

⑤ John Sellars, *Stoicism*, University of California Press, 2003, pp.70 - 75.

⑥ Tad Brennan, The Stoic Theory of Virtue, in：Lorraine Besser-Jones, Michael Slote：*The Routledge Companion to Virtue Ethics*, Routledge, 2015, p.37.

样,在斯多亚学派看来,所谓的德性无外乎是人的理性本质(rational nature)的完善而已。德性从根本上展现出"关于事物动力原则的原理,如同人之理性,树的自然本性"①。对人来说,只有具备完善的理性,才能做出深思熟虑的道德判断,把握自己生活的方向。

以理性诠释德性是斯多亚学派的重要特点。作为人性的卓越(human excellence)品质,德性被化约为人性自然所内蕴的理性能力完善(perfection)。从而,"斯多亚学派将人类德性限定在理智卓越"。② 尽管人类属于自然的一部分,宇宙以神圣律令的形式支配人的行动,让每个人成为理性主体(rational agent)。"作为理性的行动者,人都是有目的的,我们是有目的、意图、目标的……理性能力指向使用中加以不断完善的力量。"③德性就是这种完善了(perfected)的理性能力,是需要在实践中加以实现的各种努力(endeavors)。

斯多亚学派认为,德性是完成的善(complete good)。有了德性就有了幸福,其他外在的善无助于实现幸福。对幸福来说,德性构成唯一的善,这从逻辑上排除了任何形式的外在善(external goods),"外在的善对于幸福来说,既非必要也不充分,幸福作为我们最赞赏的目标,也是应该为我们所能掌控的"。④ 对人而言,外在善并不成为善,只是些无关紧要的东西(indifferents)。较之亚里士多德,斯多亚学派将德性视为一种排外性的善。它对德性这一概念的界定,又使得它成为伦理评价的内在主义者(internalism),即行为的道德性以行为者内在的品质或意志加以确立。作为完成的善,德性自然不同于人类生活需要的其他各种善。斯多亚学派认为,人的理性能力发展是一个不断趋向成熟的过程,会涉及方方面面的善,但德性总是体现为最有综合性和控制力的善,与其他善(如健康、安全和关怀等)相比,德性显然是"不可比较的善"⑤(incommensurable good)。

德性不是人的诸善之一,而是人所拥有和追求的唯一善(only good)。劳伦斯·贝克(Lawrence Becker)在表达斯多亚德性概念特征的时候,用了三个词:唯一善(only good)、无与伦比的善(incomparable good)、终极善(ultimately good)⑥。在他看来,德性是无与伦比的善(incomparable),且对人们来说是终极的善。这种理念对斯多亚学派来说尤为特别和重要。尽管有人会认为,除了德性之外的其他善(goods)对好生活依旧重要,但斯多亚

① Tad Brennan, The Stoic Theory of Virtue, in: Lorraine Besser-Jones, Michael Slote: *The Routledge Companion to Virtue Ethics*, Routledge, 2015, p.38.

② Christoph Jedan, *Stoic Virtues: Chrysippus and the Religious Character of Stoic Ethics*, Continuum, 2009, p.51.

③ Lawrence C. Becker, *A New Stoicism*, Princeton University Press, 1998, p.81.

④ Matthew Sharpe, Stoic Virtue Ethic, in: Stan van Hooft: *The Handbook of Virtue Ethics*, Acumen, 2014, p.31.

⑤ Lawrence C. Becker, *A New Stoicism*, Princeton University Press, 1998, p.121.

⑥ Lawrence C. Becker, Stoic Virtue, in: Nancy E. Snow: *The Oxford Handbook of Virtue*, Oxford University Press, 2018, pp.130–152.

学派认为,作为人的理性能力的完善,德性之所以如此无与伦比,成为唯一之善,在于"正是这种积极、有效、理性能力赋予我们自由,是我们在这个世上仅有的支配性力量"①。在一个命定的、运行有序的世界,理性能力是人唯一能够体现出的支配性力量。理性能力的完善即是通达德性的过程,这个过程让理性的人成为有意义的存在。

此外,德性也是独占性(sole)的善,人们对德性"要么全有,要么全尽"(all-or-nothing),不存在中间状态。这种观点有别于亚里士多德,亚氏将德性视为中庸,德性与性情、行为相关,存在过度、不及、中庸三种状态,中庸就是命中正确的东西,"德性是一种中庸的品质,因为它在本质上以达到中庸为目标"。② 德性是选择性(chosen)的品质,是道德主体做出不偏不倚、中道选择的品质。"德性是一种选择的品质,存在于我们的适度之中。"③按克里斯汀·斯旺顿(Christine Swanton)的说法,是以正确行动准确击中目标(hit the target)的性情。④

然而,对斯多亚学派来说,德性是"要么全有,要么全尽"的性情,不存在程度问题。这样,德性训练就不是亚里士多德主张的不断重复、累积的习惯化过程,似乎只要常规性地践行德性就可以获得德性了。亚里士多德在《尼各马可伦理学》中明确说道,"道德德性通过习惯养成"⑤,"我们通过做公正的事成为公正的人,通过节制成为节制的人,通过做事勇敢成为勇敢的人"。⑥ 但是,斯多亚在该问题上主张,"德性的获得有个突破点(break-through point),并非是一个通向目的的渐进发展过程",对此曾用了个形象的比喻,这"如同开门时候的最后一拧,而不是成为百万富翁的最后一张钞票"。⑦ 这个突破点就在于掌握了宇宙秩序规律,精准地切中要害,在理智层面与宇宙运行的自然法则相一致。作为与自然相一致的品质,德性的一致性类似于"数学体系的一致性,不存在程度上的差别"。⑧ 安娜斯(Julia Annas)也指出,不宜将之视为一种惯例(routine)⑨,德性是在实践智慧引导下指向明智目标的理性能力的完善。

德性是人的卓越的品格特征,必须与自然相一致,因为说到底,德性是"一致性的品

① Lawrence C.Becker, Stoic Virtue, in: Nancy E. Snow: *The Oxford Handbook of Virtue*, Oxford University Press, 2018, pp.130 - 152.
② NE.1106b31 - 34.
③ NE.1106b36 - 37.
④ Christine Swanton, *Virtue Ethics:A Pluralisitic View*, Oxford University Press,2003,p.19.
⑤ NE.1103a14 - 15.
⑥ NE.1103b1 - 3.
⑦ Susan Suave Meyer, *Ancient Ethics*, Routledge,2008,pp.150 - 151.
⑧ Christoph Jedan, *Stoic Virtues:Chrysippus and the Religious Character of Stoic Ethics*, Continuum,2009,p.57.
⑨ Julia Annas, *Intelligent Virtue*, Oxford University Press,2011,p.16.

格"（consistent character）。至于如何理解"一致性"，有人认为，在斯多亚学派的语境中，对"一致"的认识，需要区分协调（correspondence）和连贯（coherence）两个概念，前者应该指向两个独立的事物，关乎两个事物之间的联系。根据这种区分，"一致"显然不是连贯（coherence）意义上的自我一致性或自洽性（self-consistency），而是强调自己的行动跟人性自然（human nature）或者宇宙自然（cosmic nature）保持协调。克里斯托弗 • 哲丹（Christoph Jedan）进一步指出斯多亚学派强调德性"一致性品格"坚持了内在与外在的双重标准①，对应于人性自然与宇宙自然的区分。

此外，斯多亚学派的德性概念有其心理基础。内在的一致性恰恰源于道德行动者以合理的动机（appropriate underlying impulses）对道德心理进行整合。"正是道德心理的整合作用决定了我们是通向善还是恶"，"如果我们的行为通向德性的话，那么，必须经由实践推理对这些冲动或动机加以处理、调节、管理，使之形成一种单一连贯和内在连贯的特征，即单数的德性"。② 斯多亚学派认为，德性的训练需要人对情感和依系（attachments）的实践控制能力。而且，每个普通人都有这样的能力，都可以做到调控极端情感。每个人都能够以合乎自然的方式指导人们的行动，即是"以理性的方式调节人类的各项追求"。③

三、不动心的幸福生活状态

至善（summun bonum）问题是古希腊德性论的基本问题。古希腊德性论追问对人来说最好的生活形式，而对该问题的解答指向生活的最高善—幸福（eudaimonia）。德性最终旨在实现幸福生活。尽管人们对幸福本身内涵的认识不尽相同，但基本都会认为幸福是所有人都会追求的目的。丹尼尔 • 罗素（Daniel C. Russell）在此意义上指出，当我们在讨论幸福主义（Eudaimonism）的时候，只是说人类所能选择的各种生活方式中哪种是最值得向往或追求的，而不是去探讨幸福生活本身的内涵。④ 也即是说，并非人人追求一样的幸福，而只是说人们都会认为幸福的生活是人们的最终追求。这点，亚里士多德在《尼各马可伦理学》第一卷也说得较为透彻，对人类实践的至善是什么，所有人基本上都会认同

---

① Christoph Jedan, *Stoic Virtues：Chrysippus and the Religious Character of Stoic Ethics*, Continuum, 2009, p.58.
② Lawrence C.Becker, Stoic Virtue, in：Nancy E. Snow：*The Oxford Handbook of Virtue*, Oxford University Press, 2018, pp.130 - 152.
③ Susan Suave Meyer, *Ancient Ethics*, Routledge, 2008, p.139.
④ Daniel Russell, *Happiness for Humans*, Oxford University Press, 2012, p.13.

这个问题的答案为幸福,尽管人们对幸福的内涵认识可能不一。①

在亚里士多德看来,伦理学要讨论人可以实现和获得的善,人会追求很多种善,但有一种善是凌驾于其他之上的,并且是其他所有的善最后指向的终极善,即幸福(eudaimonia)。幸福是完满、自足的最高善,是人类生活追求的终极目标(final end)。"几乎每一个人和所有的社会共同体都有某种目标,为达到这一目标人们有所选择或有所回避。这个目标简单说来就是幸福及其组成部分。"②幸福(eudaimonia)又是最根本的善,"作为绝对善的、永恒的因其自身之故而绝不因他物之故而被欲求的东西"③,"幸福看起来是完满而自足的善,是所有行为的终极目标"。④ 此外,幸福也是一种全善,亚里士多德强调幸福是自足、完满的,"幸福是人们所欲求的善目中最值得欲求的,没有什么同类可与之并列"⑤。幸福的生活是"灵魂合于完满德性的实现活动"⑥,一个幸福的人自然就是人性潜能在各方面都能达到实现的繁荣状态。

与亚里士多德将幸福定位于"活动"不同,斯多亚学派所认为的幸福主要表现为一种状态。在亚里士多德看来,"幸福就是活得好和品质好"⑦,是人性的完满实现。但在斯多亚学派看来,幸福不是活动,而是人们内心达到宁静平和的不动心状态(apatheia)。幸福的生活主要体现为与人性自然以及宇宙自然相一致。"不仅在状态上表现为一致的、和谐的、德性的和快乐的,而且以合乎自然的理性行为加以展现。"⑧幸福生活的实现需要与自然保持一致。人的自然本性是人作为理性动物的自然本性,要与之保持一致即是要求按照理性的方式行动。斯多亚学派乃至希腊化时期的其他伦理学派(如伊壁鸠鲁学派等)都在强调内心平和、宁静。无论是早期的芝诺,还是晚期希腊化的几位重要代表人物(塞涅卡、爱比克泰德及奥勒留等)均将灵魂宁静、不动心的状态(apatheia)视为最好的生活方式。可以说,斯多亚学派所追求的不动心状态,克服了一切形式的欲望、冲动、情感等。而这些欲望、冲动、情感等恰恰都是反自然的、非理性的(irrational)。⑨ 幸福的实现必须要人开启理性能力,通过理性的行动,追求合乎自然的生活方式,去除情绪、感受、欲望

---

① NE.1097b20 – 1098a25.

② Rhetoric,1360b1 – 5.

③ NE.1097a30 – 35.

④ NE.1097b20 – 23.

⑤ NE.1097b17 – 21.

⑥ NE.1102a5 – 7.

⑦ NE.1098b21 – 23.

⑧ Kerimpe Algra, *The Cambridge History of Hellenistic Philosophy*, The Cambridge University Press,1999,p.686.

⑨ Tad Brennan, *The Stoic Life*, Oxford University Press,2005,p.109.

等情感要素干扰,最终才能对自己生活的全部印象进行"完全整合"(complete integration)。①

与亚里士多德一样,斯多亚学派对幸福的理解也采取了自然主义的诠释路径。"幸福与德性的关系依赖于斯多亚学派对自然的理解。循着亚里士多德的思路,斯多亚学派认为,人类之善包括人性的实现,即人作为理性主体的本性的实现。"②幸福可以视为人作为理性动物之本性的完满实现。斯多亚学派在讨论自然本性时候,认为自然的即理性的,合乎自然的即合乎理性的,在成长过程中,事物内在力量(inherent force)的实现(realization)恰恰是最终的目标。在此,斯多亚学派和亚里士多德伦理学都将人的成长视为拥有漫长时间跨度(a span of life)的自然过程。由此,也承诺了德性论背后的整体生活(whole life)观念,幸福作为每个人都追求的最后之善,必然需要在整体生活中追求,即将它放在人的整体生存序列和完整的生命体验中加以理解。

在如何获得幸福的问题上,亚里士多德突出强调了实践智慧的关键地位。幸福生活无疑是按照德性行动的生活,更进一步地说,是经由人深思熟虑、反复权衡(即运用实践智慧)做出理论选择的结果。道德主体既是理性人,也是社会人,他们往往在反思自己的生活之后制定理想的生活方案(ground project)。幸福生活无外乎是个体生活的理性规划。相形之下,斯多亚学派并不认为幸福生活是理性选择的结果,它是"与自然保持一致"的状态。幸福生活与自然保持一致。这"源于自然运行的规范性原则,这种用以指导动植物的生活以及普通条件下的人类生活"。③ 在斯多亚学派看来,没有人愿意过冲突、不和谐的生活方式。理想的生活总是与自然相一致。斯多亚学派的宇宙观认为,宙斯制定了神圣原则,但这不是抽象的,超越自然的,而是内在于自然中,宇宙已经按照自然之道有条不紊地运行。对人来说,与自然一致的生活就是要与人类理性以及宙斯的思想相一致,有效地协调生活的各个方面,达到和谐、一致的状态。当然,这里的"与自然一致地生活"并不是简单地接受自然发生的事情,而是理性地行动,因为"人类是拥有理性能力的存在,理性地行动就是人类与自然保持一致"。④

虽然亚里士多德将德性视为构成幸福的最重要的组成部分,不过,除了德性之外,幸

① M.Andrew Holowchak, *The Stoics: A Guide for the Perplexed*, Continuum, 2008, p.28.
② T.H.Irwin, *Stoic Naturalism and Its Critics*, in: The Cambridge Companion to The Stoics, Cambridge University Press, 2003, p.346.
③ John M.Cooper, *Pursuits of Wisdom: Six ways of Life in Ancient Philosophy from Socrates to Plotinus*, Princeton University Press, 2012, p.153.
④ Raymond J.Devettere, *Virtue Ethics: Insights of Ancient Greeks*, Georgetown University Press, 2002, p.128.

福还包含了其他的构成要素,如物质、荣誉和运气等。亚里士多德在《修辞术》中认为,幸福包括:"出身高贵、朋友众多、挚友、财富、爱子、多子、安心的晚年;还有身体方面的德性,比如:健康、健美、力量、体形、竞技能力、名声、荣誉、好运和德性。"①在《尼各马可伦理学》中,亚里士多德也特别提及外在善对幸福的重要性,"幸福诚然也需要一些外在的善缘。因为人们如果没有辅助手段可供支配的话,做高贵的事情是不可能的或者是不容易的。许多事情只能借助朋友、政治权力这些工具才能办成。另一方面,如果缺少一些东西,如高贵的出身,聪明的子女,身材的健美,幸福就会蒙上阴影。因为谁要是把一个外表丑陋,出身卑微,生活孤苦伶仃的人,同幸福联系在一起,简直就是恶意歪曲幸福。还有,如果某人子女不善,朋友凶恶,或者说有好儿好女好朋友,但亡失了,我们也不大可能说他幸福。所以,我们说过,幸福也需要这些外在的善缘、运气……"②

根据亚里士多德的这种解释,幸福显然是个综合性的概念,它包含了多种要素,植根于多维、复杂的人性潜能,是人的生命潜能的多方面的实现。③ 一旦进入希腊化和罗马时期,当人们远离城邦时代退回到人的内心,独立面对自我的时候,剔除欲望、激情对人的干扰,追求内心的宁静成为那个时代伦理思想(斯多亚学派的哲学是对当时人们内心世界的诊疗)的重要特征。这样,较之亚里士多德,斯多亚学派对幸福概念的理解就是在不断地做"减法",把那些外在的善以及所有的情感形式全部剔除,寻求人们意志可以把握的当下性内容。正因为如此,龙格认为,相比较亚氏幸福更为丰富(rich)的内涵,斯多亚学派的幸福概念无疑是一个"贫困的概念"(impoverished)。④ 这么说,外在的善在斯多亚学派究竟居于什么地位呢? 事实上,按照约翰·塞拉斯(John Sellars)的说法,有必要在斯多亚理论中区分"善"(goods)和"中立物"(indifferents)。像健康、财富之类的中立物,对人的身体性或物理性的成长无疑具有重要的价值(values),但它们不能算是善(goods),因为它们无助于人的幸福生活。在斯多亚看来,唯一的善就是德性,也只有德性才能实现幸福。

事实上,斯多亚与亚里士多德在理解幸福问题上出现的差异,可以从两者背后的社会背景寻找答案。麦金太尔(A.MacIntyre)曾指出,"斯多亚主义就是对一种特定的道德与社会发展形态的反映"。⑤ 亚里士多德所生活的城邦共同体为人们积极展现自己的生命潜能提供社会土壤,此时的人们思索如何通过投入现实生活中,参与公共生活实践,把人

① Rhetoric.1360b13－16.
② NE.1099a34－b8.
③ Stan Van Hooft, *Understanding Virtue Ethics*, Routledge,2014,p.49.
④ A.A.Long, *Stoic Studies*, University of California Press,1996,p.119.
⑤ A.MacIntyre, *After Virtue:A Study of Moral Theory*, University of Notre Dame Press,1981,p.170.

的生命潜能发挥出来,实现自我增进与人性实现。所以,亚里士多德的幸福(eudaimonia)观念更多地展现为以积极的活动实现人性的卓越。而到了希腊化以及罗马时代,随着城邦时代的解体以及伦理共同体的逐渐消隐,战乱成为常态,人们的伦理思考不断地撤退到内心之中。斯多亚学派强调内心的宁静平和,认为幸福的状态就是远离恐惧、焦虑,伦理生活要克服激情,追求内心宁静的自然化状态。在一个远离了城邦的公共生活战乱的时代,人们思考的是要保全自我,不再是个体如何依赖共同体(depend on community)的问题,而是如何独立地面对自我、保全自我的问题。

四、经由理性的情感根除(*eradication*)

情感问题是斯多亚学派德性论极富特色的理论议题。一般来说,德性论对情感的讨论大抵有三种进路:以柏拉图、亚里士多德为代表的古典德性论(classical virtue ethics)、以休谟为代表的道德情感主义(moral sentimentalism)以及斯多亚学派(stoics)。"如果说古典思想家们试图整合德性与情感,道德情感主义认为德性源于情感,那么,斯多亚学派认为根除情感对德性至关重要。斯多亚学派最主要的德性不动心(apatheia)便是表达一种无欲的状态。"[1]可以说,情感在斯多亚学派的德性理论中并没有位置。诚如有人指出的那样,把情感与斯多亚主义放在一起似乎在表述上就充满矛盾,因为一提及"斯多亚主义"就会想到"情感匮乏"(absence of emotion),它的理论就是要全盘抑制感觉(feeling)。[2] 尽管在很多方面,斯多亚与亚里士多德保持一致,但在情感的问题上,斯多亚学派的处理方式与亚氏截然不同。

亚里士多德认为,德性不只是行为的合宜,也包含情感的适当。情感与理性可以共存,情感伴随着理性的出现,理性占据主导的地位,以调节(moderate)情感,实现德性所追求的和谐状态。具体来看:(a)情感是伴生性的,总是伴随德性行动(virtuous action),"由于每种性情和行为都伴随着苦乐,所以伦理德性也就与苦乐相关"。[3] (b)德性的行为应该能够令人愉悦,"喜爱德性的人都是这样的人,他们自在地富于享乐","人们不会把一个不喜欢公正行为的人称为公正的,把一个不喜欢慷慨行为的人称为慷慨的,其余的也如此。如若这般,合乎德性的行为那就真的自在地就令人享乐"[4];(c)情感只有训练成与德

---

[1] Robert C. Roberts, *Varieties of Virtue Ethics*, in: Kristján Kristjánsson, *Varieties of Virtue Ethics*, Palgrave Macmillan, 2017, p.24.

[2] Margaret R.Graver, *Stoicism and Emotion*, The University of Chicago Press, 2007, p.1.

[3] NE.1104 b13 - 15.

[4] NE.1099 a15 - 20.

性概念包含的理性相一致才具有道德价值,并受道德赞扬。

然而,斯多亚学派认为,作为理性的存在者,自然的生活是合乎理性的,需要摆脱任何身体性的生命感受。与希腊化时期对感官快乐追求不同,斯多亚伦理学认为,像激情、快乐、情感等身体感受对人来说都是诱惑,是人们在追求内心宁静过程中的羁绊。对此,斯多亚伦理学基本主张去除(remove)情感。这往往使人们一想起斯多亚学派,就会将它与"剔除情感"联系起来,"总体来说,情感在一个真正有德性品格的人的心灵世界中并不占据位置,且两者并不兼容"。①

其实,斯多亚对待情感的态度某种意义上已经偏离了古希腊伦理学对人性的预设。尽管斯多亚学派和古希腊伦理学一样都坚持人的理性地位。但它们的理论中,人性并非全然是同一厚度的概念。按照古希腊伦理学的思路,情感是人性的重要组成部分。人性被看作是一个内涵丰富(rich)的厚(thick)概念,具有丰富的内涵和宽阔的长度,情感是人性不可或缺的要素。这点霍夫特(Stan Van Hooft)也指出,德性论的人性假设就包括了人的情感沟通的维度。② 对斯多亚学派来说,人性是个内涵单一的薄(thin)概念,人是理性的存在物,人性的即理性的,而情感让人处于糟糕的状态,不宜以过分延长(overstretch)人性的方式把情感纳入其中。这样,情感必须要置于理性之下,并经由理性的行为主体以实践理性加以去除(remove)。

根据斯多亚学派的定义,一种合乎自然的幸福生活状态应当是无欲求(apatheia)的。但有种观点认为,并不是要完全摒弃情感,而是要让情感以合宜的方式呈现出来。也就是说,这里的"去除"(remove)、"根除"(eradication)不宜做彻底地空白化(blank)处理。约翰·库珀(John M.Cooper)指出,斯多亚学派并不排斥身体性的感受(bodily feelings),只是说情感不具有道德意义,不构成人们行为的动机,这也从一个方面区别于道德情感主义,后者认为情感成为道德行为的源泉。而在斯多亚学派看来,这些有意识的身体感受只是倾向(inclinations),"只有当它们对我们形成正确行动产生影响的时候,我们才会支持这些前理性感受的影响"。③ 在此,可以发现,斯多亚学派实际上对人的自然性有着充分理解,它会承认人的前情感形式,也会认为很多宽泛意义上的情感构成事物"是其所是"的评价性印象(evaluative impression),确实能够成为激发行为的倾向或灵魂状态。从这个意

---

① John M.Cooper, *Pursuits of Wisdom: six ways of life in ancient philosophy from Socrates to Plotinus*, Princeton University Press, 2012, p.162.

② Stan Van Hooft, *Understanding Virtue Ethics*, Routledge, 2014, p.15.

③ John M.Cooper, *Pursuits of Wisdom: six ways of life in ancient philosophy from Socrates to Plotinus*, Princeton University Press, 2012, p.159.

义上说,情感无疑具有认知层面的意义。但问题的关键在于,情感无法脱离理性进而成为灵魂的构成要素,而且说到底,情感源于人的理性,并将最终需要理性予以处理。这样,情感与理性在柏拉图、亚里士多德那里所处的并列状态,到了斯多亚学派那里,已经转变为"情感被理性所吸纳"。

这个过程便指向斯多亚学派的"哲学诊疗"。面对各种困扰人生存的 propatheiai 的状态(即前情感),哲学必须发挥认知上的干预作用,剔除人们认知上的各种错误,帮助人们达到心灵宁静的状态。正因为如此,有人认为,斯多亚学派心理诊疗实际上不过是"认知诊疗的一种形式,旨在聚焦并矫正认知错误"。① 在斯多亚学派看来,"合适或不合适的情感以两种不同的信念的真假形式判断,这两种不同形式的信念典型地涉及成熟的情感:关于世界的信念及其与人的幸福相联系的信念"。② 德性的实践需要摒弃与之不一致的情感,因为人们一旦被欲望充斥,往往就会变得不理智,此时需要消除负面情感,去除欲望、激情、情绪等。只有涉及积极有效的理性行动,才会修正或摒弃情感,帮助人们做出正确的意志抉择。

可以看出,斯多亚学派追求灵魂内在的宁静状态,这是一种不为情感所影响,不断根除欲望,以达到内心宁静的不动心(αταραξια)状态。当然,"不动心"并非是完全冷漠,它依旧反映人的一种感受性状态,只不过是正确把握了外部印象而获得的生命状态。在该问题上,斯多亚伦理学的诊疗性特征体现得尤为明显。当斯多亚学派强调以合乎自然或与自然相一致的标准对各种冲动、动机进行协调,达到一致状态,此时的斯多亚学派无疑已经是敏锐的生活观察者和富有洞见的心理学家③,它像一个生活向导,告诉我们哪些是我们的意志能够真正把握的,哪些事物是真正地在人的意志可以控制的范围之内。与此同时,它又像一个医生一样,帮助我们运用自己的意志,运用自己的理性力量,对各种情感状态进行"删减"处理,帮助人们过上与自然相一致的幸福生活。

五、斯多亚德性论:一种未竟之业

随着德性伦理学的复兴,人们重新将目光聚焦到斯多亚学派的伦理学,试图从中选择当代德性论所需要的理论资源。由此,对斯多亚学派做德性议题的分梳就绝不简单地定

① Lawrence C. Becker, Stoic Emotion, in: Steven K. Strange Jack Zupko, *Stoicism: Traditions and Transformations*, Cambridge University Press, 2004, p.257.
② Lawrence C. Becker, Stoic Virtue, in: Nancy E. Snow: *The Oxford Handbook of Virtue*, Oxford University Press, 2018, p.144.
③ William B. Irvine, *A Guide to the Good Life: The Ancient Art of Stoic Joy*, Oxford University Press, 2009, p.5.

位于思想史的梳理,而且要深入斯多亚学派的理论脉络,对其做类型学甄别,从而探问一种斯多亚式德性伦理学(stoic virtue ethics,以下简称为斯多亚德性论)是否可能。斯多亚的德性理论(stoic virtue theory)是否构成斯多亚德性论(stoic virtue ethics)?如果构成的话,它应该成为哪一种类型的德性论?支持者会认为,斯多亚德性论是可以成立的,即使构不成斯多亚式的德性论的话,至少应该成为德性论的某种类型(如,可以是幸福主义德性论);而反对者会强调,斯多亚学派虽讨论了德性问题,但这只是其伦理学的议题之一(即斯多亚的德性理论),但却不足以成为德性论。

支持者们认为,斯多亚学派继承了亚里士多德的幸福主义,德性的最终目的在于幸福生活,在德性和幸福之间的关系问题上,斯多亚学派提供了相对充足的解释,在方法论上也延续了自然主义的分析框架。和亚里士多德的德性论一样,斯多亚学派也坚持德性的统一性(unity of virtues),主张各种德性之间不存在冲突,并从根本上反映了古希腊和谐的宇宙观。此外,斯多亚学派重视实践理性(practical reasoning)作用与亚氏强调实践智慧的根本作用也存在一致之处。马泰·夏普(Matthew Sharpe)认为,斯多亚学派将德性视为唯一的善,就这点而言,就已经从一个方面称得上是鲜明的古希腊德性论。① 斯多亚学派跟亚里士多德一样均高度重视行为者的品格涵养,更进一步地,甚至可以说,斯多亚学派就是幸福主义德性论。丹尼尔·罗素(Danniel Russell)明确地将斯多亚主义划入幸福主义伦理学的阵营②,认为古希腊罗马时期的伦理学都在追求人类的幸福和卓越,都可以置于幸福主义伦理学。

除此之外,在如何培育德性的问题上,斯多亚学派负有盛名的"斯多亚圣徒"(stoic sage)形象成为德性实践的范例化。斯多亚圣徒身上凝聚了卓越的人性品质,是最完美德性的人格化身。斯多亚学派在讨论伦理学的时候,喜欢描述完全有德性的人——斯多亚圣徒会做什么,圣徒如何成就,以此来展现我们应该做什么和应该如何做,③从而为人们的道德模仿提供可以参照的现实样本。在很多人看来,这也从一个方面佐证了斯多亚伦理思想构成德性论。

当代较为坚定的斯多亚德性论倡导者以劳伦斯·贝克(Lawrence Becker)为代表,他主张斯多亚学派能够为德性伦理学提供统一化的、基础性的框架,从而更为深刻地把握当

---

① Matthew Sharpe, Stoic Virtue Ethic, in: Stan van Hooft: *The Handbook of Virtue Ethics*, Acumen, 2014, p.31.
② Daniel Russel, Virtue Ethics, Happiness, and the Good Life, in: Daniel Russel, *The Cambridge Companion to Virtue Ethics*, Cambridge University Press, 2013, p.7.
③ Tad Brennan, *The Stoic Life*, Oxford University Press, 2005, p.36.

代德性伦理学的多样性,甚至可以成为亚里士多德主义的替代性方案。除了贝克这位坚定的支持者之外,当代其他的一些思想家尽管没有明确地声称,但所做的工作也是在尝试修正或发挥古典斯多亚学派的部分观点。这其中,尤以对待情感的态度问题为最,以玛莎·纳斯鲍姆(M.Nussbaum)、朱丽叶·安娜斯(Julia Annas)为代表的新斯多亚主义(neo-stoics)试图恢复斯多亚学派在情感问题上的信条。

不过,在反对者看来,斯多亚学派德性理论的部分特征及其倡导的一系列独特信条使其难以被认定为德性论:(1)德性并不构成斯多亚德性论的起点,从而无法将其视为德性论。泰德·布伦南(Tad Brennan)就对斯多亚学派德性论的身份表示怀疑。德性论将品格(character)视为基础性概念,但对斯多亚学派来说,自然似乎更具有根本性的地位,自然不仅构成宇宙运行和幸福生活的动力原理,而且成为用以诠释人的德性、理性、幸福等相关概念的关键。德性恰恰是通过与自然寻求沟通甚至还原为自然的方式才能获致理解,这样,我们可以称斯多亚伦理学为自然主义,却无法将之视为德性论。(2)德性是幸福的唯一构成要素(sole),并不能将其视为幸福主义。斯多亚学派坚持认为,德性是幸福的充分条件,拥有了德性自然能够通达幸福。不过,在亚里士多德看来,幸福是人之潜能的完满实现,是生活兴盛、繁荣状态。德性固然是幸福的重要条件,但除此之外,物质条件、经济地位甚至运气等均发挥作用。亚氏的理论因将幸福视为终极善(final good)被称为幸福主义。如果按亚氏的标准来看,斯多亚学派视德性为唯一的善,自然也就谈不上是幸福主义。

从思想史来看,亚里士多德为德性伦理学提供了经典的诠释框架,以至于每一次对德性问题的讨论都是不同程度地与亚氏的理论展开对话。如果脱离了亚氏提供的德性论框架,斯多亚学派还能否言说德性?是把德性作为主题的形式,还是提供一种独立的德性理论形态?事实上,上述简要梳理表明:该问题是存在争议甚至难以达成共识的。从德性论的理论建构来看,一种具有解释力的德性论应该能够从品质的视角对人的道德生活予以全景且合适的说明。斯多亚伦理学总体上反映出道德理论在社会发展正遭遇大变革时期人的生存境遇,敞开了人类道德生活的部分镜像,而要完满地把握德性论,这些理论镜像恰恰又不容回避(如存在的当下性、自我保足等)。这样,问题的关键似乎在于:不应过多地纠缠"斯多亚德性理论是否成为一种德性论",而应关注斯多亚的德性理论究竟能够对当代德性论自我建构提供哪些有益的思想方案。

Nature, Rational Agency and Virtue: on Stioic Virtue Theory

YE Fangxing

【Abstract】 With the revival of virtue ethics, Stoic Ethics is becoming analternative resource for Contemporary Virtue Ethics to its self-standing theoretical construction. Stoicsvirtue theory is based on nature. Nature includes human nature and cosmic nature. It is not only the motive principle of cosmic operation and human life, but also the ontological basis of virtue theory and even the whole ethics. As the intrinsic quality of human beings, virtue points to the perfection of human rational ability. Virtue is the only good and the necessary and sufficient condition for a happiness. Happiness should be in harmony with nature. Natural is rational, natural life is rational life, happiness is consistent with nature, remove all emotions to achieve a tranquility state of The orientation of Stoics virtue theory should not be entangled too much about whether Stoic virtue theory can become Stoic virtue ethics, but about what beneficial ideas Stoic virtue theory can provide for the self-construction of contemporary theory of virtue.

【Keywords】 Virtue Ethics, Stoic, Nature, Hunam Rational Agency, Emotion

沙夫茨伯里的美德观念:以伦理学演化史为视角①

陈晓曦②

【摘要】 在西方伦理学演化史上,存在一个重视理性,否定情感,到认真区分情感并肯定其地位的过程。沙夫茨伯里就是肯定自然情感而怀疑理性建构的一位关键人物。毫无疑问,沙氏的写作风格是文雅的,讲究文辞的,非常有别于学院式的理论建构,其道德感概念为哈奇森所继承;其对共通感学说的挖掘也受到后世的哲学家重视。当代学者里佛斯曾把沙氏概括为 18 世纪道德思想史上一位独特而又令人困惑的思想家。首先,在沙氏看来,自然情感就是道德的源泉。其次,在道德唯名论与实在论之争中,他坚定地捍卫后者。最后,在道德工夫论上,独白对话兼具,都旨在人的哲学教化(养生术)。

【关键词】 沙夫茨伯里,自然情感,道德实在论,独白,共通感,养生术

伊莎贝尔·里佛斯(Isabel Rivers)在《理性、优雅和情感——英国 1660—1780 年的宗教与伦理语言研究》卷二《从沙夫茨伯里到休谟》中说,"沙夫茨伯里是上一个独特而又令人困惑的(unique and perplexing)人物"。③ 当然这只是沙夫茨伯里给读者留下的初步印象,了解该人物就是要解开他那"独特而又令人困惑"之谜。沙氏在哲学史上,主要有两件事是众所周知的。对于道德哲学家来说,他在英国被称为"道德感理论之父";对艺术哲学家来说,他被称为"英国本土的第一个伟大的美学家"。④ 本文将从沙夫茨伯里面临的时代智识语境挑战及其回应开始,概括他的道德哲学基本观念及其对苏格兰启蒙运动道德哲学发展的影响。

首先,作为在道德哲学史上 18 世纪一度名声显赫而 20 世纪又大幅回落的道德哲学家,我们有必要对其有一个大致了解。沙夫茨伯里实际上不是他的名字,他叫安东尼·阿什利·库珀(Anthony Ashley Cooper,1671—1713),是沙夫茨伯里(地名)的第三伯爵,其思

---

① 本文是 2019 年度教育部人文社科专项"意识形态领导权与高校思政课话语自觉研究"(项目编号:19JD710017)的阶段性成果。

② 作者简介:陈晓曦,滁州学院马克思主义学院讲师,研究方向为西方伦理学理论。

③ Isabel Rivers, *Reason, Grace, and Sentiment——A Study of the Language of Religion and Ethics in England, 1660—1780*, Volume Ⅱ, *Shaftesbury to Hume*, New York: Cambridge University Press, 2000, p. 86.

④ John McAteer, *The Third Earl of Shaftesbury*, https://www.iep.utm.edu/shaftes/[2019 - 5 - 13].

想深刻影响了 18 世纪英、法、德思想。作为一个重要的英国自由思想家社会圈的一分子，他与早期自然神论者，如约翰·托兰德以及马修·廷德尔有密切联系，其作品对法国自然神论者如伏尔泰与卢梭同样有着重要影响。他也与同代人如洛克、莱布尼茨以及皮埃尔·培尔等保持通信往来——去世后出版的未刊书信集收录了 147 封书信。在以英语为书写语言的哲学史上，通过他的道德感(moral sense)概念，沙氏又深刻影响了弗朗西斯·哈奇森、约瑟夫·巴特勒、休谟和斯密。他的激情概念在德国产生了深远的影响，他从单纯的理性话语中恢复了直觉，并影响了德国思想家如莱辛、门德尔松、歌德、赫德尔以及席勒所体现的创造性想象的浪漫观念。

一、自然情感为道德源泉的历史考察

近代以来的 17、18 世纪的英国哲学是非常不同于古希腊哲学的，其道德哲学自然也与传统伦理学有别。古希腊伊奥尼亚的哲学家仰观于天俯察于地，他们把世界的本原归结"水""气""火""无限者"等元素，并称之为"始基"，因此这些哲学又叫作自然哲学。他们的思考方式是"我能从世界得出什么"，"水""气""火"既是从世界中抽取的元素，但又不同于直接的自然。与此大异其趣的是埃利亚学派，塞诺芬尼、巴门尼德等思想家通过"神""存在"等概念看到，世界首先必有属人的一面，然后人才能据此说出思考的成果。不是世界的始基决定我可以认识到什么，而是人的能力与特征反倒首先决定了世界的可能样态。我们知道伊奥尼亚和埃利亚的方式，在中国的西方哲学研究中叫唯物主义与唯心主义。

从类比的意义上说，苏格兰启蒙运动内部也出现了这样的"对子"，以霍布斯、洛克为代表的经验主义和以沙夫茨伯里和哈奇森为代表的情感主义(休谟也主张同情，就此而言休谟的"跨界"特征令其变得颇有些复杂)。① 与古希腊那个"对子"不同的是，这一对不是聚焦认识世界，而是关注个体与社会的关系。具体到沙夫茨伯里，他把自然情感(natural affection)看成人类正确理解社会共同体的中介，反过来也是人自身德性的源泉。这既不是从外部社会总结出人性的特征或人应该具有的特征，从而发展成为德性，也不是通过人的理性能力为外部世界以及道德世界立法，从而建立规则，而是主张人自身天然地就具有指向公共善的情感，并对这样的行动同样天然地认可。如果这种自然情感没有被败坏或扭曲，则可以成就人类的幸福。

---

① 当然还有一个理性主义学派，就此而言，似乎更是一个"三足鼎立"的道德哲学格局，但从道德哲学的思想史而言，"对子"说也可以成立。

情感或者说自然情感,在西方理论思想史上基本上经历了一个从不重视到重视的轨迹。我们知道在古希腊,超验的理念哲学认为存在的真理、本体是作为普遍形式的纯理念,而自然,包括人的全部欲望、意志在内,实际上只是非存在。柏拉图的欲望和意志被以后的哲学家统称为激情,它们都是灵魂的各种冲动,属于必然性(自然)范畴,是由于土、水、火、气引起的混乱。① 理念的把握全靠理性,因而诸情感则相应地构成灵魂之染污。尽管如此,哲学家柏拉图又在《会饮篇》《菲德罗篇》中谈论了神秘之爱,灵魂之羽翼由此可以冲破种种羁绊,想望至善,于是才有了今天的"柏拉图的爱情"说法。海德格尔在考察柏拉图关于艺术与真理关系时也说:"人们对理念的把握,从其实行可能性方面来看,是建立在 ερωξ[爱洛斯]基础之上的,后者在尼采美学中就是与陶醉相合的东西。在爱洛斯中最受喜爱和渴望、因而被置入基本关联之中的理念,就是那个同时又最能闪烁的显现者和闪现者。这个同时也是 εκφανεδτατου[最能闪耀之物]的 εραδμιωτατου[最令人出神之物],被证明为 ιδεα του καλου,意即美的事物的理念,也就是美。"② 众所周知,柏拉图是经常处于出神状态的,这种迷狂当然属于激情的一种。在迷狂之中究竟发生了什么,我们只能说那是一种极度的爱智与沉思活动,思考万事万物的本源知识,即它们如何按其自然本性而被安排,获得秩序性规定,即赢得自身的实存。但应该看到,柏拉图这种对情感的认识在总体上是模糊的、不自觉的。

在亚里士多德的《尼各马可伦理学》中,灵魂构成分成三种状态:能力、感情和品质。③ 人生的幸福乃是灵魂符合于完满德性的实现活动,而德性又在于选择,以求取属人的适度为目的,以逻各斯为判断标准的选择品质。可是问题在于人灵魂结构既有逻各斯的部分也有无逻各斯的部分。亚里士多德说:"这个无逻各斯的部分就是两重性的。因为,那个植物性的部分不分有逻各斯,另一个部分即欲望的部分则在某种意义上,即在听从(实际上是在考虑父亲和朋友的意见的意义上,而不是在服从数学定理的意义上听从)逻各斯的意义上分有逻各斯。这个无逻各斯的部分在一定程度上可以受到逻各斯的部分的影响,这一点表现在我们的劝诫、指责、制止的实践中。另一方面,如果欲望的部分更适于说是有逻各斯的,那么灵魂的逻各斯的部分就是分为两个部分的:一个部分是在严格意义上具有逻各斯,另一个部分则是在像听从父亲那样听从逻各斯的意义上分有逻各斯。"[6]$^{p34,1102b20-1103a}$这段看起来偏口语话的论述实际上包含着重要的讯息,虽然它在研究

---

① 汪子嵩等:《希腊哲学史》(第2卷),北京:人民出版社,1997年,第1069页。
② 马丁·海德格尔:《尼采》,孙周兴译,北京:商务印书馆,2002年,第184页。
③ 亚里士多德:《尼各马可伦理学》,廖申白译,北京:商务印书馆,2003年,第5-6页,注释④,1094a25。

亚氏伦理学中被援引的频次不算太高。无逻各斯有两种,如人的生物性存在;另外一部分则是分有逻各斯,换言之,情感与理性的关系是父子式的。因此,道德德性的养成就是父亲教导孩子,因为情感之于理性"是在像听从父亲那样听从逻各斯的意义上分有逻各斯",于是情感的德性就在于依从理性,自身并无认知功能,更不是德性之源泉。显然,亚氏伦理学中情感就是一个需要处理的对象。

这些与柏拉图在《理想国》中将口腹之欲的德性规定成节制(sōphronsunē)是一回事。以知识考古学擅长的福柯在《性经验史》中为我们提供了更为广阔的论证,他发现在古希腊有 agein,ageisthai(引导、被引导)的概念,出现在《普罗泰戈拉篇》《理想国》以及《尼各马可伦理学》中;kolazein(克制)的概念则出现在《高尔吉亚篇》;Antiteinein(反对)、Emphrassein(阻止)、Antechein(抵制)等概念分别出现在安提封的《残篇》等各处。所谓"在欲望上,道德行为是以一种追求权力的战斗为基础的。这种把 hedonai 和 epithumaai 当作可怕的力量和敌人的观察,……抵制它们的进攻"。① 福柯还在城邦政治生活中来分析这种德性训练,它既是自我教育也是政治生活的必须,"道德'训练'(askēsis)属于在城邦中起一定作用并与其他人交往的自由人的'教育'(paideia)的一部分"。② 值得注意的是,这里的情感(pathos)几乎是一边倒地未加区分,很多时候直接与身体欲望是同义词。这种情况在后来的斯多亚学派那里得到了继续发挥。

斯多亚主义者看到,激情是理性灵魂表现出的某种病态或无序状态,它牵涉到对什么应当追求的和应当避免的这一问题所做出的错误判断。西季威克指出,"真正具有智慧的人将免于这类因激情而犯下的错误。……对真正的理性自我而言,肉体的痛苦实际上是无关紧要。所有能一般地激起人们的希望、恐惧、欢乐或伤悲的其他目标也是如此:在贤者心中它们不能同样地激起这些情感状态,因为贤者不能判定它们的真正善的还是恶的"。③ 斯多亚的代表人物爱比克泰德终生都在思考何为自己"权能之内"的实践活动,实际上这是古训"认识你自己"的继续,而如何认识则又在时代中汲取内容。对于爱氏而言,运用理性能力克服情感上的种种扰动(如恐惧、愤怒)成为重点,所以他说,"难道你希望人们都不关心自己和自己的利益吗? 我们难道忘了,世间万物共有一理,那就是,都要关心自己本性的需要吗?"④译者王文华先生给出详细注解,"关心自己本性的需要"是斯

---

① 米歇尔·福柯:《性经验史》,佘碧平译,上海:上海人民出版社,2002 年,第 172 页。
② 同上书,第 180 页。
③ 亨利·西季威克:《伦理学史纲》,熊敏译,陈虎平校,南京:江苏人民出版社,2008 年,第 67 页。
④ 爱比克泰德:《爱比克泰德论说集》,王文华译,北京:商务印书馆,2009 年,第 105 页。

多亚重要的 Oikeiōsis 思想，即家、居住的意思。由于理性灵魂的运用既可以看到内在利益，也能洞察个体与整体的关系，所以关注自我并让自我与城邦协调就成为关注的内容。所谓"不动心"（apatheia），就是免于一切情感的纷扰。沙氏在其《特征》的卷一第三篇论文《独白》的卷首语中就引用了佩尔西乌斯《讽刺诗》中的一句话，Nec te quaesiveris extrà。① 其意思是人无需旁骛，这意味着一切只需内求，显然这也是秉承了希腊哲学"认识你自己"的箴言，以及斯多亚学派的基本思路。

罗马时代的马克·奥勒留则相信美德需要"灭除情感而非发展情感"。② 如果我们反过来看的话，亚氏对情感采取父子式的规训态度反倒是温和的。按理说，就运用理性能力而言，沙夫茨伯里是无法将斯多亚学派的任何一位思想家看成自己的先辈的，但是，颇令人意外的是，沙氏、哈奇森、斯密都特别重视斯多亚学派的思想资源。显然，这种继承性实际上也是一种经过取舍的扬弃，即他们以情感替换理性，保留了自我利益和社会利益协调平衡的框架，而且自然情感致使人的天然社会性由此也得到一个坚实的理论基石。这里我们看到，就对情感不做区分的情况而言，斯多亚主义者与古希腊时期的哲学家是一致的。情感在伦理学中的地位最低时，恰恰也是情感在伦理学中被重视的开端，而奥古斯丁正是处在这样的一个分水岭式的人物。

虽然奥古斯丁在总体上坚持了希腊的理性主义立场，但是基督教《圣经》中大量的关于爱信望的表述，这迫使他对诸激情重新思考与定位。无疑，上帝出于爱而创世，信徒因为具有信仰的激情而受难蒙救。奥古斯丁把心灵的冲动严格区分为高级激情（passio）与低级欲望（perturbation），高级的精神层面的则又可以区分为仁爱（caritas）和欲望（cupiditas）两种类型。③ 奥古斯丁在《上帝之城：驳异教徒》第十四卷说：我们来看看"无情［不动心］"（希腊文所谓的 απαθεια，拉丁文就是 impassibilitas），这只能发生在心灵里，不能在身体里，我们可以把它理解为，人们的生活中若没有这些情感（因为它们违背理性和搅扰心志），这显然是最大的好［善］；但这在此世不可能存在。④ 实际上，该卷四9的标题就是"心灵的搅扰在义人的生活里变成了正直的情感（right feelings）"。这样，奥古斯丁在实质上就否定了斯多亚学派关于激情是恶源之说，认为激情也可以是公义的

① Persius, Satires 1.7. 转引自 *Soliloquy, or Advice to an Author*, Shaftesbury, *Characteristicks of Men, Manners, Opinions, Times*, Indianapolis: Liberty Fund, 2001, p. 95。按，沙氏的 *Characteristiks* 一书在国内研究界一直以来都被翻译成《特征》，该词当然有"特征"之意，但细究文本的内容，它更是在说"品格""品质"。出于习惯，本文依然采用"特征"。究竟为何以此为名，而且这样做是否妥当，本文结尾部分将进一步讨论。
② Deborah Achtenberg, *Cognition of Value in Aristotle's Ethics*, New York: State University of New York, 2002, p. 5.
③ 吴学国、徐长波：《奥古斯丁与西方激情理论的分化》，《哲学研究》，2015 年第 3 期。
④ 奥古斯丁：《上帝之城：驳异教徒》（中），吴飞译，上海：上海三联书店，2008 年，第 201 页。

（righteous），恶不是源于激情而是邪恶意志，结果就把激情从德性实践的负面地位变成了中立地位，也为苏格兰启蒙运动的情感主义思想家开辟了道路，而后来德国的舍勒、丹麦的克尔凯郭尔则在高扬情感的轨道上继续深入推进。

二、沙夫茨伯里的道德实在论

以上的梳理为我们理解苏格兰启蒙运动情感主义，在情感之于伦理学的意义上提供了视域。在此意义上，休谟那句"理性是、并且也应该是情感的奴隶"才显现出巨大的翻转力量，[①]此句不啻一场为情感正名的哥白尼式的革命。一直以来，西方哲学的研究者，尤其是伦理学方面的研究者都有一种感觉，英国道德哲学在阅读快感方面明显不及德国哲学，他们的论述总给人一种浅显，甚至平庸之感。沙氏的写作方式更加特殊，与康德、黑格尔的"做哲学"的方式大相径庭，文学与修辞方面非常华丽，处处显示出上流社会文人圈子的方式（manner）、[②]风格（style）、幽默（humour）与趣味（taste）；而哈奇森的写作方式则偏重布道体，思辨性也不甚显著。对此本文最后会尝试给出解答。

那么，沙氏的情感主义要点是什么呢？"必然地影响和支配动物的情感或激情要么是：（1）自然情感（natural Affections），导向公共善；（2）或者自我情感（Self-affections），只是导向私人善；（3）或者非上述两种，即既不是指向公共善，也不是指向私人善，而是相反，因此可以被恰当地说成是不自然的感情（unnatural Affections）。"[③]这段话说明新的人性结构，但也依然让人觉得"没什么"，不过瘾，没有哲学的风范儿——这不是一种寻常的分类吗？我们可以倒着一一加以解释。第三种的反自然情感会直接导致人这一族类的无法生存。第二种是利己主义情感。第一种是社会性公共感。沙氏的人学简单说就是利己主义与公共感的平衡，或曰群己的平衡。这种个体与群体（族类或共同体）相一致的情感主义路向，如果用意志或理性的思辨话语说，其实也就是黑格尔主义。所以，沙氏说，一个生物要想得到善或有德的名号，就必须让他所有的倾向性和感情，他心灵之性情

---

① David Hume, *A Treatise of Human Nature*, edited, with an analytical index by L. A. Selby-Bigge M. A., Oxford: the Clarendon Press, 1946, BII, SIII, p. 415.

② "manner"一词含义丰富，词典训为"方式，方法，做法；态度，样子，举止；礼貌，规矩；风俗，习惯，惯例，生活方式"等。沙氏的书名为 *Characteristicks of Men, Manners, Opinions, Times*，其中就含有该词。如何在汉语内确定其较为稳妥的翻译是一件破费思量的事情。王逊、陆艺将其译成"习俗"（参见周辅成：《西方伦理学名著辑要》（上卷），北京：商务印书馆，1964 年，第 757 页）。李斯译成"风俗"（参见李斯：《人、风俗、意见与时代之特征——沙夫茨伯里选集》，武汉：武汉大学出版社，2010 年）。但是《英汉大词典》清楚地表明，manners 作为复数，其含义是：风俗、生活方式；风度；礼貌、礼仪；规矩。究竟应该翻译成什么，或许还需要进一步斟酌，不过对于沙氏这样的思想家的作品的翻译，也难做到一锤定音。

③ *An Inquiry Concerning Virtue or Merit*(BII, PI, SIII), p. 50.

(Disposition of Mind)和脾气与他同类的善,或与他被包括在内并构成其一部分的体系的利益相适应和一致。不仅对自己而且对社会和公众而言,应该经受这般正面影响,应该正当而完整地拥有的:这就是正直或美德。① 当然,这句话在今天看来依然还是稀松平常。不过,如果知道他实际在何种意义上与当时的流行哲学对话时,那么,其内涵就会得到更完整的揭示。

沙氏想对话的人物,同时也是他的理论劲敌霍布斯。霍布斯在《利维坦》中把自然状态刻画得充满"苦难"与恐怖,"最糟糕的是人们不断处于暴力死亡的畏惧和危险中,人的生活孤独、贫困、卑污、残忍而短寿","公义与不义既非心灵官能,也非身体官能"。② 这种自然状态理论让沙氏感到非常不满意,在《特征》中有大量篇幅在论证自然状态之和谐、平衡。在道德哲学上,按照霍布斯的意思,对象中不存在善恶,单个人作为认识的主体,也没有感知善恶的能力。沙氏对霍布斯的观点提出四项反驳:经验论、机械论、唯意志论和自我主义。经验论拒斥道德内在观念(innate idea),与此相反的是,道德原则被理解为主观情感的结果,而古典道德哲学则认为道德原则源于人存在的客观目的(Telos)。然而,现代机械物理拒绝自然目的论。如果要有一套普遍的道德原则,就不能以普遍人性为基础,但正如唯意志论所断言的那样,它必须建立在以实在法所表达的至高意志之上。既然道德不来自人的意识或情感,也不来自对象自身,那么道德就是某种"不得不"的产物,或者基于某种结果而不得不如此的一系列规定。

令沙氏非常不满的不单是霍布斯的理论属于隔着门缝看人——把人看贬(扁)了,也不全是霍布斯极力渲染了原初状态的糟糕画面。真正刺激沙氏的是霍布斯理论中道德的性质。哲学上讲,这乃是道德唯名论(moral nominalism),人类需要道德、建立道德,根本上是因为这样做有好处;而沙氏在坚持道德实在论(moral realism)。它包含:首先,人类自然情感中本具着指向公共善的部分,其次,旁观者能够对这种指向公共善的道德意向当下直接地予以识别并赞同,最后,这种辨识与赞同不是出于自身的利益考虑,而是一种不带个人利益的纯兴趣(disinterestedness)。其实,哲学在古希腊的原初意义上说就是这样的一种对智慧的纯粹的爱(philia),无关乎政治立场、集团利益与私人好处。情感主义视域下的道德行为也应该是出于一种纯粹的情感。打个比方,我们都有学习英语的经历,中学时代总会遇到那种-ed分词与-ing分词。无数次的练习经验告诉我们,"与人连用的是-ed分词,与物连用的是-ing分词"。我对那个有趣的故事感兴趣(I am interested in that

① *An Inquiry Concerning Virtue or Merit*(BII,PI,SI), p. 45.
② Thomas Hobbes, *The English Works of Thomas Hobbes*, vol. 3(Leviathan),London:John Bohn,1839,PI,Ch. 13,p. 113.

interesting story）。从某种意义上说，这句话就是实在论的表达，即承认故事中存在"令人感兴趣的"属性。同时，主体应具有"兴趣感"，趣味方面的鉴赏力。这里就不是说，我们人为协议出某种叫趣味之物，因为这样做符合人类的整体或长远利益等。当然，说某行为中含有"令人如何如何"的属性，如令人认可、赞同的道德属性，还是指做出该行为的人，其主观具有超越于个体利益且存在指向公共善的善良动机。

所以沙氏用狂热分子来指称坚持宗教赏罚论者，用反狂热分子（Anti-zealots）来影射霍布斯的"冷静哲学"（cool philosophy），他说，面对这些反狂热分子，我们当说些什么呢？他们热衷于一种冷静哲学，信誓旦旦地向我们说，"我们是世上最错误的人，竟想象存在天然的信念或正义这样的事情。因为构成正当的（Right）唯有武力（Force）和权力（Power）。现实中根本就没有美德这回事；事物之上不存在秩序原则，或曰不存在秘密的魔力或自然的力量。好像凭借这些原则、魔力和力量，每个人都自愿或不自愿地被塑造成朝向公共善（publick Good），否则即受到惩罚折磨似的"。——这番话语本身岂非魔力吗？此时此刻，这位先生岂非正处于这种魔力掌控之下吗？①《特征》一书的剑桥本编者劳伦斯·克莱恩（Lawrence Klein）在此处添加了注释：沙氏将此观点归属于"冷静的哲学"，即伊壁鸠鲁主义，包括古代的（伊壁鸠鲁本人的和卢克莱修的）和现代的（霍布斯）。②

如果说反驳霍布斯、曼德维尔——曼德维尔在《蜜蜂的寓言》中把美德的源泉说成"逢迎与骄傲交媾的政治产儿"，③仅仅是一种基于学术的考虑，那么反驳洛克则需要额外的勇气了，因为沙氏与洛克的私人关系相当特殊。洛克是第一伯爵（沙氏的祖父）的密友，也是第一伯爵的私人医生和家庭总顾问，照管着第二伯爵（沙氏的父亲）的童年，随后又监护沙氏本人，为他的教育设计课程。可以说洛克有恩于沙氏三代人。在洛克于1689年写成的《人类理解论》第三章中，集中论述了"实践原则"（Practical Principles）并非天赋，"公道与践约似乎是许多人所共同同意的"，"人们所以普遍地来赞同德性，不是因为它是天赋的，乃是因为它是有利的（profitable）"。④ 显然，在不同意理性主义学派方面，毋宁说沙氏与洛克还在同一个战壕，但是在道德哲学上则与洛克大异其趣。霍布斯的道德哲学与人造国家（利维坦）理论是一致的，也构成英美主流国家学说。所以，沙氏、哈奇森等这一脉如果是一个谱系，那么与原子个体假说、基于契约论的自由主义政治学说，则构

① Shaftesbury, *Sensus Communis；an Essay on the Freedom of Wit and Humour*,（BI，PII，SI）,p. 45.
② Shaftesbury, *Characteristic of Men，Manners，Opinions，Times*,Cambridge：Cambridge University Press,p. 42. n.
③ Bernard Mandeville, *The Fable of the Bees：or Private Vices，Public Benefits*, With a Commentary Critical，Historical，and Explanatory by F. B. Kaye，Volume 1，Oxford：the Clarendon Press,1924,p. 51.
④ John Locke, *An Essay Concerning Human Understanding*,*Works of John Locke*（in 9 Volumes）,London：Rivington,1824, 12th ed. B1,Ch3,p. 36.

成了根本冲突。后者与黑格尔的国家学说(国家乃是伦理实体)同样也构成冲突。① 由此观之,现代政治哲学中自由主义与社群主义,权利(right)与善(good)的冲突,都可以由此找到思考的线索。换言之,只要在契约论国家理论中,政治哲学的建构与情感谱系的道德哲学的冲突总是难以避免的。

这里似乎不得不提的是,霍布斯的理论也是自然法学说,正如黑格尔的学说也叫自然法学说一样。这是怎么一回事呢?而且沙氏反对霍布斯时也在反复强调自然这一概念。对此,我们大致可以说,霍布斯的自然状态理论,不是历史学、人类学意义上,也不是基于观察和描述,而是一种理论预设,用以论证现代民族国家的正当性与秩序。因为,那个既不"神圣"也不"罗马"的"神圣罗马帝国"所维系的欧洲政治秩序在 15、16 世纪已经摇摇欲坠,时代呼唤新的政治理论来为新兴的民族国家提供基础。就此而言,情感主义学派对自然状态的正名,事实上没有与霍布斯形成真正有效的学术对话,甚至有些不得要领——尽管在道德哲学的思考上是有力的。而黑格尔的自然法乃是自由法,②人本身不是原子式个体,而是普遍性与特殊性统一而成的单一性,他首先从伦理实体的家庭分化出来,经由市民社会的利益寻求、结社活动而受到国家伦理的调节,并在国家生活中找到最高善与归宿。因此,人的发展即是伦理的造化。自然法的多义性,还可以参看当代丹麦著名学者哈孔森主持的剑桥"自然法与启蒙经典"系列丛书,哈孔森就把格老秀斯、霍布斯、普芬道夫、洛克、哈奇森都归于自然法派人物。③ 对此我们可以给出的最高解释乃是:霍布斯的自然法是意志论的机械论的、人类不得不如此结成社会的自然法;黑格尔的自然法是自由展开与实现的自然法;而包括哈奇森在内的情感主义自然法要义在于,正义的基础源自人类的自然社会情感,尤其是仁慈情感的道德实在论的自然法。

回到沙氏与霍布斯、洛克的分歧上,我们发现双方对德性的规定可以用"发现"和"发明"来把握。说到发现,无非是指德性是本有之物,现成之物——当然需要反思与教化加以扩充。行文至此,我们似乎恍然大悟一点,即为何休谟突然说出,"正义乃是人为的德性"这一判断。④ 因为休谟发现协议观念才能解释正义观念的来源,进而才能解释财产

---

① 参看邓安庆:《论黑格尔法哲学与自然法的关系》,《复旦学报(社会科学版)》,2016 年第 6 期。

② 参看邓安庆:《自然法即自由法:理解黑格尔法哲学的前提和关键》,《哲学动态》,2019 年第 1 期。

③ 参看 Knud Haakonssen, *Natural Law and Moral Philosophy:From Grotius to the Scottish Enlightenment*, Cambridge:Cambridge University Press,1996,目录部分。

④ 论者 Vincent Hope 就认为学术界给予休谟太多的高光,甚至对其贡献有些夸大,因此学界应该多聚焦斯密。参看 V. M. Hope, *Virtue by Consensus:the Moral Philosophy of Hutcheson, Hume, and Adam Smith*, Oxford:Clarendon Press, 1989,p. 3。休谟以社会规则为指针调整自利而行动,斯密的个体美德重点是被集体中介过了的 decent、fairness 或 fair-minded(p. 9),这样自我就有了"不偏不倚的旁观者"的品格。实际上,良知、仁慈、共通感、公平合理等都是理解苏格兰启蒙运动的概念。与 Hope 不同的是,笔者认为至少从考镜源流辨章学术的角度看,完整地理解沙夫茨伯里与哈奇森对于把握休谟与斯密,则是非常重要的。

权,但是,"正义只是起源于人的自私(selfishness)和有限的慷慨(confin'd generosity),以及自然为满足人类需要所准备的稀少的供应(scanty provision)"。① 休谟在这里作出了调和,既承认德性中有发现的部分,也承认德性中有发明的部分。前者来源于有限的仁慈,后者则来源于协议与筹划。这样,"发现"与"发明"共存,若将其比附成私德与公德,倒也不无道理。同样,休谟的人性论也是为新兴的市民社会提供基础,其政治哲学的倾向不言自明。由于沙氏没有在古今之辩的立场发声,所以,他就在《道德学家》(《特征》的第五篇论文)中借用斐洛克勒斯(Philocles)之口说,"另一些人,可以说仅仅是唯名论(nominal Moralists)道德学家,因为美德本身一无所是,只是意志(Will)的产物,或者仅仅是时尚的名字"。②

三、自然秩序中的伦理造化

上文提到了人性之中除了有自我激情,还有社会激情。社会激情维度的自我可以识别具有善良动机的行为并赞许之。这里就涉及沙氏的一对概念:道德感(moral sense)与共通感(sensus communis)。

首先,我们来看道德感。由沙氏首次提出,后被哈奇森发展的道德感概念,是一个不易把握的概念。在《特征》一书的卷二第一篇论文中,道德感出现过五六次,其中有两次还是出现在边页位置。"我们不可能想象,一个纯粹的理智受造物,原初地被如此邪恶地构造与不自然,从其被理性的事物所考验的那一刻起,竟然不对他的同类有善的热情,竟没有怜悯、爱、善良或社会感情(social Affection)的基础。"③这样的表达在沙氏论文中出现过多次,但显然都不是对道德感概念的任何界定,就是说他本人并没有对何谓道德感给出任何具体说明。我们可以从康德的物自体的概念获得一种启发。众所周知,康德也没有说过任何关于物自体的性状,实际上它是一个否定性概念,旨在限制知性的运用。类似地,道德感是一个"底线"推定性概念,即人类不可能没有它,或者说人类之所以能够存在的逻辑前提。对于道德感概念具体给出规定的是稍后的哈奇森。比如,它当下直接,属于中心灵决断,不涉及个体的利益考量等。值得引起中国伦理学界注意的是"sense"这个词的翻译,sense 的字典义项有"感觉,官能;意识,观念;理性;识别力"等。很明显,sense 有

---

① David Hume, *A Treatise of Human Nature*, edited, with an analytical index by L. A. Selby-Bigge M. A., Oxford: the Clarendon Press, 1946, BIII, SII, p. 491.

② *Moralists*, *a philosophical rhapsody*(BII, PII, SII), p. 145.

③ *An Inquiry Concerning Virtue or Merit*(BII, PI, SI), p. 25.

感受、理解、识别等多层含义,换作休谟的话语说,它既是情感(如骄傲与谦卑)也是间接情感(直接关乎意志),兼具"证成性理性"(justifying reason)与"激发性理性"(exiting reason),也即它具有实践性,从而直接导致行动。所以,道德感概念比一般理解的含义要来得深刻,虽然它给人感觉非常平淡。激发性理性似乎好理解,就是说作为一个理智存在者,他逻辑上不可能只是单纯的自私,必定有善良意志,在反思与自我教化中,他必定可以在道德上自我造就。至于证成性理性,是指一种强烈的信念支持。如果我们把摩尔关于善恶的分析也算作一种证成,那么,我们就可以看出道德感学说与道德直觉主义是密切联系的,甚至可以说沙氏的道德感概念是道德直觉主义的源头。犹如孟子说的,人之心固然有善端,然而如果不加以呵护,所谓"牛山濯濯",一味放牧、砍伐也会让牛山成一个秃山。同样,沙氏也认为偏私、无反思、迷信、恶俗等都会败坏自然的道德感。

其次是共通感。这个词后来英语写成了 common sense,汉译为常识。这也是一个亟待澄清的概念,因为"常识"一词太容易令人混淆与误解了,好像竟成了"下雨出门要带伞"或"饭后百步走"这类的习俗、谚语的代名词了!在《特征》卷一的第二篇论文中,沙氏说,"不过,一些最具才华的批评者对此的理解,却与通常所理解的大相径庭了。他们通过希腊语词源在诗歌中创造出常识(Common Sense),表示公共福利判断力(Sense of Publick Weal)和共同利益(Common Interest)判断力;热爱共同体或社会、自然情感、人性、感恩,或出于人类普遍权利正义判断力的那种文明(Civility),以及存在相同人类之间的自然平等(natural Equality)"。① 沙氏在"一些最具才华"之处加上非常丰富的注释,即伊萨克·卡佐邦(Isaac Casaubons)和克劳德·索迈兹(Cloudius Salmasius),与英国的盖特克(Thomas Gataker)。

希腊词汇 Κοινονοημοσύνη(common sensibility,共通感),索迈兹解释为,一位适度的、合乎习俗的以及普通性情的人,他在某种尺度上关照公共善,并不将一切归诸个人利益,与此同时也考虑到与他打交道的人,有节制而审慎地保持自信。但在另一方面,所有的那些自我膨胀且骄傲者则认为,他们天生只是为了自己以及只为了他们的个人利益,同时,他们通过与自己比较而低估别人价值且对其漠不关心。这些就是我们能够公正地称之为不具常识者。此为尤维纳斯的《讽刺诗》之八所理解的 sensum communen,所以常识是罕见的[优秀品质]。加伦(Galen)称此为博爱(philanthropy)与友善,而马可·奥勒留创造共通感(koinonoemosue)这一表达。

---

① *Sensus Communis;an Essay on the Freedom of Wit and Humour*,(BI,PIII,SI),p. 66.

同样地,伊萨克·卡佐邦指出,犹太国王希律一世(Herodian)称之为中道和平等。塞涅卡认为,正义的功能不是出于伤害,而尊敬的功能则是不冒犯。与共通感似乎有关的普通知性(κοίνος νοûς)两者含义不同,这一点可能会遭到一些人,尤其是在上述哲学的行文里的反对。但是,他们会思考在那种哲学里,想象(ὑπόληψις)与通俗的知觉(αἴσθησις)之区分是如何细微,以及那些哲学家如何一般地把激情带到意见的头脑之下。除此之外,当他们考虑到共通感一词的构成正是在其他为我们熟知的美德的模式下,即友善、节制、正义(Εὐγνωμοσύνη、Σωφροσύνη、Δικαιοσύνη)等,他们对这个翻译将不再犹豫了。《特征》一书的自由基金编者对此也给出按语:读者通过这个注释会更清楚地看到,为何拉丁语的标题共通感(Sensus Communis)放在这第二篇论文中。而且,他可能观察到相同的诗人尤维纳斯在《讽刺诗》里是如何使用判断力一词的:绅士风度是我们判断力的实质。

所以,常识也好,共通感也好,它们都是指优秀的判断品质,类似于亚氏的实践理性(phronēsis),源于自然情感,成于节制并超越一己之私(disinterestedness),致力于公共善,达于优雅[文雅],其对应的英文词,简而言之可以说 gentleness 或者 taste,它完全是一个"高大上"的东西,而不是什么生活上的日常经验总结、古训、谚语。共通感的练习方式是非形而上学的,这一点可以说直接启迪了苏格兰启蒙运动的托马斯·里德(Reid)——当然,他主要在人类心灵领域上即认识论的范围里发挥了常识思维。加达默尔在《真理与方法:哲学诠释学的基本特征》第一部分比较了维科与柏拉图的真理观说,"维柯是返回到古罗马的共通感概念,尤其是罗马古典作家所理解的这一概念。这些古典作家面对希腊的文化而坚持他们自身……这样,显然就有某种理由要把语文学—历史学的研究和精神科学的研究方式建立在这个共通感概念上。因为精神科学的对象、人的道德的和历史的存在,正如它们在人的行为和活动中所表现的,本身就是被共通感所根本规定的"。① 维科与沙氏差不多是同时代人——维科早三年出生,他们对共通感的高度重视,都是出于一种人文精神与古老真理的捍卫,那是基于彼时的"古今之争"。所谓古,就是一度曾在色诺芬笔下的苏格拉底中呈现,作为对立面出现的修辞术;所谓今,就是古希腊的理性主义以及由此发展而来的理性普遍抽象。加达默尔在诠释学视域下看中的是一种互相规定的关系,即共通感觉来自一个民族、国家或整个人类的共通性与具体的普遍性,反过来,这种共通感觉又可以作为考察一个民族、国家甚至整个人类的决定性根据。所以,加达默尔说

---

① 汉斯-格奥尔格·加达默尔:《真理与方法:哲学诠释学的基本特征》(上卷),洪汉鼎译,上海:上海译文出版社,2004年,第28页。

到,"维柯并不是唯一援引共通感的人,对18世纪发生巨大影响的沙夫茨伯里是他的一个重要的同伴。沙夫茨伯里曾把对机智(wit)和幽默(humour)的社会意义的评价置于共通感这一名称之下,并明确地援引了罗马古典作家和他们的人文主义解释。正如我们已经注意到的,共通感这个概念对于我们确实也带有种斯多亚派天赋人权①的色彩。然而我们却不能否认沙夫茨伯里所追随的这种依据于罗马古典作家的人文主义解释的正确性。按照沙夫茨伯里的看法,人文主义者把共通感理解为对共同福利的感觉,但也是一种对共同体或社会、自然情感、人性、友善品质的爱"。② 以及,"这与其说是赋予一切人的一种天赋人权的素质,毋宁说是一种社会的品性,一种沙夫茨伯里所认为的比头脑品性更丰富的心灵品性。如果沙夫茨伯里是从这里出发去理解机智和幽默的,那么他也是跟随古代罗马人的想法,即那种在人性里包含着优美的生活方式、包含着领会并造就快乐的人的行为方式的想法,因为沙夫茨伯里知道自己与他的前人有某种深刻的联系。(沙夫茨伯里明确地把机智和幽默限制在朋友之间的社会交往上。)如果共通感在这里几乎像是一种社会交往品性一样,那么共通感中实际包含着一种道德的、也就是一种形而上学的根基"。③ 加达默尔应该熟稔沙氏的著作,所以,他将此直接认定为同情(sympathy)这种精神的和社会的品性。沙氏重视这种品性,并于此建立了道德学,而且建立了一种"完全审美性的形而上学"。加达默尔还进一步看到,沙氏的后继者,首先是哈奇森和休谟,曾把沙氏的启示构造成为一种道德感学说,而这种学说以后就成为康德伦理学的一个出发点。质言之,共通感概念发展出道德感学说,两者共同决定判断力或鉴赏力(Urteilskraft)。这样,伦理地造化自己,就不再是通过理论理性与概念体系的构造与沉思,而是以优雅与品位(所谓的"智慧"与"幽默")与当下自我的对标。

由此我们可以思考一个问题。西方文明虽然一般地可以用理性主义来称谓,但是由此发展出来的法治精神与人文精神是有差别的。文艺复兴的人文主义者与宗教改革人士往往冲突很大,托马斯·莫尔与马丁·路德几乎是一对宿敌,这一点似乎难以解释。实际

① 此处以及随后引文中都出现"天赋人权",加达默尔的原文对应词是"das Recht",英译为"natural law"(参看 Hans-Georg Gadamer, *Truth and Method*, 2nd, Revised Edition Translation revised by Joel Weinsheimer and Donald G. Mar, New York:Continuum Publishing Group,2004,p. 21),显然是"自然法则"之意。目前中文在翻译德语的"Recht"时,有两种不同的译法,杨祖陶先生主张根据语境,有时翻译为法,有时翻译为权利,有时翻译为正确(对)、正当、正义;而梁志学先生则主张,在翻译费希特和黑格尔相关著作时,将"Recht"一律翻译为"法权",取它既有"法"也有"权利"之意(参看邓安庆:《自然法即自由法:理解黑格尔法哲学的前提和关键》,《哲学动态》,2019年第1期)。
② 汉斯-格奥尔格·加达默尔:《真理与方法:哲学诠释学的基本特征》(上卷),洪汉鼎译,上海:上海译文出版社,2004年,第30-31页。
③ 同上书,第31页。

上，人文主义者主张解放人性，反对各种压制与规训，致力于通过文艺来恢复活泼的个体的自然理性与自然情感，并与宗教相协调，因此道德、良知、团体交往都是构成教养的必需。而新教国家的宗教改革者则坚信人性之堕落，对道德不抱太多希望，个体直接面对上帝，而无需太多文艺来陶冶、教化，因此对于理性设计的法治非常依赖。人文传统与法治传统的关系，虽然和道德哲学中的维科、沙氏、哈奇森、赫德尔等重视文艺、教化的学派，与康德、黑格尔等中重视理性建构的学派不是一回事，然而，在道德哲学内部情感与理性的差别却可以从这种对比思考中获得不少启迪。我们可以看看沙氏去世31年后出生的赫德尔，细究一下他的论述，"因此，人是一种必须精心打造的有机体。固然，他被赋予了遗传的禀赋和充沛的生命，但有机体不能自动运作，即便最有才华的人，也要学习如何调动它。理性是灵魂之观察和运用的汇聚；它是我们人类教育的总和。它的学生就像异国的艺术家，依着已存的、外在的模型，在自身之内完成这教育"。①

如果说苏格兰启蒙运动的情感主义学派在整体都有道德哲学与美学不分家的传统，那么这个传统的源头就要追溯到沙氏。这一特征在哈奇森与休谟身上体现得非常鲜明。"激发他们灵感的那份激情，其自身就是对数字［之纯粹］、合适和比例的爱，这也不是从狭隘的意义或从自私的角度来说的，而是以一种友好的社会的视角，为了他人的快乐与好，甚至为了延及后世与未来。第二个方面，显然在这些表演者身上，最能提升他们天才的首要主题和话题，并卓有成效地感动他人的，纯粹是行为方式和道德的成分。因为这是最终效果，也是他们的艺术的美。通过音节的步韵、音调，来表达一种内在和谐与数，象征人类灵魂之美，加之适当的烘托与对比，于勾画中起到了优雅之效，让激情的乐曲更有力、更迷人。"②对沙氏来说，道德美的概念不仅是伦理学和美学之间的类比关系，毋宁说，美和善是一回事。道德或精神的美结果变得比形体之美更基础。美主要是灵魂或心灵的财产，而丝毫不是身体的财产，更不是当今流行语所谓的"颜值"。在沙氏看来，当我们判断一个身体是否美时，我们实际上是在判断设计和创造的身体，以求其善行。当我们说雕像是美的时，我们不是欣赏其大理石或青铜的质料，而是其形式或构形力（forming power）的艺术和设计。这里多少带有"流溢说"的痕迹，即从上帝到无机物是一个从纯赋形力到被赋形的下降等级，其自由度与美感也同步降低。这也和布鲁诺说的若合符节，"上帝是产生自然的自然（natura naturans），而所产生的自然也在自然中显露自身，并且自然中的自

---

① 约翰·哥特费雷德·赫德尔：《反纯粹理性——论宗教、语言和历史文选》，张晓梅译，北京：商务印书馆，2010年，第17页。

② *Sensus Communis*; *an Essay on the Freedom of Wit and Humour*,（BI,PIV,SII）,p. 85.

然也由自然产生(natura naturata)"。① 这种自然、宇宙与心灵俄罗斯套娃式的统一,自然而然地就出现了美的三等级:自然美、道德美和上帝之美。层级关系或一种不可否认的秩序均构成一种完整的有机系统,都在暗示着一种道德自我的陶冶第次与进阶,道德工夫的逐步养成。这正如当代学者鲍永玲所指出的那样,沙夫茨伯里的情感和教化思辨之核心,乃是其具有新柏拉图主义色彩的"内在形式"说。他认为自然存在着一种"赋形的形式"(forming form),并将这种创造性的"构形力"或赋形力量(forming power)称为"内在形式"。②

三、德性的工夫论:独白、对话与修炼

"对他们而言,什么也没有这种独白更普通了……他独自走上舞台,环顾四周,看看附近是否有人;然后,自负重任,不遗余力……他把自我解剖(Self-dissection)之事进行得如何彻底。凭借独白,他成了两个完全不同的人,是学生,也是老师(Preceptor),自教自学。"③这里独白成了心灵的自我教化。此前,沙氏提到了手术(Surgery)治疗法,"我们每个人之内都有一个病人,因此我们都是自己练习的主人,当然地成为正当的实习者。凭借内在隐秘之所在,我们可以发现某种灵魂的二重性(Duplicity of Soul),将我们的灵魂一分为二"④。因此,心灵的独白是兼具师生关系与医患关系的。师生关系也好,医患关系也罢,其教学或手术发生的空间是内在而隐秘的秘所,犹如神龛(Recess),也即自我对话(Self-Converse)发生地。沙氏再次援引佩尔西乌斯讽刺诗的拉丁诗句,"*Compositum jus, fasque animi, sanctosque recessus, mentis*"(Pers. Sat. 2.73 - 4)。这句话的意思是,对神与人侍奉之职责在心灵中交融,净化着内心的秘所。这里,Recess 一词是指隐秘之所,即内心的神龛,但必须指出这是一个道德与智慧生长、变化之所在,而非解剖学或生理学意义上的某个物理空间。

饶有趣味的是,独白也是对话。此话怎讲呢? 因为独白就是把自己一分为二,另一个自我的身份乃是医生、老师或建议者,所以独白就是自我内部的一场场对话,而对话形式则是苏格拉底进行的最原初的哲学活动,用言辞的逻各斯来看清灵魂,构建正义。毫无疑

---

① Anthony Kenny, *An Illustrated Brief History of Western Philosophy*, 2nd ed, London: Blackwell Publishing Ltd. 2006, p. 199.
② 鲍永玲:《情感与教化——沙夫茨伯里道德哲学与审美话语辨析》,《华东师范大学学报(哲学社会科学版)》,2018年第4期。
③ Persius, Satires 1.7. 转引自 *Soliloquy, or Advice to an Author*(BI, PI, SI), pp. 95 - 100。
④ 同上书,p. 106。

问,在这种哲学养生(regimen)技艺方面,沙氏取法苏格拉底;在哲学作为治疗术方面,沙氏仿效斯多亚派。沙氏曾援引贺拉斯的一句名言,"上乘写作首要条件是健全的知识,苏格拉底学派的书会帮你解决问题"。① 沙氏相信,倘若任何人想要在严肃的艺术领域获得成功,运用他的心灵到伟大的事物上,那么,他首先得有自己品格的力量,一丝不苟地遵循着简朴的法则。他不应该关注阴森的宫殿之高耸的一面……他也不应该坐在剧院一隅,只是充当拍手鼓掌者,任由表演者来摆布……而应该饱读苏格拉底学派的诗书,摆脱束缚如自由之人,挥舞起德摩斯梯尼(Demosthenis)的雄辩之利器……让灵魂载负起这些光荣的重任,精神抖擞,热情迸发,从奉献缪斯女神的内心倾泻出他的文字。我们知道,这种谈艺方式也就是他进入哲学的方式或者让哲学进入生活的方式。

沙氏曾将独白中的理性与欲望的关系比作互相竞争的兄弟,作为兄长的欲望试图在每一次竞争中占据优势地位,而自吹自擂的意志实际上则在竞争游戏中被抛来掷去。糟糕的是,欲望与理性这兄弟俩经常竟然相互不配合,直到理性小弟不再折磨意志,而是开始向他的欲望哥哥伸出援手,折磨方才告终。于是,情况发生了变化。因为欲望兄长此时变得彬彬有礼了,并在事后给予稍幼的理性弟弟他所希望的"费厄泼赖"。从这里,我们看到情感主义的工夫论与康德式的道德努力的差别是何等巨大。康德的道路是通过理性来直接决定意志,致令行为背后的准则都能服从普遍法则。而在沙氏这里,意志在欲望与理性的争执中地位非常不牢靠,并没有自己独立主见,直到理性来证成欲望的合理性为止。这种理欲联手"折磨"意志的过程,既是意志的形成,也是理性的屈从,更是欲望的提纯与提升。这个过程恰恰是在心灵神龛之独白所承载的内容。

因此,在独白中考察自我的幽默感,探究自我的激情,必定是对观念的研究与考察,从而进入到真正的自我思考。这样,研究人类情感必将引向人类本性和自我知识。这就是沙氏认为的哲学,也即这里所谓的哲学工夫。可见,哲学在其本性上拥有对所有其他科学或知识的卓越性。沙氏认为哲学不需要依赖谱系或传统,如哲学史,哲学也不是宗教问答或浮夸言辞。他不像其他哲学家那样从思辨的精妙和细微获取自己的名望,而是通过卓越之路,从而保持对其他所有思辨活动的优越地位,因此哲学可以主导其他所有科学和工作,教给它们尺度,厘定生活中一切正当价值来获得自己之美名。通过这门学问,宗教自身获得了判断,精神得到了探求,预言得到证实,奇迹得到辨别。哲学通过她那唯一的特权,教我们认识自我,认识何者属于我的方式,既判断她自己,也判断别的一切事物,发现

---

① *Scribendi rectè, sapere est & principium & fons, Rem tibi Socraticae poterunt ostendere Chartae.* 贺拉斯:《诗艺》(Hor. de Arte Poet. 309-10)。参看 *Soliloquy, or Advice to an Author*(BI, PI, SIII), p. 119。

她自己的领地,成为首席指挥,教会我们区分出她自己和与她相似物,显露给我们她当下和真实的自己。她赋予每一个低一级科学正当的层级序列。

说到此处,昭然若揭的是,独白不单是对话,更是反省。我们内在地反省自己,注意到我们对某件事有双重的灵魂。然后,我们自己讨论这一问题,直到我们把这两种观点达成辩证一致。通过这种方式,我们在心灵中实现了完整和自我统一,我们试图把我们的灵魂带入到与自身的和谐之中。这样,独白的目的不仅是自我创造,也是公共话语的准备。然而,在进行公共话语之前,我们必须努力通过独白方法来构建一个连贯的自我。对于沙氏而言,实现灵魂和谐的结果是构建统一的"自我"。沙氏写道:"教导我们自己,保持自我同一的(self-same)人格,调整我们主导性想象、激情和幽默,以便让我们对我们自己成为可理解,并被他人不是仅仅通过面容而可知,这是公认的哲学畛域。"①

我们不禁想到,在沙氏退休时,遂开始保留他的哲学日记,他称其为训练(Askêmata),这个单词是希腊语"训练"(exercise)的拉丁拼写;而这些日记在他死后以哲学养生(Philosophical Regimen)为题名而被出版。② 沙氏在《特征》一书的卷二第二篇《道德学家》中,写作方式几乎全篇采用对话体,因为对话中的两个人物斐洛克勒斯(Philocles)对帕勒蒙(Palemon)都表现出沙氏式的观点,并且互相帮助,找到了真相宇宙统一的真相。的确,纵观《特征》七篇组合文本,其隐性的特征本身就是通过其文学结构来表达这一哲学观的。《道德学家》明显是主体间对话篇,《独白》是沙氏的内部对话,而卷三的首篇《关于此前论文及其他批评主题的诸反思》(*Miscellaneous Reflections on the Said Treatises, and Other Critical subjects*),乃是沙氏以第三人称写就的自评,这些实际上是一种扩展的独白,可以理解为文学评论家沙氏和哲学家沙氏之间的对话。从这个角度来看,即使是出自沙氏之手看似普通的哲学论著(如 *An Inquiry Concerning Virtue or Merit*)也具有对话性。因此,当我们阅读到《特征》其他更明显的对话性作品的整体语境时,就会被置于一系列无意间的对话中,仿佛就像一场听过的学术式哲学讲座。

对话范式所呈现的哲学显然具有哲学养生与治疗之功能,一头挑起了独白,一头担起了人的社会性,即主体间性。这里还有一个有意思的问题是,沙氏《独白》一文的副标题是"给读者的建议(Advice)",这就牵涉到近代早期欧洲以"建议"为名的文学体裁

① *Soliloquy, or Advice to an Author* (BI, PIII, SI), p. 176.
② Shaftesbury, *The Life, Unpublished Letters and Philosophical Regimen of Anthony*, London: Routledge Thoemmes Press, 1992,第一部分(该部分有 34 篇短文,标题就是"The Philosophical Regimen")。参看 John McAteer, *The Third Earl of Shaftesbury* (1671—1713), https://www.iep.utm.edu/shaftes/[2019-5-13].

(genre)。虽然建议文学涵盖从君主治国理政指南到上流人士攀升的指导手册,但大部分都是关于满意生活的手段和目标。在 17 世纪这种体裁都以"文雅"(politeness)语言流布。由于沙氏致力于将这一概念提升到相当的高度,因此他的作品与建议体裁有着深刻关联,这样沙氏的作品涵盖了行为、道德和政治,并且在导向上是伦理的和实用的。由于建议文学是说教式的,其风格是直接的指示,追求清楚明白而无歧义。沙氏采用这个概念作为其副标题的关键词,显然是给独白活动提供了异乎寻常的衬托。

把前后创作十年有余的七篇论文结集成书(初版于 1711 年),取名为"特征",副标题为"人、风俗、意见与时代",这是一种临时拼凑或权宜之计吗? 换句话说,这本冠之以"特征"的集子合适吗?

沙氏发现,现代话语往往倾向于冰冷的演讲或轻浮的谈话,彼时精英们的读物也有此弊。那么,建议体裁则不失为一种缓冲,在避开说教陷阱的同时,沙氏希望自己的作品可以始终伴随理性、可读性,在哲学与文雅之间呈现真理。对于长篇大论而言,作者与读者之间的关系并非对称,虽然表面上两者存在一种权威关系,即作者书写读者阅读,但是读者总可能以事后诸葛身份对作者展开"缺席审判"。沙氏的论证模式与论证策略,实际上就可以缓解某种写作时的压迫,同时也缓解阅读时的指责。因为作者已经在不断问询了,正如读者已经在不断质疑了一样。这是一种写作上"双向缓解"的策略与艺术,属于一种文雅的进行式演示(为了文雅而写作,写作的内容亦文雅,两者都以文雅方式来呈现)。同样,这种写作技艺也是充分考虑到了受众的内心感觉,可以说是最早地且实际地表现接受美学的范例。

这样一来,《特征》一书的书名是否合适的问题,就变成了书名与诸篇的关系是否融洽了。实际上把十余年时间跨度的诸篇连缀成书,也反映了沙氏对道德哲学,乃至哲学本身的独特理解。如果我们承认苏格拉底是西方第一个把哲学从天上拉回人间的哲学家,那么,如何继承与发扬苏格拉底的精神就属于哲学工作中自身携带的一项思考。但是我们同样知道的是,苏格拉底在色诺芬与柏拉图的笔下有着差别很大的形象——尽管他们都采用了对话体。柏拉图笔下的苏格拉底特征是思辨性的,而色诺芬笔下的苏格拉底是温和长者,重视古代美德,不断教诲年轻人,①采用的方式是"给建议",沙氏的 Advice 概念

---

① 这在《回忆苏格拉底》(色诺芬:《回忆苏格拉底》,吴永泉译,北京:商务印书馆,1984 年)中俯拾皆是,比如,苏格拉底劝说雇工犹泰鲁斯负责(第 78 页),劝勉富人迪奥多鲁斯要助人(第 82 页),劝勉热望担任公职者善于学习(第 84 页)暗示小白里克效仿恢复古代精神与雄心壮志(第 97 页),规劝有才干的哈尔米戴斯参加公职(第 110 页),提醒赛阿达泰要具有仁爱情感(第 125 页)等。

与此如出一辙。沙氏在对道德和公民关切中表明了他对哲学及其形式的理解。这样哲学就不仅仅是思辨与分析，更是参与和行动。那么在启蒙时代里，哲学家的身份就不可避免地带有公民哲学家(civic philosopher)的色彩。这样的哲学说明、话语策略，在文雅目标中就呈现出与康德、黑格尔完全不同的方式，即便是后来的哈奇森也只是有限地加以吸取。休谟有过单篇《自然宗教对话录》(实际上是休谟去世两年后由他的外甥于 1779 年出版)，以虚构人物对话来阐明自己的立场与观点。

沙氏热切地希望他的写作能创造出理性的对话场景，以此作为读者参与对话的一种引导。正如克莱恩所看到的那样，"沙氏的智力活动可以作为一种对哲学的适当版本的探索，无论是作为一种内省的操作，还是一种社会活动。反过来，这种探索也对哲学产生了影响，就像写作一样。在哲学写作中，他的话语自觉找到了其运作的终极领域。他所处的哲学意识导致了一种哲学的文学意识和作为哲学作家的一种最自觉的实践。沙氏的文本是一种文雅的社会哲学的文本体现"。① 有效的哲学写作首先是塑造人，并在塑造人中推进文化本身。这本身就是一种教化责任与绅士精神的展示。当代哲学学人对哲学活动的方式似乎有了一些微词，那么，此时回想一下沙氏也许是有益的。

沙夫茨伯里的美德观念也就是他的哲学观，正如他在"哲学的训练"的第 34 篇小论文《哲学》结尾所言，"哲学是这样建立的，正如每个人推理的那样，而且必然是关于他自己的幸福，何谓他的善、他的恶；因此，这里的问题只在于谁把理性发挥得最好。因为，即使是拒绝这种推理或审思的人，也是出于某种最好的原因与说服之故"。② 从两个苏格拉底的形象，到沙氏的哲学观，我们发现西方哲学内部的一种"争执"：形而上学与伦理学的关系。众所周知，亚里士多德在《形而上学》中区分了沉思的、实践的和技艺的三种知识，而沉思的知识中又分为物理的、数学的和本体论的，而探究"存在之为存在"的本体论，亚里士多德将之称为"第一哲学"，但是伦理学似乎一直以来就有占领这一王座的冲动。从伦理学史角度看，沙氏哲学中伦理学乃是实实在在的第一哲学。再回看一下 20 世纪的尼采，他说，"当我们以一个数学公式来表示事件之际，某物被认识了——此乃幻想：它只是被标示、被描述了，此外无他！"③数学式地看待世界，岂不是曾经的第一哲学发展的最傲人结果吗？于尼采死后六年出生的列维纳斯曾质问海德格尔，"存在的意义问题不是理解

---

① Lawrence E.Klein, *Shaftesbury and the Culture of Politeness: Moral Discourse and Cultural Politics in Early Eighteenth-century England*, Cambridge: Cambridge University Press,1994,p. 119.

② Shaftesbury, *The Life, Unpublished Letters, and Philosophical Regimen of Anthony*, ed. by Benjamin Rand. New York:The Macmillan Co.,1900,p. 272.

③ 尼采:《权力意志》上卷,孙周兴译,北京:商务印书馆,2007 年,第 125 页。

存在的动词性含义的本体论,而是存在的正义的伦理学。问题本身或哲学的问题不是'为什么存在[存在]而不是虚无[无反倒不存在]?',而是存在如何证成自身的正义"。① 如果说列维纳斯是伦理学作为第一哲学之"反动"的最后完成,那么,沙夫茨伯里在西方伦理学演变史上就是一个重要环节。经过这番梳理,文章开头部分的伊莎贝尔·里佛斯断语,即沙氏是"独特而又令人困惑"的人物,希望得到了解释。

Shaftesbury's Notion of Virtue: from the Perspective of the History of Ethical Evolution

CHEN Xiaoxi

【Abstract】 In the history of the evolution of western ethics, there is a process of attaching importance to reason, negating pathos, and seriously distinguishing pathos and confirming its status. Shaftesbury is one of the key figures who doubt the rational construction, but confirming natural affections. There is no doubt that Shaftesbury's style is graceful, full of rhetorical devices, very different from the academic rational construction, and his concept of moral sense is inherited by Hutcheson, and his emphasis on *sensus communis* also highlighted by later philosophers. He is characterized by contemporary thinker, Rivers, a unique and perplexing figure in the history of moral thought in the 18th century. First of all, in Shaftesbury's view, natural emotion is the source of morality. Secondly, in the dispute between moral nominalism and realism, he firmly defend the latter. In the end, in the exercise of moral efforts, both soliloquy and dialogue serve the philosophical Bildung, ie, regimen.

【Keywords】 Shaftsbury, Natural Affection, Moral Realism, Soliloquy, Sensus Communis, Regimen

---

① Emmanuel Levinas, "*Éthique comme Philosophie Première*", *Justifications de l'éthique, Bruxelles*, Editions de l'Université de Bruxelles, 1984, p. 51. *Éthique comme Philosophie Première*, Paris: Du Cerf, 1993. 也参见列维纳斯:《"伦理学作为第一哲学"》,陆丁译,赵汀阳主编:《年度学术 2005:第一哲学》,北京:中国人民大学出版社,2005 年,第 298 – 315页。

休谟伦理学的美德伦理之思

赵永刚①

【摘要】 当代西方伦理学领域基于休谟伦理学的美德伦理思考主要包括两个方面。一是借助休谟美德思想的观点来发展和建构美德伦理学。安斯库姆等人受到休谟道德心理学的启发,对现代道德哲学进行批评,为当代美德伦理学的发展奠定了基础;以斯洛特为代表的美德伦理学家则基于休谟的道德心理学构建情感主义美德伦理学。斯洛特引入休谟的移情概念来解释关怀概念,以关怀作为伦理规范性来源,并将之贯彻到美德和正义领域,形成一个融贯的美德伦理学体系。二是对休谟伦理学进行美德伦理学解读。杰奎琳·泰勒和克里斯汀·斯望顿等人认为休谟伦理学是美德伦理学。但基于"以美德为中心的"美德伦理观,休谟伦理学并不主张有德之人是美德知识的来源;基于正当与美德关系的美德伦理观,休谟伦理学是美德伦理与规则伦理并存的伦理系统。因此,把休谟伦理学视为美德伦理学或者其他单一类型的规范伦理学都不恰当。休谟伦理学对于美德伦理学的价值主要在于其道德心理学和基于伦理实践的自然主义、现实主义的经验论伦理学方法。

【关键词】 休谟伦理学,美德伦理,道德心理学,伦理实践,经验论

随着当代西方美德伦理学的兴盛与发展,国内外伦理学界对西方伦理思想史上的美德思想的研究也逐步升温,在这一背景下,由于休谟伦理学本身具有极强的美德伦理倾向,因而国内外学者越来越重视休谟美德思想的研究。一些学者在美德伦理学框架下对休谟伦理学进行美德伦理学解读,活跃于当代中西方伦理学界的美德伦理学家迈克尔·斯洛特(Michael Slote)更是基于休谟的道德心理学构建了新休谟主义伦理学体系,在伦理学领域产生了广泛影响。但对休谟伦理学的这两种思考方向都存在问题,并没有发挥休谟伦理学的优势,而且偏离了休谟伦理学的思考路径。通过重新梳理休谟伦理学的主要内容与特点,休谟伦理学对美德伦理学复兴的影响,我们可以发现休谟美德思想对于当今美德伦理学乃至整个伦理学理论发展的价值。

---

① 作者简介:赵永刚,青岛大学马克思主义学院哲学系特聘教授,研究方向为美德伦理学。

一、休谟伦理学与美德伦理学的复兴与发展

休谟美德思想对美德伦理学的最初影响就在于其道德心理学,安斯库姆(G.E.M. Anscombe)等人正是受到休谟道德心理学的启发,对现代道德哲学进行批评,并呼吁伦理学研究应当从建构成熟的心理哲学出发。在当代西方美德伦理学复兴的标志性文献《现代道德哲学》中,安斯库姆对以功利主义和义务论为代表的现代道德哲学进行了深刻批评,为美德伦理学的复兴与发展奠定了基础。

按照安斯库姆的观点,现代道德哲学的一个共同特征是通过道德规则来设定个体的道德义务,规定人们在道德上"应该"如何行动。安斯库姆认为,这种意义上的应当"在相关语境下被等同于'不得不''负有义务'或'被要求去做',其意义相当于,一个人可能受法律或某种能被法律所要求的东西所驱迫或约束"。① 安斯库姆认为,这是由于基督教的缘故。因为"基督教从旧约律法中推演出它的伦理观念。……由于基督教为时许多世纪的统治之故,被约束、被允许或被原谅的概念深深地植根于我们的语言和思想中了"。② 这就形成了我们道德意义上的应当。虽然上帝这一立法者已然不存在,但由之产生的道德应当仍然具有很强的心理效果,不过其意义已不复存在。这就好比"如果一个人认为并不存在一个法官或一部法律,那么判决的观念虽然可能保留着它的心理效果,却不会保留其意义"。③ 因此,在神圣律法概念丧失之后,道德上的应当就失去了原有的内容,只是一种残存物了。

因此,要使得道德上的应当变得有意义,就需要为已经不复存在的神圣法找一个替代物作为外部约束力量。为了解决这一问题,安斯库姆从休谟的"是与应当"问题着手。安斯库姆认为,从"是"不能推导出道德上的"应当","应当"的来源只能是关于"想要"的判断,她显然是在赞同休谟的动机理论。休谟认为,动机源于情感的冲动,休谟关于行为动机的观点后来被引申为:行为的动机来自诸如"想要"之类的欲望。因而,我们需要对人的行为、意图、动机等事实性的概念进行道德心理学的说明。正是在这个意义上,她认为,"从目前来看,从事道德哲学对我们而言是不合算的,除非我们拥有一种令人满意的心理

---

① 伊丽莎白·安斯库姆:《现代道德哲学》,谭安奎译,徐向东主编:《美德伦理与道德要求》,南京:江苏人民出版社,2007年,第45页。
② 同上。
③ 同上书,第47页。

哲学"①。也正因为如此,安斯库姆认为休谟的人性哲学"揭露出极为深刻和重要的问题……他仍是一位相当深刻和伟大的哲学家"②。安斯库姆的观点为其后的美德伦理学发展和建构奠定了基础。

伯纳德·威廉斯(Bernard Williams)通常被视为伦理学上的休谟主义者,这主要是由于他提出的内在理由(internal reasons)理论。他认为义务论和功利主义把可普遍化原则和最大多数人的最大幸福原则视为所有个体的在道德活动中的行动理由。但这不合乎我们现实生活的真实情况,我们真实的欲望是实现我们自己特殊的生活计划,这是我们生活的价值和意义所在。功利主义和义务论为我们提供的理由会破坏我们生活的完整性,这些理由不是我们内心认可的理由,因而功利主义和义务论为我们提出的道德理由只是外在理由。一种好的伦理学为我们提供的外部道德理由应当能够内化为我们的内在理由。③ 威廉斯的主张和休谟的动机理论是一致的,休谟也主张道德行动是由情感和欲求驱动的。

迈克尔·斯托克沿袭安斯库姆的心理学路线对现代道德哲学进行了批评,他表达了和威廉斯相似的观点。斯托克认为现代道德哲学存在一种"精神分裂":现代道德哲学为我们提供的行动理由与我们真实的动机之间是分裂的。④ 而这种精神分裂会破坏我们的幸福,因为幸福要求我们的行动理由和动机之间是和谐一致的。在这个意义上,现代道德哲学忽视了关于人性的事实。这些观点使得当代的美德伦理学家有一个重要共识,那就是伦理学理论应当严肃对待我们实际能成就的精神状态以及我们的认知和动机结构这样一些心理事实。因此,一种伦理学理论如果在心理学上是不能实现的,或者过于苛刻,那么我们就应当从根本上予以反对。⑤

如上所述,休谟伦理学对于美德伦理学家批评现代道德哲学的影响主要是其道德心理学。在这一过程中,休谟伦理学为美德伦理学的发展提供了一些重要的观念,如情感和动机的作用及其重要性。而对休谟美德思想的发展主要是斯洛特构建的情感主义美德伦理学,也称作新休谟主义美德伦理学,它与当代的新亚里士多德主义伦理学构成了当代西

① 伊丽莎白·安斯库姆:《现代道德哲学》,谭安奎译,徐向东主编:《美德伦理与道德要求》,南京:江苏人民出版社,2007年,第41页。
② 同上书,第43页。
③ 参见伯纳德·威廉斯:《道德运气》,徐向东译,上海:上海译文出版社,2007年,第1-28页。
④ 参见迈克尔·斯托克:《现代伦理理论的精神分裂》,谭安奎译,徐向东主编:《美德伦理与道德要求》,南京:江苏人民出版社,2007年,第59页。
⑤ 参见 A.I.Goldman, "Ethics and cognitive science", *Ethics*, Jan., 1993, p.358。

方美德伦理学的两种最为重要的流派。斯洛特对休谟美德思想的发展,一是确立动机和品格的首要性,二是引入休谟的移情概念,以这一概念作为其理论的道德心理学基石,解释他从关怀伦理学中引入的关怀或关爱概念,以此作为伦理学的规范性来源,并将之贯彻到美德和正义领域,形成一个在形式上融贯的美德伦理学体系。

斯洛特认为,在休谟的美德思想中,道德行为的德与恶的性质来源于道德行为主体自身的性格特质和动机,是一种美德动机论,这种观点与美德伦理学更为接近,因而可以为美德伦理学的发展提供一种很好的思想资源。① 斯洛特本人十多年以来的论著所做的主要工作就是基于休谟等情感主义者的思想,发展构建情感主义美德伦理学。他说:"德性伦理学的可能性在首要的意义上要归于休谟,……将道德标准和道德行为建立在与人类情感有关的考量和因素之中的可能性得到了更明确的认可,并且……其首要的灵感源泉和中心是苏格兰哲学家大卫·休谟。我本人有关德性伦理学的思想受他的影响较大。"②在本世纪初出版的《源自动机的道德》一书的开篇,斯洛特指出,伦理学研究要考察的关键问题是道德的来源问题:道德来源于合乎理性的具有一致性的普遍规则,还是来源于人的关怀他人的内在情感?

休谟伦理学的一个重要特征是强调道德品质和动机的核心地位,在休谟看来,道德品质和动机优先于行为及其后果。斯洛特的美德伦理学亦是如此,并从理论结构上赋予这些内在特征以首要地位。斯洛特主张,一个行动者的某一行动在道德上正确与否完全取决于该行动者的品格及其行为动机。用斯洛特的话说,"……一个行动的道德或伦理地位(status)完全派生于动机、品格特征或个体的独立与基本的德性的(aretaic)[与义务的(deontic)相对]伦理特征"。③ 这种对正确行动的解释有一个重要缺陷,即拉蒙·达斯(Ramon Das)指出的,它必然陷入循环论证。由于斯洛特的理论将动机作为行为评价的唯一根据,那么这一理论必须提供一个考察动机的方法,只有确定了动机的道德性质,我们才能据以确定行为是否是道德上正确的。然而,我们似乎只能通过外在行为来认识行为的道德动机,因此,如果对行为动机和品格的认识要依赖对外在行为的评价,那么我们就是在进行循环论证。

斯洛特的理论正是为了避免用外在的行动来规定美德,所以他干脆将美德建立在良好的动机基础上,彻底与外在行为划清界限。但我们如何判断动机的好坏呢? 斯洛特的

① Michael Slote, *Morals from Motives*, Oxford:Oxford University Press, 2001, p.viii.
② 迈克尔·斯洛特:《情感主义德性伦理学:一种当代的进路》,王楷译,《道德与文明》,2011年第2期。
③ Michael Slote, *Morality From Motives*, New York:Oxford University Press, 2001, p.5.

回答是:直觉。① 他认为,"关于动机的道德判断可以建立在很强的直觉基础上,由于伦理判断必须有个起点,所以我们有理由探究以行动者为基础的伦理学的可能性"。② 有学者认为,斯洛特诉诸直觉的做法"是一种思想洁癖或理屈词穷的表现"。③ 因此,斯洛特的策略实乃无奈之举,他采取这种策略是迫不得已的,否则其理论就会陷入循环论证。

在心理学基础上,斯洛特则吸收了休谟的基于移情的美德体系。移情概念构成斯洛特整个理论的心理学基础,可以说,"移情机制是其情感主义德性伦理学体系的'拱顶石'"④。在休谟看来,我们对道德行为与品质的理解都需要"同情"(sympathy)这一心理机制。从休谟的文本来看,他所说的同情实质上是现代心理学所说的"empathy",只是休谟时代的英语中没有对应的词汇,empathy 是上世纪初作为新造的德语词"Einfuehlung"的英文对译词而造出来的。⑤ 斯洛特认为,按照休谟的观点,我们凭借移情能力理解道德要求、产生道德行为的意向。休谟发现移情能力产生的义务感有一种倾向,即与我们关系越亲密的对象,我们产生的义务感越强,而现代心理学的实证研究证实了这一论点。道德心理学的最新成果还表明:"我们的利他倾向,或者,更通俗地讲,我们对他人的关心,取决于移情的发展与激发力量。这一假设以及确证这一假设的研究为休谟更深一层的思想提供了支持,即哪里存在着一种感受更强烈移情的倾向,哪里也就存在着一种给他人以更多关心、为他人做得更多的倾向。"⑥

斯洛特不仅借用了休谟的移情概念,而且把它和关怀伦理中的关怀概念结合起来。他认为关怀概念和移情概念对于个体的道德倾向同等重要。移情之所以重要,是因为它是我们关怀他人的心理机制的基础,因而对于情感主义美德伦理学来说,移情是一个根本性的东西,是其心理学基础。移情的重要性还表现在另一个方面,即它能够说明我们在道德实践层面为何产生关怀他人的动机,并为何能够把道德动机转化为行为。通过移情概念来解释关怀行为,更加符合我们的道德常识和直觉,我们何以能够成为有德行的人,之所以能够在人际交往中按照道德要求行事,移情具有最为关键和核心的作用。

斯洛特对休谟美德思想的发展不仅表现在美德领域,还表现在正义领域。按照现代

① Michael Slote, *Morality From Motives*, New York: Oxford University Press, 2001, pp.18 - 19.
② 同上书,p.19。
③ 李义天:《基于行动者的美德伦理学可靠吗——对迈克尔·斯洛特的分析与批评》,《哲学研究》,2009 年第 10 期。
④ 方德志:《走向情感主义:迈克尔·斯洛特德性思想评述》,《道德与文明》,2012 年第 6 期。
⑤ 迈克尔·斯洛特:《情感主义德性伦理学:一种当代的进路》,王楷译,《道德与文明》,2011 年第 2 期。关于移情概念更为详尽的梳理参见李义天:《移情概念的渊源与指称》,《湖北大学学报》,2017 年第 1 期。
⑥ 迈克尔·斯洛特:《情感主义德性伦理学:一种当代的进路》,王楷译,《道德与文明》,2011 年第 2 期。

伦理学的一般观点,正义通常是与社会制度和规则有关的伦理问题,而不是关于个体道德品质的道德问题。因此,以品质为中心的美德伦理与正义理论通常被认为是两个独立的伦理体系。但斯洛特认为:"美德伦理学要成为一种全面性的、能够与义务论或康德主义相提并论的道德学说,就必须能够处理包括正义在内的义务性问题。"①

斯洛特对社会正义问题的处理与休谟不同,休谟实际上认为作为社会规则体系的正义与美德的基础之间是不同的,美德的价值基础是动机的善,而正义的基础是社会公益。但斯洛特把社会正义领域和私人性的美德领域统一起来,主张正义的基础也在于动机的善。他认为:"对法律、制度和社会习俗之正义性的理解,类似于关于个体的(行为和态度)关怀伦理学的理解。移情的关怀伦理对个体行为评价的依据是看这样的行为是否表达、体现或反映了主体的一种具有移情作用的关怀动机……所以,移情的关怀伦理能够说明,如果制度、法律以及社会习俗和惯例反映了那些负责制订和维护它们的人具有移情作用的关怀动机,那么它们就是正义的。"②斯洛特分别从政治正义和分配正义两个领域说明了他的主张。

按照斯洛特的看法,基于关怀伦理的根本主张,在政治正义问题上,如果一个社会的政治精英出于自私和贪婪的动机,想要保有自己对权力和特权的垄断,而不关怀公民的福祉和利益,不想赋予民众基本的政治权利,那么就是不正义的。同样,在分配正义问题上,如果政治精英阶层出于自私的动机,不关怀残障人、失业人群、贫困者等弱势群体,不设法通过对弱势群体有利的法案,那么这就是分配制度上的不正义。③

斯洛特把情感主义贯彻到底,以休谟的移情概念作为道德心理学的基础概念,以此阐释关怀,然后以关怀作为规范性的来源,把它贯彻到美德和正义领域,用以说明美德和正义的规范性。因此,斯洛特是一个彻底的情感主义者。但按照通常的道德观点来看,美德与正义是两种道德体系,前者是私人性的,后者是公共性的。按照休谟的道德起源观点,美德的基础是情感,但正义的基础却是基于协商和约定,更多的是出于公共理性。虽然正义体系中也可以包含关怀等情感因素,但这些因素不是正义理论体系的核心。较为中肯的看法是,美德与正义体系是相互补充的。因此,斯洛特对休谟美德思想的发展虽然有一定的合理性,但他把正义体系也纳入到情感之下,是不够合理的。尽管这一策略可以把美德和正义体系统一起来,形成一个完整的理论体系,但这一策略难逃以理论裁剪现实的

① 迈克尔·斯洛特:《关怀伦理视域下的社会正义》,黎良华译,《吉首大学学报(社会科学版)》,2011年第4期。
② 同上。
③ 同上。

嫌疑。

可能还有一种对休谟伦理学后果主义美德理论的发展。在《不安的美德》(*Uneasy Virtue*)一书中,茱莉亚·德来芙(Julia Driver)对传统的美德理论提出了批评,并发展了一种对美德的后果主义解释,它是一种"纯粹的评价外在主义",即品格特征的道德性质应当由后果等外在于行动者的要素来决定。① 罗杰·克里斯普(Roger Crisp)评论此书时认为,德来芙"提供了到目前为止最为精致的对美德的后果主义解释,而且是一种休谟传统"②。但德来芙的美德理论是否属于美德伦理学是存在争议的。此外,近年来有一些西方学者对休谟的美德观点进行了一系列的分析,如《休谟论动机与美德》③《休谟论美德的标准》④等。但此类研究只是对休谟的美德观点的碎片化阐释,并未发展出系统的美德理论。

二、休谟伦理学的美德伦理学解读

对休谟伦理学的美德伦理学思考的另一个趋势是对休谟伦理学进行美德伦理学解读,如国外学者杰奎琳·泰勒(Jacqueline Taylor)和克里斯汀·斯望顿(Christine Swanton),国内学者黄济鳌和顾志龙等。泰勒和斯望顿的思路是,休谟伦理学的核心概念是美德,而美德伦理学是美德为核心概念的伦理学;黄济鳌和顾志龙则是以亚里士多德伦理学为参照,分析休谟伦理学与亚里士多德伦理学之间的共同点。⑤ 学者们对休谟伦理学进行美德伦理学解读,主要是因为休谟伦理学中的确蕴含着丰富的美德思想资源,从休谟的伦理学文本中,我们至少可以发现美德和品格的核心地位、品格对于行为的优先性、美德的价值来源等与美德伦理有紧密联系的观点和内容。现在的问题是,休谟伦理学的这些特征是否足以表明它是美德伦理学。这需要我们对美德伦理学的定义及其与休谟伦理学之间的吻合度进行考察。关于美德伦理学的核心特征,当代西方学者大致有两种思

---

① Julia Driver, "Response to my Critics", *Utilitas*, March., 2004, p.32.

② Roger Crisp, "Review of Uneasy Virtue by Julia Driver", *Philosophy and Phenomenological Research*, Feb., 2004, pp.238 – 240.

③ Wade Robison, "Hume on Motivation and Virtue", *Australasian Journal of Philosophy*, Jul., 2011, pp.749 – 752.

④ Jacqeline Taylor, "Hume on the Standard of Virtue", *The Journal of Ethics*, Mar., 2002, pp.43 – 62.

⑤ 相关文献参见:(1)Jacqueline Taylor, "Virtue and the Evaluation of Character", in Saul Traiger ed., *The Blackwell Guide to Hume's Treatise*, Blackwell, 2006, pp.276 – 295. (2) Christine Swanton, "Can Hume Be Read as a Virtue Ethicist?" *Hume Studies*, Apr., 2007, pp. 91 – 113.(3) Christine Swanton, *The Virtue Ethics of Hume and Nietzsche*, Chichester: Wiley-Blackwel, 2015.(4) 黄济鳌:《德性伦理学的情感主义路径——休谟伦理学析论》,《中山大学学报(社会科学版)》,2015 年第 1 期。(5) 黄济鳌:《德性伦理的启蒙话语——休谟德性理论探析》,《湖北大学学报(哲学社会科学版)》,2014 年第 5 期。(6) 顾志龙:《休谟的伦理学也是一种德性伦理学》,《湖南科技大学学报(社会科学版)》,2004 年第 1 期。

路:一是以古典希腊伦理学为参照,二是以当代伦理学所讨论的美德与正确的行动之间的关系为参照。我们可以分别从这两种思路来对休谟伦理学进行考察。

按照施内文德(J.B.Schneewind)的观点,美德伦理学应当是以美德为中心的(virtue-centred)伦理学,它包含以下四个观点:(1)品格是道德的核心,核心的道德问题是"我应当成为什么样的人?"(2)首要的道德判断是关于行动者品格的判断。(3)关于我们应当追求何种善,有德之人的知觉是知识的主要来源。(4)美德有益于有德之人以及由之构成的共同体。① 这种美德伦理学观是对美德伦理学的一种较为系统的概括,包括美德概念的中心地位,美德的认知和判断标准,美德在实践上的合理性根据,大致是对亚里士多德伦理学的总结。

关于论点(1),休谟明确地提出了道德价值主张:"个人价值完全在于拥有一些对自己或他人有用的或令自己或他人愉快的心理品质。"②在休谟伦理学体系中,德与恶是主要的描述性和评价性伦理话语,品格居于核心位置。在伦理事实层面,休谟把德与恶描述为"情感、动机、意志和思想"③。在伦理价值层面,休谟把品格和动机视为道德评价的对象和个体道德价值的载体。在《人性论》的结论部分,他还简要论述了为何我们应当有责任成为有德行的人。在这个意义上,休谟的规范性主张和论点(1)是吻合的。因而某些当代西方伦理学家认为,休谟不仅仅拥有美德思想,而且拥有一种美德伦理学。其中,最具代表性的是杰奎琳·泰勒和克里斯汀·斯望顿。泰勒赞同斯旺顿提出的美德伦理学定义:以美德为核心概念的伦理学。④ 根据这一定义,泰勒认为,"休谟的道德哲学可以被合理地解释为一种美德伦理学",因为"其理论的核心概念是品格,美德和恶德,而不是规则、义务和责任"。⑤ 斯望顿则认为,把休谟伦理学视为美德伦理传统的一部分是没有问题的。⑥

关于论点(2),在休谟伦理学中,道德判断的对象是人的品格。在休谟看来,我们进行道德评价的正确对象是个体的品格或道德人格,真正使得我们在道德上有差别的是人的品格。这一论点的证据在休谟著作中随处可以发现。关于论点(3),休谟主张,我们如何认知品格是美德还是恶德,如何为我们基于情感的品格评价设立标准,需要诉诸"明智

---

① J. B. Schneewind, "The Misfortune of Virtue", *Ethics*, Oct., 1990, p.43.
② 休谟:《道德原则研究》,曾晓平译,北京:商务印书馆,2001年,第121页。
③ 休谟:《人性论(下)》,关文运译,北京:商务印书馆,1980年,第509页。
④ Christine Swanton, *Virtue Ethics*: *A Pluralistic View*, Oxford: Oxford University Press, 2003, pp. 4 – 5.
⑤ Jacqueline Taylor, "Virtue and the Evaluation of Character", in Saul Traiger ed., *The Blackwell Guide to Hume's Treatise*, Oxford: Blackwell, 2006, p.276.
⑥ Christine Swanton, "Can Hume Be Read as a Virtue Ethicist?" *Hume Studies*, Apr., 2007, p.91.

的旁观者"和"普遍的观点"(a general point of view,或译为"一般的观点")。在休谟那里，"明智的旁观者"是一种理论假设，只是为了说明我们应当纠正个体情感的偏私性和局限性，从而产生"普遍的观点"。但要实现普遍的观点则要依靠社会性的交流、习俗和惯例，因而，对品格特征的鉴别和评价是一个社会过程，要求交谈、协商与争论。因此，关于什么样的品格是值得赞扬或责备的道德知识，是依靠集体确立的。由此可见，休谟伦理学与论点(3)之间存在分歧。

关于观点(4)，休谟谈道，仁慈和正义等社会美德有利于美德的拥有者以及他人。休谟认为，美德不仅仅是一种自身就值得我们追求的价值，而且明确地提出了美德的外在价值，即美德对于个体和社会是具有效用的。休谟美德思想的一个鲜明特点是苏格兰启蒙运动中的道德哲学家所普遍持有的社会公益观点。休谟认为，我们在称赞一个仁慈和人道的人时，往往充分考虑了这个人的交往和善行给社会带来的幸福和满足。因而，他明确主张："社会性的德性所产生的效用至少是形成它们的价值的一部分，是它们受到如此普遍赞许和尊重的一个源泉。"[1]按照休谟的观点，有些美德之所以获得赞扬是因为它们直接促进社会利益，而一旦美德在这一基础上确立起来，它对有德者本身也是有益的，可以使有德者得到信任和尊重。同时，休谟也赞同，美德有益于人的心灵的宁静、自尊和内在满足，因而可以促进有德者的幸福。因此，休谟伦理学与观点(4)也是一致的。

从上述分析来看，休谟伦理学与"以美德为中心的"美德伦理学只在论点(3)上存在分歧。但我们似乎可以把论点(3)和(4)排除在美德伦理学的核心特征之外。因为事实上，关于美德的知识并不必然也无必要来源于有德之人，而美德伦理学也无需幸福主义等目的论的承诺。现在的问题是，"以美德为中心"究竟意味着什么？如果"以美德为中心"仅仅只包括观点(1)和(2)，那么休谟伦理学可以算作是"以美德为中心的"美德伦理学。但这里还有一个问题，即美德概念是否是唯一的核心概念？斯望顿把休谟伦理学解释为美德伦理学的一种重要原因是，"美德虽然是美德伦理学的核心概念，但是这并不意味着它比善、价值等其他道德概念更重要"。[2] 照此理解，斯望顿所谓的美德伦理学实质上是美德理论(theory of virtue)，因为斯望顿的观点显然并不排斥其他概念作为伦理学核心概念。斯望顿实际上在其美德伦理学中也加入了目的概念，这与休谟伦理学具有极大的相似性。休谟把美德伦理学和后果主义的核心概念结合起来，他主要是从效用出发来论证

---

① 休谟:《道德原则研究》,曾晓平译,北京:商务印书馆,2001年,第31页。
② Christine Swanton, *Virtue Ethics: A Pluralistic View*, Oxford: Oxford University Press, 2003, p.5.

美德的价值,更像是品格功利主义或者"德性效用论"①。

"以美德为中心的"美德伦理观与亚里士多德伦理学极为契合,有学者认为,亚里士多德伦理学和休谟伦理学具有两个相同的根本问题:人为什么要做一个有德性的人和如何做一个有德性的人。② 但这一观点并不妥当。前一问题涉及美德与幸福的关系,后一问题则主要涉及美德的培养。亚里士多德伦理学的主要问题是何为美德,美德与幸福的关系以及如何培养美德,因而在亚里士多德的伦理学中美德是一个枢纽。然而,虽然我们可以从休谟的文本中发现关于这些问题的观点,但这些问题并不是休谟伦理学的主要问题,更不是根本问题。虽然个体自身的利益或幸福与休谟的主张并不相悖,但不是他的主要论证依据。休谟只是在《人性论》和《道德原则研究》的结论部分零星而简短地谈论了美德与个体幸福的关系。③ 休谟更为感兴趣的是我们如何认识和评价性格特质,而不是我们如何成为有美德的人以及美德如何与好生活相关联。④ 虽然休谟也希望道德哲学与人类的幸福相一致,因为关于美德的事实是人类获得幸福的一个条件,但休谟认为道德哲学的目的是理解道德,而不是提升或促进道德。所以,从休谟伦理学的主旨来看,休谟的核心问题是我们如何进行道德区别或道德判断,休谟关于德与恶的话语是嵌在道德判断理论这一话语系统之中的。

在当代西方伦理学家中,威廉·弗兰肯那(William Frankena)、加里·沃森(Gary Watson)与迈克尔·斯洛特(Michael Slote)等人主张,美德伦理学的核心特征在于如何处理正当(正确的行动)与美德的关系,美德伦理学不仅要有关于什么是美德的理论,还要保证美德在解释上的优先性,美德独立于正当概念,以美德来解释正当概念。⑤ 弗兰肯那认为,"美德伦理学……将德性判断当作根本的,……义务判断派生于德性判断或者可以彻底省去。而且它可能把关于行为的德性判断看作是次要的,是以关于行动者及其动机或特征的德性判断为基础的"。⑥ 斯洛特认为:"美德伦理学的首要概念必须是德性概念(善或者德性等)而不是义务概念(比如'道德上错误的''应当''正确的'以及'义务'),

---

① 对休谟伦理学的德性效用论解读,参见萨·巴特尔:《论休谟的德性效用价值论》,《北京师范大学学报(社会科学版)》,2008 年第 6 期。
② 黄济鳌:《德性伦理学的情感主义路径——休谟伦理学析论》,《中山大学学报(社会科学版)》,2015 年第 1 期。
③ Jordan Howard Sobel, *Walls and Vaults: A Natural Science of Morals—Virtue Ethics According to David Hume*, New Jersey: John Wiley & Sons Inc., 2009, p.2.
④ 同上书, p.276。
⑤ Gary Watson, On the Primacy of Character, in Daniel Statman ed., *Virtue Ethics*, Edinburgh: Edinburgh University Press, 1997, p.61.
⑥ William Frankena, *Ethics*, Englewood Cliffs: Prentice Hall, 1973, p.63.

不仅如此,它还必须更为强调对行动者及其(内在)动机和品格而不是对行动和选择的伦理评价。"①

在休谟伦理学中,品格的重要性主要表现为品格对于行为的优先性。休谟关注品格的首要理由是一个经验事实,即我们的道德情感对品格特征有回应,具言之:"根据自然的原始结构,某些性格和情感在一经观察和思维之下,就产生了痛苦,而另外一些的性格和情感则在同样方式下刺激起快乐来。不快和愉快不但与恶和德是分不开的,而且构成了两者的本性和本质。"②休谟还主张,我们赞成或不赞成一个人的行为只是在其行为反映了他们的品格的意义上。这一经验事实本身就是休谟关注品格的理由。

除了关于我们的情感回应的这一经验事实之外,休谟对品格的关注与他对世界的一般知识的解释具有重要关系。虽然休谟的认识论与对品格的关注之间没有严格的逻辑关系,但二者之间的联系是非常明显的。在休谟看来,人的品格是心灵的持久原则和精神特质,能够激发个体特定的行为方式。休谟说:"如果特定的性格不一定产生特定的情感,而这些情感又不一定作用于人的行为,那么道德的基础又在哪儿呢?"③因此,"善良、愤怒、忧郁、充满希望、恐惧等情感能够形成我们回应情境和他人的稳定方式"。④ "如果说任何行为是善良的或恶劣的,那只是因为它是某种性质或性格的标志。它必然是依靠心灵的持久的原则,这些原则扩及于全部行为,并深入于个人的性格之中。任何不由永久原则出发的各种行为本身,……在道德学中从不加以考究。……在我们关于道德起源的探讨中,我们决不应该考究任何一个单独的行为,而只考究那种行为所由以发生的性质或性格。"⑤在休谟看来,如果我们的行为不是出于我们的性格,就不会是必然的,而是偶然的,就与采取行为的人没有关系。⑥

正确的行动与美德之间的关系是针对个体单个行为的正当性与个体美德之间的关系问题。在这个意义上休谟显然持有美德优先的观点,有学者指出,休谟伦理学与亚里士多德伦理学之间存在一致性,二者都主张,人的品格对于行为以及支配行为的原则具有优先权,即有德性的品格激发和指导人们审慎地实践。⑦ 但休谟伦理学关于正义的阐述使得

① Michael Slote, *From Morality to Virtue*, New York: Oxford University Press, 1992, p.89.
② 休谟:《人性论(下)》,关文运译,北京:商务印书馆,1980 年,第 331 页。
③ 休谟:《人类理智研究》,王江伟译,北京:北京出版社,2012 年,第 84 页。
④ Jacqueline Taylor, Virtue and the Evaluation of Character, in Saul Traiger ed., *The Blackwell Guide to Hume's Treatise*, Oxford: Blackwell, 2006, p.279.
⑤ 休谟:《人性论(下)》,关文运译,北京:商务印书馆,1980 年,第 617 页。
⑥ 伊丽莎白·拉德克利夫:《休谟》,胡自信译,北京:中华书局,2002 年,第 98 页。
⑦ 顾志龙:《休谟的伦理学也是一种德性伦理学》,《湖南科技大学学报(社会科学版)》,2004 年第 1 期。

这一问题变得复杂。

休谟在谈自然美德的时候,德是指人的道德品质,而他所说的正义是人为的措施或设计,这显然是指我们现在所说的正义制度及其规则体系,而不属于人的美德。但休谟为何称之为德呢?休谟在《人性论》中论正义与财产权的起源时消除了我们这种困惑,他区分了正义的两个核心问题,"一个问题是:关于正义规则在什么方式下被人为措施所确立的问题,另一个问题是:什么理由决定我们把遵守这些规则认为是道德的美,把忽视这些规则认为是道德的丑"①。由此可见,休谟实际上谈论两种意义上的正义,一是作为制度的正义,二是作为美德的正义。因此,我们要从这两个方面来考察休谟对自然美德和人为美德所进行的区别和分析。

首先,休谟指出了自然美德与作为制度的正义之间的差别:与自然美德相关的行为中,每一个单独的道德行为产生的利益或福利,是我们对该行为进行道德上的考察依据,而且我们对每一个单独的道德行为都会有自然情感上的反应;而与正义相关的行为中,我们并不是根据单个行为产生的公益来对之进行道德评价,有时违反或损害公益的行为也是合乎正义规则的。但是正义作为一个规则体系和制度,在整体上是有利于社会的,人们正是从这种利益出发,才通过自愿协商建立正义制度。正义作为一个制度或规则体系,是人类为了社会生活的需要,具言之,是为了社会的存续,为了维护人们的财产权和人身安全,从而维护社会的稳定和秩序而人为建立起来的规则。

那么,我们为何必须要建立正义制度呢?休谟给出了明确的回答。他认为我们不能希望人类凭借心灵中的自然原则来控制偏私的情感,并使我们克服外部世界产生的诱惑。人类虽然有仁慈的情感,但也有自私的情感,我们不能指望仅仅依靠我们的仁慈情感在任何情况下都能成为激发我们实质的道德行为,我们有时候会屈服于自私的情感。因此,休谟断言:"我们的自然的,未受教化的道德观念,不但不能给我们感情的偏私提供一种补救,反而投合于那种偏私,而给予它以一种附加的力量和影响。"②所以,正义不是自然而来的,而是作为我们的补救措施人为而来的,这正是自然和人为的意义之间的本质差别。

由此可见,休谟从两个方面来谈正义(正当),一个是个体遵循正义规则的美德,另一个是作为社会规则体系的正义,它实际上不属于美德的范畴。因此,在休谟伦理学中实际上存在两个伦理体系,一个是美德体系,一个是规则体系。前者是对个体道德品质的判断体系,后者是社会对个体行为进行规约的体系。如此看来,休谟伦理学并非一个单一的伦

---

① 休谟:《人性论(下)》,关文运译,北京:商务印书馆,1980年,第525页。
② 同上。

理类型,它是美德伦理与规则伦理并存的一个伦理系统。较为公允的看法是,休谟伦理学中包含了一个以美德为基本概念的伦理体系,但同时也包含了一个以社会公益为价值导向的规则伦理体系,因而不能将休谟伦理学等同于美德伦理,美德只是其伦理学的一个面向。因此,我们可以说,休谟伦理学中包含了一种美德伦理,但休谟伦理学不属于美德伦理。

进一步说,美德伦理学是当代伦理学特有的伦理类型,而休谟伦理学是近代伦理学,以当代伦理学类型来指称近代伦理学理论是存在问题的。因为诸如"美德伦理学"这样的概念是现代伦理学语境中出现的概念,对于古代伦理学家而言,尽管其理论结构和概念与现代伦理学理论类型有暗合之处,但他们的思想中是不会出现现代伦理学概念的。比如,对于亚里士多德来说,以幸福为旨归的美德话语"就是'伦理学'本身,而不是与其他类型相对应的一个伦理学分支,我们之所以常用'美德伦理学'来称呼亚里士多德主义伦理学,恰恰是我们的道德观念接受了(至少经历了)启蒙时代的……规则伦理学的洗礼之后的结果"①。同样,休谟的美德思想尽管论及美德,但休谟伦理学回应的特定问题是:道德的基础是理性还是情感? 在休谟时代,道德价值在于个体品质仍然是一个普遍同意的观念,②因而伦理学应当以行动者为中心还是以行动为中心,应当以品质为中心还是应当以规则为中心,并不是休谟明确考虑的问题,伦理学的关注点从行动者向行动的转移发生在休谟之后,行动者伦理学与行动伦理学之间的明确区别是 20 世纪之后的事情。

正如玛西亚 • 巴蓉所言,"考察康德、卢梭或者休谟是否是什么主义者不能很好地服务于伦理学史研究,因为这些相关的主义生长于完全不同的时代,人们复兴这些哲学家的思想不过是为了回应当代的关注"。③ 因此,我们不能把休谟伦理学狭隘地界定为美德伦理。把休谟伦理学视为美德伦理学或者其他类型的规范伦理学都是以偏概全,是不恰当的。当然,这并不妨碍我们从休谟伦理学吸取资源构建美德伦理学,但只有客观、全面而准确地把握休谟伦理学的思想主线与核心特征,同时把握当代伦理学存在的问题,我们才能真正看清其理论价值。

---

① 李义天:《美德伦理的道德理由及其基础——关于亚里士多德主义与儒家伦理的比较》,《道德与文明》,2016 年第 1 期。

② 休谟与同时代的康德之间的分歧主要是情感主义与理性主义的分歧,二者伦理学的实质都是以行动者为中心的,都看重美德的价值,道德价值都在于个体的道德能动性。这是一个需要详细论证的问题,但囿于本文的主旨和篇幅,这里不作处理。

③ Marcia Baron, "Virtue Ethics in Relation to Kantian Ethics: An Opinionated Overview and Commentary" in L. Jost and J. Wuerth ed., *Perfecting Virtue: New Essays on Kantian Ethics*, Cambridge: Cambridge University, 2011, p.33.

三、休谟伦理学的特征及其美德伦理价值

首先,休谟伦理学是探究人性规律的人性哲学。休谟的美德思想研究彻底抛弃了神学,休谟借用培根的话说,凡是和宗教相关的一切叙述都必须要经受怀疑,①宗教迷信只是"使人顺从而卑贱,最后只适合去做奴隶"②。休谟在《道德原则研究》的附录《一篇对话》中指出,教会让宗教取代哲学。在休谟看来,"宗教原则扰乱了道德情操,改变了罪恶和德性的自然界限",宗教信仰的分歧煽动人们之间的强烈仇恨,"这些情感虽然在现实中应该受到谴责,但却被看作宗教团体中狂热分子的美德"。③ 休谟实际上就是想要通过对宗教的怀疑和批判,用人类的情感来取代上帝的权威。休谟看到了他生活的那个时代宗教对人压迫和欺骗,不仅把神从知识论领域清除出去,而且也从伦理学领域请出去。在他看来,道德和人的美德在价值上最终指向的是人的幸福,是整个社会的福祉,在这一点上他与亚里士多德是一致的,而这也是他所处的时代,苏格兰启蒙学派的共同特点,即展现人的价值。因此,在休谟看来,包括道德哲学在内的所有科学都需成为人的科学,要让科学与行动和社会产生直接的联系,为改善人的处境和行为服务。

休谟不仅从价值上赋予人以根本的地位,在研究对象上也立足于人本身。休谟认为,包括道德问题在内的"任何重要问题的解决关键,无不包括在关于人的科学中间;在我们没有熟悉这门科学之前,任何问题都不能得到确实的解决"。④ 人性科学是包括伦理学在内的各种科学的基础,因为"一切科学对于人性总是或多或少地有些关系,任何学科不论似乎与人性离得多远,它们总是会通过这样或那样的途径回到人性"。⑤ 对人性的研究将为排除一切无意义的哲学争论、促进伦理学等学科的发展创造可靠的条件。

休谟所论"人性"是指"人之为人所体现出来的一切精神现象,是由知、情、意三部分构成的一个有机系统。……是休谟整个道德理论的基石,他有关道德的来源、道德的分类、道德评价以及德性的养成的理论都是以此为基础展开的"。⑥ 休谟的道德哲学的目的就是"发现这些品质所共通的因素,观察一方面那些受尊敬的品质所一致具有的特定因素,另一方面那些遭谴责的品质所一致具有的特定因素,进而由此达到伦理学的基础,找

① 休谟:《人类理智研究》,王江伟译,北京:北京出版社,2012 年,第 124 页。
② 休谟:《论道德与文学》,马万利、张正萍译,杭州:浙江大学出版社,2011 年,第 10 页。
③ 同上书,第 112 – 113 页。
④ 休谟:《人性论(上)》,关文运译,北京:商务印书馆,1980 年,第 7 – 8 页。
⑤ 同上书,第 7 页。
⑥ 张钦:《休谟伦理学意义上的人性论探析》,《河北师范大学学报(哲学社会科学版)》,2004 年第 6 期。

出一切责难或赞许最终由之而发源的那些普遍的原则"。① 休谟将经验的、客观的、理性的研究运用于人性的理解、情感和道德这三个主要方面。为此,休谟首先研究心灵的内容,因为人类认识的任何事情,最终都必须以心灵活动为基础。我们拥有的任何确定性,都是建立在我们身边随时直接感知的经验之上。我们产生的任何动机都以这些心灵状态为基础,它们是推动我们行动的力量。

其次,休谟伦理学方法是探究事实的经验论。休谟明确地指出,对人的品质的普遍原理的研究是一个事实问题,而不是一个抽象科学的问题,因而我们只能期望通过采用实验的方法和通过特定事例的比较中推演出一般的准则来获得成功。② "在关于事实的推理方面,经验的确是我们唯一的向导。"③休谟反对晦涩幽暗的形而上学和迷信,他说:"如果我们拿起任何一本书,例如,关于神学的书或者关于形而上学的书,我们可以问一下,它包含着关于数和量方面的任何抽象推理吗? 没有。它包含着关于事实和存在的任何经验推理吗? 没有。那么,我们就把它投到火里去,因为它所能包含的没有别的,只有诡辩和幻想。"④他认为形而上学和神学之所以被人们所反对,不只是因为它令人费解和心神俱疲,还因为它们是产生不确定性和错误的根源。在他看来,大部分的形而上学不是真正的科学,源于人类虚荣心的无益之举——这种虚荣心总是驱使人们去探究完全超乎人们理解能力的题目,神学迷信则是因为无法采用正当的理由来保护自身,所以只好使用这些缠人的荆棘来掩护自身的弱点。⑤

在休谟看来,人们的推理大半都含有相似性质的推断,至于这些推断具有多大程度的确定性,是与我们在那些特定情境中的惯常行为的经验成正比的。我们一切关于未来的推论都来自过去的经验。我们从长期的生活和丰富的世事交际中获得的经验也和思辨一样,能够为我们带来好处。因为它可以教授我们人性的原则,并且对我们未来的行为加以调节。借助经验的这种指导,我们就能从人们的行为、表达和手势中,来了解人们的爱好和动机;而且我们转而还能利用关于动机和爱好的知识,来为人们的行为提供解释。我们在经验中积累的总体观察为我们提供了人性的线索,并教导我们解开人性的谜团。我们只有在观察过不同人的各种行为后,才能形成一种更为灵活的准则,并依然假定这些准则

① 休谟:《道德原则研究》,曾晓平译,北京:商务印书馆,2001 年,第 26 页。
② 同上。
③ 休谟:《人类理智研究》,王江伟译,北京:北京出版社,2012 年,第 107 页。
④ 转引自刘隽:《怪异的道德:"休谟问题"的缘起研究》,北京:中国大百科全书出版社,2013 年,第 21 页。
⑤ 休谟:《人类理智研究》,王江伟译,北京:北京出版社,2012 年,第 6 页。

具有一定程度的一致性和规律性。①

休谟主张要精确地探究人性事实，"只有精确而正当的推理才是唯一有效的良药，它适用于一切人和一切性格，只有它能够推翻那种深奥的哲学和形而上学的呓语"。② 在他看来，要成功地描述我们的生活和行为，就必须努力采用精确的方法。他采用艺术家的活动来做类比，一个艺术家如果在精细的感受和敏锐的领悟之外，还能精确地了解人类理智的内在结构和作用方式，了解情感的活动方式，了解区分善恶的不同态度，那他一定更能胜任自己的职业。一个画家要想把人画得更生动，则要注意人体的内在结构、肌肉的位置、骨骼的结构以及每一个器官的功用和轮廓。③ 他希望哲学能够通过这样的研究，至少在某种程度上发现驱使人类心灵发生作用的秘密源泉和原则。

最后，休谟伦理学的路径是指向道德实践的情感主义。休谟和哈奇森等情感主义者一样，把情感置于道德的中心，而其目的是要使得道德哲学能够切实地产生实际的效果，能够改善我们的道德实践。休谟的情感主义有两层含义，一是指情感对于道德行为的激发作用，从而美德的价值也在于情感，道德区别也在于情感；二是，既然情感是行为的推动因素，那么我们就应当建立一种能够培养人的情感的道德哲学。

从第一个方面看，休谟认为决定我们的道德观点和态度的是情感，但休谟并不否认理性在道德活动中的作用，而是主张要正确地辨别理性和情感在道德活动中各自起到怎样的作用。他在《道德原则研究》的第一章强调："理性和情感在几乎所有道德规定和道德推论中都是共同发生作用的。"④根据休谟的观点，我们对道德品质和行为进行道德判断所依赖的是我们的道德情感，但作为我们道德判断的前提条件，我们对道德情感的对象进行事实性的考察和推理，引出结论，是需要依靠理性的运作的。另外，我们的道德品位有时候并不正确，是需要我们运用理性论证和反思来加以纠正的，理智的能力能够对心灵产生影响。

从第二个方面看，休谟强调道德哲学应当通过情感的培育来促进人的德性的改善。他认为："熄灭一切对德性的火热的情和爱、抑制一切对恶行的憎和恶，使人们完全淡漠无情地对待这些区别，道德性则不再是一种实践性的修行，也不再具有任何规范我们生活和行动的趋向。"⑤在《人类理智研究》的开篇，休谟就指出了道德哲学或者人性科学的探讨

---

① 休谟：《人类理智研究》，王江伟译，北京：北京出版社，2012年，第80页。
② 同上书，第7页。
③ 同上书，第5页。
④ 休谟：《道德原则研究》，曾晓平译，北京：商务印书馆，2001年，第24页。
⑤ 同上。

方式。他认为,通过激发人们情感来改善道德实践的"浅显哲学"更能捕获人心。这是因为,人们的行动受到爱好和情感的影响。我们把美德或德性视为最有价值的,那么我们就应当"用最动人的色彩来描绘它……最大限度地取悦想象并激起情感……通过荣耀和幸福的向往来吸引人们踏上德性之路……使我们感受到善恶之间的差别,激起我们的情感并加以规范"。① 这样才能使人们从心里热爱正直和真正的荣誉。这种以激发情感为中心的学说更为切实可用。它更加深入生活,熏陶人们的心灵和情感。它能够借助所论及的那些激动人心的原则来改善人们的行为,引领人们更加接近善。

由上可见,休谟伦理学是一个宏大而复杂的伦理学体系,我们不能简单地把它划归为某种单纯的伦理类型。从内容和构成来看,休谟对美德的考察重点是道德心理学,这种心理学特征也是休谟整个人性哲学的特点。休谟的整个人性哲学是连贯的心理学体系,其美德思想具有认知心理学基础。休谟美德思想的道德心理学主要是阐明我们如何辨别一种性格是德或恶,我们在认知和辨别道德品格时,情感和理性分别具有什么样的作用。因而,休谟美德思想主要是对道德判断的心理机制的描述。休谟试图借助经验来揭示真实的道德心理机制,这对于当前的道德心理学乃至一般规范伦理学理论的发展具有十分重要的意义。因为它不是着眼于某个特殊的视角(比如纯粹的理性或情感或意志)来构建形式上自洽的理论体系,而是试图尽可能全面、客观地解释道德规律。

从休谟伦理学与美德伦理学的复兴之间的关联来看,安斯库姆等人正是受到休谟道德心理学的启发,对现代道德哲学进行批评,倡导美德伦理学。当代西方美德伦理学家虽然从安斯库姆那里看到了道德心理学的重要性,并试图借用亚里士多德、休谟等哲学家的思想资源来重述美德概念,但他们没有按照安斯库姆指出的路线去着力于道德心理学的挖掘和阐明,建构一种成熟而具有操作性的道德心理学,重点不是向内深入、更为清晰地揭示美德的心理学基础,而是简单套用了这些哲学家美德概念的特有内核,在此基础上向外去构建具有完整性、自足性和一致性的理论框架,把美德概念用于建构一个独立于现代道德哲学的,甚至是可以替代现代道德哲学的伦理体系。最为重要的美德伦理学理论体系建构者都毫无例外地陷入了这种"普遍化"和"理论化"的现代道德哲学模式。换言之,"普遍化是当代西方美德伦理学者的一个更为根本的理论诉求,目的在于使美德伦理学更为'规范',更具理论解释力与说服力……美德伦理学者希望另辟一条可普遍化的理论探

---

① 休谟:《人类理智研究》,王江伟译,北京:北京出版社,2012 年,第 2 - 3 页。

寻路径"。① 因此,对休谟伦理学的类型界定本身就是一件不妥当的事情,其背后是现代伦理理论的"理论化"情结在作祟。因此,重新回到休谟的道德心理学路线,不要急于构建体系,而是要着力于道德心理学基础的夯实,这对于美德伦理学来说至关重要。

在这个意义上,伦理学家应当"对当代最好的实验心理学有所了解,并以其研究成果来检视伦理学的主张",这样做出来的伦理学才是"对经验现实负责任的伦理学"②。这样的方法对于美德伦理学尤为重要,因为美德伦理的天然特征就是以道德主体的人格特质心理学为中心,它与实证心理科学有着紧密的联系。当代西方的人格心理学和社会心理学关于道德的研究都在考察道德认知和情感模式,这种探究路径实际上与休谟的道德心理学是一致的。因此,重提休谟的美德思想,对美德伦理学的一个意义是,美德伦理学家要想构建完整的、具有实践品格的理论,"必须考核这些经验科学的研究结果,来检视其理论是否合乎经验事实"。③

从研究方法上看,休谟探究美德的方法是一种彻底的自然主义,它有两个显著的特征。一是反对超自然的宗教神学,坚持我们的生活世界以及人本身的活动和心灵是合乎自然法则的,是能够通过科学加以探究的;二是立足于真实的经验生活,通过经验方法来揭示道德和美德的本质,反对纯粹的概念化的理性思辨。"正是这种深刻、全面的自然主义承诺,使得休谟主义有资格强调:只有通过在经验化条件下对某种'人的科学'(human science)加以探寻,才能理解道德规范性乃至人类道德本身。而这一点,恰恰是在世俗化条件下辩护人类道德的关键所在。"④它不是脱离现实生活的,比如通过神学或先验论,来建构具有一致性和普遍性的道德体系,而是充分考虑人的真实生活来建构伦理规范性。

现在,越来越多的伦理学家意识到,伦理学研究应当立足于人的经验生活,伦理的规范性主张要接受生活的检验,而不应该试图建构乌托邦式的道德理念,以理想人格作为现实的道德规范性的标准。这一研究方法上的转变被称作"伦理学的经验转向"。这一方法上的转向源于当今的伦理学研究越来越看重伦理学的实践目的。休谟虽然把道德哲学视为理论性的,但他其实具有十分现实的目的,他希望能够通过揭示道德规律来促进社会的道德实践。因此,他的美德思想不仅仅是在形式上把美德和动机而非外部道德行为置

① 王今一:《现代德性伦理学何以可能——对安斯库姆〈现代道德哲学〉的解析与引申》,《华中科技大学学报(社会科学版)》,2009 年第 4 期。

② Slingerland Edwad, "The Situationist Critique and Early Confucian Virtue Ethics", *Ethics*, Feb., 2011, p.390.

③ 刘纪璐:《道德自我与道德人格的培养——从当代道德心理学以及认知科学来重新定位张载与二程的道德哲学》,《思想与文化》,2014 年第 1 期。

④ 张曦:《道德规范性理论的构造和休谟主义的前景》,《哲学动态》,2016 年第 8 期。

于核心位置,而且在实质上重视美德和内在的情感动机如何驱动人的道德行为,人的道德动机何以转化为道德行为。休谟美德思想不仅重视个体真实的内在心理机制,而且重视美德在现实生活中的社会价值。在分析美德的价值时,休谟一方面从情感方面强调美德作为性格的美学意义上的价值,另一方面也强调美德在社会生活中的价值。因而,我们对性格特质的鉴别与评价不仅是个体情感的事情,也是一个社会过程,要求商谈甚至是争论,关于何种品格值得赞赏或责备的道德知识是一个集体建构的事情,因而充分考虑了现实生活中的价值共识。在建构美德的规范性时,休谟把自我利益、社会公益等元素都纳入进来,使得其美德的规范性具有实践的合理性。

从实践的角度看,我们从对环境的道德心理反应到实施道德行为,再到道德行为产生的结果,构成了我们人类道德活动的完整过程。相应地,我们在伦理学研究中需要对这三个环节都予以考察,无论从因果关系上或其他关系上三者存在怎样的关系,它们之间都具有相对的独立性,因而不可简单地把三者进行化约。因此,“一种可以设想的成熟的道德哲学是一种这样的道德描述:它应该包含全部道德前提,彼此之间相互依存,不可还原,性格、实践或事态同等重要。它既不是后果主义的,也不是德性中心主义的,对道德现象和我们关于它们的描述展示出某种恰到好处的微妙平衡”。[①] 我们也应当由此意识到,无论是美德伦理学、义务论还是功利主义,它们本身也只是规范伦理学的一个部分或一个环节。我们只有全面地总结各种“主义”的道德哲学,才能尽可能全面地理解道德世界的面貌,才能更加有效地反思和指导道德实践。

Thought on Hume's Ethics form Virtue Ethics

ZHAO Yong-gang

【Abstract】 Thought on Hume's ethics virtue ethics in the field of contemporary western ethics mainly includes two aspects. One is to develop and construct the virtue ethics by Hume thought of virtue. Inspired by Hume's moral psychology, Anscombe criticised modern moral philosophy, laid the foundation for the development of contemporary virtue ethics; Slote established sentimentalist virtue ethics based on Hume's moral psychology. Slote explained the concept of care as a source of ethical normativity by means of introduction of

---

① David Wiggins, Natural and Artificial Virtues: A Vindication of Hume's Scheme, in Roger Crisp ed., *How Should One Live: Essays on the Virtues*, Oxford: Clarendon Press, 1998, p.100.

Hume's concept of empathy, and carried it out in the field of virtue and justice and formed a coherent system of virtue ethics. The second is interpretation of Hume's ethics as virtue ethics. Jacqueline Taylor and Christine Swanton claimed that Hume's ethics is a kind of virtue ethics. From the perspective of virtue-centered virtue ethics, Hume's ethics has core viewpoints consistent to it, but these viewpoints are not the main focus of Hume's ethics. From the perspective of the virtue ethics based on relations between virtue and rightness, though Hume's ethics emphasizes priority of virtue to rightness, but it also has an rule ethics system independent from virtue. Therefore, Hume's ethics cannot be ascribed simply to virtue ethics. The main values of Hume's ethics for virtue ethics are its moral psychology and naturalist, realist and empirical method aiming at ethical practice.

【**Keywords**】 Hume's Ethics, Virtue Ethics, Moral psychology, Ethical Practice, Empirism

马克思与革命的美德

［美］弗雷德里克·G·韦兰①（著）

王贵贤②（译）

【摘要】人们通常会根据抽象的道德标准，比如平等、规范的一般性和普遍性，来判断马克思是否是道德哲学家，而且一般会给出否定性的回答。但是，判断马克思是不是道德哲学家的依据不应该是纯粹理论的，更应该是实践的，即他会根据实践需要，尤其是政治实践的需要而不是纯粹的理论建构来提倡道德。马克思显然拥有自己的道德理论，因为他一方面为了追求革命成功、团结工人阶级，会强调革命英雄主义式的美德，另一方面为了建设未来社会主义，会要求工人们拥有诸如同志式美德，并采取具有"一般性和自发性的意愿"的行动。

【关键词】马克思，美德，革命，社会主义

在提出了一种关于道德（或各种道德）本质和来源的理论这种意义上，马克思是一位道德哲学家，这一点是毫无争议的；更具争议的问题是，马克思是否提出了一个他自己的规范理论，并且，如果是的话，他捍卫的是哪种道德判断和价值观念。众所周知，在后者的意义上，马克思的著作缺少完备的理论。此外，他还有意避免论述一种伦理学说（或者说可能是一种特定的伦理学说），因为他认为这样一种企图要么在哲学上具有误导性，要么从工人运动实践需要的角度看在策略上和修辞上是错误的，抑或是二者兼具。最后，对马克思的某些解释者来说，道德理论的缺席与马克思的道德理论似乎才是一致的（甚或说它对马克思道德理论而言是必需的）。如果马克思坚称，所有的道德信仰和实践完全是由生产系统的历史演进所决定的，或者坚称所有道德概念都是意识形态的——也就是说，党派的观念伪装成了公正的真理——那么（可能要论证的是），他试图为所有他可能持有的道德观点或道德感情提供辩护就是没有意义的。

然而，人们不能根据马克思拥有一种可能与其学说的其他内容不相符的观点，就推断

---

① 作者简介：弗雷德里克·G·韦兰，匹兹堡大学政治学系。

② 译者简介：王贵贤，清华大学马克思主义学院副教授，主要研究领域：马克思主义基本原理、马克思主义发展史、国外马克思主义。

他没有道德理论。此外,对马克思的非道德解释(nonmoral interpretation)与这样一种强烈印象是不相符的,即马克思的读者感受到了从他的著作中经常流露出来的道德情绪,包括倡导和愤怒的态度。马克思的第二、三代的追随者为保障他的思想地位而坚守着科学的客观性主张,对某些人而言,现在看起来掩盖了一个"真实"的马克思:"毫无疑问,尽管马克思被伪装成一个科学家,但他本质上是一位道德理论家……"①近期,这一领域的研究关注的主要是试图揭示其正义观点的相关文本,而且它倾向于重申那种更古旧的非道德解释。即使我们接受了主流(但并非无异议)的研究结果,即马克思没有正义理论,但是,我们也不能推断马克思缺少一种伦理学说,尽管评论者们倾向于这么做。② 正义是一个似乎对社会理论家或政治哲学家而言最重要的道德概念,但它不是我们应该关注的唯一道德概念;正义理论也不是唯一可能的道德理论类型。情况可能是,马克思拥有一种不同的道德理论,或者至少暗含着一种(道德理论)。

理查德·米勒(Richard Miller)的论文包含的最值得关注的主题是其对马克思某些观点的简要评论,这些观点是关于马克思论无产阶级革命者的特殊美德的,或者是关于马克思建议应该推崇和培养的理想型的道德品格的——而且他暗示这些应该成为社会主义市民的道德品格。这些是人们在马克思本人的著作中能够发现的论题,而且它们在随后马克思主义传统的特定思潮中还很突出。米勒注意到,马克思赞赏某种品格,并赞颂了工人在他们的斗争中体现出来的英雄主义,他还说,正是这一点部分地让马克思的理论似乎具有了道德属性。而且,米勒不愿意认为这些判断构成了一种道德理论,关于它们,毋宁说是处在道德和自我利益的中间地带。然而,他持这种立场仅仅是因为他武断地规定了,要解释一种道德理论,某种学说必须与之相符的过于严苛的标准。然而,美德是一个道德概念,而且一种学说成为一种道德理论,它要么勾勒出了那些被理解为优秀品格的特点或品质,要么勾勒了人们称羡和赞美个人品格(由此引发的人的行为)的基础。至少,这种理论提议贯穿于大多数社会主义(包括马克思主义者的和苏联的)的文献,而且在马克思本

---

① 保罗·西格蒙德:《政治思想中的自然法》(Paul E., *Natural Law in Political Thought*, Cambirdge, Mass.: Winthrop, 1971),第 166 页。另参见斯托扬诺维奇:"马克思的伦理思想",载尼古拉斯·罗布科维奇编:《马克思与西方世界》(Svetozar Stojanovic, "Marx's Theory of Ethics", in Nicholas Lobkowicz, ed., *Marx and the Western World*, Notre Dame: University of Notre Dame Press, 1967)。

② 罗伯特·塔克:《马克思与分配正义》(Robert C. Tucker, "Marx and Distributive Justice", in Carl J. Friedrich and John W. Chapman, ed. *Justice: Nomos* Ⅵ, New York: Atherton, 1963);阿伦·伍德:"马克思的正义批判",载马歇尔·科恩、托马斯·内格尔和托马斯·斯堪龙编:《马克思、正义与历史:哲学与公共事务读本》(Allen W. Wood, "The Marxian Critique of Justice", in Marshall Cohen, Thomas Nagel, and Thomas Scanlon, eds., *Marx, Justice, and History, A Philosophy and Public Affairs Reader*, Princeton University Press, 1980)。

人那里也有说明。

米勒为那些会被认为是一种真正的道德理论,或者"道德",或者"道德观"的东西设定了三条标准;它们是平等、规范的一般性和普遍性(或者是普遍的合理性)。平等似乎是基本标准——平等对待所有的人,或者(在态度上)平等地关心和尊重每一个人。米勒把马克思的实践理论看作是与道德不同的理论,他的主要理由是,它无可争辩地把阶级利益指定为政治行动的合法性基础,而这与米勒把对每个人平等关心的道德要求相矛盾。总之,对米勒来说,一个道德理论必须是由一整套无差别地适用于所有人并规定平等对待所有人的规则或原则组成,而且它可以得到辩护的理由是,所有理性的和不偏不倚的人都能接受它(除非就相关事实提出不同意见)。在我看来,这种作为一种正义理论之典型特征的道德解释是似是而非的,这种正义理论要么只是一种道德理论,要么可能构成了一种完备道德理论的部分内容,但它的确不能与道德整体相提并论。在道德观念中,人们通常认为正义要么在逻辑上与(某种意义上采用的)平等观念相关,要么规定的是一些平等对待观点。一种正义理论典型地包含某种一般性的规范,能够指导大局性的(large-scale)社会制度的设计(但是因为其一般性,它经常也能用于解决个人道德选择中的两难问题)。最后,正义规范通常是以形式的(formal)方式表达(为他的应得、权利的平等、差异原则等)表现出来,以至于它们似乎体现出了一些总体性的或者是合理性的原则。

马克思可能没有一种与这些标准相符的理论(不管是明确的还是隐含的),在这种情况下,我们可能会总结说他没有一个正义理论。这个论题在有关马克思的文本中得到了强有力的论证;在其他归于马克思的独特论证中也能够证实这一点——这些论证包括:(根据马克思的社会学)不可能存在与特定的生产方式和特殊的阶级利益无关的道德观;根据资本主义时代使用的道德观(例如正义)来批判资本主义是毫无意义的,因为它们(像以前时代的道德观一样)有保守的偏见,并且具有维持现状的功能;社会主义正义的设定标准目前仍太弱了,以致无法为有效批判当代制度提供基础;无论如何,道德化只会鼓励这样一种幻想,即道德信念和道德信念的变化能影响唯物的历史的变化,这是一种能够对推动变革的策略产生误导的幻想。米勒的论文中提出了诸如此类的论点,但是在大多数情况下他的方法是更形式化的;他总结说,马克思不是一个道德主义者,主要是因为他的理论不符合规定的一般标准。然而,马克思拒绝诉诸道德,这一结论更常见的理由似乎更适合正义理论而不是其他的道德观念。马克思通常把正义概念看作是司法观而不是一种道德观——实际上是实定法的正义——关于此观点要比这种纯粹的道德观更加似是而非,即假定它(道德观)与特定的社会秩序和生产方式联系在一起。① 然而,我们不能总结说,既然马克思缺少或否认所有正义理论,因此在这个词的其他重要意义上他就不是一个道德思想家。

道德理论中的美德

道德理论有时被分为这几类:(1)善的理论,它把幸福或其他事物的基本要素视为人类值得追求的事物;(2)权利的理论(或者说关于义务的理论,包括正义理论),它考察的是道德义务和道德禁律,并且通常会颁布支配社会实践和制度的一般行为规则问题或者一般性原则;以及(3)美德的理论(或者是德性理论),它详细阐述的是一种理想品格,或者描述了那些很有价值和值得赞美和培养的个人品质。② 毫无疑问,这些类别之间存在大量联系,让我们考虑一下在美德理论中可能会出现但很难纳入权利理论内部的两种理念。

1. 仁慈(benevolence),或者说休谟所谓的有限仁慈(或"有限慷慨",confined generosity),而不是功利主义吁求的系统地(因此是人为的)普遍化了的仁慈。仁慈是那种一个人履行通常愿意履行的美德品质,是仁慈的行动。休谟伦理学的一个有趣特征是,他把仁慈和正义作为两种截然相反的美德进行了对比。正义(按照米勒的道德标准)包含那些在他们所有出现的场合都会平等且非人格化地应用的一般规则;正义作为个人的品质倾向遵守规则,而这些规则在公正对待一个个体——或者至少在使用它——之前,就作为社会实践被确立起来。相较而言,休谟把仁慈称为自然美德,因为它是品格更加自发形成的品质,而不依赖于一种社会规划或者是对一般规则之社会功用的思考。由于仁慈是从(天生的和习俗性的)情感中产生的,它确实是随着这些情感的强度和对象的变化而自然地发生着相应的变化。因此,与正义不同,仁慈通常会专门考虑那些与我们关系密切的人,例如家庭成员、朋友和同志,或者是考虑那些在极为困难环境中的人,当他们与我们的关系足够近,并因为其困境而激起我们同情心的时候尤其如此。这种仁慈的特征与我们所认可的真正美德是非常一致的。实际上,就像对休谟(对他来说,道德是人性的表

---

① 伍德在其"马克思的批判"中进行了专门论证,见第13-16页。另参见斯蒂芬·卢克斯:《马克思主义、道德与正义》,在帕金森编:《马克思和马克思主义》(Steven Lukes, "Marxism, Morality and Justice," in G.H.R. Parkinson, ed., *Marx and Marxisms*, Cambridge:Cambridge University Press, 1982),第196-202页。

② 参见威廉·弗兰克纳:《伦理学》(William K. Frankena, *Ethics*, 2nd edition, Englewood Cliffs:Prentice-Hall, 1973),第9,66-67页。另参见他的《普理查德与美德伦理学》("Prichard and the Ethics of Virtue," *Monist* 54, 1970),第1-17页。关于英雄行为的道德价值,见乌尔莫森的《圣徒与英雄》,载乔尔·芬博格:《道德概念》(J.O. Urmson, "Saints and Heroes," in Joel Feinberg, ed., *Moral Concepts*, Oxford:Oxford University Press, 1969)。

现)这样的自然主义者而言,对一个没有自身特殊情感并倾向于利己的人来说,这是很奇怪的,而且在道德上(以及在心理上)也确实是值得怀疑的。休谟继续论证,正义的规则(在其适当的领域中)是刚性的——"要么敌视,要么偏袒",以至于仁慈的冲动(像敌对性的冲动)在发生冲突的情况下必须屈服于正义。① 然而,在很多情况下,仁慈在实践中可以完全呈现出来,甚至当悬置了它的倾向性时,作为一种美德,它的地位(就像作为其基础的情感一样)仍然维持不变。

因此,不像正义,仁慈不需要按照平等对待的规则或者根据任何一般的规范去表现自身(正像休谟所表明的那样)。部分原因是,真正的慷慨被假设为真正的内在感情,这类(当其为习俗性时)情感组成了品格的特点,而且我们的感情只不过没有遵守对正义寄予厚望之规律的规则。而且,部分原因还在于,与正义不同,仁慈是(在 J. S. 密尔看来)一个不完全责任(obligation)的义务(duty):它的接受者对它没有相关的权利,因此它的表现某种程度上是任意的,并且可能恰到好处地反映了仁人志士的倾向和特殊担当。

尽管具有易变性或没有规律性,但它和其他相似的自然品质一样是一种道德美德,或者说是品格中在道德上值得赞扬的品质。作为美德,它可能在一种道德理论——美德的理论而不是权利的理论——中得以完美体现。亚里士多德的《伦理学》包含着一种完善的道德理论,它是围绕关于理想品格的描述建构起来的;此外,有些构成这样一种品格的美德依靠一种非同寻常甚至有些情况下是天生的才能,因而由此产生的行动不能被合理地认为是一般性的义务。尽管它坚决否认这种头衔,但这显然不符合米勒为道德理论设定的标准。米勒承认马克思称羡某种优秀品格,他甚至在这方面把马克思的理念与亚里士多德的关于"伟大人物"(great-hearted man)的理念相提并论;然而米勒拒绝把关于这种理念的陈述视为一种道德理论,或者视为一种道德理论的构成内容。②

尽管最近有人鼓励我们要把正义视为社会制度的首要美德,因而将其视为政治理论的主要伦理关注点,但值得注意的是,美德理论经常集中出现在政治思想中。在政治上,这种值得称羡品格的很多内容都被考察到了;例如,在古希腊伦理学中,它可能涉及如何成为一个公民。抑或是,就像密尔辩护的自由主义一样,主要是因为它鼓励培养某种特定

① 大卫·休谟:《人性论》(David Hume, *A Treatise of Human Nature*, L. A. Selby-Bigge, ed., 2nd edition, revised by P. H. Nidditch, Oxford: Clarendon, 1978),第 502 页。

② 马克思在其早期著作中关于还没有因分工而异化和扭曲的人的全面发展的个性和充分发展的潜能的描述在某些方面与亚里士多德的理想类型相似。这些段落可能因此包含着一种全面的马克思式的美德理论的某些要素。参见阿兰·吉尔伯特:《马克思的历史理论与道德论证结构》(Alan Gilbert, "Historical Theory and the Structure of Moral Argument in Marx," *Political Theory* 9, 1981),第 178 页。

品格而得到了某种特定政权或社会的认可和拥护。在马克思那里可能体现了类似的论证思路,在他的道德和政治理论之间建立了联系。

当然,马克思是不会支持仁慈这样的美德的——当然不会用这种古怪的术语。然而,阶级团结无疑是马克思所关心的,并且也是米勒非常强调的,它被解释为休谟所谓的"有限仁慈"的情况——也就是说,特别关心并愿意为之工作,因为它的目的是自己团体的福祉,涉及那些通过亲密关系、同情和共同经历形成了特殊感情和忠诚的成员,此外,人们还期望那些共享利益(完全是狭隘的、经济的意义上获取的利益)的成果。① 这种团结(就像休谟的仁慈一样)也许有时与正义的要求或者说"平等关注"的要求相矛盾,在这种情况下,我们就面临着两种道德原则之间的冲突。在这些情况下,休谟说(拥有严格和一般性规则的)正义必须压倒一切;如果阶级团结的位阶更高或可能会这样排序,而这又是马克思理论的独特特征,那么马克思就已经更加系统地阐述了自己的理论;休谟考虑的是一个稳定的社会秩序的要求;马克思主要思考的是从一种社会秩序向另一种社会秩序转变——或者说在不稳定秩序条件下——的动态过程。无论如何,我认为没有任何理由接受米勒的观点,否认以阶级团结(或者其他类型的群体团结)为基础的行动的决定要素不能成为一个道德动机,理由仅仅是它反映的是特殊的利益并且反对规范的平等性和普遍性。诚然,这不是正义,可能只是道德美德的一种表现形式,或者说在某种情形下只是值得称羡的人们的品格特征。②

2. 第二是关于超义务行为以及我们对那些高于道德义务要求之个人(也就是说,他们所做的超出了平等地适用于所有人的一般性规范的要求)的一致赞颂和称羡的问题,尤其是对这些人的赞颂和称羡问题,即他们已经培养出来的品格表现为习惯性地准备去做比要求更多的事情。超义务美德在不同程度上存在。一个仅仅遵守一般义务性道德原则(例如提高公共福利)的人,当他不能确保其他人也会这样做时——而且他因此会冒被利用的风险——可能会根据某些理论(例如霍布斯的理论)做比对他的要求更多的事情。如果具有在道德上值得称赞行为甚至需要付出更大、更实在的个人代价,或者冒一定风

---

① 休谟本人谈到了仁慈——或者说与仁慈相关的"社会同情心"的自然情感——与政治参与之间的关系。《道德原则研究》(*An Inquiry Concerning the Principles of Morals*, Charles W. Hendel, ed. New York: Liberal Arts Press, 1957),第51页。

② 米勒关于道德的理路是康德式的,这解释了他为何认为马克思不过在模糊意义上的道德主义者。然而,马克思对"道德"的抨击和道德化(moralizing)可能主要是反对康德和德国的康德主义者,对他而言,道德是一种与激情、利益和具体环境毫不相干的抽象义务。马克思(就像很多其他美德理论家一样)最好被视为一个伦理自然主义者,对这些人来说,道德价值与人(或工人)的利益和历史语境中的行动密切相关。参见阿克顿:《从黑格尔到马克思》(H.B. Acton, *The Illusion of the Epoch*, Boston: Press, 1962),第51-53页。

险,甚至会达到我们可能会谈及自我牺牲和道德英雄主义这样的程度,那么这些行为人体现的就是一种更强形式的超义务美德。

超义务是一个不能很好地适应现代伦理理论(比如康德的或功利主义的理论)的声名狼藉的主题,准确而言,是因为这些理论(根据米勒的标准)实际上试图把道德同化到法律里,或者把道德表现为一套普遍的原则或普遍的义务性规则,这些原则或规则认为美德衍生于权利(这时他们基本上就是这样处理的)。这种理论工作在道德领域内好像没有给自发行为或者非凡的个人努力留有空间;这似乎与对这种努力给予了相应道德赞赏的我们的日常语言和直觉相反,而且似乎与这种日常观点截然不同,即它认为超出日常规范约定的品格在道德上是值得赞扬的。既然当我们批评那些违反义务性规则(比如正义的规则)的人并不表扬一个遵守规则的人,那么权利的理论也就没有给赞美留有空间。当然,亚里士多德伦理学和其他基本上是美德理论的道德理论在处理这些优秀品质方面没有困难。他们通常认可不同类型和不同程度的美德,并给出相应的赞颂;他们不是把美德仅仅看作是履行要求平等对待一切人的正确行为问题。此外,在这些理论中,既然人们一般承认必须对美德进行培养,而且诸如赞颂这样的社会实践以及更正式的教育和政治影响会推动这个过程,那么基于心理学的理由,表扬经常是重要的。

人们可能倾向把强调优秀美德视为贵族制伦理体系而不是民主制伦理体系独具特征的论题,因为后者通过把它还原为一套可以平等地要求每个人的一般规则,并且否认美德是一种特殊能力(当它们在任何程度上都要归功于具有差异性的内在能力或者自然天赋尤其如此)而坚持一种"正常水平"(leveling)的道德。尽管如此,正像米勒所指出的那样,道德英雄主义主题和有担当革命者的英雄美德当然出现在了马克思的某些著作中,它们可能反映了马克思对这种进行革命必需品质的欣赏,尽管伴有随之而来的风险。马克思可能不会拥护贵族制(尽管精英和先锋队——即那些拥有超凡革命美德的人——的话题在马克思的传统从未缺席)。在马克思那里,类似的主题可能被归根于其思想中的浪漫主义根源——例如归根于"普罗米修斯"改变世界(并因而也改变了人类)的渴望,这要透过马克思的伦理观才能辨认出来。① 这个英雄主义主题和与之相关的阶级团结主题共同表明,即使是马克思缺少一种正义理论,但一种独特马克思式的美德理论是存在的,不管人们是称这里的美德是无产阶级的、革命的还是社会主义的。

---

① 尤金·卡蒙卡:《马克思主义的伦理基础》(Eugene Kamenka, *The Ethical Foundations of Marxism*, New York: Praeger, 1962)。如果人自身的创造性劳动导致人(或人性)的转变确实是马克思最根本的观点,那么可以推定的是,马克思式的道德理论(包括美德理论)可能既不是一般性的,也不会有详细论述。

美德、革命和社会主义

如果马克思确实给我们提供了一种革命美德理论,那么部分原因可能是他更加庞大的政治理论需要一种理论——我现在就要论述这种可能性。当然,我们不可能推断说,马克思实际上坚持这些特定观点的原因仅仅是他的其他学说需要它们,而且我在下面将要返回到马克思文本中去证实这些主题。然而,正当的做法是,阐明甚至作者本人都没有充分阐述的影响和要求;明确承认他的其他理论必要的特殊地位,这让我们能够赋予他关于前者所说的任何内容以特殊意义。

不管马克思曾经可能有什么身份,但他毫无疑问是一位革命理论家,他预言和呼吁在特定环境下借助让主角(资本主义)面临必要危险和困难的方法推翻资本主义,支持未来社会主义(或共产主义)的社会和经济组织形式。因此,对于革命过程本身以及未来社会主义秩序而言,马克思的美德理论可能有特殊指向(reference)。关于革命,布坎南[沿着奥尔森(Olson)之路]在一篇米勒提到的文章中结合马克思关于革命品格的评论给出了相关分析。① 这种联系需要进一步探索。革命大多数情况下仅仅提出了集体行动的问题。它将会带来的好处(如果成功了的话)是关于工人阶级集体的或不可分割的善,不管每个成员是否享有它,不管享有程度如何,他都在参与生产总体利益的过程中作出了贡献或者说承担了成本(尤其是个人危险)。这种情况下,布坎南就提出了一个经典的"搭便车"问题,只要设想工人是一个理性的利己主义者,那么他们就会关心进一步追求自己的利益。更有意思的是,布坎南认为,即使那些理性地决定去提高他们的共同阶级利益("把团体的整体效益最大化")的工人,可能会无法取得相应的行动,而这却是实施革命的必要条件。②

那么,人们是如何构想无产阶级革命爆发的呢? 很多段落("无产阶级在革命中失去的是锁链,而获得的是整个世界")似乎揭示了这种基于(合理追求)利益的(不成功)分析,马克思本人在这些段落中把这场革命描述成了工人的利益,并且它注定在这个基础上才能爆发。这就是布坎南所联系的把马克思一般性地解释为避免诉诸道德原则的那个论题,有些人则引证它来进一步证明马克思根本没有道德理论。如果我们不考虑道德考量,在可以解释的革命行动(成功与否)的集体行动模式中似乎存在两种(也许是互补的)方

---

① 阿伦·布坎南:《革命动机与合理性》(Allen Buchanan,"Revolutionary Motivation and Rationality"),载科恩、内格尔和斯坎伦编:《马克思、正义和历史》,第264-287页。
② 同上书,第268页。米勒好像没有注意到这一点。

式。一种是布坎南承认的解释,它包含着革命恐怖主义理论的种子:工人的领导通过权衡参与风险的大小这种威胁手段强迫冷漠的、胆小的或者仅仅是理性的工人参加运动;这些危险同时确保所有或者大部分工人将会加入其中并且分担这些风险,从而让所有人在他们的共同利益中有所获益具有了可能性。另一种解释也许对应着马克思主义内部的列宁主义替代方案:除了为了整个工人阶级的集体利益,革命还提供了某些特殊好事的期望——特别是权力:在党内和后革命国家中的高官厚禄——这会吸引有野心的个体自愿加入,而且会承担就任领导人、组织革命并胁迫其他人(可能会用到在第一种解释中提到的方法)的特殊风险和困难。

这两种解释解决了以这种形式化的方式提出的问题,而且它们二者部分阐明了历史性的革命运动实际上是如何进行的;然而,二者都没有在马克思本人的著作中找到支持性证据。那么,我们来看一看第三种解决方法,它谈及了道德动机,并且它可能提出了反映马克思本人革命观的最好主张。布坎南指出,只有工人是基于道德原则而不是基于利益采取行动——例如,只有他们不管冒多大的个人风险都能基于内化的道德律令去推动这个(或者说他们的)共同利益,抑或是创造人类制度,集体行动问题才可以得到解决。然而,接受了马克思缺少正义理论论断的布坎南总结说,马克思拒绝任何对道德原则的诉求,因此,道德解决方案对他而言是不可用的[尽管他注意到,社会主义者实际上没有完全放弃马克思曾经所谓的关于正义和权利的"陈腐的语言垃圾"(obsolete verbal rubbish)]。

然而,这个与其他学者的推论——从缺少任何确证过的道德规则到马克思理论没有道德维度——类似的结论太仓促了。显而易见的是,只有大部分工人拥有团结和他们同舟共济的工人——他们因对其同志的忠诚而付诸行动促进共同利益,甚至很少反映他们淹没在共同利益中的本人的利益——的美德时,革命的集体行动问题就能够得到克服。此外,如果只有少数几个工人体现了强意义上的超义务无产阶级美德,即是说,如果他们准备经受超高风险或践行能够推动整个运动或影响决定性胜利的革命英雄主义,那么革命成功的机会就可能会提高。(正如上面所提到的,如果不保证一定会互惠或成功,即最基本的行为都需要突破集体行动的困境,那么基于公共理由而去承担任何风险的意愿就可以被认为是弱意义上的超义务。)在革命中表现出阶级团结的工人可能会按照原则行动;然而,把他们的行为解释为一种独特美德是为了强调,造成它的原因是诸如群体忠诚的情感和道德习惯等特定心理学要素,而不是道德推理。进而,如果认为革命成功有赖于这种美德,那么革命的支持者寻求灌输和培养这种美德就是重要的;尽管讨厌根据抽象原则加以道德化,但这可能就是马克思对能够带来革命事业(最后)成功的品格和英雄主义进行及时而慷慨赞美的原因。当然,这种美德倾向消除的不仅仅是利己主义的动机,甚至还会消除那种造成集体行动和搭便车问题的计算理性。①

当献身革命的人具有的美德在马克思革命理论的全面阐述中承担工具性作用时,它可能也具有与其有益的社会后果(建立社会主义)无关的道德价值(对马克思来说);因此,即使当它在不成功的行动中体现出来时,它仍然保持了美德属性并值得艳羡。基督教思想认为慈善行为是一种个体通过它来体现乐善好施之美德,甚而是一种减轻自身犯罪恶的手段(尽管就此目的而言它们并不是最有效的),但就像这种慈善行为被视为一种非常有价值的工具一样,革命活动也被看作是一种很有价值的革命美德。在诸如巴黎公社这类失败的事业中,马克思仍要赞颂其中工人的英雄主义,如此这般可能源自他对其内在价值的判断,同时源自他的这种观点,即为了最终工具性目的而需要培养美德的习惯。

对马克思主义者而言,集体行动问题以及美德需求似乎不会随着革命而终结,而是在社会主义时代及其之后的岁月中不断延续下去。社会主义生产要求(工人)在集体企业中勤奋劳动,而无需用私人利润来激励之;在某些阶段,当按需分配时,生产的商品实际上将会是集体的商品,因为所有的市民都有权要求根据他们的需要来享有他们,至于他们的个人贡献则在所不问。在这种情况下,搭便车的机会会数不胜数,强制性国家能够用刑法威慑那些搭便车的人,如果发展到了它消亡的程度,情况更是如此——大概到了全面发展了的社会主义制度开始繁荣之时,有些事情在某些方面就会出现。显然,那些坚持在资本主义时代普遍盛行并且会导致出现集体商品的合理追求自利(self-interest)观点的人会对这种预言性的未来产生威胁;因此,社会主义将取决于个体是否按照社会主义原则采取行动的一般性和自发性的意愿(willingness)——这种意愿已经内化为一种可能会在常规基础上通过教育灌输到社会主义市民头脑中的美德。② 因此,这并非什么让人吃惊的,即现实的社会主义社会文化通常会非常强调那些诸如同志式的情感(camaraderie)和为了共同的善而献身等此类美德,而且尤其是在"建设共产主义"时期,人们在道德教育领域会加倍

---

① 革命行动可能变得非理性这一点在这里当然是一个危险——可能就像巴黎公社一样,其中革命热忱未能弥补正确计算的策略行为的缺乏。有些人可能提出,社会主义运动中会出现一种新型的"社会主义合理性",但在布坎南看来,仍没有人对此给出一个融贯性的解释。
② 像奥尔森这样的集体行动理论家会将此视为对产出集体的善有助益的"道德激励"。然而,如果"道德"与"自利"矛盾,以及如果自利动机在社会主义社会被一并消除,那么正讨论的公共精神活动就不会出现任何独特意义上的"道德"。曼库尔·奥尔森:《集体行动的逻辑》(Mancur Olson, Jr., *The Logic of Collective Action*, New York: Schocken Books, 1968),第61页脚注。

努力（intensified efforts）。①

尽管所谓的后革命社会的社会主义美德与革命过程中（以及在更早的没有取得成功的起义中）本身表现出来的革命美德在分析集体善的时候在形式上非常相似，但还是应该对二者做出区分。尽管这两类美德本质上都包含一种习惯性意愿，即在这样做不会得到任何特殊个人回报的情况下仍要提升公共（阶级）的善，但它仍表明，马克思本人关注的革命的美德蕴含更多的是英雄主义要素，而不是一个现行社会主义制度所必需的要素。考虑到革命行动的暴力和成功的不确定性，它通常包含个人危险这样的风险，而且至少有些人必须在无望得到相应回报的情况下准备直面更大的风险。关于上面讨论的这两种美德，在革命的非常时期，必然会用某种程度的额外的或非同寻常的美德来补充内容更加宽泛的阶级团结的美德；当前者本质上并不能被规定为一种一般性的道德原则时，那么通过赞美它的榜样就能推动它的培养。进而，在马克思看来，革命美德必须在当前主流资产阶级意识形态（它鼓励的是利己主义和搭便车行为）控制下生活的工人阶级成员中体现出来，否则他们在这种存在条件下就会堕落；因此，对工人运动而言，培养它可能会是一项非常困难的事业，而且根据它所面临的障碍，取得任何程度的成绩都可以被视为一种英雄般的成就。②

相较而言，在一个运行良好的社会主义社会，或至少是在一个宽容"寄生虫"的社会，（道德）滑坡的唯一成本是总生产率的减少，但从任何个体的角度来看，这是一个在很大程度上具体化了的成本；任何在其位谋其政的风险都不是导致这样的结果。因此，人们不需要付出超义务努力；唯一必要的是，根据一贯的团结精神，每个人都要各尽所能。此外，当搭便车这种微不足道的形式产生的诱惑比之前更多的时候，可能在没有其

---

① 理查德·德乔治：《苏维埃伦理和道德》（Richard T. DeGeorge, *Soviet Ethics and Morality*, Ann Arbor: University of Michigan Press, 1969）。苏联是在 1961 年苏共纲领中宣称处在"建立共产主义"阶段的，这个纲领还包括一个"道德标准"（moral code），号召积极宣传社会主义新道德。显然，这种新奇的发展反映了一种整体的殊为不易的意义，即寄予厚望的"新苏联人"并没有随着社会条件的改变自动出现；它的理论依据是斯大林的上层建筑特定部分具有相对的独立性学说。列宁本人与他一贯强调工人需要约束和自我约束不同（这一点可以被解释为对马克思式的美德理论的贡献），他确定"涅恰耶夫式的"（Nechaevan）或普列汉诺夫式的学说，即提出来的任何革命理由都是道德的，而且反之亦然。参见列宁：《青年团的任务》（V. l. Lenin, "The Tasks of Leagues," in *Selected Works*, New York: International Publishers, 1971），第 613 页。一本反映了最近苏联文化中非常流行的道德劝诫语调的著作是格奥尔吉·斯米尔诺夫的《苏联人》（Georgi Smirnov, *Soviet Man*, Moscow: Progress Publishers, 1973）。

② 参见列宁在"战胜自身的保守、涣散和小资产阶级利己主义，战胜万恶的资本主义遗留给工农的这些习惯"这段话中表现出来的"英雄主义"观点。列宁：《伟大的创举（论后方工人的英雄主义。论"共产主义星期六义务劳动"）》，《列宁选集（第 4 卷）》，北京：人民出版社，2012 年，第 1 页。

他腐败影响与之竞争的情况下,这个社会的整体教育和文化机器就会支持培养社会主义美德,因此,这种必需的价值观的内化就应该变得畅通无阻和常规化。现行的社会主义社会就会不断把它描述为一种英雄主义的亦即非凡的美德并给予奖励,因此,在这个程度上,人们必然会认为这是一个信号,即马克思(和马克思主义者)在革命萌芽阶段以及在社会的现实道德具有不稳定性时在道德上改造人们的希望失败了。道德英雄主义可能是让社会主义制度成为现实的必要条件,但"社会主义劳动英雄"看起来像是一个矛盾概念。

马克思称羡的无产阶级美德可能与公民美德相类似,但依然有所偏离,因为后者是政治思想中早期共和主义传统的特有构成要素。共和主义理论通常与自由主义共享一种实质性的个人主义心理学和精神气质,而且它设想和吁求的政权可能给追求互竞的个人利益留下了一席之地。然而,共和主义与自由主义的分歧在于,它是否承认一种补充私人领域的大范围公共领域是必要的,是否具有积极价值,相应地,它是否承认具有公共精神的市民参与公共领域行为非常重要。古典自由主义者倾向于假定,通过市场看不见的手就能够为了所有人的利益达成私人行为的合作,但共和主义者则认为,维护一个通常能够实现合理(auspices)私人事务的合法政权要求对这个政权和特定公共价值本身做出广泛且具有公共精神的承诺,或者说,在我们这个时代,构成成功的个人主义之必要背景的公共秩序是一种集体的善,如果利己主义的理性不能被公民美德所限制和补充,人们就不会得到它。共和主义公民美德以下面三种特定方式呈现出来:立法,就像卢梭所做的最著名论证那样,它号召公民审慎地把个人考量服从于公共利益;普遍的守法精神,即使当违法行为能够获取私人所得却不用冒任何风险的时候仍然有效,这让强制性制裁的潜在镇压制度不再是必要条件;时刻准备维护政权,当必要时,即使需要做出自我牺牲也要反抗外在威胁。根据共和主义者心理,人们可能对公民美德拥有现实的期望,因为忠诚、依附、自我展现的机会以及公民活动的其他伴生属性是很多人得到内心满足的根源。不过它仍可以被称为美德,是一种道德上值得称羡的(而且如果超过一般水准就更值得赞颂)的道德品质(quality of character),在面对潜在的腐化带来的影响时,培养它就成了值得关注的大事。

就像黑格尔以特有方式表达的那样,有可能马克思的政治思想一开始就打上了与共和主义传统有着密切的亲缘关系的标签;市民真正的共同体观念可能是它的根源,而且无疑是它一直坚持的政治思想。① 然而,在马克思基本上关注的是革命性变化必然会导致这样一种共同体的社会和经济条件变化的成熟著作中,政治美德的主题被限定为我们在此关注的这种特殊形式。人们设定共和主义理论的公民美德培养了所有市民的品格,并成为一种由这个社会所有(或所有政治上积极的)成员构成的市民主体(citizen body)中的公民(爱国)团结的基础。② 这种公民的统一性在一个阶级分化的社会是可能的和可欲的,当然,这在马克思看来只不过是一种黑格尔和其他资产阶级国家意识形态学家们的一种幻想;因此,在马克思的理论中,无产者的阶级团结和相应的在反对资产者的集体斗争中体现出来的无产阶级美德,在心理上和道德上与表现为一种共和主义者(以唯心主义形式)勾勒出来的公民品性相类似,而且它们在政治学说中的重要程度相差无几。据我所知,马克思提出的这种工人在革命前和革命过程中表现出来的美德,在很多范例中具有更早的共和主义著作者在战争时代主要追寻的那种英雄主义维度,它就像马克思式的革命一样,要求具有非同寻常的主动性(initiative)、牺牲精神和领导力。③ 继承了这种革命美德的社会主义美德尽管英雄主义少一些,循规蹈矩(routine)多一些,但在工人团结以及它们对社会主义理想的承诺等的基础上非常相似。然而,既然后革命的社会将是一个单一阶级(或者说在阶级的历史意义上是无阶级的)构成的社会,那么这种社会主义美德就会扩展至或寄希望适用于所有市民,因此可以被正确地视为一种真正的公民美德,而不只是被视为具有独特阶级基础的或党派性的美德。在马克思主义者看来,由于这将是第一个把真正公民美德普及到所有社会成员的社会,因此这种美德也将是第一个真正的公民美德。④

① 对于黑格尔来说,个体是国家的市民,因此就像包含特殊性的市民社会成员一样,他也参与到他的普遍性之中;或者说,如果国家与真实的国家理念相一致,那么他们就会体现自由。马克思否认任何国家为了以这种方式来实现自由而会成为中介或者解决市民社会独有的冲突;人类解放要求克服私人领域和公共领域之间的二元性,因此既要废除(作为独特实体的)国家,也要废除(以私有财产为基础的)市民社会。马克思有时把他当理想共同体指向"民主制"(在其 1843 年的著作中),有时则指向共同本质(Gemeinwesen);参见罗伯特·塔克:《马克思的革命理想》(Robert C. Tucker, *The Marxian Revolutionary Idea*, New York: Norton, 1969),第 87 页。当马克思把个体的自我实现当作这种共同体的基本价值时,他同时似乎要否认,与共同利益相对立甚至是截然不同的将会是个人利益;参见卡蒙卡:《伦理基础》,第 44 页。
② 比如,就像孟德斯鸠,其或是像卢梭在《波兰政府论》中所指出的那样,共和主义者可能采取贵族制形式;然而,现代共和主义的倾向是民主制(与《社会契约论》潜在含义相一致)。
③ 根据平等主义价值观,大概不管是共和主义的还是社会主义的,领导人(甚至"独裁者")的特殊荣誉似乎有些不同寻常。吉尔伯特在"历史理论"(第 184 页)比较了革命美德和公民美德:马克思关于巴黎公社的论述据说追忆到了古代城邦。
④ "在这种条件下(在社会主义条件下,比如苏联社会),关注公共的善就成了所有社会成员最个人的关注内容。个人需要和利益与人们关于社会利益、意识形态和政治利益的意识有机联系在一起了。"斯米尔诺夫:《苏联人》,第 175 页。

应该补充的是，美德理论通常适用于小团体或社会的理论。比如，亚里士多德的理论似乎是专门为他那个时代的古希腊城邦的贵族阶层设计的，而且当他们支持这些寄希望于所有市民的品质时，即使是美德理论也通常假定，要么市民主体是一个人口相对较少且集中的单位（section），要么公民美德是一个（与大的贵族政体或帝国相比）小规模共和国独有的特征。这种关于背景的假设与美德的道德心理学相关，这种心理学一般并不（或并不完全）取决于合理地默认一般性原则，而是取决于那些其他人能够同时产生（当它们是自然情感时）或只有在相对较小且关系密切的条件下——要么是像家庭一样的自然群体，要么是拥有共同传统和经验的志同道合者构成的关系密切的团体——才能培养起来（当它们是一种习惯时）的特定情感。而且，美德（尤其是公民美德）必须进行培养，这是一个共享的道德观和一个在小共同体中更有可能存在或更便于建立的教育制度推动的过程。相较而言，（正义、权利和合法的规则等）一般性规则的道德适合大社会，在那里市民之间的关系通常（而且不可避免地）是非人格的，而且就像休谟最为强调的那样，我们在这个社会中会像成人不偏不倚的法律要求一样，相应地承认不偏不倚的道德要求。就像马克思主义者所观察到的那样，它表明资本主义社会中的工人运动可能拥有可以培养和繁荣美德习俗（ethos）的团结的小共同体所具有的相关属性。它在一个可能以美德为基础的大社会（比如一个大国革命后的社会主义社会）中就会更有问题；只有当某些在小共同体——比如文化和道德观上是同质的——才会更自然而然地体现出来的特征被人为地（和强制性地）加诸其身时，它或许才具有可能性。

关于未来社会的组织或其成员的道德品质，马克思本人没有告诉我们什么内容，他主要关注的是资本主义社会中的紧张关系以及其中工人运动的发展。因此，马克思在处理美德问题时是在表达那些致力于推翻资本主义的人以及马克思本人所处时代他们那些参加无产阶级起义的前辈们体现出来的革命美德和英雄主义。尽管马克思可能认为（就像他的一些追随者必然会认为的那样），一个学识相当渊博的观察者可能会预测革命，或者描述发生革命的客观条件，但他绝不会把革命——尤其是它的政治内容：无产者掌握国家权力——理解为一种大量被充分动员起来的个体齐心协力且有意地付出努力的行动。就是说，尽管革命是"具有铁的必然性……的规律"的结果，然而它仍不过是工人阶级的政治意志发动的，而且以工人阶级的思想、道德以及物质条件（resource）为基础发动的。因此，对马克思本人而言，培养和发展这种意志和条件就构成了一个大概的客观条件，因为它们对所有呼吁对社会革命进行转型的人而言都是如此。马克思著作中指涉美德的内容必须以此方式理解：如果它们可能包含美德理论的内容，那么它们自身不是理论而是实践精神提供的——就像表达赞美和鼓励一样,推动它在无产阶级品质内进一步发展的意图需要不断称羡,因为这些都包含在革命的前提条件中。

正如米勒所言,马克思在这方面最重要的文献是《法兰西内战》。这部著作表面看是在解释为数不多的几次不成功的工人起义之一:1871年巴黎公社。马克思见证了这次革命,认为它在即将到来的革命必然经历的史前史上具有划时代意义。然而,马克思的文本为我们提供了一个道德剧本,其修辞和实践意图(而不是社会学的或分析的)因浮出水面而展现无遗,而且根据马克思关于不当策略和巴黎公社成员不完美的无产阶级身份地位的看法,这一点甚至更加明显。①

巴黎公社对马克思而言是非常重要的,部分原因是它隐晦地暗示了社会主义未来(尤其是它雄心勃勃地要克服国家和市民社会的区分),但主要原因是它的催人奋进的榜样,这种榜样提供了工人——或者说至少是那些被奉为未来工人运动新成员之道德榜样的思想正确的激进分子——的(尽管是必然的)英雄般的美德。马克思宣称:"巴黎全是真理,凡尔赛全是谎言";革命者把"谋求自己解放"的"英勇决心"与在帝国统治下蓬勃发展并在个人腐败的临时政府首脑梯也尔那里被人格化的资本主义社会"丑恶现实"进行了对比,——这个临时政府很快由于寻求普鲁士的帮助来镇压这次起义而背叛了它自诩的爱国主义。"为实现美好新社会而献身的斗士"反对在一个微不足道但却有说服力的道德寓言中把堕落和虚伪的资产者视为某些品格,以高贵的借口和其中付出的努力抹杀它只是徒劳。"工人的巴黎及其公社将永远作为新社会的光辉先驱而为人所称颂。它的英烈们已永远铭记在工人阶级的伟大心坎里。"②尽管未来真正的无产阶级革命要求更有利的环境、更充分发展的运动和更好的计算方法,但是如果没有马克思在这个小册子里寻求保护的那些积极行动的人所体现出来的个人品质,它就不会自然而然发生。如马克思所理解的那样,美德是在一个蕴含着神话和记忆以及习俗和制度的传统中发展起来的,而且显然要培养马克思在这里构建(而且可能是打算构建)的这样一种传统。

---

① 阿维纳瑞:《卡尔·马克思的社会政治思想》(Shlomo Avineri, *The Social and Political Thought of Karl Marx*, Cambridge: Cambridge University Press, 1971),第239-249页。

② 《马克思恩格斯文集(第3卷)》,北京:人民出版社,2009年,第166、159、158、175、181页。在资产阶级世界中英雄主义和美德都没有体现出来,其理由只有一个,即尽管资本家可能用国家来解决他们自身的集体行动问题,但无产者最终会如期取得胜利。

Marx and Revolutionary Virtue

Frederick G. Whelan

【Abstract】 In terms of abstract moral criteria, such as equality, generality of norms and universality, Marx is not a moral philosophy. However, the criteria which is used to judge it should be not purely theoretical but practical, for Marx gives or advocates morality for the sake of his own *political theory* and practice. Obviously, Marx offers a kind of moral theory, for, on the one hand, he emphasizes self-sacrificing heroism in order to assure the success of revolution and unite the working class, on the other, he hope that working class has a kind of virtue such as camaraderie and act depending on a general and spontaneous willingness so as to develop the future socialist society.

【Keywords】 Marx, Virtue, Revolution, Socialism

【美德政治学】

美德政治学：对现代自由主义的一种反思①

陶　涛②

【摘要】 约翰·米尔班克与艾德里安·派斯特提出了一种后自由主义的"美德政治学"，强调在承认自由主义历史功绩的基础之上，构建一种居于个人主义与集体主义之间的美德政治理论。本文在介绍相关思想的基础之上，粗略阐述笔者对于美德政治学的思考。全文主要分为三个方面：一是讨论自由主义的"元危机"，二是讨论有别于自由主义的自由以及自由主义人性观的替代性选择，三是讨论"美德政治学"的特点。

【关键词】 自由主义，自由，美德，美德政治学

毋庸讳言，在 20 世纪主流的社会与政治理论之中，自由主义思潮在西方可谓一枝独秀、引领群芳，并且伴随着科技进步与经济发展，自由主义（而非自由价值）的优越感得到迅速扩张，甚至被部分学者视为一种终结性的、普遍性的政治理念，抑或对与错的绝对标准。以至于到了 20 世纪后半叶，美国哈佛教授约翰·鲁杰（John Ruggie）所谓的"内嵌自由主义"（embedded-liberalism）③也已几近全面失势，而由极端自由主义（ultra-liberalism）所取代，这种现象在英国撒切尔夫人与美国里根总统的执政理念之中皆能得到充分体现。

但在 21 世纪初，极端自由主义却逐渐开始在西方社会生活之中（理论界更早）受到了质疑与挑战，尤其是 2008 年出现的金融危机更是促使人们开始全面反思自由主义经济制度。更重要的是，权利平等与自治的政治诉求看似是自由市场的预设前提，但自由竞争的

---

① 本文系南京师范大学"百名领军人才""中青年领军人才"项目资助。
② 作者简介：陶涛，南京师范大学副教授，研究方向为道德哲学、政治哲学。
③ John Gerard Ruggie："International regimes, transactions, and change：embedded liberalism in the postwar economic order"，*International Organization*，Vol.36，No.2，1982，pp.379 – 415.

最终结果却是形成了一种新的社会等级制度。这即是说,相较于多数公民,社会中的极少数一部分人才真正占有,甚至垄断着绝大多数的社会资源,而成为所谓的社会精英(elite)。同时,伴随着社会阶级的逐渐固化,由于社会资源集中在少数人手中,这也就在某种程度上导致了多数人丧失了实质自由。此外,这种精英地位既和当事人的才能无关,亦和他的品德无关。当然,这并不是说所谓的"社会精英"既没有才能亦没有品德,而只是说,即便是没有才能与品德的人亦能通过集中社会资源、构建人为壁垒等方式,将多数人排除在公平竞争的环境之外。可以说,自由资本的逻辑难免倾向于扩张与垄断,纵使它以某种隐秘的方式展开。于是,"在新自由主义霸权的时期,极富阶层的财富与大多数人通常下滑的收入之间的鸿沟变得更加巨大,而享有自由时间、工作假期和工人联盟的权利则变得更窄"。①

可见,在某种程度上,所谓的自由导致了不自由,平等导致了不平等。正因如此,对西方自由主义以及现代性的反思逐渐步入了人们的视野。换言之,人们不禁要问,自由市场与其相应的政治体制是否足够完满或完美,是否值得我们完整地复制或沿袭? 倘若是,如何解释现代社会中不断扩张的不正义与不平等;倘若不是,何种经济与政治体制才能有助于人类真正实现幸福与良序的那个朴实无华的愿景? 或许,罗尔斯的《正义论》、西方美德伦理之复兴以及共同体主义的诸多诉求,在某种程度上正是源自西方知识界内部的这种自我反思。

本文则试图介绍另一种反思自由主义的理论,即由约翰·米尔班克(John Milbank)与艾德里安·派斯特(Adrian Pabst)提出的后自由主义的"美德政治学"(the Politics of Virtue)。并以此为基础,在文中略微引申出笔者对美德政治学的粗浅思考。但需要说明的是,美德政治学并非一个崭新的话题。从古希腊一直到当代,从柏拉图、亚里士多德到尼采,从西方文明到中国传统,它都有多种多样的形式并始终存在。但这里介绍的米尔班克与派斯特的美德政治学,还是略有不同,因为他们强调这种美德政治学是自由主义之后的,或"后自由主义的"美德政治学。这种理论批判并吸收了西方现代政治伦理,因而是一种属于当代的理论或思想,值得我们进一步了解与审视。

一、

毫无疑问,作为整体的自由主义是一个过于复杂的概念,而其内部的多样性与诸多分

---

① Milbank John and Pabst Adrian, *The Politics of Virtue: Post-liberalism and the Human Future*, London: Rowman and Littlefield, 2016, p.69.

歧也曾得到许多深入讨论。但在米尔班克与派斯特看来,无论该理论内部如何千差万别,无论是以上提到的"内嵌自由主义"抑或"极端自由主义",作为整体的自由主义本身就是有问题的。可以说,自由主义面对危机并非暂时的,也不是时间性或空间性的,而是其自由的立足点就出现了问题。他们把自由主义面临的这个危机称之为"元危机"(meta-crisis)。

显而易见,"元危机"是指自由主义本身就是自相矛盾的(contradictory)或自我挫败的(self-defeated),而非它的具象化出了问题,即并非它的某个特定观点、策略或制度等实践应用出现了问题。具体来说,按照笔者的理解与总结,米尔班克和派斯特对自由主义自身存在的批判大致可以归纳为以下几点:

首先,他们认为,自由主义依赖两个前提假设:一是洛克式的个人主义人性理念,二是霍布斯式自然状态下的人际关系。假如没有这两个前提假设,自由主体的基本推理与结论就不能成立。但事实上,我们不但没有足够的证据支持这两种前提假设,而且它们压根就是错的、片面的。换言之,自由主义传统尝试把人性概念化,并利用一种还原主义的方法,使之简单化、碎片化。但这种还原或化约的过程不仅误解了人性,甚至还低估了人性。

作为自由主义之父,洛克认为每个人都是自我的主人,因而"他们在自然法的范围内,按照他们认为合适的办法,决定他们的行动和处理他们的财产和人身,而毋需得到任何人的许可或听命于任何人的意志"。① 对此,米尔班克和派斯特的看法便是,"自由思想把人的本质重新界定为孤立的存在,根本上从社会嵌入性(social embeddedness)中抽离"②。因此,在这个意义上,自由主义毫无疑问是一种个人主义。它强调无论何时何地,个体或孤立主体在价值序列上都要优先于任何共同体,包括一个家庭、一个城邦,甚至包括一个星球,即如洛克的名言"个人权利神圣不可侵犯"。此时,我们暂且不讨论这种优先性是否正确,但仅从这个立足点出发,自由主义仍会得到一个自相矛盾的结论。

众所周知,由于自由主义的人性概念中包括个体的优先性,并暗含着人与人之间无法彼此信任的推论(即霍布斯式的人际关系),所以"神圣不可侵犯的"个人权利需要一个外在的强力或力量来保护,而这种强力亦只能是一种集体的力量(collective power),最终即是那种被称作国家(state)的集体力量。于是,自由主义一方面推出了个人主义,另一方面又自然而然地推出了集体主义(collectivism)。而在各种契约论的版本中,我们都能找到

---

① 洛克:《政府论(下)》,叶启芳,瞿菊农译,北京:商务印书馆,1964 年,第 3 页。
② Milbank John and Pabst Adrian, *The Politics of Virtue: Post-liberalism and the Human Future*, London: Rowman and Littlefield, 2016, p.2.

这个理论逻辑的影子,尤其是霍布斯的版本。可见,自由主义理论的自身逻辑是,个人自由要优先于国家,同时,个人自由又推出了国家的合理性与必然性。那么,国家就要在不侵犯个人自由的前提下,用强权保护个人自由。因而,在某种程度上,集体或共同体只是实现个人自由的工具。

其次,正是基于上述的人性理念与人际关系的假设,自由主义认定有些"美德"必然要败于"邪恶"。或者说,有些邪恶是无法战胜的,比如自私(selfishness)必定战胜公共利益、贪婪(greed)必定战胜慷慨、多疑(suspicion)必定战胜信任、权力威迫(coercion)必定战胜理性商讨与说服。这既是说,"自由的实践用追逐财富、权力和享乐,取代了互惠认可与共同繁荣的诉求——这导致了经济不稳定、社会无秩序和生态破坏"。①

然而,这种对人性的理解是一种消极的或悲观主义(pessimism)的解读方式,但它竟然成了近代政治哲学的主流。换言之,如果我们接受他们的说法,那我们只有两个选择:要么按照马基雅维里或霍布斯的观点,把人性还原为自私的、贪婪的、无法信任他人的、有武力倾向的;要么按照卢梭的观点,把人性与人类社会对立起来,并通过缔结契约来防止社会或集体对我们的腐蚀。而无论哪种方法,人和共同体之间的敌对关系都得到某种程度的夸大,而它们之间的共生关系都得到了某种程度的贬低。

此外,就人性而言,自由主义还具有一个严重的本体论问题,即在它的理论预设之中,意志(will,或意愿)优先于智识(intellect)。这有点类似于,相较于"一加一是否等于二"而言,更重要的是我愿意说答案是什么,即便我愿意认为一加一等于三,在与他人无涉的情况下,这也是我的自由。因而,米尔班克和派斯特认为,在某种程度上,自由主义意味着相较于外在世界客观的良善秩序而言,更重要的价值是主体的主观意愿。在这个意义上,自由主义便可以被理解为一种唯名论(nominalism),而非唯识论(realism,或实在论)。

这种"意志"优先于"智识"的立场,也就是对于卓越或美德的一种贬低,而这也将影响到社会的习俗与文化。"假如缺乏有德者对大众的谆谆教诲,假如德高望重者不能成为榜样,并且引领大众","文化就将被贬低,沦落为平庸商业阶层(bourgeois)空洞的、疲乏的思想,抑或沦为平凡的虔敬主义(pietism)思想"②。就此而言,许多低俗的、情色的节目恰是诉诸市场逻辑或自由逻辑,而得到了合理性的证明。

最后,米尔班克和派斯特认为,自由主义植根于古希腊—罗马传统与犹太教—基督教

---

① Milbank John and Pabst Adrian, *The Politics of Virtue*: *Post-liberalism and the Human Future*, London: Rowman and Littlefield, 2016, p.2.
② 同上书,p.267。

传统。然而,它虽是历史的遗产,但却彻底地歪曲并掏空了它们。换句话说,自由主义不仅重新诠释了我们的人性及其缘起,而且反对传统对人类所栖居世界的认知。当然,这里并非是从科学技术层面讨论物理世界,而仅仅是从政治层面讨论人与共同体的关系等问题。简而言之,无论何种自由主义,它们都更加强调私人自治(private autonomy)、市场经济等,即强调个体相较于共同体的优先性,而否定或忽视历史传统的重要性以及共同体赋予个体的责任与义务。

二、

由上可见,无论在理论与实践之中,自由主义似乎都没有准确地刻画我们的人性,没有准确地描述我们的生活环境,也没有准确地理解这个世界。那么,假如自由主义所赖以存在的前提假设是虚假或错误的,它自身的推理与结论就必然存在一定的问题。

实际上,近年来已有越来越多的学者开始进行类似的反思,尤其在经济学领域内,比如阿玛蒂亚·森对"经济人假设"的反思,他认为,把人性理解为自利的"这种经济学观点显然是相当普遍的,但是,纵观经济学的发展过程,以如此狭隘的方式来描述人类行为却是非同寻常的。其不寻常处首先在于,经济学所关注的应该是真实的人"。[1] 再比如,2017 年诺贝尔经济学奖获得者理查德·塞勒(Richard Thaler)在行为经济学领域中对"理性人"假设的反思,等等。

那么,自由主义是否也存在着类似的理论弊端呢? 我们是否要将其彻底推倒重来呢? 在米尔班克与派斯特那里,他们至少不是要彻底否定自由主义。无论是在哲学理论层面,抑或政治治理层面,他们都无意走向自由的反面。他们认为,后自由主义(post-liberalism)不是对自由主义的完全否定,不是回到"前自由主义"(pre-liberalism),因而这就说明自由主义不全然是坏的。因此,我们要承认自由主义的历史功绩,并在自由主义已取得的成就之上进一步摆脱自由主义存在的内生问题。同时,我们要意识到,自由主义所强调的一些理念与自由,也是传承于其他理论,而非自身的本质(substantial)特征。比如,言论自由并非自由主义的本质特征:否定自由主义,并不意味着否定言论自由;承认言论自由,也不意味着承认自由主义。这也就意味着,承认一些自由的原则(principles),并不意味着只能选择自由主义。

换言之,对自由主义的批判并不等同于对自由的批判。在笔者看来,这也可以表述

---

[1] 阿马蒂亚·森:《伦理学与经济学》,王宇,王文玉译,北京:商务印书馆,2003 年,第 7 页。

为,我们要批判的不是自由,而是自由主义框架下被曲解的自由。按照唐文明的判断,法兰克福学派的阿克塞尔·霍耐特(Axel Honneth)曾在《自由的权利》一书中最为清晰地剖析了"自由"概念,并探讨了三种相互之间非常不同的自由观。它们分别是:霍布斯的"消极自由"、卢梭的"反思自由"与黑格尔的"社会自由"。其中,社会自由不仅能够更好地处理个人与共同体的关系,并且承认共同体才是个人实现自由的基础。"个人只有参与到那些打下相互承认的实践印记的社会制度中去,才能真正经历和实现自由。"①

因此,按照这种理解,自由也就不必然导致个人主义,也就不必然导致个人与共同体的对立。显然,米尔班克和派斯特也持有类似的观点,于是他们就试图寻找一些替代性的选择,从而能够在接受真正自由的基础之上,重新诠释人性以及个人与共同体的关系。而他们提到的选择至少有两种:一是亚里士多德的"政治动物",或托马斯·阿奎那所说的"社会的动物";二是借用基督教的观念,否定个人是原子,同时强调人的独特性与普遍性。

按照前者,每个人都绝不可能孑然一身、孤苦伶仃地生活在这个世界上,每个人都绝不可能不与任何其他人打交道。因为人类必须要进行分工、合作,必须要生活在一起,才有可能生存下去。但除此之外,共同生活并非是人们为了生存而不得已才选择的权宜之计,人们只有共同生活在一起,才能真正成为一个人。"只有在城邦中生活,人才能得以生存;但更重要的是,只有在城邦中,人才能追求正义或优良的生活,才能追求理性之卓越。"②换言之,我们在本质上隶属于一个共同体,只有在社会和法律的习俗之中,我们才能过上人类的生活。

按照后者,人性的首要定位在于人是神的受造物。纵向上看,人的这种从属地位有效避免了包括个人主义在内的人类中心主义视角;而横向上看,我们要像神爱我们一样爱他人,于是人与他人的和谐共处、和睦生活不仅是对神命的服从,同时也赋予了人类共同体以合理性与正当性。

显然,在这两种选择之外,儒家的人性观无疑也是值得探讨的替代性选择之一。但无论如何,不管替代选择是什么,如上所述,他们并非要回到自由主义之前的前现代社会,而是想要克服自由主义社会自身的局限。换言之,无论援引何种理论,他们都不过是想要重新诠释自由,以说明自由并非责任的对立面,个体并非共同体的对立面。而这种后自由主义的理论,也就是他们所说的"美德政治学"。

---

① 霍耐特:《自由的权利》,王旭译,北京:社会科学文献出版社,2013年,第81页。
② 陶涛:《城邦的美德》,上海:上海三联书店,2016年,第51页。

三、

这里需要首先强调的是,美德政治学不仅是"美德的政治学"(the politics of VIRTUE),同时亦是"美德的政治学"(the POLITICS of virtue)。①

首先,"美德的政治学"意味着,这个理论并非以现代性的道德哲学为根基,也不是站在价值中立的立场看待所有的人类行为。众所周知,现代道德哲学已经受到了很多反思与批评,而其中最重要的一个维度是自休谟至摩尔逐渐形成的"事实"与"价值"的二分。这种思维模式不仅认为我们外在的自然环境是中立的,更是认为许多人类行为也只是中立的、道德无涉的(amoral)。依此观点进而言之,人类的经济行为、社会行为与政治行为在某种程度上也是中立的。

但美德政治学明确反对这样的想法,而是认为我们每个人都并非无中生有(ex nihilo),我们生活在一个传统之中,我们关心自己成为什么样的人,关心自己过上一种什么样的生活。于是,我们的行为绝对不是中立的,我们的所有行为都应该蕴含着一个目的,即追求幸福生活。"除非我们在某种意义上以'善'为目的,能够知道如何找到它并成功实现它,否则就不可能存在任何人类的实践,这也通常是集体性的实践。"②假如获取更多的金钱无助于实现这个目的,那么获得更多金钱的行为亦是不好的。在此基础之上,美德强调的是过上好生活所需要的品格。我们不要把着眼点放在什么行为是对,什么行为是错,而要考虑我要成为什么样的人。

此外,美德政治学并非要求我们在政治生活中引入一种崭新的道德规范,而是以日常道德为基础。米尔班克与派斯特甚至认为,他们所强调的美德之人,就是能够做好日常工作的人,"是一个好的爱人、伴侣、家长、朋友、同事和公民"③等。于是,美德的概念就能更好地结合人类的理论与实践。依据美德的政治理论也就不会陷入一种概念的陷阱,也就不会按照"与现实分裂的理论"看待现实。比如按照自由主义的政治学,我们甚至很难解释诸如"友谊"这样的现实美德。

而将美德的根基立足于日常生活之中,还有一个好处,即"打破了通常所谓的人民与

---

① Milbank John and Pabst Adrian, *The Politics of Virtue: Post-liberalism and the Human Future*, London: Rowman and Littlefield, 2016, p.5.
② 同上。
③ 同上。

精英之间的对立"。① 这要从两个方面来看:一方面,如此美德并非精英式的,而是属于民众的、平民化的。因为这种美德的实践对于所有人开放,尤其是"爱、信任、希望、怜悯、友好、宽恕、和谐"②等最重要的美德,这便有点类似于"人皆可以为尧舜"(《孟子·告子下》)的伦理断言。另一方面,这种美德在某种程度上又不完全属于民众的。因为美德的践行需要引导与指引,需要已经具有美德的、具有技术的、慷慨的、聪明的卓越之士的指导。无论我们在社会中处于何种地位,无论我们从事何种职业,这种榜样或标杆的卓越之士都能帮助我们更有效地获得美德。这一点我们下文还会提到。

其次,"美德的政治学"相较于美德的伦理学而言,顾名思义就是更强调美德在政治生活或政治领域的功能。或者说,美德政治学不仅考虑每个人的美好生活,而且要以全体成员的幸福为目的。这也就意味着,美德政治学更强调个人和共同体是统一的。亦即如上所述,一方面,离开共同体的个人无法获得良好的生活;另一方面,个人要承担责任,要追求共同善(common good)或共同目的或公共利益。

因此,对于美德政治学而言,共同善的优先性是非常重要的内容。简单地说,"共同善"的价值目标与卢梭的"公意"(general will)不尽相同,它们虽然都关涉共同体,但后者与多元主义并不相容。因为"公意"的标准是普遍的、一元的,并不会宽容其他的不同意见。相反,"共同善"的目的论形态不但能兼容美德多样性,更是在古典时期推论出了城邦各阶层的分工与配合。

由上可见,美德政治学在这里表现出了与共同体主义极强的类似性。米尔班克与派斯特也承认这一点,他们认为,美德政治学对自由主义的批评类同于共同体主义的立场,但它仍然是一种新的政治理论,并非共同体主义的变形。原因在于,他们并不认为个人完全从属于更高的集体抑或守旧的伦理习俗。或者说,他们并非立足于共同体批判个人主义,而是立足于无法脱离共同体的、承担社会角色的个人,进而批判自由主义的个人主义。因此,共同体主义更强调传统与习俗的稳定性,但美德政治学则是一种文化多元主义的立场,它相信多种文化之间能够寻找到可以通约之处。

除了共同善之外,美德政治学还特别强调卓越之人在政治治理中的功能。如上所述,美德政治学打破了精英与人民的机械二分,而这一点在政治领域表现得特别明显。他们曾经指出,"这里的悖论在于:纵向、时间上来看,民主制要依赖一种美德的等级制;与此同

---

① Milbank John and Pabst Adrian, *The Politics of Virtue*: *Post-liberalism and the Human Future*, London: Rowman and Littlefield, 2016, p.7.
② 同上。

时,横向、空间上来看,美德实践是面向所有人而言的,因此又具有民主性质,通识教育可以为此提供某种入口"。① 换言之,贤者在美德等方面表现出超越常人的卓越,但这种美德确是每个人都可以通过教育获得的。

实际上,这种在政治领域强调"贤者"的诉求在各种形态的美德政治中都非常常见。在儒家传统中,无论是孔子的"为政以德,譬如北辰,居其所而众星共(拱)之"(《论语·为政》),抑或孟子的"是以惟仁者宜在高位"(《孟子·离娄上》),都既强调了统治阶层应爱民以德,同时又强调了有德者应该居于高位。所以,萧公权才认为"孔门之教,意在以德取位"。② 同样,柏拉图与亚里士多德也都认为城邦应由最卓越之人治理,因为只有最好的人才有能力以最有效的方式治理城邦。因而,"能够将国家治理得好的人(无论以德抑或以理),就应该在现实政治中居于较高的治理地位。或者更准确地说,只有能将国家治理得好,一个人才有居于高位的合理理由"。③

四、结语

总而言之,美德政治学不是对自由主义的否定,而是对自由主义的超越,抑或对自由主义的扬弃。因为在米尔班克与派斯特看来,不管自由主义式民主取得多少成就,它自身都已然面临太多问题,需要被新的政治形态所取代。他们认为,自由主义民主已经变质,它不仅使很多公民在某种程度上丧失了实质自由,甚至有可能沦为更加危险的政体形式,比如通过煽动民众的方式获得暴政。因此,他们更强调一种混合的政体形式,即一种个体、少数人与多数人之间能够彼此互相协作的政体形式。

正是基于这样的原因,《美德的政治学》一书对自由主义进行了更全面的批判,并提出了他们对后自由主义时代、对人类未来的政治设想。简单地说,他们采用的方法主要是亚里士多德式的,他们想要追寻的是左右之间的第三条路,或者追求一种混合式的政体,就像他们在全书开篇所言,想要"混合两个古老的、荣耀的传统"④:把美德、卓越的精英与民众结合在一起;把平等与等级结合在一起,等等。而这种混合或"中道"的思考策略在全书中屡见不鲜。比如它既不像共同体主义一样将集体放在优先地位,又不像自由主义

① Milbank John and Pabst Adrian, *The Politics of Virtue*: *Post-liberalism and the Human Future*, London: Rowman and Littlefield, 2016, p.71.
② 萧公权:《中国政治思想史》,北京:商务印书馆,2011 年,第 59 页。
③ 陶涛:《论贤者易居高位——略论先秦儒家与古希腊政治伦理思想的异同》,《伦理学研究》,2015 年第 5 期。
④ Milbank John and Pabst Adrian, *The Politics of Virtue*: *Post-liberalism and the Human Future*, London: Rowman and Littlefield, 2016, pp.1－2.

一样相信个休主义;它既强调人民的重要地位,另一方面又强调统治过程需要得到具有美德、具有智识的谋士进行指导或引领。

实际上,近些年来,西方政治传统之内不断传来自我反思与批判的声音。20 世纪末,弗朗西斯·福山(Francis Fukuyama)在《历史的终结与最后之人》中乐观地断言了人类政府的最终形式,但时至今日,他显然也在某种程度上意识到了自己的错误。可以说,他看待现实的视角更加客观与理性,而他也采用了类似于美德政治学的策略,即首先在承认自由主义历史功绩的基础之上,再分别看待不同政体的优点与缺点。虽然他在 2017 年年初接受瑞士《苏黎世报》专访时说,"但历史的发展终将归于自由民主形式。我依旧对此深信不疑"①;然而我想,他现在理解的自由民主,或许已然不是 20 世纪末他所理解的那种自由民主了。此外,还有些具有洞察力的学者如卡尔·波兰尼(Karl Polany),也早在 20 世纪中叶指出经济或市场领域的自由主义所存在的内在弊病。他认为,自由市场不仅没有真正存在过,而且导致了严重的政治后果。或者说,我们需要阻止经济"脱嵌"社会的过程,而要再次将经济"嵌入"社会。

但令人遗憾的是,中国传统儒家思想中关于美德、关于个人与共同体关系的论述,作为一种值得审思与借鉴的思想资源,尚未在世界范围内得到真正的关注与重视。但无论如何,相较于建构而言,解构总是简单的。这也就是说,即便能够指出一种制度或思想的内在弊病,并不意味着一定能够找到或构建一种可以实施的替代性选择。不过,无论是作为哲学的自由主义,抑或作为意识形态的自由主义无疑都值得人们认真反思。而在具体的政治实践中,如何考量弱势群体、家庭、代际、传统以及环境等问题,都是极其重要的一环。

The Politics of Virtue: A Reflection on Modern Liberalism

TAO Tao

【Abstract】 Though admitted the historical merits of liberalism, John Milbank and Adrian Pabst have posted a post-liberal "the politics of virtue ", which is a theory to mix individualism and collectivism. Based on

---

① 《福山:历史的终结推迟了,我们在实际上走错了方向》,观察者网,http://www.guancha.cn/FuLangXiSi-FuShan/2017_03_24_400239.shtml。

the introduction of relevant ideas, this paper gives a rough reflection or thinking on the politics of virtue from my own perspective. This paper is mainly divided into three aspects: first, to discuss the "meta-crisis" of liberalism; second, to discuss alternatives that are different from liberal freedom and liberal humanity; third, discuss the characteristics of "the politics of virtue".

【**Keywords**】 Liberalism, Freedom, Virtue, the Politics of Virtue

阿拉斯戴尔·麦金太尔论有美德的生活与政治

张容南①

【摘要】 这篇文章论述了麦金太尔对启蒙的道德哲学的批评,及其美德理论的具体展开。总体而言,麦金太尔重视美德对实践的依赖性以及实践对传统的依赖性,因此他希望复兴某种亚里士多德—阿奎那式的美德政治以帮助人们实现伦理上繁荣的生活。他的伦理理想的实现依赖于他对理想政治的设想。对其设想,本文提出了四点质疑,这些质疑涉及对政治的本性和目的的理解。笔者认为,任何有关美德政治学的设想都必须回应这些质疑。麦金太尔的美德路径一方面缺乏对正义议题的关注,另一方面又缺乏对现代资本主义制度的批判。文章指出,麦金太尔所设想的地方共同体及其审议民主的形式如何可能在非道德的(amoral)现代国家制度下获得繁荣是一个大问题。

【关键词】 美德,实践,传统,共同体,审议民主

受到亚里士多德的影响,阿拉斯戴尔·麦金太尔(Alasdair MacIntyre)试图复兴一种有美德的伦理生活和理想政治。他批评启蒙的道德哲学对目的论的敌意,并坚持认为,人是追求目的的动物,这使得人的生活也成为一种对善的叙事探求。由于重视人生的叙事统一性,麦金太尔进而对能够实现这种统一性的理想政治形态进行了探索。他将政治看作一种追求美德的实践活动,批评现代自由主义对政治的理解降低了对人的要求,因而一方面无法提供人类获得美德所需的社会基础,另一方面降低了民主政治的品质。在这篇文章中,笔者追随麦金太尔的叙事逻辑,从他对西方现代道德哲学的批评说起,指出其美德理论的三阶段说指向了一种整体论的伦理学,而这种伦理学又依赖于麦金太尔对理想政治的设想。对于麦金太尔的设想,笔者提出了四点质疑,这些质疑涉及对政治的本性和目的的理解。笔者认为,任何有关美德政治学的设想都必须回应这些质疑。

一、西方现代道德哲学的危机

麦金太尔认为,现代道德理论是启蒙筹划的产物。一方面它将个体的道德行为者从

---

① 作者简介:张容南,华东师范大学哲学系副教授,研究方向为伦理学与政治哲学。

等级制和目的论中解放出来,赋予他们无上的道德权威;另一方面它又需要修改继承下来的道德规则,剥除这些规则旧有的(神学)目的论特征。于是,出现了两种新的方式来安置道德权威,一种是创造出新的目的论,如功利主义;另一种是诉诸植根于实践理性本性的道德律令,如康德主义。① 但这两种尝试在麦金太尔看来都失败了。他指出,这些相竞争的立场通过诉诸抽象的道德原则来捍卫他们的决定,但它们的辩护是不一致和不连贯的。道德哲学的语言已经成为一种用来操纵他人以维护其任意选择的道德修辞。麦金太尔将其称为"情感主义"的。"情感主义"是这样一种学说,在它看来,所有的评价性判断和所有具体的道德判断都只不过是偏好、态度或情感的表达,只要它们具有道德性或评价性。② 情感主义或者说道德相对主义令西方道德哲学处于危机中:西方社会充满了争议,因为争论各方的立场处于不同的前提之下,所以不可能有理性的选择。尽管道德语言看似保留了客观的意义,但正如情感主义者所看到的那样,它实际上是用来推动个人或群体的目的的。人们甚至将他们自己的原则性承诺视为偶然的选择。因此,麦金太尔指出,现代自我是空洞的,既缺乏必要的社会内容,也没有必需的社会认同。③ 他得出结论说,想要建立一种人本主义和理性主义的普遍道德的启蒙筹划是失败的。这主要表现在两个方面:

其一,启蒙的道德哲学把自己当作普遍律法来制定,这对于现代思想而言,并不是一种好的思路。因为现代人放弃了一种先于个体经验存在的普遍主义道德理想所需要的那种整全式的依据,而诉诸人性基础又必然不成功,结果使得自己的道德话语成了浩劫之后的残篇断章。所以,启蒙筹划的失败是因其本身的内在缺陷所致:它没有准确把握道德生活的事实,因此对道德生活缺乏有效的解释力和洞察力;它只专注于在理论上建造某种刚性的普遍规则,但这种空洞的规则对复杂的现实情境以及人性的特殊性而言没有太大的指导作用。

其二,启蒙的道德筹划在前提上是脆弱的与不可公度的。它不但没有被其追求的普遍性理想所化解,反倒因为相互冲突而暴露无遗。既然如此,在情感主义看来,不如把它们解释为意志或情感的冲突来得更为直接和坦率。启蒙筹划还想羞答答地表示自己的普遍性是真正客观的,还想执着地从理性上说服对手,情感主义却认为自己看透了这种"把

---

① Alasdair MacIntyre, *After Virtue: A Study in Moral Theory*, Notre Dame: University of Notre Dame, 2007, p.62.
② 同上书, p.12。
③ 同上书, p.30。

那些事实上是独断意志与欲望表演的东西藏匿到道德面具背后的修辞术"①,它们只管把这背后的情绪或欲望的本质赤裸裸地揭露出来,并且不打算有任何整合或解决。于是,表面上一本正经的道德律法,结果沦为了意志的宣讲或情感的宣泄。由此,启蒙筹划不能自圆其说,使情感主义取而代之,将整个现代道德话语不可避免地推向混乱的相对主义之中。

在追溯这种危机出现的思想史原因时,麦金太尔指出,这是由于西方思想界将亚里士多德主义简单地抛弃了,转而信奉一种空洞的自由主义。在他看来,亚里士多德思想的重要性在于,它对人性采取了一种目的论和美德论的理解。然而,这种理解因其特有的形而上学色彩自17世纪以来逐渐被边缘化。拒绝亚里士多德带来了两个明显的后果:第一,我们无法对道德给予任何理性的辩护;第二,道德与道德试图引导的人性之间的关联被割断了。在西方社会,取代亚里士多德主义的是现代的自由主义。自由主义强调个性以及个体自主性的重要性。自由主义的伦理学放弃了对人类目的的说明(即对实质性的善观念的说明),转而关注人类行为的正当性要求。但正如尼采看到的那样,放弃对确定的人类功能和相关的善观念的说明,必然会导出规则的伦理。若是没有类似于亚里士多德式的目的论作为奠基,这些规则是缺乏基础的。所以,尼采式的虚无主义是自由主义伦理学的必然结果。西方现代道德哲学试图同时证成个人自主性与道德的客观性、必要性和绝对性,但麦金太尔认为它们自认为取得的成功不过是种种道德的幻觉。当它们将人从其共同体和历史传统中抽象出来时,它们就破坏了人获得自我实现的基础。麦金太尔指出,要拆穿这些幻觉,可以有两种方法:要么追随尼采,捍卫个体的自主性,拒斥传统道德推理对我们提出的要求;要么追随亚里士多德,研究实践理性和道德养成在将人类行为者培养成独立的实践推理者方面所发挥的作用。麦金太尔认为,后一种路径才是可行的,因为只有某种亚里士多德式的美德理论才可以修复西方人道德态度和社会态度的可理解性和合理性。在《追寻美德》一书中,麦金太尔开始阐释他对美德概念的理解,以及为何有美德的生活表现为一种叙事的探求形式。

二、实现美德的三个阶段

对麦金太尔而言,美德与人生的整体性是不可分的。当我们将个体与他/她扮演的角色截然区分时,我们就剥除了个体的社会性,取消了个体通过其社会角色而获得美德的可

---

① Alasdair MacIntyre, *After Virtue: A Study in Moral Theory*, Notre Dame: University of Notre Dame, 2007, p.71.

能性。与此同时,美德又不等同于个体在特定领域的职业表现,而是一种可以在不同处境下展现出的道德倾向和品质。在一个人的生活中,美德的统一性只有通过生活的统一性才能得到理解,生活是被作为整体加以构思和评价的。同样,离开或超越个人所生活于其中的共同体和他/她所继承下来的传统,个人将无法通过有价值的实践来获得美德。麦金太尔对美德—人生—传统的论述是环环嵌入的,这也是他被称作共同体主义者的原因所在(虽然他拒绝这个称号)。

麦金太尔将他的美德理论分为三个阶段,每个阶段都代表着道德生活中的一个阶段,并融合了早期观点的各个方面。第一阶段涉及个人生活中的美德,第二阶段涉及贯穿一生的美德,第三阶段显示美德如何将个人的生活与其共同体的生活联系起来。每个阶段都需要一种特殊的善观念,相关的道德规则只处于从属地位。在每个阶段要理解美德都需要了解其一般背景。在第一个阶段,相关背景是麦金太尔所说的"实践"。实践是连贯的、复杂的,并且是由社会确立起来的人类协作的方式。通过实践,在试图获得那些既适合于这种活动形式又在一定程度上限定了这种活动形式的卓越标准的过程中,那种内在于活动形式中的利益就得以实现,其结果是人们实现卓越的能力以及人们对于所涉及的目的与好处的观念都得到了系统的扩展。① 实践有其内在的好处和目的,例如,当你下国际象棋的时候,你不是为了赚钱或出名,而是为了赢棋。赢棋说明了你比对手更好地掌握了下棋的规则,你是更出色的棋手。尽管赢棋可能会给你带来一些外在的好处,但麦金太尔强调实践带给你的内在好处是更重要的。外部的好处是竞争的对象,竞争总会有输赢。而内部的好处是参与这种竞争带来的结果。它让你获得了某种美德,成为更好的人(例如,更好的棋手),也让整个共同体从中获益。在此,规则的作用是工具性的。一开始,我们使用规则来学习实践,我们接受公认的权威和传统的标准。但随着实践的深化,最后我们将超越任何可以在明确的规则中获得的东西,成为能够修改标准的专家。因此,第一阶段的美德指的是,"一种可获得的人类品质,此种美德的拥有和履行能使我们获得实践带来的内在的好处,缺乏这种美德则无法获得这些好处"。②

但麦金太尔注意到,这个阶段的美德不足以撑起全部的道德生活。我们参与到各种各样的实践中,但不同的实践向我们提出的要求往往会产生冲突。我们很难在它们中间建立起一种稳固的优先性排序。此外,也很难以孤立的实践及其代表的善来解释美德,一种美德往往需要与其他美德相协调。缺乏一种整体生活和目的的概念,我们的某些个别

① Alasdair MacIntyre, *After Virtue: A Study in Moral Theory*, Notre Dame: University of Notre Dame, 2007, p.187.
② 同上书, p.191。

美德的观念必然总是部分的、不完全的。为了解决这些问题,麦金太尔提出,我们必须找出一种可以看待人生整体之善的方法。所有人的生命都是具有某种叙事形式的故事。他认为,叙事性是理解人类行为的基础。对于人类而言,作为展开的叙事中的人物,我们的同一性体现为我们要对过去的行为负有责任,所有这些只能以我们的生活具有叙事统一性来解释。在任何时候,"我"永远是对于他人而言的"我"——我随时都可以被要求为我们的行为作答——无论我现在有多大改变。"我"生活在我的角色中,"我"的统一是"我"的角色的统一。①

麦金太尔以下述方式发展了他的观点。首先,一个行为要可理解,它必须被置于一个叙事的脉络中。他指出一种特殊的行为如挖掘、种花、取悦老婆等需带有"同样真实和合宜"的特征。② 为了说明行为者展示这种行为是在做什么,我们需要理解这些不同的回答是如何相互关联的,其中哪一种回答抓住了行为者的主要意图。为了了解这一点,我们需要把行为放置于相互交织的故事的脉络中——有关其家庭安排的故事,有关四季轮回的故事,有关种植花园的故事以及行为者生活的故事。麦金太尔说,事件并不独立存在,或独立于他们的叙述。我们并不是从一个"给定的"事件开始,然后在它们周围构建叙事,相反,我们从叙述开始,一个事件只能被理解为叙事中的一个片段。我们对他人的理解不是将其从环境中抽象出来,而是进入他们的故事。我们从一个叙事框架中看到他们。要理解这个人在做什么的故事并不需要心理学的推理或模拟。我们对别人的理解并不是钻进他们的头脑,进入他们意识的地图,而是进入到他们行动的地图中,了解其行动的意图和意义。行为者的意图需要从因果上和时间上进行排序,并且这种排序要参照背景设置。这种排序表现为一种叙事,一种特定的叙事因而成为刻画人类行为的基本类型。将发生的事件识别为一种行为,就是在一种叙述类型下识别它,这种叙述类型能让我们了解行为者的意图、动机、激情和目的,也即,讲述一个能解释行为者意图的故事。其次,麦金太尔认为,作为讲故事的动物,我们讲述的故事还会成为一个更大故事的一部分。因此,我们只是这个故事的共同作者,我们的故事还由他人的叙述构成。我们每个人都带着被指派的角色进入社会,关于这个角色的故事已有草稿,我们要么完成它,要么改写它。我们的角色身份限制了我们可叙述的内容。最后,叙事不仅提供了对生活过程的解释,也为生活的统一性提供了基础。一个人正是通过审视其人生故事是否连贯统一而获得意义,进而对其生活的成败做出评价。如果一个人的生活故事是不连贯的,那么其生活也难以统一;

---

① Alasdair MacIntyre, *After Virtue: A Study in Moral Theory*, Notre Dame: University of Notre Dame, 2007, p.217.
② 同上书, p.206。

同样地,如果他无法获得生活的统一性,那么他的生活故事一定是破碎的和失败的。因此,评价叙事的标准从某种意义上成为评价我们生活的标准。在麦金太尔看来,这一评价性的维度不仅适用于个人的行为,而且适用于我们整体的生活。去主导一种生活就是去追寻(指向)某种善。他继而指出,人类生活的整体是一种叙事探索的统一体。

当我们将生活看作叙事的统一体,我们就能回答贯穿一生的美德是什么。个人生活的统一是一种"叙事探求的统一"①。整个人类生活成功或失败的唯一标准就是叙述或待叙述的探求的成败标准。所以,追问对我来说什么是好的,就是在问我如何最好地实现这种统一并将其完成。这表明叙事统一性的概念通过为我们的生活设置目的和稳定性来为美德提供基础。当我知道了一系列事件和行为的结局时,我往往可以对此给出一种叙事性的解释。在这些解释中,我可以通过观察每个行为是如何帮助(或阻碍)目的的实现来了解它们的功能。鉴于结局已经被知晓,我有权以某种方式描述事情为何会如此发展,为何先前的事件对于带来这样的结局是必需的。因而,我就可以把那些有助于我维持我的故事的部分特征看作是美德,并将另一些特征视为阻碍。以非生物学的亚里士多德主义的方式,我的角色将决定我生活的目的。由于我的角色将取决于它们对整个历史作出贡献的方式,所以它们并非都是我主动选择的结果。麦金太尔指出,我的生活故事始终穿插于我获得身份的共同体的故事中,个人的身份总是以整体的身份为前提,因此,我会成为别人故事的一部分,正如别人也会成为我的故事的一部分。由此,麦金太尔得出了第二阶段的美德定义:美德就是这样一些特征,它们不仅能够维持实践并使我们能够实现实践内在的善,而且还能支持我们对相关的善的探求,帮助我们克服在此探求过程中遇到的危险、诱惑和分心,从而增进我们的自我认识和对善的认识。② 但这里的问题在于,这种善是完全内在的吗? 是否一个人的生活只要在叙事上具有足够的连贯性和统一性,那么他的生活就是具有美德的生活呢?

如果一个人出于任何原因所做的每一件事最终都将成为叙事的一部分,那么不管怎样,他的生活都将具有统一性。叙事的统一性看似不需要努力:它是人类生存的必要形式。相反,如果认为有些生命具有统一性,有些则不然,那我们就需要说明区分的标准是什么以及它是否取决于行为者的选择。麦金太尔批评个人主义的自由主义者对自我的理解太过浅薄。他们似乎相信,我就是我选择的结果。无论我如何选择,我的生活都将具有叙事的统一性。但在麦金太尔看来,这种统一性实在太弱了,很难为美德奠基,也难以逃

① Alasdair MacIntyre, *After Virtue: A Study in Moral Theory*, Notre Dame: University of Notre Dame, 2007, p.217.
② 同上书, p.219.

脱道德相对主义的宿命。因此,在道德生活的第二阶段,他指出,美德的功能在于维持传统。美德的作用和意义不仅在于"维系获得实践的各种内在好处所必需的那些关系,以及维系个人能够在其中找到他的善作为他的整个生活的善的那种个体生活形式,而且在于维系同时为实践与个体生活提供其必要的历史语境的那些传统"[①]。之所以要维持传统是因为我的身份来自我所处的社会历史情境。我从我的家庭、民族、过去的经历中继承下来的东西构成了我的道德生活起点,它们部分地决定着我的故事的未来发展轨迹。此外,我的有些身份不是我能轻易拒绝的。我作为社会特定传统的承担者进入社交场景。随着我日渐成熟,我学习以反思性和创造性的方式去推进它,我可以去发展和修改我继承下来的实践。只有死去的传统是僵化的。一个活生生的传统部分是由对构成它的善进行持续论证而延续下来的。在此传统中,对善的追求在世代之间延续。个体对他/她的善的追求是在由这些传统定义的语境中展开的,对于内在于实践的好处和生活整体的好处来说都是如此。这种嵌入又一次显示了它的叙事特征:"在我们这个时代,一种实践的历史往往嵌入在关于传统的更大和更长的历史中,通过这些更大和更长的历史而具有可理解性,并通过它们将现有形式的实践传达给我们;我们每一个人生活的历史都被普遍地和特征性地嵌入在关于传统的更大和更长的历史中并通过它们而被理解。"[②]因此,这一阶段的美德被视为有助于"维持那些既为个人生活所需又为个人提供必要历史背景的传统"[③]的特征。它们赋予其拥有者实践智慧来指导道德生活中可能面临的问题和悲剧冲突。

在美德第一阶段的定义中,麦金太尔把美德同实践相关联,强调了美德从实践获得的内在好处而来。在美德第二阶段的定义中,他把美德同追求人生的统一性相关联,强调人生活的叙事统一性和美德的整体性,主张人类社会需要依赖美德来获得人生的叙事统一性。在美德的第三阶段的定义中,麦金太尔强调获得美德的基础在于维系美德实践的传统。传统不必是僵化的,而可以表现为对构成传统之善的持续论证。这种持续论证不一定是维护,也可以有批判,但这种批判往往围绕着传统本身进行,有益的批评和论争将有利于传统的维持和发展。

三、伦理生活对政治的依赖

从某种意义上说,麦金太尔之所以强调美德—实践—传统的嵌入性以及人生的叙事

---

① Alasdair MacIntyre, *After Virtue: A Study in Moral Theory*, Notre Dame: University of Notre Dame, 2007, p.223.
② 同上书, p.222。
③ 同上书, p.223。

统一性,针对的是后现代主义者对历史和生活的解构。他担心,后现代主义者解构了历史的真实性和生活的统一性,从而破坏了美德得以实现的基础。晚期资本主义社会将人的生活变得支离破碎:工作和娱乐是相区分的,私人生活和公共生活是相区分的,企业与个人是相区分的……甚至童年和老年也被区分出去成为独立的领域。在此意义上,我们只能谈论好银行家的美德,好学生的美德,好艺术家的美德,而无法在亚里士多德的意义上谈论人作为整体的品格的卓越。①麦金太尔严厉地批评了资本主义制度给人带来的伤害:不仅让人们无法去区分什么才是真正值得欲求的,而且造成了严重的(经济的、货币的、权力的)不平等,破坏了人与人之间有意义的关联。为了恢复亚里士多德意义上的美德概念,麦金太尔希望通过对政治社会的再造将人的生活恢复为统一的叙事。并且,受到亚里士多德和阿奎那的影响,麦金太尔认为政治的目的是促进共同善(common good)。

麦金太尔注意到了现代自我的破碎性,但他没有沿着马克思开辟的批判哲学道路往下走——即转向批判的社会理论,而是借用马克思和阿奎那等人的设想来丰富亚里士多德的美德传统。在《依赖性的理性动物》一书中,他进一步将生活的统一性奠定在对理想的政治形态的期望上。因为如果我们每个人的生活是一种叙事的探求,那么这种叙事的统一性最终将取决于我们在更大的共同体中被赋予的角色如何展开。伦理生活的统一性因此依赖于政治生活能否给每个人提供一个获得和展示美德的舞台。由于麦金太尔对伦理生活有很高的期望,其美德理论的三阶段说指向了一种整体论的伦理学,而这种伦理学又依赖于麦金太尔对理想政治的设想。于是,他首先对自由主义的政治理念展开了批评。他指出,"出于对美德立场的效忠,我们应当拒绝现代制度化的政治,不管它是自由主义的、保守主义的、激进主义的,还是社会主义的;因为现代政治本身在制度形式上表达了对美德传统的系统化拒绝"②。麦金太尔希望,政治将不再是各种形式的公民内斗。"这些共同体的政治,当它们处于最好的状态并向正确的方向前进时,将不再是现代国家政治所表现出的那种相竞争的利益的政治。"③相反,它应是一个由所有成年人共享的筹划,其目的是实现共同体的共同善;它不应被控制在通过操纵获得权力并利用这种权力为自身争取好处的少数精英手中,沦为某种权术。麦金太尔在此又一次复活了亚里士多德的话语,

① Alasdair MacIntyre, *After Virtue: A Study in Moral Theory*, Notre Dame: University of Notre Dame, 2007, p.204.
② 同上书, p.255。
③ Alasdair MacIntyre, *Dependent Rational Animals: Why Human Beings Need the Virtues*, Chicago: Open Court Publishing Company, 1999, p.144。

他倡导一种"政治活动"的概念,这种活动是所有成年人有能力参与其中的日常活动。① 麦金太尔指出,能够体现给予与接受的依存关系、让个体和共同体的善同时得到满足的政治社会要符合三个条件。第一,它必须通过政治决策形成的过程向理性的参与者开放所有重要的议题,让他们通过理性的协商来形成共同的意愿。因此,每个人都应当被允许进入到政治决策形成的过程中。需要经过公共讨论和决定的事项不会像现在这样受到诸多限制;它们将延伸到共同体及其成员所关心的美好生活的问题。作为人,如果我们想要蓬勃发展的话,我们需要通过参与政治来获得那种内在的好处(实现人的卓越)。第二,在一个慷慨的正义(just generosity)被视为核心美德的共同体中,所确立的正义准则必须与该美德的运用相一致。政治需确保公民得到他们应得的和他们需要的东西,尤其是要处理好那些有能力给予的人与最具依赖性的人(最需要接受的人)之间的关系。如若处理不好这种关系,政治就无法维系一种良善的生活方式,这种生活方式既能有效地回应应得(desert)的要求,也能有效地回应需要(need)的要求,并公正地对待独立的人和依赖的人。第三,政治结构应该让那些有能力做出独立的实践推理的人和这种能力不足的人在共同审议的过程中都能发出声音。这就需要他们对正义的规范达成共识。但他认为,那些能力不足的人发出声音的唯一渠道是寻找合适的代理人,这些代理人在政治结构中被赋予了正式的地位。② 为了实现其构想,麦金太尔指出,这种民主审议需要一些地方共同体;尽管不是每个地方共同体都是运转良好的,但运作良好的政治只能通过一些地方共同体中的审议实践来维持。这些共同体的规模介于家庭和现代国家之间,是一些相对自给自足的小规模共同体,其中"家庭、工作场所、学校、诊所,以及专门用于辩论的俱乐部和专门用于游戏和体育的俱乐部以及宗教团体的活动都可以在这样的共同体中找到一席之地"。③ 麦金太尔设计了一种分层的政治格局。在这种两层政治格局中,小规模但相互关联的共同体中的公民可以自行决定他们的需求;民族国家存在的目的仅仅在于满足这些需要,除此之外,它不再向这些小共同体强加自己的精神或理性。麦金太尔的设想接近当代审议民主理论。但麦金太尔所看重的还不光是提升民主的品质,还有通过审议民主的过程所培养出的具有美德的公民。因为在他看来,个体和其所在的共同体是相互依存的,个体的美德将决定共同体生活的品质;反过来,共同体能否通过共同参与的实践培养其公

---

① Alasdair MacIntyre, *Dependent Rational Animals*: *Why Human Beings Need the Virtues*, Chicago: Open Court Publishing Company, 1999, p.141.
② 同上书, pp.129-130。
③ 同上书, p.135。

民的美德也至关重要。

政治将被理解为一种实践而存在,它将追求实践的内在好处/卓越,而不是实践的外在好处/有效性。麦金太尔相信,西方社会需要这样一种新的政治,这种新的政治既不建立在自主性假定之上,也不建立在依赖性假定之上,而是承认人与人的相互依存性。只有当我们接受我们的脆弱性并愿意为需要帮助的人提供帮助时,人类才能获得伦理的繁荣。要满足这种需求需要有美德的共同体。这个共同体既需要一些独立性的美德(如应得的正义、温和、真实、勇气),也需要一些依赖性的美德(如公正的慷慨、仁慈和怜悯)。由于我们不仅是某个特定共同体的成员,不仅属于某个特定的给予与接受的关系网络,因此这些依赖性的美德要求我们承认对陌生人和遭受苦难的人的责任,进而对人类整体施予援手,以过上一种伦理的生活。① 这种承认依赖性的共同体在政治上和经济上都与现代自由主义的设想不同。麦金太尔批评说,自由市场和自由主义的政治决策过程将实践简化为对个人欲求的满足。相比之下,维系真正的地方共同体依赖于我们从实践中获得的内部好处,依赖于我们普遍的生活形式,以及一个非强制参与的市场。在这样的市场中,生产者和消费者之间应该存在更广泛的忠诚、尊重和善意的关系。麦金太尔注意到,现代社会虽建立在社会各领域的分化之上,但各个领域之间却存在着相互依存的关系。他以教育为例来说明这种相关性。例如,我们都知道,如果孩子太饥饿,他们就没法学习。那么,"你如何确保你学校里的孩子不会太饿"的问题就成为一个教育问题。同样,我们也知道,除非孩子享有稳定的家庭生活,否则他们通常无法在学校好好学习。因此,"我们如何才能提供有效的学校教育"的问题,也成为"我们如何提供有效的家庭基础"的问题,而这又涉及如何提供稳定的就业。因此,要创建一所好的学校,我们还需要维持一个不以增长的名义让人失业的社会。因为在收入不稳定的情况下,或者父母双方为了获得最低收入而不得不拼命工作的情况下,他们都无法将时间用于孩子身上。所以麦金太尔认为,一旦你开始确定创办一所好学校所涉及的内容,你就必须在日常实践的层面上提出更多对人类而言"什么是好的"的政治和道德问题。② 当这样的地方共同体集体讨论适合于他们的最佳生活方式时,它们将选择一个共同的终极目的或最终目的。这个最终目的将反映所有公民的需求,包括拥有和使用美德的需求,这些美德是我们作为依赖性的理性动物的本

---

① Alasdair MacIntyre, *Dependent Rational Animals*: *Why Human Beings Need the Virtues*, Chicago: Open Court Publishing Company, 1999, p.122.

② Alasdair MacIntyre, "How Aristotelianism Can Become Revolutionary: Ethics, Resistance, and Utopia", *Philosophy of Management*, Vol.7, No.1, 2008, p.5.

性的一部分。麦金太尔对共同体的想象被批评具有乌托邦的色彩,但他自己辩解说,现在存在的一些小型的地方共同体(如农民社团和渔业联合社等)已经接近他的理想。①

麦金太尔式的共同体也将重视它拥有的传统和历史,以及那些了解这些传统和历史的权威。麦金太尔认为,重视传统和历史的共同体中的成员将愿意听从那些权威人士。回想一下他对国际象棋的讨论。优秀的棋手的权威来源于他掌握了内在于这个游戏的美德(或卓越),而不是外在的美德(或有效性)。有权威的棋手不是因为控制了他人而享有权威,或者因为拥有财富或政治权力而享有权威。他的权威来自他对游戏规则更好的掌握。这让其他的棋手愿意追随他,向他学习。同样,有权威的棋手会为了游戏的利益而分享他的知识和技能,这种分享不是为了稳固自身的特权,而是为了促进共同体的共同善。所有玩家都认识到游戏必须遵循特定的规则,因为这些构成性的规则对于维持游戏是必要的和可取的。因此,玩游戏可以培养其参与者的美德,还可以促进公民友谊和共同体的共同善。当然,他们之间也有竞争,但这种良性的竞争是为了追求共同的利益。麦金太尔理想中的政治共同体是这类共同体。

就麦金太尔对政治的理想设计,我有四点保留意见。首先,麦金太尔设想的这类共同体将具有共同的最终目的或对什么是共同善有清晰的认识,在现代(利益、价值观等)多元社会中这将非常困难。首先,现代资本主义社会(不管麦金太尔多么不喜欢)的一个特点是打破传统共同体的边界,让个体成为人力资本得以流动,因此,是否存在麦金太尔意义上稳定的共同体(有稳定的长期利益)就是一个问题。如他提到的渔业联合社有可能因为海水被严重污染而解散。更多的(利益的、兴趣的)共同体的组建具有临时性和脆弱性。例如,学校发生的霸凌事件让家长们团结起来关心教育的问题。虽然这也许会成为家长们组建家长联合会来关心和监督学校教育的契机,但他们对什么是好的学校教育,以及希望自己的孩子获得怎样的教育仍然可能存在较大的分歧。这个时候,人们更倾向于通过协商来达成一些基本共识,如怎样防范针对孩子的伤害。如果一名家长深信这所学校无法提供令他满意的教育,他会寻求转校,而不是继续留在该共同体内。此外,共同善或共同利益很多时候是依据共同目标来形成的,而共同目标并非一成不变。麦金太尔也许会说,他所指的共同目的不是某种有确定内容的目的,而是指实现人类的繁荣。但何谓人类繁荣,怎样的生活形式才能称得上是繁荣的,人类社会业已存在多种多样不同的理解。麦金太尔如何去回应这种人类价值的多样化倾向呢? 如果他只要求这些地方共同体

---

① Keith Breen, "Alasdair MacIntyre and the Hope for a Politics of Virtuous Acknowledged Dependence", *Contemporary Political Theory*, 2002, Vol.1, No.2, p.188.

有令其繁荣的统一的善观念,而不要求在民族国家层面存在某种统一的善观念,那么他的政治理想似乎可以在罗尔斯所说的政治自由主义的框架内实现。第二个疑问是,麦金太尔将其希望寄托在那些规模较小的地方共同体身上,认为只有这些地方共同体才可能实现共同善的理想。他是否考虑过这些小的共同体之间的利益或目的会发生冲突,例如,渔业联合社与环保组织的利益会发生冲突? 在自由主义者看来,现代政治要处理的恰恰是很多此类的冲突。这一方面关乎如何去理解对于更大的共同体而言什么是更为根本的利益,另一方面也涉及如何去分配这种利益,以照顾到各方不同的需求。这涉及民族国家应以何种方式来公正地和经济地给地方共同体分配资源的问题。麦金太尔显然对这个关乎国家合法性的更基础的问题考虑不足。如果不首先解决国家层面的"道德"问题,仅仅寄希望于地方共同体的美德实践是理想化的。

其次,我认为,麦金太尔将游戏与政治进行对比是不恰当的,因为它们具有不同的性质。政治所掌握的权力以及由这种权力而产生的巨大利益是游戏所不具备的。正是这种性质上的差别让参与政治的人很容易被权力带来的巨大好处所腐化。不仅对于民族国家而言是如此,对于小的地方共同体也同样如此,只要握有权力的人可以掌控利益的分配。麦金太尔对政治败坏(即脏手问题)的警惕是不足的。他十分理想化地期望现代政治精英聚焦于共同体的共同善,并将其美德传授于参与政治实践的其他人。他没有意识到参与政治本身涉及对权力的分配,而政治寡头——并非麦金太尔期待的那种大公无私的政治精英——会排斥这种分配。麦金太尔有何理由相信资本主义制度所鼓励的经济理性不会腐蚀美德? 麦金太尔需要对此给出更详尽的论证——说明如何从机制上保证参与的平等性和审议过程的公平性,以防其理论陷入一种天真的道德主义。

再次,麦金太尔重视传统的权威,强调个体的实践对传统的依赖性,但他没有充分意识到,有些实践和传统建立在对一部分人的压迫或剥削之上,通过这些实践获得的美德也只属于少数特权者。例如,颂扬古希腊英雄的赞歌里很少会提到为他们作出牺牲的奴隶或女人。美德或荣誉是一种对特权阶层的褒奖,而那些默默无名者不仅被限于特定的实践领域,而且其人生被认为没有可叙述的价值。麦金太尔毫无疑问美化了传统中的某个面向而忽视了其余面向。作为共同体主义者,麦金太尔与自由主义者的一个根本分歧是,他认为只有依托于传统所调节的规范和角色,个体才能得到更"深厚的"自我实现。但个体身份认同与传统的关系究竟如何呢? 共同体主义者认为,只有依托于文化传统,个体的身份认同才是有根据的;然而自由主义者相信,我们不应该通过保护文化来维持既定的身份认同,而应该通过发展我们的身份认同来保持文化的活力。文化的创新常常是从各种身份认同的冲突中浮现出来的。虽然个体实践依赖于特定的传统,但传统也常常需要一些有突破性的个体实践来得以扩宽和发展。由于麦金太尔过于重视前一个面向,所以他对传统作用的理解偏于保守,对权威又过于信赖和倚重。麦金太尔从人的脆弱性和相互依存性中推出,只有小的地方共同体才能让人们实现美德和自治。而我更倾向于认为,只有一个拥有正义制度和关怀美德的社会才能保护人们的脆弱性,增进他们的团结。

最后,麦金太尔将审议民主的品质寄希望于共同体中的精英——那些了解共同体的传统和历史的人,从而弱化了审议民主的另一个面向,即让所有人发声,尤其是让弱者发声的面向。这一个面向被很多讨论审议民主的女性哲学家所重视,例如艾瑞斯·马瑞·杨(Iris Marion Yang)和萨拉·本哈比布(Selya Benhabib)等人。在我看来,审议民主的品质依赖于两个面向。一个是程序性的,即哪些人可以参与审议,参与审议的各方是否获得了平等的发言机会,尤其是那些其意见不被重视的弱势群体。另一个是实质性的面向,即审议、协商和讨论的品质,在此过程中,政治精英的参与(包括对共同利益的理解以及对论辩过程的理性引导)有可能会提高这种品质。在此意义上,我同意审议民主程序运转的好坏部分依赖于参与审议的政治精英的美德。① 麦金太尔提到了参与的平等性,但认为有些人因能力不足而需要合适的代理人。这种想法与传统的审议程序设计并无不同,在此,弱势群体会因为不具备理性论证的能力而被排除在公共理性的协商机制之外。为了给他们一个机会,女性哲学家艾瑞斯·马瑞·杨建议,审议民主理论应该承认并吸纳修辞与论证的混合,而不是赋予某些特定的演说形式以特权。因为这些演说形式往往与其他形式的(建立在种族、阶级和性别上的)社会特权相连,所以审议理论无意识地成为将那些已被边缘化的群体进一步边缘化的推手的代理人,从而违背了其平等主义的论断。基于这些理由,杨论证说,民主理论不应该要求审议只采用理性论证的形式,而应该承认修辞和叙事的适当作用,将其作为审议的一部分。② 由于杨降低了参与审议的认知条件,因此她的审议理论允许让更多人的声音被听到。但麦金太尔将政治比作寻找共同善的实践活动,将参与政治的好处视作实现共同善和获得美德,其精英主义的倾向能否真正容纳共同体中不同的声音,我对此有所怀疑。

---

① 这也取决于政治精英能否超越本阶层的利益而尽可能代表所有人的利益,尤其是弱势群体的利益。

② 审议民主理论的一种传统观点强调为政策建议提供可辩护的公共理由,而怀疑讲故事作为公共审议手段的合法性。这种看法认为,讲故事只会引发人们对弱者的同情,而无法为制定政策提供理性的论证。它往往假定,叙事所调动的情感会有损于人们做出理性的决定。但杨论证说,区分的关键不在于理性论证与修辞是不同的沟通形式,而在于其目的究竟是将他人作为工具还是旨在推进理解和合作。参见 Iris Marion Young, *Inclusion and Democracy*, Oxford: Oxford University Press, 2000, p.66。

　　这篇文章论述了麦金太尔对启蒙的道德哲学的批评,及其美德理论的具体展开。总体而言,麦金太尔重视美德对实践的依赖性以及实践对传统的依赖性,因此他希望复兴某种亚里士多德式的美德政治以帮助人们实现伦理上繁荣的生活。他对资本主义社会及其产生的不平等给人的生活造成的碎片化有严厉的批评。他对人生统一性和政治共同体的设想有其积极的意义。但他的积极构想中存在理想化的成分。麦金太尔看到,现代社会需要某些美德,只有这些美德才能让我们超越自利而促进共同体的利益。人类的脆弱性和相互依存性令我们只能通过团结才能实现彼此的繁荣。但在资本主义的条件下,这种团结应采取的具体形式是什么,什么样的共同体才能实现人的美德而不被权力所腐化,这种共同体内部又如何来解决分歧并确保其成员得到公平对待,麦金太尔的讨论似乎还不能让人完全信服。他的美德路径一方面缺乏对正义议题的关注,另一方面又缺乏对现代资本主义制度的批判。麦金太尔所设想的地方共同体及其审议民主的形式如何可能在非道德的(amoral)现代国家制度下获得繁荣是一个大问题。建立在个体分离性假设基础上的自由主义政治由于过度关注利益的分配而忽视了公民美德和政治团结,近年来遭到不少批评。自由主义者也进行了理论上的自我检讨。如何去超越自由主义对国家中立性的论述,给出对共同善的清晰论述,麦金太尔的尝试在我看来还不够成功。当麦金太尔批评自由主义和后现代主义破坏了人生的统一性和美德实现的社会基础时,他也应该对其理论提供更有信服力的说明,才能让我们相信美德复兴的政治社会不会无视社会正义的要求和弱者的利益。

Alasdair McIntyre on Virtuous Life and Virtue Politics

ZHANG Rongnan

【Abstract】 This article discusses MacIntyre's criticism of the moral philosophy of Enlightenment and the specific development of his virtue theory. In general, MacIntyre emphasizes the virtue's dependence on practice and the practice's dependence on tradition, so he hopes to revive some kind of Aristotelian — Aquinasian virtue politics to help people achieve an ethically prosperous life. The realization of his ethical ideals depends on his vision of ideal politics. I envisioned four questions about his vision that entailed an understanding of the nature and purpose of politics. I believe that any assumptions about virtue politics must respond to these questions. On the one hand, MacIntyre's virtue path lacks enough attention to the issue of justice, and on the other hand it lacks criticism of the modern capitalist system. The article points out that how the local community envisioned by MacIntyre and its form of deliberative democracy may prosper under the amoral modern state system is a big problem.

【**Keywords**】 Virtue, Practice, Tradition, Community, Deliberative Democracy

论贤者宜负重责

——缓解美德政治对政治美德的压制①

贾沛韬②

【摘要】"美德政治"理想要求政治主体涵养并践行必要的政治美德,但特定类型的美德政治实践却因助长特权而压制了原本值得落实在共同体每位成员身上的政治美德机会,导致了美德—政治之关系承诺的自我挫败。进一步说,特权的实质在于颠倒了政治美德与政治参与二者之间的先后关系,从而局限了政治主体的范围,甚至形成了共同体中政治主体对非政治主体的支配。这种颠倒的晚近典型即是贤能资格制在政治哲学中的新生:为了回避(而非回应)上述挑战,晚近贤能政治理论将自我辩护的重心强调为"贤者宜负重责",以淡化对"贤者宜居高位"的承认。接续这一辩护思路,本文相继反驳两种对贤者负重责的谬植,一是将"重责"附丽于"高位",二是将领导力视作独立的美德德目,或将流动性混同于平等。并相应简要提出两种适用于贤能精英的更为可欲的责任承担模式:在确保总体效率的前提下令贤能精英优先承担位卑任重的工作,以保障优势地位的正当分配;令政治美德方面的先觉者破除以流动性看待平等的政治心理误区,承担起平等能力教育的任务,以确保实质机会。

【关键词】政治美德,责任,贤能资格制,支配,平等

引言:美德政治压制政治美德——贤能资格制的根本困境

美德政治理论及其实践要求政治主体涵养并践行必要的政治美德,以促成共同体稳定,防范或弥补制度失灵。在罗尔斯《正义论》之后的当代政治哲学辩论中,美德政治及其公共合理性意涵、慎议民主转向和公民教育方案在 1990 年代以来的公民身份理论(citizenship theory)中获得了最为透彻的阐发。在"西方"语境之外,晚近最具影响力的、与自由主义进路互竞的美德政治版本即是贤能政治(political meritocracy)理论家的制度

① 本文系北京市社会科学基金青年项目"霍布斯自由理论及其当代共和主义批评"(项目编号:16ZXC015)的阶段性成果,并受山东大学基本科研业务费专项资金资助。
② 作者简介:贾沛韬,哲学博士,山东大学政治学与公共管理学院助理研究员。

构念和他们对特定政治模式的相应辩护。

固然,自由主义式美德政治理想无法直接挪用至非西方社会:后者既缺乏确保前者可行性的政治社会条件,又有着挑战前者可欲性的替代式价值倾向。但同时,作为竞争性进路的贤能政治模式实则未必有助于它所根植的制度基础的长治久安,也就无法自动豁免于绩效合法性方面的挑战:无论就语源还是就其直接主张而论,贤能政治都是一种典型的能力主义或贤能资格制(meritocracy)①,这意味着能力和功绩有别者不可能拥有成为政治参与者和政治美德践行者的同等机会,换言之,意味着一种排他式的(exclusive)能力—资格特权。

在此,两种可识别的特权现象包括:A.现成标准认定下的有能力与美德者垄断政治参与和政治决策的特权,而受制度和决策影响的多数相关者缺乏表达见解和影响政治过程的机会;B.那部分能力—美德精英进一步界定并独占了去过一种美德—政治生活的标准和可能性,制造了精英和大众之间、不同社会阶层之间的鸿沟和支配关系,以致政治美德的实现和运用本身也成为特权。

其中,现象 B 尤其使识别并矫治种种能力—资格特权显得格外紧迫,因为它表明贤能资格制所导致的特权直接妨害了美德。又考虑到贤能政治是美德政治的一种类型,这样一来问题的全貌即是:特定情形下,美德政治压制政治美德。这导致制度的目的和结果之间的矛盾,导致美德—政治之关系承诺的自我挫败——原本,美德政治理想要求的是政治主体应具有必要的政治美德,但贤能政治这种特定类型的美德政治模式却因限定政治参与主体范围并助长特权而压制了原本值得落实在共同体每位成员身上的政治美德机会。

一、"重责"并非"高位"的附丽——贤能政治纠谬之一

进一步说,贤能政治之所以成为通向特权之路②,实质上根源于它的起始承诺即颠倒

---

① 笔者认为,"贤能资格制"是对"meritocracy"这个颇难翻译的英文词最恰当的对译。

② 对晚近贤能政治理论的一种激烈批评认为,它导致了"通往极权之路"。可详参黄玉顺:《"贤能政治"将走向何方? ——与贝淡宁教授商榷》,《文史哲》,2017 年第 5 期;作者自己在别处反复强调文章原题应为《通往极权之路——贝淡宁"贤能政治"批判》,并将被替换为"前现代"的核心概念重新修正为"极权主义"后刊发于互联网多处,例见 http://www.rjwm.sdu.edu.cn/info/1017/1068.htm。这种批评固然犀利,但实则并不准确也不公允:其一,它不恰当地淡化了极权主义与威权主义之间的重要区分,也就并未意识到贤能政治——部分地由于它与绩效合法性的内在关联——更倾向于导致的是威权而非极权;其二,这种批评所倚赖的概念框架和理论要旨皆未越过当代西方政治思想史的 1960 年代,也就几乎完全外在于它的批评对象所置身的当代英美政治哲学语境,遂难直中要害;其三,更根本的是,以高层权力集中和基层原子化管控为特征的极权主义在欧洲可以说是现代性现象,在中国却完全可看作是秦制"传统"。相对而言,本文只采用一个相当弱的起始论断,认为贤能政治"通向特权",这是能够从 meritocracy 概念自身分析出来的。

并固化了政治美德与政治参与二者之间的先后关系：这种政治上的贤能资格制"致力于选拔和擢升拥有出众能力（ability）和美德（virtue）的领导者"①，它明确将关于政治主体的注意力集中于领导者而非全体公民，强调先有美德后有政治地位，有美德才有关键政治资格，并要求保障德才卓越者充分的政治履职机会，却同时以此作为将据信不够胜任的共同体成员排除在政治事务之外的理由。

这样一来，经由贤能选任（meritocratic selection）和贤能资格（meritocratic entitlement）而形成的能力精英阶层（meritocratic elite）也就顺理成章地兴起，并自我赋予了可辩护性。严格来说，在贤能资格制这种美德政治理想中，真正的政治主体只是那些能力与美德出众、被确认为胜任者的少数。除此之外的共同体成员尽数被排除在真正的政治生活之外。

晚近贤能政治理论中一种最直白的相关表述是：最理想的"儒家贤能资格制式宪政秩序"应当反对"所有个体拥有平等政治参与的资格"；恰恰相反，须确保的是有着彼此各异的美德、能力和兴趣的人们"应当有着各异的参与机会"。这样一来，既然很多人根本"没有兴趣学以成君子"，那么普通人应有"一种勿受打扰的权利"（a right to be left alone）。②

随着概念使用越来越混乱，贤能政治的理论取向却越发清晰起来："贤者宜居高位"③，不肖者不宜参政；政治上的平等参与资格应当受到否定，机会应当依据现成的能力而有不同的分配。这对于任何一个将平等视为政治制度的核心价值观之一的当代国家共同体来说，都是很难公开吁求甚至很难公开支持的立场。

图景的另一面则是，晚近贤能政治论说的其他版本却无不通向这类最坦率的结论：政治参与资格不应平等，政治参与机会不应普遍化。毋宁说，如果所有贤能政治理论家都能

---

① Daniel A. Bell. *The China model：Political meritocracy and the limits of democracy*. Princeton University Press, 2016, p.2.

② Fan Ruiping, Confucian meritocracy for Contemporary China, in Daniel A. Bell and Chenyang Li（eds.），*The East Asian Challenge for Democracy：political meritocracy in comparative perspective*. Cambridge University Press, 2013, pp. 106 - 107. 着重号为引用者所加。

③ 笔者从陶涛的同题论文中借用了这个概念，认为"贤者宜居高位"恰好也是对"meritocracy"（贤能资格制）的一种精当翻译。它的格外优点是明确关注了优势地位（"高位"）问题，从而能够同时对当代分配正义相关讨论保持敏锐。但它的缺憾在于，"贤者宜居高位"是一个主谓结构，而非名词性结构，在多数句子中无法通顺使用，故不采为定译。同题论文见陶涛：《论贤者宜居高位——略论先秦儒家与古希腊政治伦理思想的异同》，《伦理学研究》，2015 年第 5 期。需要指出，本文只是借用了这个标题所示的概念，并不涉及对此文的根本回应性评述；后文涉及对"贤者宜居高位"的克服，使用的却只是 meritocracy 这个概念的本意，而不是《论贤者宜居高位》一文的主张。在该文中，作者的"宜居高位"是与"宜负重责"紧密联系在一起的：一方面，作者主张德应配位，在高位者应有德，无德者不配在高位，从而宜居高位的同时也意味着宜有美德；另一方面，有德之人最好能够入世担责，而不是偏安一隅、独善其身，而支持他们入世的最坚实理由并非志在高位，而是志在高位之责。

如此这般直白融贯,学术辩论将会有效率得多;作者们却往往采用更少争议的表述,把真实的冲突与挑战遮蔽在很多似是而非的取舍之间。

贤能政治辩护者的一种典型理论柔化,是刻意澄清政治上的贤能资格制与经济和社会方面的贤能资格制有着根本不同,暗示可以一边持守经济社会资源分配方面的平等原则,一边唯独只是支持政治上的贤能资格制①。但一方面,就可欲性来说,这带来了明显的理论不融贯,因为政治上的贤能资格制也具有一般贤能资格制的所有缺陷和不公正;另一方面,就可行性来说,在一些典型缺乏民主问责的社会,由于政治本位等一系列原因,支持因能力而异的政治参与机会,同时坚持经济社会领域的平等,尤为不可能。

例如,对中国政治与社会现实的讨论值得充分倚重本世纪初成型的一项社会阶层研究:它恰好依照组织资源、经济资源、文化资源三类益品的占有衡量每种社会角色的地位,其中"组织资源"恰好充分反映了能力—资格原则下不平等机会的现实结果,而阶层排序最高的正是"拥有组织资源"的"国家与社会管理者阶层"②。阶层及其分化的事实形成意味着纯然政治的贤能资格制也并不例外地通向罗尔斯的自然自由制、自然贵族制、自由式平等、民主式平等四分法中的"自然贵族制"③。

上述可行性疑难已经暗示了贤能政治辩护者的另一种典型理论柔化,即为了自身可辩护性而刻意淡化了位高权重——包括权力与特权的集中——带来的问题,转而说明一种"位高责重"的情形,并试图以后者("责重")证成前者("权重")的合法性。这样一来,就既回避却加强了旧挑战,也带来了新挑战:被回避的旧挑战在于,以任一时间的能力—美德现成状况作为政治参与资格的依据,将被认为不够胜任的人排除在政治机会和政治美德机会之外,将形成普通大众的无美德—无机会—无法历练能力—持续无法胜任—根本远离美德—陷入无机会常态这一恶性循环,造成了道德资源和美德实现状态方面的马太效应。

政治行动与政治生活本身是政治美德形成的前提,这是至少自亚里士多德起即予以强调的要义:《尼各马可伦理学》的最初几页(1095a3-10)即称,年轻人不适于"听"政治学这门"目的不在知识而在行动"的学问,因为他们对人生中可能发生的种种行动

---

① Bell, *The China model: Political meritocracy and the limits of democracy*, pp.5-6, p.200n7.

② 陆学艺主编:《当代中国社会阶层研究报告》,北京:社会科学文献出版社,2002 年。

③ Cf. John Rawls. *A Theory of Justice* (revised version), Harvard University Press, 1999, p. 57.

（actions）尚缺经验，从而"道德稚嫩""不能自制"，以致"知等于不知"。① 在这一意义上，贤能资格制无异于将政治共同体中的一部分乃至大部分人恒久束缚于道德稚嫩境地，而摆脱不成熟状态、过上一种有政治美德的生活对这部分人来说总是并非可期的行动前景——作为这种压制了政治美德的美德政治，贤能政治自始至终所面临的最根本挑战正在于此。

而一旦仓促地以"位高责重"证成"位高权重"，附带产生的新挑战即在于就连重责的真正承担也不再有可靠保障了。根本上说，问责之所以不彰，是因为选贤并不保障贤治，贤者政治（political meritocracy）并不是贤能治理（meritorious rule）——以选拔和擢升政治领导者为焦点的贤能资格制并未力图，也并不能够解决贤能选任之后的美德践行问题。无论如何，在选任贤能之后确保接受选任者继续充分践行其能力与美德是一项难度并不低于最初有效识别和选择贤能者的任务，那么，制度的设计者就有充分理由在以下两种制度性程序的先后次序方面进行熟虑和调试：其一是依据某种原则确定政治参与者和政治决策者的范围，其二是确保这些参与者和决策者是贤能的（能够变得贤能并保持贤能）。

就两者关系来说：一方面，前一问题的恰当处理未必要以后一问题的预先解决为前提；另一方面，任何一个政治共同体又皆须对这两方面问题予以妥善处理——由此，如果出于公权力有效运转并真正服务于全体共同体成员，而非仅服务于统治集团的角度，任何一种政治模式就其宗旨而言就都不仅仅是以贤能治理为承诺，而且自身就是一种直接的或间接的选贤与能式政治。这样一来，贤能政治真正的识别性特质就不在于它的优势，不在于承诺并实践选贤与能，而恰恰在于它的劣势，在于重选贤而轻贤治，在于无法针对被选任的贤能者形成有效问责——在于将共同体中一部分人排除在美德可能性之外后，在根本上也无法确保美德在曾被认定有美德的少数人那里不致发生堕落。

至此，美德在相应政治共同体中的全面堕落的前景，意味着特定"美德政治"模式对"政治美德"的全面压制。本节借助对贤能资格制所倚重的美德机会特权的根本质疑，将对贤能政治的最根本批评落脚在位高责重无法证成位高权重这一实质判断。与之相应的纠谬，是割断权重与责重之间的关联。一旦如此，会即刻发现共同体中的真正重责未必是

---

① 译文使用了廖申白译本，但略有改动，见亚里士多德：《尼各马可伦理学》，廖申白译，北京：商务印书馆，2003 年，第 7 - 8 页。尤其重要的是，参照英译本将廖译的"行为"修订为"行动"。对于亚里士多德传统来说，甚至对于共和主义的当代典型继承人来说，行为（behavior）和行动（action）之间的根本区别都很难一瞥滑过，更不宜混淆。不必说汉娜·阿伦特对有别于"劳动"和"工作"的"行动"的专门强调，哈贝马斯也专门在"社会学的语言理论"的名目下借 1971 年的一组演讲澄清过"行为"和"行动"之别，其英译本见：Jürgen Habermas, *On the pragmatics of social interaction：Preliminary studies in the theory of communicative action*, MIT Press, 2002.

附丽在地位和权力上的那些义务,换句话说,并非当然的是政治领导者承担的那部分任务。为了进一步说明上述实质判断,下节简要处理能够支持该判断的一类重要表相,以解释将辩论焦点从对领导力(leadership)的狭隘关注上移开的必要性。

二、领导力并非政治美德德目——贤能政治纠谬之二

贤能资格制所面对的固有旧挑战在于独断地将政治共同体的部分成员排除在美德可能性之外,与之常常相伴产生的新挑战在于独占践行美德之特权的那部分被认为位高责重的人可以一方面扩权,一方面卸责——从而位高责重未必是位高权重的自然结果,也无法用以证成后者。

应当注意到,贤能政治理论家看起来已经既承认了这个新挑战,也承认了上述旧挑战。晚近最重要的贤能政治理论著述即以它的核心章节之一集中讨论了贤能资格制的三大错谬:除合法性问题外,另两个问题分别是腐败问题,对应于领导者的美德缺乏制约和保障这一新挑战,以及固化问题,对应于能力精英特权阶层的形成。[1] 但总的来说,该书此处的分析只是提供了相关说明,并未真正解决,甚至并未试图解决关键问题:两节相关内容分别始于新加坡和法国的故事,并落脚于对中国模式的一些表面化理解。

总的来说,晚近贤能政治理论着重聚焦于领导力(leadership),这是其采纳位高责重论证的最重要手段。而本节将用必要的笔墨简要说明,相较于自由民主语境,恰恰是在典型的贤能资格制社会中,对贤能选任以及精英领导力的强调将格外有害于贤能政治理论的根本承诺——甚至走向原初承诺的反面,形成精英与失去美德资格的大众之间的支配关系。

领导力之所以并不可靠,是因为根本上说,它并不是独立的美德德目。此处的不独立可归于两个层次:(1)"leadership"(领导力/领导者身份)在概念意涵上并未剥离为纯然的美德和责任,它并未独立于,而是掺杂着特权和高位等优势身份特质。(2)即使剥离为纯然的责任意涵,领导力也并不独立于"citizenship"(公民性/公民身份/公民精神),因为在现代政治中,领导者也只是一类公民,而且领导力所意味着的那些具体美德——例如公共合理性与判断力、信息充分的慎思和决策、同胞之爱与同情等——无不原本就是公民美德和公民精神的核心内容。

换言之,领导力只不过是公民精神的特例。将领导力视作某种特定美德政治的根本

---

[1] Bell, *The China model: Political meritocracy and the limits of democracy*, Ch.3, esp. pp. 110-135.

要义,并同时将被认定的无美德者排除在政治生活与政治行动之外,这就无异于在公民之间划定了缺乏合理证成的等级。质言之,任何政治的稳定都有赖于必要的公民美德,在这一意义上,贤能政治的选贤与能(meritocratic selection)论并不能垄断美德理由,也就无法以任何独特的美德理由排斥其他同样重视美德与责任的政治类型所依赖的平等参与。

而支配关系的制度性实质,则是营造自我审查(self-censorship),这是得自共和主义式消极自由概念对霍布斯式自由传统的当代反思的重要洞见。① 无干涉的支配仍然是对个人自由的实质伤害。这意味着,一种对其成员有着根本掌控的制度,一类对其大众同胞有着根本宰制的精英阶层,根本无须各个干涉每个受支配对象的具体行为和选择;必要的只是明确地形成一种能够有效导致人人自危的支配性氛围,令人们看上去心甘情愿,甚至合乎工具理性地牺牲自己的自由。这种支配式的不自由,一方面描述了政治共同体跌落为利维坦的重要进路,另一方面也描述了共同体与精英阶层双重宰制之下普通大众所面临的双重剥夺。在这样一种结构中,领导力与美德之间的距离就越发遥远了。

之所以前文对晚近贤能政治理论关于中国模式的表面化理解有所微词,是因为它确乎以"中国模式"(the China model)为关键词,却并未注意到恰是在传统中国模式中,大一统的国家共同体及其精英统治阶层对彼时实则高度原子化的普通人形成的支配关系格外明显,也格外有效。

"百代都行秦政法,十批不是好文章。"②秦政支配下的中国帝制时代通行的是一种大共同体本位模式③,这意味着缺乏地方性的小共同体,也缺乏社会关系和伦理生活,个人是编户齐民之下的国家子民,地方治理的领导者是政治官吏而非伦理乡绅。而家天下的政治权威则可垄断治下一切政治经济文化资源,尽收天下能力精英于彀中,形成一种服务于统治阶层的,对其子民则一方面可以权力无限大,另一方面又可以责任无限小的政治制度。在这样的政治等级中,大共同体支配精英集团,精英体系又与大共同体协力支配全体社会成员,每个人在其行动选择、生活方式、精神气质、尊严与价值观等诸多方面,无不时时陷于支配关系之下的自我审查。

在"无支配的干涉"与"无干涉的支配"之间,共和主义者认为前者并不构成对个人

① 阐释两种类型的消极自由概念之间的根本差异并非此处的任务,一种既有阐释可详参贾沛韬:《作为无支配的第二种消极自由概念》,《伦理学研究》,2014 年第 7 期。
② 毛泽东:《七律·读〈封建论〉呈郭老》,《建国以来毛泽东文稿》(第十三册),北京:中央文献出版社,1998 年,第361 页。
③ 对此最详尽最具说服力的描述,参见秦晖:《传统十论》,尤参其中《"大共同体本位"与中国传统社会》《西儒会融,解构"法道互补"》两文,上海:复旦大学出版社,2004 年。

自由的威胁,而霍布斯式自由主义者则认为后者仍然可能是对人之自由的成全。从中国模式的历史传统来看,支配式无自由(non-freedom as domination)是中央集权的前现代国家①的核心特征之一。在此体系内,大共同体对每个人的掌控压制了权利,于是人人毋需干涉即很少有诉求,而精英对普通人的宰制则伤害了真正的同胞纽带和共同体联合,于是大众毋需干涉即往往完全倾向于诸事"只能靠自己"②。

有鉴于此,贤能—能力精英(meritocratic elite)倘要真正承担起重大社会责任,其首要美德即是正义感和对不若自己的普通人的基本权利和平等尊严的捍卫与尊重。领导力则既不是其中的必要条件,也不是其中的重要环节。而普通大众若要涵养和践行必要的美德,其首要公民精神即是向社会政治权威问责,以及通过同侪间的联合纽带与团结合作达成群体性目标。与这两类要点密切相关的是,大共同体本位及其制度特征,以及它们带来的权责不对等,是导致"位高权重"几乎不可能自然导致并确保"位高责重"的根本原因:这也不仅仅是向上负责结构导致的问题,而问题的另一成因恰是缺乏替代性和竞争性的纽带和力量——上述界定的精英首要美德也意味着破除前者指明的向上负责结构,而大众首要美德则意味着形成后者指涉的纽带、行动力与约束力。

而破除大共同体宰制的要义,始终在于破除它自身(of it)和它之中(in it)的种种支配关系;与之相应,聚焦于领导力的贤能资格制模式恰恰即是强化支配关系。这又一次表明并强调了纠谬贤能政治③的两个思路:其一,割断重权与重责之间的关联,破除"贤者宜居高位"的制度设计,消解将承担重责的希望寄托在赋予被认为有卓越能力和美德者以重权

---

① 中国帝制时代的前现代国家的典型大共同体本位,同时也表明在这一语境中将"极权主义"概念同义替换为"前现代"是恰当无误的。笼统追随汉娜·阿伦特等学者而重复说极权主义是一种现代性现象,就只不过是一种追随欧洲模式的人云亦云。欧洲自罗马帝国直至中世纪的中央权力集中程度和支配程度确实远非"totalitarian",但中国的大一统帝国却早已如此——在一元化程度、意识形态、社会动员、领导力等几个典型指标方面,传统帝制都足够极权。无论在极权作为现代现象的意义上,还是在强国家作为政治秩序核心前提的意义上,这也都确乎非常现代性。但在这些意义上,秦制现代论其实并未提供太多值得我们因传统而骄傲的恰当理由(值得我们骄傲的恐怕是完全不同于此的另一种传统):道理很简单,如果在遥远的古代建立所谓现代性的非个人化(impersonal)行政管理却只不过是为了巩固一家一姓的高度个人化(personal)的极端权力,那么这样的现代性就完全与其他现代价值互斥。关于评判国家民主或集权程度的上述四大指标,参见 Juan J. Linz and Alfred Stepan, *Problems of democratic transition and consolidation*:*Southern Europe*, *South America*, *and post-communist Europe*, JHU Press, 1996。关于古代中华帝国的现代性以及秦朝官僚体系现代论,见 Francis Fukuyama, *The origins of political order*:*From prehuman times to the French Revolution*, Farrar, Straus and Giroux, 2011, pp.105-127。福山在此甚至将商鞅变法界定为一系列"现代化改革"(modernizing reforms)。

② 时至今日,这种习惯将成功与幸福诉诸个人努力,也很少将失败与不幸归因于社会问题的原子式倾向仍是普通人中的主导价值观,而且国家政策也强调这一点。一种典型的晚近案例可参考 Leslie T. Chang, *Factory girls*:*From village to city in a changing China*. Random House Digital, Inc., 2009。

③ 至此的全部论述也已经表明,为了建立任何一种现代政治制度,都需要不仅"祛魅"贤能政治,而且"纠谬"贤能政治。祛魅论的一篇清晰有力的论述,见刘京希:《构建现代政治生态必须祛魅贤能政治》,《探索与争鸣》,2015 年第 8 期。

高位的治理迷思;其二,将理论与辩论的焦点从对领导力的狭隘关注上移开,因为领导力并非独立的美德德目,而且在某些特定制度下往往完全无法体现为美德。本文至此的两节已经清楚地完成了对两大纠谬思路的展开。

三、位卑任重的考验——贤能精英的非支配式重责

总的来说,位高权重与位高责重是贤能资格制(meritocracy)的理论与实践的一揽子方案,政治上的"贤者宜居高位"体系也不例外。由此,只强调位高责重既不符合实情,也不能带来贤者担责的真正希望。前文对贤能资格制下贤者担责的可欲性与可行性的反驳,一方面表明贤能资格制不应当将政治共同体中大部分人践行政治美德的机会与可能性排除在外,另一方面表明贤能资格制并无能力确保选贤任能必定通向贤能治理。

以"贤者宜负重责"替代"贤者宜居高位",如果不停留在充当辩护理由的话,唯一合理的方式是预先割断重责与高位之间的关联,从而确保一方面向能力精英问责,另一方面限制他们的优势地位。那么概括而言,这里带来的真正责任要求即是位卑任重的考验,以及由此有望达成的某时段切面内贤能精英与普通大众之间的无支配关系。

须预先强调的是,破除贤能资格制和支配关系,还有另外两类路径不可不察:一是确保每个人通向美德生活可能性的实质机会,二是破除大共同体对全体成员的支配。本文聚焦于贤者担责问题,故暂把后一方面留待专文处理。关于前一方面,也涉及两类支持性资源,一类来自政治共同体本身,一类来自共同体成员中的能力美德先觉者——本文也把对前一类的见解暂时保留,而把提供后一类支持性资源作为本节向贤能精英所要求的卑位重任的一部分。

至此,我们就达成了关于"贤者宜负重责"的一项抽象原则和一项具体任务,这意味着对作为"贤者宜居高位"的贤能资格制模式的两种矫治:(1)抽象原则在于,在确保总体效率的前提下令贤能精英优先承担位卑任重的工作,以保障优势地位的正当分配;(2)具体任务在于,令政治美德方面的先觉者承担起平等能力教育的任务,以确保落实在每个人身上的实质机会①。

笔者认为,比起贤者居高位的贤能资格制模式,这里的根本原则和核心任务才能真正

---

① 此处提及的两个基本"矫治"思路,在笔者的另一篇相关论文中已经简要使用,见贾沛韬:《谁的政治? 何种美德?——如何基于合宜社会语境构设一种美德政治学》,《哲学研究》,2019 年第 5 期。但两文对这两种贤者担责模式的直接采纳理由和对二者之间关系的界定都并不相同。这涉及笔者的自我修订。之所以总是聚焦于这两个要点,是因为笔者的根本关注点在于:(1)责任在社会改善过程中的正当分配和平等(而非流动性)概念的合理意涵;(2)贤能精英在共同体之内社会资本纽带形成过程中的额外义务。

有望确保社会中有能力与美德者为其他成员以及整个共同体承担更多责任。换句话说，这才是真正的作为贤能负责制(meritorious responsibility-taking)的贤能政治。唯其如此，才能有效回答对贤能政治的根本可行性挑战，即：如何一面遏制地位方面的优劣鸿沟的形成，一面确保能力方面的暂时优劣鸿沟能够服务于身处劣势者。这也就是驭使贤能精英服务于其同胞大众的关键。

上述根本原则的实质即是一种典型的社会分工思路：从胜任与否的角度看，不同的人以不同的优劣程度胜任不同的工作，例如"能力精英"意味着能力全面，能够广泛胜任不同工作；普通人则能力单一，只能胜任少数工作。与此同时，从选择意愿看，人们往往对地位相对高、责任相对轻的职位趋之若鹜，对另一些地位与责任相对对等的职位只有次要兴趣，而对那些地位相对低、责任却相对重的职位避之不及。

就此而言，为了根本体现有能力与美德者应为同胞与社会承担更多责任这一原则①，也为了尽可能确保人人有事做和事事有人做，在工作分配或任务指派的过程中，在保证胜任和工作实效的前提下，一种可行的程序即是：令能力精英排序在所有人之后方能为自己做出选择，接受那些其他人挑选之后余下的可选工作或职位。或者根据上述选择意愿描述，令最为贤能者首选地位相对低、责任却相对重的职位，令贤能稍逊者选择地位与责任相对等的职位，而令贤能亏缺但仍刚刚好能够确保胜任和实效的人们获得地位高但责任轻的职位。

这也许会带来"应得"与"资格"意味上的"不公正"。破解这种不公正之论有很多思路②，此处单从美德角度言之：当然，无论是何种角度，首先都必须承认对腐败、滥用和固化等做出防范的重要性，并为此建立切实有效的制度体系。在此基础上，我们可以诉诸的实质要求是，"贤能政治"之谓"贤能"、美德或卓越，不仅仅意味着能力超群，也同时意味着道德高尚；而道德高尚即意味着更为丰盛的价值资源，在其中，经由能力获取地位、占据特权以至确保受益都不必纳入该主体优先考虑的良善生活选择。

反过来说，如果有真正有效的贤能之治，而这种贤能之治要甄选和任用一种真正胜任的贤能之士，那么，拥有如许价值资源并能够先于社会性的分配原则设计而为自己做出如此选择——即把借助自身能力获取地位、特权和利益排除在优先考虑的良善生活选择之外、能够接受甚至能够主动选择位卑任重的工作和责任——的人，才是贤能政治所要识别并倚重的对象。

---

① 对照于能力资格制，方便起见，或可称之为"能力担责原则"，或使用前文已提到的"贤能负责制"概念。
② 其中包括破除"应得"概念(因其与社会偶然性密切相关)，而只保留条件性的"资格"概念。

只有在这种情况下,能力精英身上才真实地发生了责任的承担与地位的优势之间、"宜负重责"与"宜居高位"之间的分离,从而确保他们不致以责任的名义攫取特权——确保能力担责原则不致沦为只是能力资格的辩护借口。

这种分工思路的一个先例是:在《正义论》以克服社会偶然性和自然偶然性两重理由全面否定能力主义社会(meritocratic society)之后不久,罗尔斯的另一美国同行提出了一种自认为完全相容于差异原则的贤能资格制模式。该模式的基本思路与上段所述几乎完全相同,唯一的区别在于证成理由,在于作者格外强调他所基于并遵循的原则完全是效率考量和生产力考量。该模式的具体描述可以还原为:当张三与李四都想获得工作甲和工作乙,并同时都倾向于甲;那么即使在无论做甲还是做乙张三都强过李四的情况下,只要令张三做乙、令李四做甲的生产效率更高,就应该采纳这种效率更高的方案,哪怕它意味着对张三很可能据之表达不满的胜任—应得原则的放弃。①

这一原则模式是一种典型的效率原则,其被作者称为"生产性工作分配原则"(缩写为 PJAP)。进一步说,它的发明者认定它虽不那么相容于形式的机会平等原则(formal equality of opportunity),但却完全能够相容于更具实质性的差异原则和与之相应的公平的机会平等(fair equality of opportunity)——换言之,它能够根本地确保"实质机会"。

不难看出,只要对 PJAP 原则稍做修订,就得出了我们这里的贤能担责原则:由于被强调为一项效率原则,理论制定者要求 PJAP 的适用条件是能者低就的生产效率"更高于"能者高就的生产效率。而贤能担责原则的限制条件只是要求确保贤者低就的胜任程度和效用实现"不低于"贤者高就的情形:在一些重要的正义原则看来,这并非不公,况且就美德理论而言,贤者自有价值资源方面的大量补偿。

而由此看来,PJAP 原则的真正洞见在于对贤能迷思的破除:就确保整个社会或者其中的政治制度的效用和绩效(performance)而言,并不需要基于一种应得思路确立起能力资格制,并不需要在每个职位(包括意味着优势地位的那些职位)处安放"最为"胜任的人选。在政治共同体之内,为了将有限的 x 个人选安排在 y 个位置上,确保总体绩效达标甚或最优的思路,并不总是,甚至常常不是"贤者宜居高位",而是要通盘考虑所有职位的技能要求和所有人选的胜任情形两相匹配的全部可能性(或者至少是多样可能性)。

相比之下,贤能资格制的思路实质只有一个:首先考虑最优势地位,为之竞争遴选最胜任的若干人选;然后考虑次优地位,在余下的人中为之考虑最胜任的人选。由于一人往

① Norman Daniels, "Merit and Meritocracy", *Philosophy & Public Affairs* 7/3, 1978, pp. 206 – 223.不难看出,胜任—应得原则恰是贤能—资格原则的内在理由。

往胜任多职,这样单一的程序就会大概率导致整体综合胜任程度和绩效估定并非最佳的结果。在现实之中,尽管选贤任能的真实操作并非如此,但是在向上流动性和向上流动意愿的推动下,精英竞争格局导致的结果却大致与之相当:最优的候选者不会甘于次优的地位,任何稍稍认可自身能力的人都会同时认定自己正在屈尊低就,并找寻一切机会攀登向上的阶梯。

对此,PJAP 原则的真正贡献也就在于以对效率原则的重新采纳点破贤能政治的最后一道防护面纱:由此看来,"贤者宜居高位"只是能力精英人士的"舍曰欲之而必为之辞"①,因为贤能资格制不仅既有违政治制度的正义和包容力(inclusiveness),又无法确保无腐化的贤能治理,而且其至往往根本无法确保效率。而相比之下,PJAP 原则在要求确保效率和绩效的同时,也通向了某种实质机会,即:总是可以把责任同等但地位较高的职位留给能力稍逊但同样胜任(重要衡量指标是能够确保总体效率)的人。

四、美德、社会资本与实质机会——贤者的教育之责

但由于人们对应得—资格原则的强大信念,PJAP 原则和与之相似的以"位卑任重"为要求的能力担责原则就无论如何都显得太过激进了。那么在全文结束之前,我们值得考虑一种更具体、更可行也更少争议的对普通人的实质机会的确保方式,作为对贤能精英"宜负重责"的一种较缓和描述。这种具体可行的贤者担责方案在于教育。在上节的统领式概括中,我们把与 PJAP 原则相似的贤能负责制视作一项抽象原则,而把贤者的教育之责视作一项具体任务。

而之所以强调教育在确保实质机会中的作用,则有三种来自左翼自由主义的洞见值得参考:第一种是 T. M · 斯坎伦相当直接的界定。他认为关于平等有两个重要的理解方向,一是程序公正,二是实质机会:程序公正意味着经由某个可辩护、不致招致反对的过程将一部分人选入种种优势地位;实质机会则意味着能够使得尽可能多的人成为上述甄选过程的合格候选人的教育条件和其他条件。② 第二种是罗尔斯对他的差异原则的某个阶段性说明。如果说斯坎伦简明扼要地直接指出教育作为一种机会平等条件的核心地位的话,罗尔斯则提及了若干层次的具体理由:"差异原则当然不是矫正原则。……但是,差异原则确实会在教育中分配资源,以便改善处境最不利者的长期期望。……不应仅仅根据经济效率和社会福利来评估教育的价值。同样重要的(如果不是更为重要的话)是,教育

---

① "君子疾夫舍曰欲之而必为之辞",语出《论语·季氏》。
② T. M. Scanlon. *Why Does Inequality Matter?*. Oxford University Press, 2018, p.53.

的作用使人们能够享受社会文化,参与社会事务,并以这种方式为每个人提供他关于自我价值的安全感。"①

第三种是罗伯特·帕特南近著《我们的孩子:危机中的美国梦》相关章节的故事提示:他对比了五十年前"社区内有良师"的情状和五十年后的今天阶层隔离的居住状况及趋于衰落的邻里关系,指出为了克服眼下的美国"'我们的孩子'意识"的"全面枯萎",为了确保养教之责不再只是"一家一户的私人责任"②,有必要建立优势群体的普遍责任意识,使得"境况更好的美国人"理当"愿意将自己的资源投放在别人家的孩子身上",理当意识到别人家的穷孩子"也是我们的孩子"并心甘情愿于惠及全体的公益事业——即便"从中受益的主要是别人家的孩子"③。

在一种典型的已经被贤能资格制塑造的政治制度下,或者在解除精英对大众的支配、摆脱大共同体对全体成员的支配的过程中,贤能精英人士的一种具体的、同样与重权高位脱嵌的任重道远之责,即可概括为"先知觉后知,先觉觉后觉"④。教育在此格外重要,恰与罗尔斯所强调的"使人们能够享受社会文化,参与社会事务,并……(确立)关于自我价值的安全感"紧密关联;而具体到一种美德政治之中,"先觉觉后觉"也是一种有效确保每个人开始训练、生成并践行政治美德的生活机会的关键。

这里所指并不是基于启蒙心态的那种先知先觉地位,而是与帕特南的提醒一致,强调一种"共同体内有良师"的毫无保留地交流重要知识和传授人生经验的状态。当大共同体的阴影尚在,寻求"实质机会"的社会变革方案难以一蹴而就,确保更多人成为竞争优势地位的合格候选人的正式的、制度化的教育条件和其他条件仍待聚沙成塔,那么,由能力精英承担无私的社区教育之责,从而孕育真正有效的"桥接式社会资本"(bridging social capital)⑤,就成了一种可望可期的方案。

根本上讲,能力精英的这种担责既无地位所图,因为经由桥接式社会资本而与弱势群体相系,并不能够带来显著或显赫的关系、背景和资源,又在所承担的真正任务上相当可贵——在缺乏制度化的"实质机会"的社会,贤能精英的日常点滴担责就是大众生活处境改进的重要补救方案,因为这样做的实质是确保更多人成为贤能人士的同侪同列,成为他

① Rawls, *A Theory of Justice*, pp. 86 – 87.
② 罗伯特·帕特南:《我们的孩子》,田雷,宋昕译,北京:中国政法大学出版社,2017年,第294页。
③ 同上书,第292–293页。
④ 语出《孟子·万章上》。
⑤ 帕特南在其早年著作中曾做出了一处重要区分:社会资本依其自身性质而论可分为两类——一类是包容性的(inclusive),一类是排他性的(exclusive)。前者是桥接式的(bridging),后者是黏合式的(bonding);前者是向外(outward)关注的,后者是向内(inward)关注的。或者直接借用词语本身的譬喻:前者如同桥梁,后者如同绑索。

们有效且有力的竞争者,而不是为了垄断优势地位而默许鼓励能力—胜任—美德方面的差异和鸿沟。

相比之下,贤能精英的日常教育任务虽不激进,但也并不轻松。像这样具体而又缓和的"位卑任重"之责还可能有很多。这类缓和方案并不直接原则性地主张对贤者而言的"高位"与"重责"的根本脱钩,并不像最典型的 PJAP 原则一样同时在美德机会、贤治绩效、制度效率三重意义上彻底颠覆政治贤能资格制(political meritocracy,即"贤能政治")的合法性,从而倡导为了确保效用(或者只要能够确保效用),分配体系应当相容于(甚或有必要提倡)贤者宜屈就低位。

尽管如此,缓和的方案仍有激进之处,因为它们都根本地指向能力主义所不能内在达成的开放和平等,指向能力精英对自身优势地位及其根基的自我松动和挫败。而更显激进的是,对于现代政治共同体及其精英成员来说,这样做的根本理由不宜出自慈善心念及其所伴生的道德优越感,而应根植于正义义务。正如本文自始至终建基于斯的对贤能资格制的根本挑战立场已经表明的:在一种现代美德政治中,人皆应有训练能力和追寻美德的机会;为了确保这一点,对参与政治行动与政治生活的权利的肯认应先于对美德现成状态的考量;为了在政治转型中应对这些挑战,贤能精英群体应真正承担不以优势地位为前提的重任重责。

经由对贤能资格制的两重纠谬和两种矫治,至此本文遂可以下述主张作一暂时完结:晚近任何现成的贤能政治理论,都有必要破除对领导力的狭隘关注,转而接受或者至少考虑以某种修正版本容纳本文所提出的不以重权高位为基础的"贤者宜负重责"主张。否则,相关理论家就应更为坦诚地对待自己的理论遮掩,更为率直地表白自己的理论承诺。

Toward a Political Meritocracy as Decent Virtue Politics: More Burdens and Fewer Benefits for the Meritorious

JIA Peitao

【Abstract】 The ideal of "virtue politics" requires political agents to be cultivated for the exercise of necessary political virtues. However, certain types of established virtue politics leads to a self-defeating commitment to the coexistence between virtue and politics by fostering political privileges and reducing equal opportunities for all members within the political community to become responsible, autonomous and competent political agents. Furthermore, those political privileges are rooted in the reversal of the sequence between possessing political virtues and participating in political life, and therefore limit the supposed inclusive range of political participants and even result in the domination by the few political agents over the non-political members. One recent typical case of that reversal can be observed in the return of political meritocracy in contemporary political philosophy. In order to avoid (rather than respond) the above mentioned challenges, the recent influential theory of political meritocracy emphasizes *more burdens/responsibilities for the meritorious* as its fundamental self-defense, while concealing the fact of *more benefits and higher positions for the meritorious* in both theories and practices of political meritocracy. Following this approach, this article successively argues against two misunderstandings of "more burdens for the meritorious" and accordingly proposes two morally desirable ways of responsibility-taking of the virtuous. The two misunderstandings include: (1) attaching the heavier burdens to the higher positions; (2) regarding leadership as an original virtue, or confusing social mobility as equality. The two ways of correction include: (1) assigning the meritocratic elite to jobs with heavier responsibilities and less privileges, so as to ensure the just distribution of advantaged positions and supportive resources; (2) persuading the meritorious/virtuous elite into the belief of the detachment between social mobility and interpersonal equality, as well as into the duty as educators for narrowing competence gap, so as to ensure Substantive Opportunity.

【Keywords】 Political Virtues, Responsibility, Meritocracy, Domination, Equality

语言的暴力与解放：从动物伦理到生命政治（上）

李金恒[①]

【摘要】 从亚里士多德开始，语言能力就被认为是人类的政治基础，是由暴力转向和平的关键。但也许更值得注意的是，人类语言的另一面，是原始的"符号化暴力"，即通过命名和分类对事物的肢解、阉割。本雅明把这种暴力的出现描述为人类语言的堕落。通过这种带有暴力的语言，人与其他动物区别开，完成自我指认，这一操作在阿甘本那里被称为"人类学机器"。在这个层面上，动物完全没有"话语权"。结果是，语言中的符号化暴力毫无阻碍地贯穿于人与动物的关系史，并且不可避免地蔓延到人类自身的内部，形成生命政治。从这个角度说，如何调停和阻止这一暴力，不仅是动物伦理，也是更广泛的生命政治问题。而且，通过直面这一问题，动物伦理学才不仅仅是关于动物的伦理学，而能够成为由动物的问题入手去重新反思伦理学的根基的动物哲学。

【关键词】 语言，暴力，人类学机器，动物伦理学，生命政治

一、语言：人类的生存优势与政治起源

希伯来的《旧约·创世纪》记载着古老的神话故事"巴别塔"（通天塔）[②]，在这个神话中，诺亚的子孙们操持着共同的语言，试图"互相商量"，相互合作起来，建造一座城和一座通天之塔。上帝说："看哪！他们成为一样的人民，都是一样的言语，如今既作起这事来，以后他们所要作的事，就没有不成就的了。我们下去，在那里变乱他们的口音，使他们的言语彼此不通。"于是上帝亲自把这些人分散到各地，并变乱他们的语言。不难看出，拥有共同的语言的人类所展现出来的力量，是一种连神都忌惮的"出格"的能

---

① 作者简介：李金恒，复旦大学哲学系博士后，研究方向为德国哲学。

② "那时，天下人的口音、言语，都是一样。他们往东边迁移的时候，在示拿地遇见一片平原，就住在那里。他们彼此商量说，来吧，我们要作砖，把砖烧透了。他们就拿砖当石头，又拿石漆当灰泥。他们说，来吧，我们要建造一座城和一座塔，塔顶通天，为要传扬我们的名，免得我们分散在全地上。耶和华降临，要看看世人所建造的城和塔。耶和华说，看哪，他们成为一样的人民，都是一样的言语，如今既作起这事来，以后他们所要作的事就没有不成就的了。我们下去，在那里变乱他们的口音，使他们的言语彼此不通。于是，耶和华使他们从那里分散在全地上。他们就停工，不造那城了。因为耶和华在那里变乱天下人的言语，使众人分散在全地上，所以那城名叫巴别（就是变乱的意思）。"——《旧约·创世纪》（中文和合本，十一章1—9节）。

力,依靠这样的能力"要做的事,没有不成就的"。虽然上帝后来变乱了人类的语言,但这种语言所带来的大规模协作能力并没有完全消失,它的威力让人类成为地球上最为特殊的一个物种。

我们也可以用现代科学的话语来讲述这个故事。赫拉利(Yuval Noah Harari)在《人类简史》中提到,距今 7 万到 3 万年前,智人这个物种出现了新的思维和沟通方式,称为认知革命。认知革命如何发生,目前尚无头绪。仿佛基因突变一般,人类突然就获得了与地球上其他动物完全不同的语言能力,这种能力使人类能够形成大规模的组织,实施复杂而庞大的合作。人类的语言能力有何特殊,以至于能够实现超大规模的合作呢? 赫拉利认为,其他动物也有交流沟通,但是并没有人类语言的符号化功能,也就是虚构功能。人类语言高度抽象的符号化及其虚构功能——能够传达关于根本不存在的事物的信息——是能够形成大规模协作的关键。① 赫拉利认为,正是因为可以大规模合作,才使得人类脱颖而出,打败所有的竞争对手(包括其他人种,比如安尼德特人)一举跃升到食物链的顶端,成为地球的主宰。② 语言为智人带来了压倒性的生存优势,即是说,人类语言以及带来的大规模协作的能力,不仅仅让人与其他动物"不同",而且让人能在地球上横行无阻、为所欲为。

除了现代科学话语,我们还可以用西方古典学的话语,比如用亚里士多德的话来说:人是政治的动物。亚里士多德的《政治学》(*The Politics*)中有一个著名的段落:"比起蜜蜂或任何群居动物,人类显然更是一种政治动物。因为,按照我们的看法,自然不做无用之事;在动物之中仅有人拥有言语。声音可以表达痛苦和快乐,在其他动物身上也有;因为它们的本性到达这个程度,能够感受痛苦和快乐并互相表达。但是言语却是用以权衡利弊,以及正义与不正义。因为与其他动物相比,只有人能够感受善恶以及正义与不正义之类的东西;而正是对这些东西的参与造就了家庭与城邦。"③亚里士多德对人类语言与社会政治生活之间的关系的阐述,说明西方传统在这一方面的思索由来已久;赫拉利虽然使用的是现代科学话语,但是见解上并没有超出亚里士多德。赫拉利说,在至今为止的大部分地球历史时期,人是一种"没有什么特别的动物",直到认知革命之后,人类才"获得"了一个特别之处:大规模协作能力。用亚里士多德的说法,这是人类特有的政治的能力,即

---

① 尤瓦尔·赫拉利:《人类简史:从动物到上帝》,林俊宏译,北京:中信出版社,2014 年,第 25 - 26、33 页。

② 同上书,第 26、34 页。

③ Aristotle, *The Politics*, trans., Carnes Lord, Chicago: University of Chicago Press, 1984, p. 37. 中文版见亚里士多德:《政治学》,吴寿彭译,北京:商务印书馆,1983 年,第 8 页。

组成家庭和城邦的能力;这背后的基础又是人类的语言能力。① 在亚里士多德这里,人类语言与其他动物不同的特殊之处就在于:动物也可以有声音,表达快乐和痛苦,但只有人能够用语言来阐明利弊和正义的问题。如果说,赫拉利所说的"虚构"是人类语言的特殊运作形式,那么表达"正义与不正义"则是人类语言的特殊内容,它们是人类语言特殊性的两个侧面。

无论如何,根据赫拉利,人类语言的某种特殊之处,为人类带来的最大好处,即生存优势,是真实可见的。但是另一方面,更重要的是,如果我们跟随亚里士多德,把人类语言看作政治的起源,那它就不仅仅具有带来生存优势的工具价值,而且还具有道德伦理的含义:区分出文明和野蛮。

赫拉利提到,自然状况下,黑猩猩族群一般不超过50个成员,因为随着成员数量的增加,共同体的秩序会动摇和分裂。不同的黑猩猩族群之间,也很少合作且容易为了食物发生战争,它们没有办法与不熟悉的同类和平共处,更不用说分工合作了。② 而人类文明其中一个特殊之处,就是可以形成稳固的共同体,规模远超其他动物。在共同体之内,人们不再以暴力博杀,而是用相对和平的手段即话语的博弈(政治)来解决争端。在这里,我们就很容易理解,语言使得人类共同体与黑猩猩族群的差别不再仅仅是能力的强弱问题,而变成了道德上的差别。因为我们相信,使用语言来交流和辩论,内在地包含了对对话对象的最低限度的承认。我们相信,诉诸话语和诉诸战争,不是不同的政治原则的区别,而是政治与非政治的区别,是城邦与丛林的区别、文明与野蛮的区别。这至今仍是西方主流的基本政治观念,也是现代日常生活中最根本的信念之一。从亚里士多德到霍布斯,再到哈贝马斯,许多西方政治思想家都是遵循以话语代替强力—暴力冲突的思路来建构政治的基础。于是,人类相对于其他动物来说,就不仅仅具有生存优势,还具有道德优势。因为人的生存更多地依赖语言,而不是暴力,所以人类是更文明、更道德和更高贵的动物。

语言如何从一种人与动物的自然差异,到一种工具价值意义上的生存优势,再到一种伦理价值意义上的道德优势,以上是一个基本的论述。其中,伦理意义上的优势主要是因为语言被看成是暴力的反面。

---

① 现代动物行为学中,与此观念相反且值得注意的研究有两类,一类是从生物学的角度来系统地解释人的社会性行为,比如爱德华·奥斯本·威尔森出版于1975年的《社会生物学》,以及贾雷德·戴蒙德1991年出版的《第三种黑猩猩:人类的身世与未来》;另一类是研究动物特别是群居灵长类的类似人类政治的现象,比如弗朗斯·德瓦尔在1982年出版的《黑猩猩的政治》。
② 尤瓦尔·赫拉利:《人类简史:从动物到上帝》,林俊宏译,北京:中信出版社,2014年,第26-28页。

二、命名的暴力与语言的堕落

但真的是这样吗？

亚里士多德对人类的高贵不是没有过犹疑,他说:"正如当人成就正义之时他是最善的动物,当他违背正义之时,他就是最恶劣的动物。因为当有了武装支持,不正义到达最高程度;人类天生拥有的武装是为了(用作)审慎和德性,但这一武装却也很容易用在相反的地方。这就是为什么,没有德性,他就是最不神圣和最野蛮的动物,特别是在淫欲和贪食方面。"①这段话说明,亚里士多德已经意识到,人可以在道德上优越于动物,也可以比动物更加恶劣。换言之,人一旦暴力起来,野蛮和丑陋程度远超其他动物,这是很早就被发现了的一个现象。

然而,亚里士多德仍然只是想强调,城邦的生活对人作为人的重要性——脱离了城邦的伦理生活,人也不会变成与其他动物一样,而是会更加恶劣。归根到底,对亚里士多德来说,对暴力的弃置,是人性的基本规定;而暴力,被认为是人性的反常。也就是说,亚里士多德对人类比动物更加暴力的一面有所意识,但并没有把它与人类的语言(政治)能力(人性)联系起来思考,而仅仅将这一过度暴力看成是政治的缺乏。然而,这种解释最多只能够说明人类如何变得与动物一样,但并不能说明人类如何能够比动物更加暴力。

将人类拥有的独特语言能力与人的过度暴力的一面之间联系起来的,是齐泽克(Slavoj Žižek)。针对"语言就是暴力的反面,是和平的开始"这样的政治学,齐泽克问道:"假如事实正好相反,人类在暴力方面的能力胜过动物正是因为人类说话,又会怎样? 正如黑格尔已经意识到的,在对事物的符号化之中存在某种暴力的东西,等同于它被玷污。……语言简单化了被指涉之物,将之贬低为某个单独的特征。它肢解事物,破坏它的有机统一,将它的局部和属性当成是自主的。"②

齐泽克对这一观点的具体展开是精神分析式的:语言让欲望突破界限,变成了一种溢出的和过剩的欲望;过剩的欲望产生过剩的攻击性,就是我们上面所说的过度暴力。这种暴力,乃是以语言这种人所独有的能力为基础。正是由于这样的过剩的欲望以及攻击性,

---

① Aristotle, *The Politics*, trans, Carnes Lord, Chicago:University of Chicago Press, 1984,p. 37. 中文版见亚里士多德:《政治学》,吴寿彭译,北京:商务印书馆,1983 年,第8 页。

② Slavoj Žižek, *Violence:Six Sideways Reflections*, New York:Picador, 2008, p. 61. 中文版见斯拉沃热·齐泽克:《暴力:六个侧面的反思》,唐健,张嘉荣译,蓝江校,北京:中国法制出版社,2012 年,第55 页。

人可以比动物更为暴力。① 所以，人类的暴力与动物的暴力的一个重要区别就在于：动物的暴力来自自然的需求，自然需求的满足就是这种暴力的界限；而人类的暴力则来自虚构的欲望，虚构的欲望永不满足，伴随的暴力没有界限。换句话说，与自然界的其他动物相比，人类的暴力是"过度"。

抛开精神分析的术语，我们仍可以认为，这种暴力最简单的原理，存在于人类语言对事物的命名当中。命名并不仅仅是某物与某个信号（sign）的对应关系，而首先是如卡西尔（Ernst Cassirer）所说的"每一物都要有一个名称"这个普遍原理，它是从具体到普遍的飞跃。② 我们通过语言层面的操作把事物纳入我们的意义世界当中，作为一个符号，而且必然是在我们的生活中有意义的符号。这个命名者，实际上就是规定了这个话语空间（意义世界）的权力—力量的化身，他必须是一个"主人"；这个规定的操作，也就是齐泽克所说的必然带有暴力的环节。齐泽克正确地指出："言语的暴力并非次要的扭曲，而是每一种特定的人类暴力的最基本手段。"③根据齐泽克的观点，命名中的暴力，是最基础的暴力，当命名的操作背后有一个总体性的、封闭的意义世界——其封闭乃是由于拉康所说的主人能指的"缝合"操作（缝合为一个封闭的整体）。也就是说，为了规定出一个话语空间，事物本身必须被肢解、阉割和片面化，否则它就无法被主人的权力整合到意义世界中。

当这一暴力被实施在动物身上，正如雅克·德里达（Jacques Derrida）在《我所是的动物》一文中所说："在非人类中……存在着一种其他生物的巨大的复多性，这些生物用任何方式都不能被同质化于被称为普遍的动物或动物性的类别之中，除非用暴力和故意的无知的方式。"④在这样的暴力之下，不同的动物之间，以及同一种动物的不同个体之间的差异，都被一笔勾销了。这一"人类中心幻想"传统，穿透了千年的西方思想史，即便在海德格尔（Martin Heidegger）这样的西方文化彻底的反思者身上也不能避免。约翰·格雷（John Gray）批判道："海德格尔不论观察什么事物，都是把它与人类的关系作为视角。相对于动物与人类的差别，动物之间的差别毫无意义。软体动物和老鼠是相同的，蝙蝠和大

① Slavoj Žižek, Violence: Six Sideways Reflections, New York: Picador, 2008, pp. 62 - 63. 中文版见斯拉沃热·齐泽克：《暴力：六个侧面的反思》，唐健，张嘉荣译，蓝江校，北京：中国法制出版社，2012 年，第 56 - 57 页。
② 卡西尔在承认人与其他动物都有"情感语言"的前提下，把"命题语言"作为人类语言的独有特点；此外，他甚至还关注到失语症病人的相关研究。参见恩斯特·卡西尔：《人论》，甘阳译，上海：上海译文出版社，1985 年，第 38 - 39,44 - 45 页。
③ Slavoj Žižek, Violence: Six Sideways Reflections, New York: Picador, 2008, p. 66. 中文版见斯拉沃热·齐泽克：《暴力：六个侧面的反思》，唐健，张嘉荣译，蓝江校，北京：中国法制出版社，2012 年，第 59 页。
④ 雅克·德里达：《我所是的动物（更多随后）》，《解构与思想的未来》，夏可君编校，杜小真，胡继华，朱刚，陈永国等译，长春：吉林人民出版社，2006 年，第 165 页。

猩猩也如此,獾与狼无异于螃蟹和飞虫。"①这难道只是一种认识论上的失误?或者仅仅是无知或者审慎不足吗?德里达并不这么认为,他的判断是:"所有非人类的生命与动物的普遍一般的类别相混乱,不是一个简单背离严谨思考、警惕、清晰或经验主义的权威的过失,而且是一个罪行。"②在德里达这里,我们也可以找到从语言哲学批判到一种道德话语的过渡,并且与动物问题紧密关联。

命名暴力的另一个结果是,在人类的世界中,符号逐渐代替了更原始的图像和象征。图像—象征与符号最根本的区别在于:图像—象征只是人对自然的模仿,人通过模仿自然的某些局部来与自然打交道,但是这个图像—象征背后还有一个对自然的总体的无限性的意识;符号是人自己构造出来的,一个意义世界,把自然的总体的无限性隔绝在外。这个环节可以被看作是人的语言真正脱离了动物的"声音"的关键,也是让人成为人的关键。赫拉利对这个转变有一个通俗说明:人从"啊!那边有只狮子,快逃!"(作为一种信号),进展到"啊!狮子是我们部落的守护神!"(作为一种符号)。③ 这是一个必须严肃对待的人类特质,符号没有办法被还原为信号,正如文化无法还原为物理现象。

在卡西尔的符号现象学,以及霍克海默(Max Horkheimer)和阿多诺(Theodor Wiesengrund Adorno)的"启蒙辩证法"那里,对这个转变都有肯定的成分,认为人类的文化创造就从这里开始。然而,本雅明(Walter Benjamin)基于其神学视野给出了一个相当负面的评价:语言的堕落。这与德里达关于"罪行"的判断如出一辙。在《论语言本身与人类语言》(*On Language as Such and on the Language of Man*)一文中,本雅明本来对"命名"有高度的肯定,他认为万物命名是上帝赋予人类的使命,根本上人类乃是"命名者",其语言即是命名语言。然而,必须注意的是,本雅明对人类语言的"命名"特质所持的肯定态度是基于"造物—人—神"的恰当关系:万物以无声的语言向人类传达自身,而人类以命名的方式向上帝传达自身。一种恰当的、未堕落的"命名"语言,首先基于对万物之无声、无名的表达的"倾听"。万物无声的语言表达,指的是其除了声音之外的呈现方式,比如形象等。人类语言之命名操作,也被本雅明称为翻译:将"无声"翻译成"有声",将"无

---

① 约翰·格雷:《稻草狗》,张敦敏译,北京:新华出版社,2017 年,第 63 页。
② 雅克·德里达:《我所是的动物(更多随后)》,《解构与思想的未来》,夏可君编校,杜小真,胡继华,朱刚,陈永国等译,长春:吉林人民出版社,2006 年,第 165 页。
③ 尤瓦尔·赫拉利:《人类简史:从动物到上帝》,林俊宏译,北京:中信出版社,2014 年,第 25 页。

名"翻译成"有名"。① 在这种原始的、崇高的命名中,人类传达了自身的精神,实现了自身的使命,固然是非暴力的。不但对万物没有施加暴力,而且还让无声的万物之精神得到了有声的直接表达,这是人类语言的内容根基。因此,堕落之前,人类的语言还不是虚构和空洞的符号。

然而,人类语言并没有持守住与万物、上帝的恰当系,正如人也并没有一直生活在伊甸园里。人类犯罪、进入尘世历史、语言堕落,才是历史的真实展开,这一点,我们只能回溯性地认识到——也就是说,只能接受。

本雅明所说的语言的堕落,不仅仅是符号代替了更原始的图像和象征,而且是语言变成纯粹的工具——或者说,人生进入了一种存在方式,其核心特点就是任意使用和奴役语言。语言的工具化,最有代表性的就是索绪尔的语言观:语言是符号之间任意组合的系统,符号与指称也是任意的组合,甚至可以变动、转移为虚构的空谈。本雅明试图表明,语言本来不是任意的,而是堕落为任意的,语言堕落为空洞的符号,是一个重大的历史事件:它即是人类世俗历史的起源。根据本雅明的说法,人类语言脱离了其根基(具体事物的表达的直接性),成为碎片般的符号,这就不再是对万物语言的翻译,而转变为虚构的、间接的和无根的语言,并伴随着"过度命名"(Overname)的现象。② 于是,语言的败坏又导向对万物的奴役。③ 或者说,以"过度命名"的方式,语言的堕落为人类对其他造物的抽象、阉割和操纵等暴力倾向提供了基础。在此意义上,语言的堕落与人的堕落是同一件事,都指向人类堕落之中所带有的深层过度暴力。

确实,在人类历史开启之后,比如在巴别塔神话中,语言往往只是一种协作的工具,再无其他;它甚至可以被用来反对上帝。但至此我们仍然没有说明,语言为什么同时也是权力统治的暴力工具,意识形态的暴力工具。为了说清这一点,我们必须从语言的哲学—神

① Walter Benjamin, "On Language as Such and on the Language of Man," in Marcus Bullock and Michael W. Jenings ed., *Walter Benjamin: Selected Writings, Volume 1: 1913—1926*, United States: Harvard University Press, 1996, pp. 69 - 70. 中文版见瓦尔特·本雅明:《论原初语言与人的语言》,《写作与救赎:本雅明文选》,李茂增,苏仲乐译,上海:东方出版中心,2009 年,第 12 页。

② Walter Benjamin, "On Language as Such and on the Language of Man," in Marcus Bullock and Michael W. Jenings ed., *Walter Benjamin: Selected Writings, Volume 1: 1913—1926*, United States: Harvard University Press, 1996, p. 73. 中文版见瓦尔特·本雅明:《论原初语言与人的语言》,《写作与救赎:本雅明文选》,李茂增,苏仲乐译,上海:东方出版中心,2009 年,第 15 - 16 页。

③ Walter Benjamin, "On Language as Such and on the Language of Man," in Marcus Bullock and Michael W. Jenings ed., *Walter Benjamin: Selected Writings, Volume 1: 1913—1926*, United States: Harvard University Press, 1996, p. 72. 中文版见瓦尔特·本雅明:《论原初语言与人的语言》,《写作与救赎:本雅明文选》,李茂增,苏仲乐译,上海:东方出版中心,2009 年,第 15 页。

学批判转向权力批判和政治批判。

三、人类学机器

当我们从本雅明的观点回撤到一个对人类文明保留着某些赞同的立场,当然也可以合理地说,语言的命名功能本身不完全是坏的,它毕竟是人类展开生活世界和文化世界的关键环节。但问题的实质在于,必须意识到,命名本身只是对自然的某个侧面的截取,而上帝创造的自然本身总是溢出命名的范围。当人类沉浸在以命名形成的符号世界中,失去了对这一世界的有限性的意识和批判的时候,命名就带有一种先天的暴力结构。也就是说,问题并不在于人类用符号构筑了一个世界并生活在其中,而在于人类把自己构筑的符号世界当成了唯一的世界;问题也并不在于人类用词语去命名万物,而在于人类没有限制住自己的过剩欲望,而把万物困锁在词语当中,进行无止境的使用和榨取。这个时候,原来对自然的无限性的意识(用宗教的语言说则是"对上帝的意识")已经退场了,代之以对共同体内部权力结构的绝对性的认可。由此,我们从语言基本结构中的暴力批判,转到一种政治上的意识形态批判。

不难看到,在人类通过语言构筑起来的最初的政治共同体中,不会说人话、不会大规模协作的动物,从一开始就是以"被排除"的方式纳入人类的意义世界的;它们没有政治共同体的入场券(语言能力),却又不可避免地被卷入人的世界。换句话说,人类最初正是凭借对动物的排斥,才建立起"我们"。这种排斥(同时也是建立—生产),正是乔治·阿甘本(Giorgio Agamben)所说的"人类学机器"(Anthropological Machine)[1]的主要功能。人类学机器,一种生产"人"的语言装置,其运作的基本方式就是区分和排斥,首先是区分人与非人、人与其他动物。在通过这种方式建构起来的共同体生活世界中,动物的命运必然就是被使用、压榨和奴役。这一点,是本雅明的语言学批判已经预示过的。但阿甘本的功劳在于,他进一步指出:人类也以同样的方式对待自身,从而生产出既不是动物生命也不是人类生命的"赤裸生命"(bare life)。[2] 由此,阿甘本打开了一个生命政治的论域。他写道:"在我们的文化中,决定性的政治冲突,支配着每一个其他冲突的冲突,就是人类的动物性和人性之间的冲突。也就是说,西方政治在其起源处就已然是一种生命政治。"[3]

人与非人的区分概念(中国古代也有类似的话,比如"人之异于禽兽者几希"),比现

---

① Giorgio Agamben, *The open : man and animal*, trans., Kevin Attell, Stanford University Press, 2004, p. 37.

② Ibid., p. 38.

③ Ibid., p. 80.

代生物学古老得多，其哲学内涵对人类文明的影响极为深远。所以，人类学机器的排斥功能，不可能以理想中的人与动物的生物学区分为界限；它早就开始作用在人类世界内部，在极端情况下，甚至把某些在生物学上还可以称作人的动物，变成不具有"人性"的赤裸生命。也就是说，这个人类学机器当中所蕴含的先天暴力特征，并不会一直稳定在某个固定的范围，正如人与动物的边界一直都在变动，指出这一点的，正是阿甘本。

比如，最直接的例子，就是提出"人是政治的动物"的亚里士多德本人生活的世界。他所说的城邦公民，真正的自由人，其实在当时是非常少数的男性奴隶主，剩下的女人、小孩和奴隶，都没有被看作是真正的"人"，虽然他们跟城外的野兽还是有区别的。在古希腊，人类学机器的原理已经显明，古希腊人在自身当中辨认并分裂出了对立的动物性和人性（语言—逻格斯—理性），然后把后者当作是人的真正"本性"，把前者排斥成"非我"；这样一来，被认为是更接近动物性的，缺乏理性的，比如女人、小孩和奴隶，都不被承认是真正的人。这正是阿甘本所说的"在人之中生产出非人"（the non-man produced within the man）"在人类身体中分离出动物"（the animal separated within the human body itself）。①

相似的例子，从古到今不胜枚举。在资本主义发展早期，奴隶贸易盛行的时候，黑人是不是人成了问题。奴隶主可以用各种各样的"科学理论"来证明黑人其实不是人，更接近非人的动物，比如他们的头骨构造不同，他们长相粗野等。在现代社会，如果把某个个体视作一个"人"，意味着尊重和保障他在这个人类的共同体当中的基本权利，那么，处于资本主义晚期的无产者（无消费能力的人）是不是人，其实也成了问题。一个人类个体，若没有 ID，没有"医保卡"，他很有可能作为"赤裸生命"死在医院门口。显然，这就是人类学机器的排斥逻辑；而且是人类学机器的真实运作状况；甚至，这就是现在人类社会运行的内在真理。② 在这里，极具讽刺意味的是，被亚里士多德看作是作为政治动物而生存的人类，却因为政治而无法生存。③

从这个角度，我们或许可以尝试着理解，为什么建立在"人类学机器"基础上的人类政治，根本无法避免奥斯维辛这样的灾难。在纳粹统治下，人类学机器对人类生活和行为的潜移默化被体现得淋漓尽致。

---

① Giorgio Agamben, *The open：man and animal*, trans., Kevin Attell, Stanford University Press, 2004, pp. 37,39.
② 少数的"例外"却构成了一个社会的普遍真理，这在奥斯维辛事件中表现得最为典型。纳粹德国的真理不体现在当时的"大多数"集中营外的"日耳曼人"那里，而体现在"少数"集中营里的犹太人身上。犹太人在统计数据上占"少数"，但是他们才是纳粹德国的"真实面目"—"真相"。
③ 最早指出这一点的是"生命政治"概念的发起者福柯（Michel Foucault）。在福柯那里，生命政治是从 18 世纪开始的现代国家的产物，其主要特征是以"人口"概念为基础，把人的自然生命纳入政治权力的治理范围。相关内容可参见福柯：《生命政治的诞生》，莫为民，赵伟译，上海：上海人民出版社，2018 年。

首先,大屠杀无法仅仅归咎于天生罪犯、虐待狂、社会异端或道德缺陷的社会个体,相反,绝大多数参与大屠杀的刽子手都是当时甚至也是我们今天所说的"正常人"——这被齐格蒙·鲍曼(Zygmunt Bauman)称为"今日的常识"。[①] 这说明,所谓的普通人和正常人,在人类学机器的影响下,可以理所当然地做出任何的恶事,并将之看作理所当然。戈培尔(Paul Joseph Goebbels)在日记中写道:"他们永远是犹太人,就像我们永远都是雅利安人种的成员。"[②]这并非掌权者的个人观点,而是阿甘本所谓人类学机器运行(排斥犹太人)的结果。

其次,即便社会中受过所谓高等教育的、掌握了人类文明精华的精英分子,也难以抵抗这种影响。纳粹德国的文化精英就共同参与并见证了犹太人非人化的过程:近两百名医生参与了对犹太人、俄国和波兰囚禁者的人体实验,其他上千名医生知道这些实验的存在,但他们并没有觉得在实验中对这些"低等人种"的伤害会是什么道德伦理问题。[③] 鲍曼指出:"大屠杀在现代理性社会、在人类文明的高度发展阶段和人类文化成就的最高峰中酝酿和执行,从这个意义上来说,大屠杀是这一社会、文明和文化的一个问题。"[④]这一论断实际上从根本上质疑着人类所谓文明的高度或文化的高峰,并要求一种彻底的反思、反省。

集中营的犹太人,是典型的赤裸生命,是被剥夺了政治生命、被剥夺了 ID 的人。幸运的是,根据二战之后关于奥斯维辛的研究数量来看,作为人群内部被沦为赤裸生命的犹太人,他们得到了伦理学的大量关注。而不那么幸运的是,其中极少有研究把这个机制追溯到动物的问题上。即便是发扬光大了"赤裸生命"这个概念的阿甘本,一开始也没有去仔细思考这一事实:在人类社会中,非人动物天生就是赤裸生命。这一生命政治的种子,从人类学会用命名的暴力来创造自己的世界开始,也就是从人类有文明开始,就已经埋下了。当人类通过区分和排斥其他动物,赋予自己生杀予夺的权力,在人群内部生产赤裸生命的人类学机器也已经架设完毕,随时可以投入使用。今天,人类内部的生命政治通过技术和资本运行,比古代更为隐秘。正如王庆丰所说,生命政治在古代是赤裸裸地剥削,但今天是以扶持生命的形式来剥削。[⑤] 其内在逻辑是一样的,即把人变成"资源"。我们在电影《黑客帝国》中看到最极端的想象——培养皿之中的人肉电池。在人类的一面,或许

---

① 齐格蒙·鲍曼:《现代性与大屠杀》,杨渝东,史建华译,彭刚校,南京:译林出版社,2011 年,第 26 页。
② 同上书,第 98 页。
③ 彼得·辛格:《动物解放》,孟祥森,钱永祥译,北京:光明日报出版社,1999 年,第 103 页。
④ 齐格蒙·鲍曼:《现代性与大屠杀》,杨渝东,史建华译,彭刚校,南京:译林出版社,2011 年,第 5 页。
⑤ 王庆丰:《〈资本论〉中的生命政治》,《哲学研究》,2018 年第 8 期。

情况确实是如此——剥削变得隐秘,但是在另一面即动物的处境中,一切仍然是那么赤裸,甚至更加残酷。在前工业化时代,家畜起码能够过上基本正常的生活;现在的工业化养殖,所有的动物都要按照产业的需求来对待,而它们自身仅仅是材料和资源。关于动物的悲惨状况,已经有太多材料和证据,本文不再一一罗列,此处想指出的仅仅是,在深层的逻辑上,其他动物的命运与人类自身的命运通过"人类学机器"而相互关联。所以,2002年阿甘本的《敞开:人与动物》这一著作的独到珍贵之处在于,对彼得·辛格(Peter Singer)在上个世纪70年代就指出过的"物种歧视"与"种族歧视"之间理论和实践上的同根同源①给出了一个比功利主义更深刻的哲学阐释。

据此,我们不再有理由说,动物的问题和人的问题两者是不同的领域,是一个先后的关系,其中人的问题具有绝对优先性。彼得·辛格在批判"人类优先论"时说,虽然人的时间精力有限,但帮助动物绝对有资格进入应该关切的重大议题行列;而且根据经验,那些主张先帮助人的人,往往既没有帮助人也没有帮助动物,相反,那些能够去帮助动物的人,也会帮助人。② 这已经是一个基本说得过去的说法了,但是我们还可以把这个说法深化一下。第一,要指出,在理论根源上,就像我之前说过的,人的尊严的确立、对动物地位的确立以及对人与自然特别是动物之间的关系的重构,三者是同一个问题的不同侧面。我们不可能只顾人的或只顾动物的就把问题全盘解决了,并不存在先解决人的问题再解决动物的问题这种事。这种想法本身的无反思性,就是阻碍问题解决的其中一个重要因素。第二,要更深入地思考辛格提到的这种经验现象:能够去帮助动物的人,往往也会更多地去帮助人。我们绝对不能把这一现象仅仅当作是司空见惯、平淡无奇的普通常识而打发掉,或者仅仅贴上标签,说这些人有较多爱心和同情心;必须从中看到改变的可能性,看到人类学机器被调停的可能性。

总之,动物问题触及了人类命运的根本,人对动物的看法在哲学上的改变,并不仅仅意味着对某种外物的知识性的改变或拓展,同时也意味着人对自己的认识的改变——这种自我认识的意义超出单纯的认识论,直接涉及伦理和政治的开端。我们没有办法只在单纯的人文主义意义上去取得突破,一个重要原因就是它没有办法跳出诸多理论预设;人与动物(非人)之间的区别,以及这种区别在人的尊严和价值的确立方面的基础地位,就是其中之一。

以人和动物之间的区分为基础的政治学,不可能对人有真正的尊重,也不可能对其他

① 彼得·辛格:《动物解放》,孟祥森、钱永祥译,北京:光明日报出版社,1999年,第103页。
② 同上书,第264-266页。

生命有真正的尊重,因为这种区分的本质就是暴力的,一种语言本身的先天暴力,形而上学的暴力。所以,伦理学不能仅仅看到人,只看人,解决不了人的问题。反过来说也一样,动物伦理学也不能仅仅关心动物,因为人对动物的暴行,必然蔓延到人类内部。只有保持这一意识,动物伦理学才不仅仅是作为环境伦理学的分支学科的"关于动物的伦理学",而是以动物问题入手重新反思伦理学、政治哲学,甚至整个人文学科的根基的"动物哲学"。

在哲学上重新思考动物生命,确实困难重重。最主要的有两个。第一个困难在于思想,我们想要在如此深层的理论根基上有所变革,许多我们所依赖的概念,所遵循的思想前提,都变得可疑,有待厘清。第二个同样重大的困难在于实践,真诚忏悔并否定自己曾经的生活方式,是一个勇气的问题,它构成了实践上有所改变的前提条件。我们不一定能够接受本雅明那种对整个人类生活都是"戴罪"的(带有强烈宗教色彩的)判断,但是至少可以接受一种真诚的反省的要求。当我们尝试返回哲学家们在巩固或解构人与动物的边界的那些时刻,就会在反省中看到,与当下的习俗和偏见斗争不仅可能而且必要。阿甘本复活的"赤裸生命""神圣人""人类学机器"等概念,就是这种斗争的产物。如果说,人类学机器不断地(通过排斥)生产"赤裸生命",是西方政治的底色,以及政治灾难的来源,那么如何调停人类学机器(而不仅仅是让它换一种面目运行),就是阿甘本指出的政治哲学的出路和方向。①

The Violence and Liberation of Language:
from Animal Ethics to Bio-Politics(Part One)

LI Jinheng

【Abstract】 Since Aristotle, language ability has been considered as the basis of human politics, and as the key to the transition from violence to peace. But now perhaps more attention should be taken to the other side of human language, the primitive violence of symbolization. Language dismembers the thing by naming and classifying it. Benjamin describes this violence as the fall of human language. By this language of violence, human distinguish themselves from other animals, and accomplish their self identity. This operation is called

---

① Giorgio Agamben, *The open: man and animal*, trans., Kevin Attell, Stanford University Press, 2004, p. 38.

Anthropological Machine in Giorgio Agamebn's writing. It is in this sense that other animals do not have any power of discourse. As a result, the violence of symbolization in language is without restraint throughout the history of the relationship between human and other animals. It is a prelude to more serious trouble of bio-politics within human being. To this extent, how to stop or mediate that violence, is not a question only of Animal Ethics, but also of human's bio-politics. Moreover, by facing this question, Animal Ethics will beyond the ethics about animals, and become the Animal Philosophy in which we can rethink the ground of ethics.

【Keywords】 Language, Violence, Anthropological Machine, Animal Ethics, Bio-Politics

【美德法理学】

美德法理学:以美德为中心的裁判理论①

[美]劳伦斯·索伦②(著)

胡　烯③(译)　王凌皞④(校)

【摘要】"美德法理学"是运用美德伦理学的资源来回答法理学中心问题的规范性、解释性法理论。本文重点是发展以美德为中心的裁判理论。对这一理论的阐释始于对司法品格(judicial character)之缺陷的探究,比如腐败和不胜任。接着,本文将论述司法美德,包括司法智慧,它是实践智慧(phronesis)的一种形式,或明智的实践判断。以美德为中心的正义观,反对公平理论优先于正义理论的主张。作为一种品质特征的美德中心性(centrality of virtue),可以通过将正义的美德分析成构成性要素的方式揭示出来。这些要素包括司法公正(对受判决影响的那些人不偏不倚的同情)和司法整全性(尊重法律并关心其融贯性)。本文认为以美德为中心的理论能解释,具有美德的实践判决(virtuous practical judgment)在将规则适用于特定事实情况时所扮演的角色。此外,它主张以美德为中心的裁判理论能最好地解释合法的司法分歧这一现象。最后,以美德为中心的进路最能解释衡平实践,即根据法官对个别事实情形之具体特性的理解来超越法律规则的僵硬适用。

【关键词】伦理学,正义,法理学,法,美德

---

① 本文译自 Lawrence Solum, "Virtue Jurisprudence: A Virtue-Centred Theory of Judging", *Metaphilosophy*, Vol. 34, Nos.1/2, (2003), pp.178 - 213.注释有删改,经授权发表。
② 作者简介:劳伦斯·索伦,美国乔治敦大学卡尔马克·沃特豪斯法学教授。
③ 译者简介:胡烯,西南政法大学博士后研究人员,研究方向为西方法理学、法社会学。
④ 校者简介:王凌皞,浙江大学光华法学院副教授,研究方向为法哲学、司法理论。

一、前言

"美德法理学"是规范性和解释性的法理论,它运用美德知识论①、美德伦理学②和美德政治学③等理论资源来回应法理学的中心问题④。在某种意义上,美德法理学是一种新理论,汲取了道德哲学最新发展的理论资源,但美德法理学同样是非常古老的理论,它根源于亚里士多德对伦理、政治和法之性质的理解⑤。美德法理学的中心议题是,其他关于法性质的竞争性理解存在严重缺陷,因为它们没有或无法提供一个充分的关于法与品格之间关系的解释。本文将在裁判理论语境中探究该主题的面相之一。

我将从对比当下法律理论的情势与几十年前——也就是(1997年)伊丽莎白·安斯库姆(Elizabeth Anscombe)写了《现代道德哲学》一文时——伦理学的情况,开启我对美德法理学的阐述。之后,我将粗略地勾勒出美德法理学可以涵盖的问题。在简略地考察这些主题之后,我将转向这篇文章的中心问题——以美德为中心的裁判理论之概述。最后,我主张以美德为中心的裁判理论提供了关于衡平实践的充分说明。但是,就这一点而言,与之竞争的裁判理论则陷入了困境。

---

① 参见 Linda Zagzebski, *Virtues of the Mind*:*An Inquiry into the Nature of Virtue and the Ethical Foundations of Knowledge*. Cambridge:Cambridge University Press,1996。同样参见 Fairweather and Zagzebski,Fairweather,Abrol,and Linda Zagzebski,editors,*Virtue Epistemology*:*Essays on Epistemic Virtue and Responsibility*. Oxford:Oxford University Press,2001。

② 美德伦理学的文献非常多。我自己的研究也特别受以下当代作品的影响:Philippa Foot, *Virtues and Vices*. Oxford:Clarendon Press,1978,2001;Rosalind Hursthouse, *On Virtue Ethics*. Oxford:Oxford University Press,1999;Alasdair MacIntyre, *After Virtue*:*A Study in Moral Theory*. London:Duckworth,1984;and Nancy Sherman, *The Fabric of Character*. Oxford:Clarendon Press,1989. See also Roger Crisp, and Michael Slote, editors. *Virtue Ethics*:*Oxford Readings in Philosophy*. Oxford:Oxford University Press,1997;Daniel Statman, editor, *Virtue Ethics*:*A Critical Reader*. Edinburgh:Edinburgh University Press,1997;and Roger Crisp, editor, *How Should One Live?*:*Essays on the Virtues*. Oxford:Clarendon Press,1996。

③ 参见 Roger Crisp, and Michael Slote, editors. *Virtue Ethics*:*Oxford Readings in Philosophy*. Oxford:Oxford University Press,1997,"前言"。

④ "美德法理学"这一表述是依照"美德伦理学"和"美德知识论"构词方式组合起来的。现今的美德法理学非常类似于早期的"美德政治学"。参见 Roger Crisp, and Michael Slote, editors. *Virtue Ethics*:*Oxford Readings in Philosophy*. Oxford:Oxford University Press,1997,"前言"。

⑤ 我对亚里士多德美德理论的理解来自多种文献。参见诸如,Sarah Broadie, *Ethics with Aristotle*. Oxford:Oxford University Press,1991;W. F. R. Hardie, *Aristotle's Ethical Theory*. Oxford:Oxford University Press,1980;Richard Kraut, *Aristotle on the Human Good*. Princeton:Princeton University Press,1989;Aristotle: *Political Philosophy*. Oxford:Clarendon Press,2002。同时参见 A. O. Rorty, editor, *Essays on Aristotle's Ethics*. Berkeley:University of California Press,1980。我同样受惠于 Gavin Lawrence 在加利福尼亚大学洛杉矶分校的亚里士多德伦理学课程,以及 Christine Korsgaard 在哈佛大学的亚里士多德伦理学研讨班。

（一）法律与现代道德理论

在 1958 年所写的《现代道德哲学》一文中，伊丽莎白·安斯康姆注意到在规范伦理学中占据着主导地位的道义论与功利主义进路长期存在的问题。现代法学理论与现代道德哲学之间存在紧密的联系。在思想史上，杰里米·边沁①的作品就体现着这种关联，他将法律与道德的概念性分离（conceptual separation）同功利主义法律改革计划结合起来②。当代法学学术经常借助道德理论（包括偏好满足功利主义③和康德④的道义论）来论证法律应当如何规定。这些规范性的法学理论都写给（广义上的）法律制定者，包括立法者与裁判者。受罗尔斯《正义论》⑤及其自由主义⑥和社群

① See generally Jeremy Bentham, *A Fragment on Government*, edited by J. H. Burns, Ross Harrison, and Herbert L. Hart. Cambridge：Cambridge University Press，1988. *An Introduction to the Principles of Morals and Legislation*, edited by J. H. Burns, Herbert L. Hart, and J. Rosen, Cambridge：Cambridge University Press，1996.

② 法律实证主义与法的规范性批判之间的关系是有争议的。Frederick Schauer（Frederick Schauer，"Positivism as Pariah." *In The Autonomy of Law*：*Essays on Legal Positivism*, edited by Robert P. George. Oxford：Clarendon Press，1996）阐明了这样的观点，即法律实证主义通过明确区分法律与道德，使对法律的道德批判成为可能。Julie Dickson（Julie Dickson，*Evaluation and Legal Theory*. Oxford：Hart Publishing，2001）批评了这一主张，因为它包含了"愿望主导的思考"（wishful thinking）。迪克逊认为法律实证主义是关于"法律是什么"的理论，也即确定法律这一社会实践的必要和充分条件的理论。因此她主张，法律实证主义所带来的有利结果，不能视为接受法律实证主义作为一种关于法律性质的理论主张。对法律实证主义的接受，必须以事实上它是否抓住了法律的必要和充分条件为依据；任何有利结果都只是副现象。对这一问题的讨论超出了本文的范围，但一个简要的观察是例外，迪克逊的主张假定"法"是一种社会实践，它的性质由构成其概念结构的必要和充分条件所决定。然而，如果法律是一种社会实践，那么其本质就是可争议性，可修改性，由此可见，法律实证主义确实是规范性的立场，也不应指责肖尔的理论是一种"愿望主导的思考"。

③ 偏好——满足功利主义为绝大多数规范法经济学提供了道德基础。一般性的评述，参见 Louis Kaplow, and Stephen Shavell, *Fairness Versus Welfare*. Cambridge, Mass.：Harvard University Press，2002。

④ 参见诸如 David C. Bricker, "A Kantian Argument for Native American Cultural Survival." U. of Detroit Mercy Law Review 76：789ff，1999；Alice Haemmerli, "Whose Who? The Case for a Kantian Right of Publicity." Duke Law Journal 49：383ff，1999；Robert F. Housman, "Kantian Approach to Trade and the Environment." 49 Washington and Lee Law Review 49：1373ff，1992；Richard B. Lillich, "Kant and the Current Debate Over Humanitarian Intervention." Journal Transnational Law and Policy 6：397，1997；R. George Wright, "Treating Persons as Ends in Themselves：The Legal Implications of a Kantian Principle." University of Richmond Law Review 36：271ff，2002.也见参见 1987 康德法学理论研讨会。

⑤ 一般性地运用罗尔斯的理论，以及以各种形式运用它的原初状态，在法学界已经司空见惯。参见诸如 Thomas H. Jackson, *The Logic and Limits of Bankruptcy Law*. Cambridge, Mass.：Beard Books, 1986.（破产法）；Wendy J. Gordon, "An Inquiry into the Merits of Copyright：The Challenges of Consistency, Consent, and Encouragement Theory." Stanford Law Review 41：1343ff，1989.（知识产权法）；Christopher H. Schroeder, "Rights Against Risks." Columbia Law Review 86：495ff，1986.（侵权法）。也参见 Lawrence B. Solum, "Situating Political Liberalism." Chicago-Kent Law Review 69：549ff，1994b.（探讨法学学术和司法观念中对罗尔斯理论的运用）。

⑥ 当代的经典是 Robert Nozick, *Anarchy, State, and Utopia*. Oxford：Basil Blackwell，1977。在法学中的运用，参见诸如 Donna M. Byrne, "Progressive Taxation Revisited." Arizona Law Review 37：739ff，1995；Joseph H. Carens, "Aliens and Citizens：The Case for Open Borders." Review of Policy 49：251ff，1987；Frank J. Garcia, "Trade and Inequality：Economic Justice and the Developing World." Michigan Journal of International Law 21：975ff，2000. Barnett（Randy Barnett, *The Structure of Liberty*. Oxford：Oxford University Press，1998.）提出了一套有影响力的自由主义理论。也参见 James E. Fleming, "The Parsimony of Libertarianism." Constitutional Commentary 17：171ff，2000.（讨论巴内特），Lawrence B. Solum, "The Foundations of Liberty." Michigan Law Review 97：1781ff，1999.（讨论巴内特）。

主义①批评者的启发,政治哲学的发展受到法学界的密切关注。

然而,和其他领域不同,道德哲学的晚近发展却并未反映在法哲学中。为哲学家或法律人所精通的法哲学直到最近才开始关注 20 世纪后半段道德理论领域最重要的发展——美德伦理学的兴起。

其他领域论文与专著的大量涌现,表明哲学家对美德伦理学有着极大兴趣。② 法学界的情况却迥然不同,至少对普通法传统中的法学家而言,功利主义与道义论依然占据着主流地位。③ 然而主流之外也有例外④,比如在反托拉斯法⑤、公民权利法⑥、公司法⑦、刑

---

① 在 Michael J. Sandel, *Liberalism and the Limits of Justice* (Cambridge：Cambridge University Press,1988)中,可以找到一项杰出的社群主义批判。关于法学界的讨论,参见诸如 C. Edwin. Baker, "Sandel on Rawls." U. Pa. Law Review 133：895ff, 1985；William E. Forbath, "Constitutional Welfare Rights：A History, Critique, and Reconstruction." Fordham Law Review 69：1821ff,2001；Kevin P. Quinn, "Viewing Health Care as a Common Good：Looking Beyond Political Liberalism." Southern California Law Review 73：277ff,2000。

② 参见上页注释 2 的文献。

③ 关于搁置美德伦理学,而具体地自觉选择讨论道义论和功利主义,参见 Strudler, Alan, and Eric W. Orts., "Moral Principle in the Law of Insider Trading." Texas Law Review 78：375ff.(1999, 381 - 82 n. 20)：出于本文的目的,我们将视功利主义为道义论的主要规范论替代选项。这么做,有两个理由。首先,在内幕交易这类主题的研究中,经济分析的倡导者经常将功利主义视为经济分析的道德基础……其次,在历史上,功利主义被看作道义论最强劲的对手……出于篇幅的考虑和编辑的要求,我们将对道德理论的讨论做出一些选择,并忽略除道义论和功利主义之外的理论探讨。这并不表示我们对美德伦理学、道德发展理论、社会契约理论,抑或任何其他道德理论的不敬。

④ 参见诸如 Robert J. Araujo, "Moral Issues and the Virtuous Judge：Reflections on the Nomination and Confirmation of Supreme Court Justices."Catholic Lawyer 35：311ff,1994；Donald F. Brosnan, "Virtue Ethics in a Perfectionist Theory of Law and Justice." Cardozo Law Review 11：335ff, 1989；Miriam Galston, "Taking Aristotle Seriously：Republican-Oriented Legal Theory and the Moral Foundation of Deliberative Democracy."California Law Review 82：329ff, 1994；J. L. A. Garcia, "Topics in the New Natural Law Theory." American Journal of Jurisprudence 46：51ff., 2001；Steven J. Heyman, "Aristotle on Political Justice." Iowa Law Review 77：851ff, 1992；Linda R. Hirschman, "The Virtue of Liberality in American Communal Life." Michigan Law Review 88：983ff, 1990；Linda R. Hirschman, "The Book of 'A.'" Texas Law Review 70：971ff,1992。

⑤ Elbert L. Robertson, "A Corrective Justice Theory of Antitrust Regulation." Catholic U. Law Review 49：741ff,2000。

⑥ Robert J. Araujo, "Justice as Right Relationship：A Philosophical and Theological Reflection on Affirmative Action." Pepperdine Law Review 27：377ff,2002, 433 - 34。

⑦ Mark Neal Aaronson, "Be Just to One Another：Preliminary Thoughts on Civility, Moral Character, and Professionalism." St.Thomas Law Review 8：113ff,1995；Stephen M. Bainbridge, "Community and Statism：A Conservative Contractarian Critique of Progressive Corporate Law Scholarship." Cornell Law Review 82：856ff,1997；Caryn L. Beck-Dudley, "No More Quandries：A Look at Virtue Through the Eyes of Robert Solomon." American Business Law Journal 34：117ff, 1996；Jeffrey Nesteruk, "Law, Virtue, and the Corporation." American Business Law Journal 33：473ff,1996a；Jeffrey Nesteruk, "The Moral Dynamics of Law in Business." American Business Law Journal 34：133ff, 1996b。

法①、劳动法②、环境法③、侵权法④、法伦理学⑤、军事司法⑥、教育法⑦与公法⑧研究等领域。

当然,"美德伦理学"与"美德知识论"都不是铁板一块的理论,我不能试图呈现它们任何一个进路的完全成型的版本。我将假设(而非主张)这样一个命题:将亚里士多德的伦理学视为美德伦理学的范例⑨。就目前的可能性而言,我将试图回避不同种类的美德伦理学与美德知识论的多种争论。在本文中,我不会对美德理论展开辩护或反驳其批评者。

---

① 参见 Kyron Huigens, "Virtue and Inculpation." Harvard Law Review 108:1423ff,1995; Kyron Huigens, "Virtue and Criminal Negligence." Buffalo Criminal Law Review 1:431ff,1998; Kyron Huigens, "The Dead End of Deterrence, and Beyond." William and Mary Law Review 41:943ff,2000a; Kyron Huigens, "Rethinking the Penalty Phase." Arizona State Law Journal 32:1195ff,2000b; Kyron Huigens, "Solving the Apprendi Puzzle." Georgetown Law Journal 90:387ff,2002,以及 Eric L. Muller, "The Virtue of Mercy in Criminal Sentencing." Seton Hall Law Review 24:288ff,1993。

② Alison M. Sulentic, "Happiness and ERISA:Reflections on the Lessons of Aristotle's Nicomachean Ethics for Sponsors of Employee Benefit Plans." Employee Rights and Employment Policy Journal 5:7ff,2001.

③ Jeffrey Gaba, "Environmental Ethics and Our Moral Relationship to Future Generations:Future Rights and Present Value." Columbia Journal of Environmental Law 24:249ff,1999a; Jeffrey Gaba, "Environmental Ethics and Our Moral Relationship to Future Generations:Future Rights and Present Virtue." Columbia Journal of Environmental Law 24:249ff,1999b. and Bradley A. Harsch, "Consumerism and Environmental Policy:Moving Past Consumer Culture." Ecology Law Quarterly 26:543ff,1999.

④ Heidi Li. Feldman, "Prudence, Benevolence, and Negligence:Virtue Ethics and Tort Law." Chicago-Kent Law Review 74:1431ff,2000;参见 Kenneth W. Simons, "The Hand Formula in the Draft Restatement(Third)of Torts:Encompassing Fairness as Well as Efficiency Values." Vanderbilt Law Review 54:901ff,2001。

⑤ Robert J. Araujo, "The Virtuous Lawyer:Paradigm and Possibility." SMU Law Review 50:433ff,1997; Robert F. Cochran, "Lawyers and Virtues." Notre Dame Law Review 71:707ff,1996; Robert F. Cochran, "Crime, Confession, and the Counselor-At-Law:Lessons From Dostoyevsky." Houston Law Review 35:327ff,1998; Robert F. Cochran, "Professionalism in the Postmodern Age:Its Death, Attempts at Resuscitation, and Alternate Sources of Virtue." Notre Dame Journal of Law Ethics and Public Policy 214:305ff,2000; Heidi Li. Feldman, "Codes and Virtues:Can Good Lawyers Be Good Ethical Deliberators?" Southern California Law Review 69:885ff,1996; Heidi Li. Feldman, "Beyond the Model Rules:The Place of Examples in Legal Ethics." Georgetown Journal of Legal Ethics 12:409ff,1999; Perkins 1998; Thomas L. Shaffer, "The Legal Profession's Rule Against Vouching for Clients:Advocacy and 'The Manner That Is The Man Himself.'" Notre Dame Journal of Law, Ethics and Public Policy 7:145ff,1993; Smith, Abbe, and William Montross, "The Calling of Criminal Defence." Mercer Law Review 50:443ff., esp. 511–33,1999; Paul R. Tremblay, "The New Casuistry." Georgetown Journal of Legal Ethics 12:489ff,1999b.

⑥ Walter M. Hudson, "Book Review, Obeying Orders:Atrocity, Military Discipline, and the Law of War." Military Law Review 161:225ff,1999; Mark J. Osiel, "Obeying Orders:Atrocity, Military Discipline, and the Law of War." California Law Review 86:939ff,1998.

⑦ Mark Neal Aaronson, "We Ask You To Consider:Learning About Practical Judgement In Lawyering." Clinical Law Review 4:247ff,1998; Linda R. Hirschman, "Nobody in Here but Us Chickens:Legal Education and the Virtues of the Ruler." Stanford Law Review 45:1905ff,1993.

⑧ Paul R. Tremblay, "Acting 'A Very Moral Type of God':Triage Among Poor Clients." Fordham Law Review 67:2475ff,1999.

⑨ 亚里士多德的思想是否包含了现代意义上的美德伦理学,还有争论;我不会介入这一争论。对我的目的有帮助的立场,我归结到亚里士多德,即使它最终被证明是一种与亚里士多德自身理论不一致的新亚里士多德的变体。

（二）美德法理学

全面理解美德伦理学与知识论对法学理论的影响,是一个非常宏大的主题。以下是美德法理学所提出的主题:

1. 美德伦理学对理解立法的恰当目的具有启发意义。如果法律的目的就是使公民有美德(与效用最大化或列出一组道德权利不同),那么它对法律的内容有何启发呢?①

2. 美德伦理学对法伦理学具有启发意义。当前,合乎伦理的律师执业(ethical lawyering)的进路强调道义论的道德理论,也就是说,对当事人的义务和尊重当事人的自主性,这些道义论的进路都反映在为律师、法官和立法者设计的各种职业行为准则中。我们能怎样从以美德为中心的视角重新构思法伦理学呢?②

3. 对正义美德(特别是亚里士多德与阿奎那的自然正义理论)的解释,对于理解自然法学家与法律实证主义者之间关于法的本质之争,具有启发意义。③

然而,在这里我将把我的关注点限制在这样一个范围内:以美德为中心的进路对规范性裁判理论具有怎样的启示意义。这些理论回答了这样一个问题:法官应当怎样解决呈现在他们面前的争议? 以美德为中心的裁判理论就以下几点给出了一个答案:法官应当依据美德裁判案件,或者说,法官形成的判决,应当是一个具备美德的法官将会做出的。

作为澄清,我并不是主张法学理论应当以法官为中心。④ 我也不会作出任何有关司法造法(judicial lawmaking)与立法之相关优点(relative merits)的主张。⑤ 这些都是美德法

---

① 关于亚里士多德思想中守法与美德之间关系的讨论,参见 Richard Kraut, *Aristotle: Political Philosophy*. Oxford: Clarendon Press,2002。强调将塑造美德作为法之目的的当代进路,参见 Robert P. George, *Making Men Moral: Civil Liberties and Public Morality*. Oxford: Clarendon Press,1995。

② 一个强调美德,尤其是实践智慧,但并非根植于当代美德伦理学的论述,参见 Anthony T. Kronman, *The Lost Lawyer: Failing Ideals of the Legal Profession*. Cambridge, Mass.: Harvard University Press,1993。更直接结合法伦理学与美德伦理学的论述,参见上页注释 5 的文献。

③ 亚里士多德的正义观与有关法的本质的争论之间的关系,显然是难以厘清的。对亚里士多德的一个很有启发性的解读,参见 Richard Kraut, *Aristotle: Political Philosophy* (Oxford: Clarendon Press,2002,pp.98-177)对《尼各马可伦理学》第五卷具有启发意义且重要的讨论。

④ 尽管我的讨论是关于裁判理论的,但并不意味着美德法理学仅应当关注法官的美德。除裁判理论以外,完备的美德法理学还将对立法者、裁判者、公民以及其他法律行为者(legal actors)之美德作出说明。然而,裁判是一个重要的例子,至少某种程度上因为裁判理论在当代法理学中是一个突出的主题。

⑤ 一般内容,参见 Jeremy Waldron, *The Dignity of Legislation*, 189ff. Cambridge: Cambridge University Press,1999。

理学必须抓住的重要主题。以美德为中心的裁判理论只是一个切入点。①

（三）什么是以美德为中心的裁判理论

1. 超越一种"薄的"司法美德理论

有一种观点认为，司法美德的观念可能不会引起争议。因为就任何一种规范性裁判理论而言，为促成一个好法官，都有一套与之相应的对于品性的理解。如果对我们将称之为"美德"或"卓越（excellence）"的性质不那么苛刻，我们将给出对应于不同裁判理论的关于司法美德的理解。

罗纳德•德沃金（Ronald Dworkin）的整全法理论提供了这样的一种裁判理论典范。② 大致而言，我们可以说德沃金认为法官应当依据规范性的法律理论裁判案件，这种规范性的法律理论能最好地符合和证立（fits and justifies）作为整体的法律。因为若要法官可靠地这样做，他们就必须具备我们可称之为司法美德的特定品格（characteristics）——合乎法官角色的卓越品质。比如，在德沃金的理论中，作为理智美德的理论智慧，显然是在裁判中做到卓越的一个先决条件。德沃金构想的法官赫拉克利斯，通过构建能符合与证立整全法的理论来裁决案件。这项任务只能由这样一些人来完成，他们能够把握法律的复杂性，同时能看到可概括到"法律是一张无缝之网"这句标语中的多种法律原理之间精微的关联。③

不同的规范性法学理论得出的适用于裁判的美德清单，可能会存在差异。如果对任何合理的规范性司法裁判理论而言，一些司法品格特质对于形成值得信赖的好裁判，都具有必要性，那么，对于这些品质的理解，我们可以称之为司法美德的"薄"理论。我们可以

---

① 其他近来运用亚里士多德思想推进裁判理论发展的成果，参见 Mark C. Modak-Truran，"Corrective Justice and the Revival of Judicial Virtue." Yale Journal of Law and Humanities 12：249ff, 2000. 和 Rebecca S. Henry，"The Virtue in Discretion：Ethics, Justice, and Why Judges Must Be 'Students of the Soul.'" New York University Review of Law & Social Change 25：65ff, 1999。笔者之前关于以美德为中心的裁判理论研究，包括 Lawrence B. Solum，"The Virtues and Vices of a Judge：An Aristotelian Guide to Judicial Selection." Southern California Law Review 1730, 1988；Lawrence B. Solum，"Virtues and Voices." Chicago-Kent Law Review 66：111ff, 1990；Lawrence B. Solum，"Equity and the Rule of Law." *Nomos* 34：120ff, 1994a。

② 参见 Ronald Dworkin，"Hard Cases." In Taking Rights Seriously, 81ff. London：Duckworth, 1978；也参见 Ronald Dworkin，Law's Empire. Oxford：Hart Publishing. Troels Engberg-Pedersen, 1983. *Aristotle's Theory of Moral Insight*. Louisville, Ky.：Westminster/John Knox Press, 1986。

③ Maitland（F. W. Maitland，"A Prologue to a History of English Law." Law Quarterly Review 14：13ff, 1898, pp.13.）："这就是历史的统一，任何试图谈及它一部分的人，必然会觉得他的第一句话就撕开了一张无缝之网"；也参见"环球航空公司诉美国证券交易所"（1990, 685）（讨论"不断提及的法律的无缝之网"）；克兰沃特•本森有限责任公司（上诉人）诉林肯市议会（多个被上诉人之一）1999（切汶里的戈夫法官的意见）。

将这种"薄"理论类比于罗尔斯的"基本善"①,有时它可以(尽管是错误地)理解成实现人们设想良善生活(good life)的通用概念工具。在这一图景中,司法美德仅仅是为人们设想良好裁判这一观念而要求裁判者具有的品格特质。因此,"薄的"司法美德也许包含了作为理智美德(intellectual virtues)的理论智慧(theoretical wisdom),它对于法官理解复杂的法律材料似乎是必要的。同样地,无须考虑某人关于好裁判的具体理论,也可以断定,特定恶习会阻碍值得信赖的良好裁判的形成。怯懦、卑屈地寻求他人认同的法官,或许无法坚持运用任何融贯且合理的司法决策理论。对于放纵和贪婪的法官,我们也可以做出类似地主张,他们易于卷入交易或收受贿赂。因此,勇敢与节制可视为"薄的"司法美德。

2. 以美德为中心的理论的特点

本文的重点在于,将以美德为中心的裁判理论视为美德法理学的一个组成部分。目的在于提供论据,使以美德为中心的理论具有说服力。但为了完成这项任务,我们需要某些确证,将以美德为中心的裁判理论区别于可归入与其相竞争的裁判理论模型中的司法品性理论。以美德为中心的理论有何独特之处呢?

我将从阐明以美德为中心的裁判理论与"薄的"司法美德理论之间的区别出发来进入这个问题。可以从两个方面区分以美德为中心的裁判理论与"薄的"司法美德理论。首先,以美德为中心的理论并不局限于那些工具性的为形成好判决服务的品格特征,而"好判决"的标准则为任何一种初步成立的法律裁判理论都能共享并接受。因此,我提出的理论可以看作是一种"厚的"司法美德理论,以区别于"薄的"司法美德理论。但是,"厚"并不足以使一项理论以美德为中心。比如,也许整全法可被归入一套"厚的"司法美德理论。赫拉克利斯也许需要司法整全的美德,即对法律融贯性的特别关注。而这项美德也许对行为功利主义的裁判理论并不重要。②

其次,一套"薄的"司法美德理论不会将重点放在司法品性上,而是注重司法判决本身。很多规范性裁判理论都是以判决(或结果)为中心的。一套以判决为中心的理论给什么应视为一项好的、正当的、正义的或法律上有效的判决提供了准据。因为在一套以判决为中心的理论中,正确判决的观念是首要的,而司法美德都是从它衍生出来的。因此,德沃金对赫拉克勒斯的描述是从好判决的标准开始的,之后构建了能够做出这种判决的

---

① 参见 John Rawls, *A Theory of Justice*. Cambridge, Mass.: Harvard University Press.1999 § 60, pp. 347 – 50。
② 我并不是主张,行为功利主义不能提供支持司法整全性的理由。我仅仅是意指,一个人完全可以主张,关注整全性并不意味着,这项美德就会成为一套理论判定司法判决结果之正确性的确证。相反,规则功利主义的裁判理论也许需要司法整全的美德。

理想型法官。我将以最重要的、对具有美德的法官之解释为出发点,然后引申出美德裁判(virtuous decision)这一观念。

作为澄清,让我们考虑一些以美德为中心的裁判理论不必作出的主张。因为一套以美德为中心的理论,没必要主张仅仅(或者排他性地)依据美德就能解释审判。因此,一个完整的关于正确、公正的或者有美德的判决,必须同时包含关于这个世界的事实(包括法官裁定争议的事实)与法律事实(包括哪些法令已经被合法地制定出来了,哪些先前判决是约束性的先例等事实)。以美德为中心的理论必须主张,司法美德是最佳裁判理论的必要组成部分,而且司法美德发挥着核心的解释性和规范性作用。一套理论不会仅仅因为它未将解释性资源局限于美德,而失去它以美德为中心的地位。①

3. 研究的目的

我将以一段对本文研究目标的评论来结束导论。以美德为中心的裁判理论的发展,可以让我们在两个方面取得进步。第一,它将有助于我们对规范性和解释性法理学的理解;尤其是,以美德为中心的裁判理论,能够系统地串联起我们有关法官实际上如何做判决以及应当如何处理做判决的诸多看法。这是我的主要目的,同时这也是这篇文章的重点。

然而,发展美德法理学的第二个目的则是,为检验美德伦理学或美德知识论提供一个清晰的语境。比如,如果美德伦理学提供了一个真正能取代与其相竞争的道德理论(道义论与结果主义)的方案,那么它就必须能够充分地解决裁判中的个案。如果美德伦理学所提供的对裁判的解释,能够比道义论或结果主义道德理论提供的裁判理论更好地符合我们对审判的合理看法,那么我们就有理由支持美德伦理学,反对与之相竞争的理论。

对于第二个目的,有一种观点认为,美德法理学提出了一项特别是对美德伦理学而言,需要充分回应的挑战。我们大致可以说,美德伦理学特别适用于解决伦理生活中那些道德规则(moral rules)无法妥善处理的重要内容。伦理学的兴起是基于这样一个观察,即没有一个主导的伦理决策程序可以用来解决一切道德问题。② 对于美德伦理学而言,更难应对的是,遵循规则与决策程序具有较强的直觉合理性。裁判似乎应是这样一种范例,我们在这一过程中要遵循限制性规则与透明的决策程序。如果美德伦理能进一步处理裁判中的这些问题,那么它将在很多人认为它将失败的地方取得成功。

---

① 事实上,很难想象一套理论能够不涉及美德之外的概念来解释裁判。关于这个世界和法律的事实,对描述法官主审的案件来说,显然是必不可少的。问题并非我们是否要将这些事实纳入以美德为中心的理论。而不如说,问题是这些事实怎样与司法美德相关联。

② 参照 John Rawls, "Outline of a Decision Procedure for Ethics." Philosophical Review 60: 177ff, 1951。

二、以美德为中心的裁判理论概要

现在,我将简要勾勒以美德为中心的裁判理论,这部分的任务是,对良好司法品性进行说明。这项任务将分四步完成。第一步是概述法官会存在系统性缺陷(systematically defective)的方式:什么是司法品性的典型缺陷? 第二步是对可以规避这些缺陷的司法品性进行说明:哪些品质使一个可靠、杰出法官成为可能? 第三步是对正义之美德的探究:什么样的心灵和品质使得一个法官堪称公正? 第四步也是最后一步是,阐述一种关于好判决的理论,它取决于良好司法品性的运用:正确的司法判决与良好的司法品性之间存在怎样的关系? 我们可以用美德话语重述这四个问题:

1. 什么是司法恶习(judicial vices)?

2. 什么是司法美德?

3. 什么是正义的美德?

4. 以美德为中心的裁判理论的结构是怎样的?

每一个主题都将依次进行探讨。

(一) 什么是司法恶习?

我将转而从对司法恶习的探讨着手。尽管对于什么构成一个良好司法判决存在相当大的争议,但对于真正差劲的法官的特质是怎样的,却存在相当程度的一致意见。让我们从这些简单的例子开始说明司法美德。

1. 腐败

第一个(也许是最败坏的)司法恶习是贪婪或腐败。从经验可知,腐败对法官而言是真正危险的。司法贪婪表现为公然、不加掩饰地索取或接受贿赂,也可表现在更难以察觉的财务利益冲突中。这类冲突可能是使司法判决的结果提前被知悉的交易,或创设一个使法官自己持有股份的公司受惠的先例。[①] 当然,腐败并非唯一的司法恶习,但司法腐败是特别败坏的,这是因为法官处在受信任的位置上,也因为司法腐败将使无力保护自身的无辜第三方遭受极度不公。易言之,一个贪婪的判决,会否定被告或当事人的依法应得。腐败在司法品性中是一个尤其可憎的恶习,因为我们期待法官能够模范地展示其对法律的尊重。一个腐败的法官过于重视物质回报或他们能得到的享受,并因为错误的理由而

---

① 关于司法腐败的一般背景以及控制司法腐败的努力,参见《1993 年国家司法纪律与免职委员会》;Maria Simon,"Bribery and Other Not So 'Good Behaviour':Criminal Prosecution as a Supplement to Impeachment of Federal Judges." Columbia Law Review 94:1617ff,1994。

从错的人那里接受了错误的好处。

然而，需要注意的是，我们对司法贪婪的反对，并不局限于当事人得其所应得。很多司法判决都是自由裁量的。且不论德沃金意义上的"疑难案件"是否包含自由裁量这一具有争议的问题，在很多争点上，初审法官的很多裁定（例如，为特定争点作证的目击证人的数量）并不受规则的严格限制。对这类问题做出的腐败裁定是恶的，即使这类裁定并未否定任何一方有权享有的东西。事实上，这项腐败的判决是错误的，即使实际上它给予了双方在法律上所应得的。因接受贿赂而作出正确判决的法官，也好不到哪里去。

2. 公民懦弱

第二种恶习是司法懦弱。我并不是指单一的或主要对物理危险过度害怕的性情倾向。美国与英国的法官很少会因为做出了正式判决，而蒙受遭伤害的巨大风险。也许在其他法律文化中，这类风险会更普遍；例如，在哥伦比亚，毒枭恐怖分子对法官的报复就很常见。即使是在一个安定的社会中，听说有法官遭遇死亡威胁也并不罕见。然而，更为常见的是，法官害怕丢了职位或者丧失升迁的机会。比如，在美国，国家司法体系中的法官选举是很平常的。在某些法律系统中，法官可以通过公务员系统，从基层法院晋升到高层级法院。即便是在终身制的系统中（比如美国的联邦系统），提升到高层级法院或者其他更显赫位置的机会，取决于避免在涉及公共利益的案件中做出不受欢迎的判决。简而言之，法官可能会担心公众和强势力量的意见，同时也会担心这些意见对他们的社会地位造成的影响。具有公民懦弱这项恶习的法官，过于关心他们的前程和社会声望，因此，他们会基于错误的原因，在错误的场合，为自己的名声考虑而举棋不定。

懦弱的判决是败坏的，与前面得出腐败判决是败坏的这一结论是出于同样的原因。那些因为害怕不能连任，而针对不受欢迎的刑事被告的那些法官，可能会做出不公正的判决，因为他们否定了被告所应得的。更进一步而言，即使判决的结果在法官自由裁量的范围内，并且事实上这项判决也是法律上正确的，这个懦弱的判决也应当受到批评。良好裁判要求以正当的理由，形成正当的判决。

3. 坏脾气

第三种司法恶习是坏脾气。尤其是在初审案件跟一般的民、刑事司法过程中，通常都充满了强烈的情绪。刑事被告、当事人与律师很可能不赞成、批评，甚至看不起审判人员。那些很快发怒或者心怀忿恨的法官，会不定期地爆发不恰当的情绪，这就很可能有损司法过程。他们的愤怒会笼罩在他们的判决中，导致他们做出错误的判决，或者以偏激的方式运用他们的自由裁量权。甚至在不恰当的愤怒并不直接影响诉讼程序的结果时，它也会有损司法参与者与公众对法官公正的信心。也正因如此,它削弱了作为冲突解决机制的司法过程的有效性,这种机制本应从当事人那里获得肯定和支持。

4. 不胜任

我已经讨论过的三种司法恶习(贪婪、懦弱和坏脾气),都涉及法官情感状态、情绪与欲望上的缺陷。那么,他们理智能力方面的缺陷呢? 许多时候,法律是精细和复杂的,一个法官可能因为没能掌握法律而犯错。当法官不能理解法律,那么他们的判决很可能不公正。不能理解复杂规则或细微差别的法官,缺乏可靠地实现目标,即得出法律上正确结果的能力。当然,即使是一个蒙住双眼的弓箭手也可能射中目标,一个不胜任的法官兴许也能碰巧得出一个法律上正确的结果。但如果要求以书面意见的形式来论证这个判决,即使是幸运地猜中了结果,也无从挽救一个没有能力明智地掌握法律的法官。在一个确立了遵循先例原则的法律体系中,一个很差劲的法官意见会导致很多其他案件的不公正,即使是在给出正确意见的案件中,其结果也可能不公正。

尽管法律人都很明白存在知识缺陷的法官的问题之所在,但是涉及这一恶习的公共词汇并不丰富。我们也许可以说,存在知识缺陷的法官不能胜任司法工作,我们也可以采用一个不那么直接的措辞,称这类法官"才能不足","有些迟钝",或者用更轻蔑的说法,"愚笨"。

5. 愚蠢

如果一种理智的不足(intellectual failure)同法律的复杂和精细相关,另一种理智上的不足就与缺乏明智的判断力有联系。称一个法官是愚蠢的,可能因为他难以区分什么是可行的,什么是不可行的。一个相关的不足是,没能力区分纠纷中的重要方面和无足轻重的方面。一个欠缺判断力的法官,不能辨别诚实的证人与说谎话的证人,或者不能区别积极辩护与欺诈性交易(sharp dealing)。如果一个法官缺乏常识和健全的实践判断力(sound practical judgment),即使她对法律理论的把握能力很强,还是可能犯严重的错误。

法官在实践判断上的不足,可能导致严重的后果。司法责任不仅限于弄清楚法律,并将它适用到无争议的事实这一简单任务。也许糟糕的判断力带来的危害的最清晰例证是复杂的禁止令(complex injunction)。当要求法官审查一个复杂的制度——比如一个刑法体系或学区(school district)制度,判断力差带来的后果会是非常严重的。正确地理解法律,能够帮助法官弄明白,持续地审查复杂的禁止令,其法律目的何在,但这还不够。即使在未对法律产生误解的情况下,一个不切实际的命令或者糟糕的资源分配也将导致骇人的后果。

让我们暂时停下来,去检验我们简单的、并不完整的司法恶习的序列。贪婪的、懦弱的、坏脾气的、愚蠢的或不切实际的法官,很可能在他们的判决中犯系统性的错误。什么样的品性特质能够规避这些缺陷呢? 什么样的品性特质能帮助一个法官形成出色的判决? 换言之,什么是司法美德?

(二) 什么是司法美德?

我们对司法恶习的考察表明,司法美德与人的卓越(human excellence)总体上有很多共同之处。理论和实践智慧的理智美德(intellectual virtues)与勇气、节制和好脾气等道德美德(moral virtues)都是在审判中表现得卓越所必备的,正如繁荣的人类生活也需要这些美德。将这一点反过来说,一个德行败坏的人(愚蠢、缺乏常识、贪婪、懦弱、易怒)就缺乏在任何职位上(包括以法官为业)取得卓越成就的条件。①

假设司法卓越品质要求至少具备某种程度的美德,下一步就是说明在审判语境中发挥效用的美德。我将简要描述司法美德的五个方面:(1)司法节制,(2)司法勇气,(3)司法持重(judicial temperament),(4)司法才智(judicial intelligence)与(5)司法智慧。我也将讨论正义的美德,但因为正义引起的特殊问题,会放到后面来讨论它。②

在此之前,要依次指出两个限制条件。首先,将这些特质称之为"司法美德",并不意味着对它们的根本性质有明确主张。司法美德的心理状态可能与一般的美德相同。司法美德的显著特征可能要归因于它所运用的语境③。因为法官扮演的特定角色与面对的情况不同于我们其他人所处的环境,他们所运用的美德可以用不同的方法来描述。其次,这里列出来的司法美德的清单只是说明性的,而不是穷尽的。④ 良好裁判除了要求具备这五项品性特质之外,还需要更多美德。

---

① 是否在所有人类事业上要取得卓越成就都必须要有美德,这一点对我而言尚不确定。比如,也许即使一个人德行败坏,也不妨碍他成为一个出色的画家或歌手。我在本文的主张是,对本质上是社会性和实践性的人类事务而言,美德是必要的。尽管在这里我并不会为这一主张提出任何辩护。

② 对司法美德的其他讨论,参见 Robert J. Araujo, "Moral Issues and the Virtuous Judge: Reflections on the Nomination and Confirmation of Supreme Court Justices." Catholic Lawyer 35: 311ff, 1994;也参见 Mary Ann Glendon, *A Nation Under Lawyers: How the Crisis in the Legal Profession IS Transforming American Society.* Cambridge, Mass: Harvard University Press, 1994; David Luban, "Justice Holmes and Judicial Virtue." *Nomos* 34: 235ff, 1992, 242 - 56; Terry Pinkard, "Judicial Virtue and Democratic Politics." *Nomos* 34: 265ff, 1992, 281 - 82。

③ 用"可能"这一表述意在表明,我在这里并非坚持某个立场。我没有排除这样一种可能性,即优秀法官所形成的情绪反应在心理上不同于那些没有扮演这一(或与之相似的)角色的人。

④ 很多读者建议将一些司法美德添加到我的德目中。比如,普通法体系中的法官有时需要写下证立其判决的司法意见。为了能够出色地完成这项工作,法官就需要特定的、可称之为美德的技能和能力——首先想到的是雄辩和机智。

1. 司法节制

首先探讨节制的美德。良好裁判要求一个人的欲望是有序的。当比较节制的法官与缺乏欲望控制力的法官时,这一点就很清晰。过于注重自己享乐的法官容易受诱惑;在享乐的诱惑下,一个法官容易在推理与司法过程中举棋不定。一个放纵的法官会沉溺于享乐,这就与其职务对严格审慎的要求背道而驰。因此,"像法官一样冷静"的说法,就体现了一个众所周知的理解,即过度沉溺于享乐将与司法角色的卓越品质相冲突。

就一般的节制而言,很难将司法节制的美德视为两种对立恶习之间的中道。禁欲主义可能与繁荣的人类生活相冲突,但它是否以一种不同的方式与我们对法官的要求相抵触,这一点尚不那么清楚。也许极端的司法禁欲主义,将会与同情和理解律师、当事人和证人的动机和期望的法官能力相冲突。如果说禁欲主义是一项司法恶习,就可以理解为这种品质与缺乏明智的实践判断存在关联。

2. 司法勇气

第二种美德是司法勇气,与公民懦弱的恶习相对应。勇气这项一般道德美德有时可视为亚里士多德中道学说相对清晰的例子。[1] 就"担心"这一道德中立的情感而言,勇气是中道的。过度担心的倾向就是懦弱。与之相反的恶习是鲁莽,它是欠缺担心的性情倾向。懦弱是指容易感到害怕,并且不敢冒值得承受的风险。一个鲁莽的人不能认识到真正的危险,而且容易在蛮横的冒险中受到伤害。

司法勇气是"公民勇气"的一种形式,这种品性特质区别于与物理性危险相关的勇气。具有勇气的法官会为了公正的目的,而不惜使自己的职业生涯和声誉蒙受风险。在裁判的例子中,将这种美德视为两种相反恶习的中道有一点困难。如果公民懦弱(过于担心风险)是一种常见的恶习,设想法官完全不关心自己的事业和名声有点难。在特定情形下,当牺牲不值得的时候,我们可以想见法官会毫不犹豫地将名声与影响抛诸脑后。但这种例子是特殊的,因为在一般情形下,我们相信法官在每个案件中(而不仅只是在重要案件中)都应当依照法律与正义的要求行事。即使是对小人物轻微的伤害,于法官而言也应当是重大的。[2] 也许在存在缺陷的社会中,一个人抵御严重不公的能力,取决于其是否愿意承受轻微的不公正,我们也许可以说,法官对判决不受欢迎的风险既无需太害怕,也不

---

[1] 对这一观点的质疑,参见 David Pears, "Courage as a Mean." In Essays on Aristotle's Ethics, edited by A. O. Rorty, 171ff. Berkeley: University of California Press, 1980。

[2] 正如勒恩德·汉德所言,"正是这些琐屑的、微不足道的、也正是小人物累积起来的伤害,是我们这里需要保护的……如果我们要保护好我们的民主,就必遵循一条戒律:正义不可配给"。

能太大意。然而,之所以称这种社会存在缺陷,仅仅是因为它将法官置于这般境地。

这并不是说法官不应当关心他的名声或者公共舆论。公共形象好的法官也许有能力从事好司法工作。公民鲁莽(civic rashness)确实是一项恶习。法官在不对的场合,因为不对的理由或是由于做了不对的事,而牺牲自己的名声是错误的。法官也许因法庭之外的行为而带来耻辱或嘲笑。但这里的缺陷并非对不受欢迎之判决导致的坏名声毫不在意,相反,可能也包括其他的缺陷。坏脾气、无节制、糟糕的判断力也许会导致名声不佳或者丧失获得公众嘉奖的机会,但是应当规避的这些恶习本身不可取,而不仅仅是因为它们表明公民勇气的缺失。

3. 司法持重

第三种美德是司法持重,与之对应的恶习是坏脾气。在法官选任中对司法气质的一贯重视,受亚里士多德对好脾气这一美德(或 proates)之说明的启发。动怒的倾向与所受挑衅和情势是成正比的。① 好脾气是愤怒倾向过度与不足之间的中道。大约在 1968 年至 1969 年,美国法官霍夫曼在芝加哥七人案(Chicago Seven)审判中的不当暴怒,是对过度(excess)之恶习的一个阐释:他极度的愤怒造成了这样的场景,即损害了公众对有序司法规制的信心。但是迟迟不能进入愤怒状态,也是一种司法恶习。面对不当行为难以形成恰当的愤怒,会造成相似的(如果是不那么戏剧性的)后果:失控的法庭与被告被限制和束缚的法庭几乎是同样败坏的。好脾气的美德要求法官以正确的理由、在恰当的场合感到气愤,同时他们以恰当的方式展示出这种愤怒。

4. 司法才智

司法愚蠢和无知的矫正形态是一种智慧(sophia),或理论智慧(theoretical wisdom)。我将使用司法才智这一术语,来指称法律理解和理论化方面的卓越品质。一个好法官必须精通法律②;而且,他必须具备进行复杂法律推理的能力。进一步而言,法官必须有能力抓住争议的事实,这些争议可能涉及诸如会计学、金融学、工程学或化学等具体学科。当然,司法才智总体上与理论智慧相关,但是不能将两者等同。在法律中塑造理论智慧的禀赋,可能不同于在物理学、哲学或微生物学中培养类似理智美德的禀赋。也有可能理论

---

① Aristotle, *The Ethics of Aristotle*: *The Nicomachean Ethics*, translated by J. A. K. Thomson, revised by Hugh Tredennick. London: Penguin, 1976, 1125b27 - 31.

② 法官必须在两种意义上精通法律。首先,他们必须在这样一种意义上精通法律,即他们必须实际上掌握与其裁判相关的大量法律知识。其次,他们必须在另一种意义上精通法律,也即具备足以保证他们能掌握法律知识的认知能力。第一种意义上的精通不是理智美德,第二种意义上的精通则属此列。然而,第一种意义上的精通是形成第二种意义上的精通的前提条件。

智慧于所有这些科目而言是一样的。如果确实如此,那么司法才智可能仅仅是一般理论智慧,并辅之以形成良好法律思维的技艺或本领,以及深厚的法律知识。

5. 司法智慧

在我的简单序列中,最后一项美德是对判断力差或愚蠢的矫正。我将用"司法智慧"这一术语来指称法官所具有的实践智慧这项美德:好法官在他对正当法律目的与方法的选择中,必须具备实践智慧。[1] 实践智慧是保证一个人在特定情境中做出良好选择的美德。具备实践智慧的人知道哪些目的是值得追求的,以及何种手段最适合于达成那些目的。司法智慧仅仅是法官运用到选择中的实践智慧美德。具有实践智慧的法官已经形成了懂得在具体案例中要追求何种目标,以及实现那些目标的方法选择上的卓越品质。在法学理论的著作中,卡尔·卢埃林的"情境感"这一观念,抓住了实践智慧这一理智美德所对应的司法智慧观念的中心内容。[2]

通过思考在司法语境中实践智慧与理论智慧的差异,可以将司法智慧的抽象理解变得更具体。具备理论智慧的法官掌握了法律理论,形成了进行复杂的司法推理以及洞悉法律原理之间微妙关系的能力。但即便是一个具备司法才智的法官,也未必就是一个可靠的好法官,即使他已经掌握了在司法判决制作中的正确程序。何以如此呢? 要回答这个问题,首先得厘清司法才智与司法智慧之间的区别。

作为理论智慧与实践智慧之差异的一个实例,考虑一下"金泰尔诉内华达州法院"一案中,美国最高法院对管控律师自由言论之宪法规则的说明。[3] 金泰尔(Gentile)在举行一场新闻发布会时,指控一个对其当事人不利的目击证人有犯罪记录,由此遭到内华达法院的处分。尽管法院基于其他原因变更了裁决,但代表法庭多数意见的首席法官伦奎斯特主张,《职业行为示范规则》中"重大偏见的实质可能性"标准并未侵犯律师的言论自由权;伦奎斯特法官否认某种版本的"明显且现实的危险原则"是宪法上的要求。

不论在金泰尔一案中,关于第一修正案之恰当标准的理论争议有什么法律理据,它都忽视了前加利福尼亚最高法院法官奥托·考斯在"杨格诉史密斯案"中所表达的重要实

---

[1] 我对实践智慧的理解,受很多著作的影响,参见例如 Alasdair MacIntyre, *After Virtue: A Study in Moral Theory.* London: Duckworth; Hardie, W. F. R., Aristotle's Ethical Theory. Oxford: Oxford University Press, 1980, pp.212 - 39; Troels Engberg-Pedersen, Aristotle's Theory of Moral Insight.Louisville, Ky.: Westminster/John Knox Press, 1983. 关于实践智慧与法律技能的讨论,参见 Brett G. Scharffs, 2001. "Law as Craft." Vanderbilt Law Review 54:2245ff。

[2] 参见 Lawrence B. Solum, "What Remains of Freedom of Speech for Lawyers after Gentile?" California Litigation (November): 16ff,1991, p.16。

[3] 同上。

践观点,此案所包含的争点与金泰尔一案非常相似。① 正如考斯法官所言:

> 对正确标准进行学究式的上诉争论,于那些喜欢这类事物的人而言是兴味盎然的,但对于必须终止带有偏见的审前舆论来源的主审法官而言,它是毫无助益的,或者如果最终被定罪,那么他可能会花费数周或数月来审理一个注定要被推翻的案件。(杨格诉史密斯 1973,160)

要求一名主审法官发现一个律师的行为产生了一定的风险,就"只是要求他将猜测假称是发现"(1973,164),考斯法官如是说。就我们的目的而言,考斯提出的观点主旨如下:理论上的熟练并不能替代实践判断。如果关于法官能做什么是建立在一个错误的假设之上,那么最符合言论自由原则的抽象标准也可能成为实践性的灾难。

奥托·考斯是普通法系中此种法官群体中的一员,这些法官群体的职业生涯可以作为实践智慧美德之典范,我将其称之为司法智慧。正如著名的上诉律师艾利斯·霍维茨对考斯的评价,"从很大程度上讲,他具备了所有重要的司法美德"。② 考斯在杨格案中上诉阶段的法官意见表明了司法智慧美德的重要性。显然,在审判阶段,常识是必要的:主审法官需要法律理论不能提供的管理才能。③ 但实践智慧美德同样是在上诉审判中取得卓越表现的前提条件④。实践智慧型法官对于现实生活中的律师和当事人将会对司法判决作出何种反应,具有直觉感知力。为了知道特定的教义规范在实践中是否会发挥作用,司法智慧是必须具备的。⑤

(三) 什么是正义的美德?

除上述清单之外还有一项美德,而且就法官而言,这项美德尤为重要。这就是正义的美德。我们并不打算像我们命名司法勇敢、司法智慧或司法气质一样,将这项美德的特有

---

① 杨格案是考斯法官在加利福尼亚上诉法院在任期间审理的。

② 参见 Ellis J. Horvitz, "Otto Kaus Remembered." Loyola of Los Angeles Law Review 30:961ff,1997。

③ 参见 Judith Resnick, "Managerial Judges." Harvard Law Review 96:374ff,1982。

④ 在对我前期著作的口头评论中,肯特·格林诺瓦特和芭芭拉·赫尔曼已经提出,上诉法官与初审法官的美德也许存在非常重要的差异。同时参考 Barbara Herman, 1988. "Comment on Gavison." Southern California Law Review 61:1663-64。"如果由社会角色来定义司法美德,也许需要好好问一下,是否存在跨越不同法院的角色统一性,来为'好判决'这个概念赋予充足的内容。如果确实存在显著的不同,就为从低层级法院向高层级法院的美德转变这一问题留下了空间。一个穷尽的美德清单没有回答问题,反而模糊了问题"。正如本文提出的,我并不相信这种差异是根本性的,只是对这个问题的充分讨论超出了我在本文的任务。

⑤ 对于实践智慧在上诉阶段的必要性,还有很多需要说明的。在这里,我只能给出一个未来的学术承诺。

司法形式命名为"司法正义"。这并不是因为它们之间没有关联,而恰恰是因为这种联系过于紧密。我们将高等法院法官称之为大法官(justices),将他们履职所在的建筑称之为"司法大厅"(halls of justice),同时,我们将他们从事的工作也就是"司法"称之为"掌控正义"(the administration of justice)。如果我们对法官有任何认识,那就是他们必须公正。如果法官应当具备任何美德,那他们理应具备正义之美德。

1. 正义的中心地位

如果正义是一项司法美德,那么它与其他美德的关系是怎样的? 似乎清楚的是,正义的美德处于中心地位。我们能够想象一个法官具有节制、勇敢及好脾气等自然美德。假设这位法官还具备了恰当的理智素养,在与法律相关的事项中具备较强的理解力、良好的实践感以及情境感。但是如果这个法官欠缺正义的美德,那么即便他具备了所有其他美德也无济于事。暂且搁置这样一个问题,即一个人是否有可能在欠缺正义美德的情况下,却具备其他所有的司法美德(比如自然美德)。① 为了论证的需要,如果我们能够想象这样一个不正义之人,他充分地具备才智与自然美德,但缺乏正义感。显然,这样的裁判者尤其会是一个败坏的法官。② 反过来看这个问题,如果一个法官欠缺自然美德,却具有完备的正义美德,也许我们就有了一位好法官,同时却又不那么好的一个人。在法庭之外,这名正义(却又满身恶习)法官的生活也许会是个灾难,但倘若他的所有判决都是正义的,我们也没有批评他的理由。

暂且搁置这一思想实验,对我们有用的假说是:要想在裁判中有卓越的表现,正义是一项必不可少的美德。没有正义感,不可能形成良好裁判。而具备了正义感,这个判决一定会是好的。我们也许可以说,正义是裁判的首要美德。

2. 正义是一项美德吗?

然而,若将正义之美德纳入以美德为中心的裁判理论,还存在一系列困难。困难之一就是很难确定"正义"在什么意义上是一项美德。亚里士多德将正义归到道德美德,但是他的一个(著名的)发现就是,将正义纳入美德的框架是困难的。在这里,美德作为道德上中性的情感状态而言,是两相对立的恶习之间的中道,比如情感或欲望。③ 如果正义就

① 结果很可能是,这个法官不可能具备"司法智慧"的美德或实践智慧,也会缺乏正义感。下文将涉及司法美德统一性的问题。
② 这名法官没有正义行为的倾向。即使他也会遵循法律,但他之所以会这么做,将仅出于具体原因,而非出自正义。比如,他做出的判决可能看上去是法律上正确的,但也许其动机是对荣誉和名声的考虑。但是一旦正义与荣誉不可兼得,他将会选择后者而牺牲前者。
③ 参见 Bernard Williams, "Justice as a Virtue." In *Essays on Aristotle's Ethics*, edited by A. O. Rorty. Berkeley: University of California Press, 1980。

是给予人们其所应得的,或行公平之举,那么与之对立的恶习是什么呢? 就个体而言,我们也许想将正义视为寻求多过自己所应得与少于自己所应得两种倾向的中道,但是这种方法有很多众所周知的困难,其中的一个难题即是,为自身考虑得太少通常不能当作不正义的例证。就法官而言,无论如何这种方案都是不可取的。在一般的案件中,法官通常不是基于为自身考虑而做出非正义判决的。①

如果正义不能适用节制、勇敢与好脾气的范式,那么它会是怎样一种倾向呢? 正义是一种性情倾向(disposition)或品格特征吗? 伯纳德·威廉姆斯认为,正义的结果这一观念优先于“公平或正义之人”的观念。这样的人是倾向于促进公正分配的人,他寻求公正分配、支持公正分配等(1980,196 – 197)。威廉姆斯接着说:“正义之性情倾向将引导正义之士抵制不公正的分配,而不论他们受何种驱使。”(1980,197,原文强调)按照威廉姆斯的理解,正义是一种美德,但它并不符合其他道德美德的范式。正义并不是有关道德上中性的情感或欲望的中道;相反,作为一项美德的正义,是以公平为目标的性情倾向(对一名法官而言,就是给予当事人各方其所应得的)。威廉姆斯认为,公平的司法判决这一概念,优先于正义之美德而存在。

威廉姆斯对正义美德的描述,给“以美德为中心”的裁判理论出了一道难题。如果正义的概念优先于正义之美德,那么规范性裁判理论就不能以美德为中心。当我们问法官应当如何审理案件时,似乎应当从这样一个理论问题着手,即什么样的结果可视为正义的结果。在此之后,我们可以接着思考,什么样的裁判方法最可能得出这类结果。这时,美德就成了工具,而非目的。良好裁判与一般道德和理智美德之间的关系就仅仅是偶然的了,它取决于这样一个经验性问题,即勇气、节制等品质是否事实上有助于形成合乎正义的判决。裁判中的正义美德就将源自一个人的公平理论,而非与之相反。

当然,即使正义的判决优先于美德,结果也可能是,正义的判决并非全然独立于美德。因此,最终结果可能是只有具备了恰当品质的人,才善于提出公正的方案来解决棘手的难题,或者辨别出疑难案件中的公正结果。威廉姆斯指出:“即便如此,重要的是,即使只有一个具有美德的法官或类似的人方能想到这一公正判决,我们也可以认为它完全独立于此人的品性。”(1980,197)进一步而言,可能最终只有具备美德的人,才会倾向于促进正义结果的出现。也就是说,在威廉姆斯的论述中,没有排除这样一种可能性,即作为一种

---

① 然而,也存在非一般案件。对司法贪婪之恶习的讨论提醒我们,有时法官在审理案件时确实会为自身考虑。当一个法官收受贿赂,或是在涉及自身经济利益的案件而未回避时,这种情况就会发生。

事实,行正义之举的性情倾向,绝不与贪婪、公民懦弱、坏脾气、愚蠢、糊涂等恶习相符合。① 用我前面提到的术语来说,威廉姆斯能够接受一套"薄的"司法美德理论,他也可能接受一套将特定美德认定为做出公正判决之工具的"厚"理论。

因此,如果我们接受正义在裁判中的中心地位,以及威廉姆斯关于正义的理论优先于正义的美德这一主张,那么,我们似乎就不能得出一个以美德为中心的理论。美德法理学如何回应威廉姆斯的挑战? 我将从再探正义的美德及其结构着手来回应威廉姆斯。

3. 正义的结构

如果正义是一种公平的倾向(给予各方其所应得),那么我们还能推进对这种倾向的探讨吗? 对于什么样的品质特征构成了正义美德,以及公平的倾向等问题,我们还能进行更具体的探讨吗? 公平感由什么构成? 什么样的情感和理智素养能促使和帮助法官做到公平? "公平"真的是"正义"的同义词吗? 或是说,正义、法律和公平之间的关系更为复杂?

思考一下我们可以称之为"司法不偏不倚"的品质,对涉及法律争议的当事人各方不偏不倚的同情和移情(empathy)的倾向。法官对一方的认同不应强于另一方;②但一个好法官必须能够理解出现在他面前的所有当事人的利益和诉求。与法官这一角色相符合的、对当事人各方的观点和利益的"偏倚"或认同的程度,与适用于其他情形的程度是存在差异的。家长应当偏爱自己的孩子,朋友之间也应当相互偏爱。而法官不能偏倚任何一方,而应当对出现在他们面前的所有当事人持适当程度的同情心与同理心。③ 具备同情心所需的恰当情感要素,并对他人利益不偏不倚的关心,部分地构成了公平的性情倾向。

还有另外一种品质与行正义之举的倾向紧密相关。一个好法官必须特别注重忠于法律,并重视法律的融贯性。让我们将其称之为"司法整全性"。④ 为什么这种品质是正义美德的组成部分呢? 部分答案包含在法与正义的关系这一复杂故事中。从常识上来说,我们能够领会它们之间存在某种关系。假设我们生活在一个拥有良法的相对正义的社

---

① 为避免混淆,需要提请注意的是,我不认为文中的这一段落是针对威廉姆斯对"以美德为中心"的裁判理论提出的挑战而做出的回应。

② "司法美德是使人们与其个人价值观和人生规划保持距离,并以客观的视角做出判断的那些美德。"Stephen Macedo, *Liberal Virtues.* Oxford:Clarendon Press,1990, p. 275。

③ 我并不是意在表明,法官永远不会偏心,或者没有担任法官职务的人绝不应该公正。我们所有人,不论是不是法官,都应当在适当的场合、对恰当的人、根据恰当的理由,有所偏向。同样地,当情况需要时,我们都需要公正的能力与倾向。

④ 司法整全性的美德用美德法理学的术语表达了在德沃金"整全法"理论中很多相同的目的。

会,在一般案件中,为公平起见,人们所应得的对应于法律所赋予他们的。有两个典型的理由来解释这种对应。一方面,良法符合道德和政治公平的标准。在这些案件中,忠于法律显然是公平倾向的组成部分。另一方面,根据我们与法治理想联系起来的价值,依法作出的判决是公平的。一旦偏离了依法判决,包括法律的规则性、公开性和普遍性在内的这些价值,将会受到威胁。即使当一个法官相信特定的法律规则也许会得到完善,在一般案件中,公正的判决要求忠实于法律。否则,法官将制造不确定性和非一致性。进一步而言,缺少了对法律的忠诚,将为其他纰漏(比如偏私)的出现留下余地,从而对法官的判决带来扭曲性的影响。

最后,正义感要求有能力感知特定情形的突出特征。在裁判的语境中,我们可以用卢埃林"情境感"这个术语,通过类比"道德视野"这一术语,我们可以说正义感要求具备"法律视野"(legal vision),也就是这样一种能力,即权衡案件并分辨哪些方面具有法律上的重要性。这就要求对法律的内容理智地把握,理解法律所服务的内在目的,并能分辨出特定案件中对这些规则和目的而言具有重要性的特征。① 因为正义的美德要求具备法律视野,所以它与司法智慧的美德联系紧密。

4. 正义与美德的统一性

因此,我们至少能分辨出三种正义美德的组成要素能适用于法官:司法不偏不倚、司法整全性、司法视野。然而,要注意的是,它不是像"喜跃"(party mix,品牌名——译注)中的多种坚果那样混合。相反,正义美德中的各个要素,就像蛋糕的各种配料那样结合在一起。其整体并不是简单的各部分之和。因此,同情地认可当事人利益,就使可预见性与确定性的法治价值鲜活起来,它促进了我所说的忠于法律这一司法整全性的面相。同时,倘若没有司法视野,即依据推动法治的目标和价值来分辨个案中法律相关各方面的能力,那么,忠于法律甚至都无法实现。

尽管可以将正义的美德拆分为不同组成部分,但只有它们呈现在一起时,各部分的价值方能得到充分实现。关于正义之统合性的这一观点,可以推及作为整体的司法美德。每一种司法美德都需要所有其他美德,而司法智慧之美德发挥了特殊的整合作用。这个观点已经由一个熟悉的定理表达出来了,即做对的事往往只能有一种方式,但犯错却有各种方式。只有所有的司法美德呈现在一起,它们才是完整的。

在得出此论点之后,我们现在可以回到之前对以美德为中心的裁判理论的探讨。

---

① 参见 Nancy Sherman, *The Fabric of Character*. Oxford:Clarendon Press,1989。

（四） 以美德为中心的裁判理论的结构是怎样的？

为简洁起见，我将以五项定义的方式来表述以美德为中心的裁判理论：

1. 一项司法美德是指某种心灵与意志可能的自然倾向，当它与其他司法美德同时呈现，能够可靠地促使具备此种美德的法官做出公正判决。这些司法美德包括却不限于节制、勇敢、好脾气、才智、智慧与正义。

2. 一位有美德的法官就是具备司法美德的法官。

3. 一个有美德的判决，就是在与此判决相关的情境中，由一位有美德的法官，出自司法美德而做出的判决。

4. 一个合法的判决，就是在此判决相关的情境中，一位有美德的法官将会（would）做出的典型判决。在这一语境中，"法律上正确"（legally right）这一术语与"合法的（lawful）"这个词同义。①

5. 一个公正的判决等同于一个合乎美德的判决。

以美德为中心的裁判理论的核心规范性命题是，法官应当具有美德，并做出合乎美德的判决。欠缺美德的法官应当以做出合法的判决为目标，而鉴于他们缺乏美德，也许不能可靠地做出这样的判决。缺乏司法美德的法官应当塑造它们。法官的遴选应当以司法美德的具备（或潜在地获得司法美德）情况为准据。

现在我们可以回到威廉姆斯的论点：公正结果的观念优先于，也独立于正义美德的观念。

就这种意义而言，在特定条件下，公正的判决之所以被认为是公正的，无须涉及法官的美德。为了把这个观点梳理清楚，我们需要对支持威廉姆斯论点的各种情况进行分类。在此之后，我们就能去思考那些并不适用于威廉姆斯论点的情形。

我们首先要考虑的情形是我们可称之为简单案件的情形。一些判决显然将会是公正的。

即使是那些法律知识掌握得不完备的人，或者美德的完备程度不高的人，也能认识到判决的公正性。然而，即使是在简易案件中，一个被个人利益完全蒙蔽的人，也不会认同关于公正结果的普遍共享的判断。

还有一些案件，其判决的公正性并不像简单案件那么明显。第二种情形我们可以称之为复杂案件。当法律复杂时，就要求具有高水平的司法才智来识别法律上正确的结果。

———————————

① 引入美德和正确判决之间的区别，是为了区分一个完全合乎美德的判决（由具有美德的法官出自美德做出）与仅仅是正确的判决（出于错误的原因做出）。为了在法律上正确，仅需要它是一个具有美德的法官在同样的情境下将会（would have）做出的判决。因此，一个法律上正确的判决也可以是基于恶意的原因而做出的。比如，一个腐败的法官接受贿赂做出的判决，可以与一个具有美德的法官做出的判决是一样的。

当事实复杂时,就要求具备其他理智技能(比如,高水平的情境感),来洞悉甚至是相对简单的法律规则需要些什么。因此,在复杂的案件中,情况可能是这样的,即只有那些同时具备了充分的法律知识并具备较高程度的司法美德的人,才能够充分理解哪个结果是公正的,以及为何这个结果是公正的。① 尽管我们也许可以说一个公正判决独立于做出此判决的特定法官的美德,但这并不意味着,此判决的公正性是独立于司法美德的。在一些案件中,公正的结果只能由具备美德的法官识别出来。

威廉姆斯将主张,不论是在简单案件还是复杂案件中,法律上正确之判决的标准都先于具备美德的法官。在复杂案件中,也许需要美德来识别这些标准,威廉姆斯会承认这一点,但是他仍会认为,决定结果之法律正确性的是法律规则与事实。在接下来的部分,我将证明在一些情形下,威廉姆斯的观点不能成立。

三、以美德为中心的解说的充分性

美德法理学是否提供了一套充分的裁判理论? 我将就两类案例来回答这个问题,一方面说明以美德为中心的裁判理论能以何种方式领会其竞争对手之洞见,另一方面阐明它是如何区别于这些竞争性理论的。第一类案例,是我称之为"作为守法的正义"的那类案例。在这些案例中,法律规则所要求的结果与我们的正义感是完全相符的。第二类案例,则是我称之为"作为公平的正义"的那类案例。② 作为公平的正义的案例涉及这样一种情形,其中仅由法治得出的结果,并不符合我们更广义上对公平的理解。

(一) 作为守法的正义

以美德为中心的裁判理论能够为法律规则决定合法的结果的案件(不论是简单的,还是复杂的)提供充分的规范性说明吗? 答案是肯定的。在很大程度上,对于在这些案件中什么构成了公正结果的问题,以美德为中心的裁判理论将同时与常识以及其他规范性裁判理论一致。正义美德通常要求根据法律条文做出判决。③ 当然,不同的规范性裁判理论给出的理由,即使是在简单案件中,也很可能是不同的。功利主义将强调证立了规则之正当性的好结果,也会强调如果法官没能坚持法律,损害了其创造的可期待性与确定性,而可能产生的坏的结果。道义论者可能会强调法律规则所保护的权利,以及未遵守已成

---

① 在这些案件中,我倾向于说,任何有美德的人都能发现哪个结果是正确的,以及为何它是正确的,但形成这种理解的过程可能涉及很多解释。

② 这种说法仅仅是符合罗尔斯意义上的"作为公平的正义"。

③ 参见 Richard Kraut, *Aristotle: Political Philosophy*. Oxford: Clarendon Press, 2002, pp.105 – 08, 117.

为合法性期待之来源的法律规则而产生的不公平。

"以美德为中心"的裁判理论的竞争对手将会认同这样一种观念,即只要是对法官可靠地遵从法律而言必要的那些司法美德,他们都应当具备。没有哪种合理的理论会与"薄的"司法美德理论相冲突。没有哪种明智的理论会对贪婪、懦弱、坏脾气、愚蠢与糊涂的法官漠不关心,同时也没有哪种明智的理论会主张我们不应当偏爱节制、勇敢、好脾气、有才智和聪明的法官。那么,以美德为中心与不以美德为中心的解释之间有何区别呢?

1. 解释依法律规则所做的判决需要美德

与其他裁判理论不同的是,以美德为中心的裁判理论主张,美德在裁判实践的解释和证立中是不可去除的一部分。根据以美德为中心的裁判理论,在个案中需要什么样的法律规则的整个故事中,美德是不可缺席的。如果排除了美德,这个故事就是不完整的。进一步而言,以美德为中心的理论认为,要想识别出法律上正确的结果,离不开司法美德。规则不能适用自身,将一般规则适用到个案中,总需要作出判断。需要实践智慧或良好的判断力来确保规则的正确适用。

通过想象一个上诉法官与其对话者讨论对初审法官事实认定的上诉审(appellate review),我们就能明白,在规则适用中实践智慧的必要性。对话者问:"为什么初审法官对事实的认定明显错误?"法官回答:"因为记录在案的证据不能充分支持他的认定。"对话者问:"你如何得出支持不充分的结论?"法官回答:"因为一个理性的事实认定者不会从那些证据得出这名法官的结论。"接着,对话者又问:"但为何一个理性的事实认定者不能做出必要的推理呢?"设想一下,这名对话者会对每一个法官的解释都要求有一个明确外在标准来界定何谓明显错误。回答必须在某个时候终止。如果提问者仍然不满意,法官将被迫这样来解释他为何没有进一步的论证:"因为这就是我理解它的方式,而我是一个称职的法官。我只能说这么多。"必须在某个地方停止解释。① 明显错误规则(the clearly erroneous rule)为实践判断在规则适用中的底线作用提供了一个特别清晰的例证,因为众所周知的是,不存在一个能将错误与正确清晰划分开来的标准。②

---

① 参见 Ludwig Wittgenstein, *Philosophical Investigations*, translated by G.E. M. Anscombe. Oxford:Basil Blackwell,1968,§1。
② 参见"美国诉美国铝业公司案"(1945,433)(勒恩德·汉德的判决意见指出,"试图界定'明显错误'一词的含义是徒劳的;那么,有用的说法是,虽然上诉法院对推翻法官之认定的犹豫程度会低于行政审判庭或陪审团,但即使如此,也能在充分说服的前提下,而非十分勉强地推翻其认定");同样参见 Edward H. Cooper, "Civil Rule 50(A):Rationing and Rationalizing the Resources of Appellate Review." Notre Dame Law Review 63:645ff,1988。以美德为中心的理论同样解释了这样一种观点,即"明显错误"规则的适用着眼于初审法官的美德。参见 James(Fleming James, and Hazard Geoffrey, *Civil Procedure*. Boston:Little, Brown,1985, §12.8, 668):"上诉法院倾向于依据其未声明的、对初审法官公正之心的信任程度,来决定是否接受初审法官的认定。"

最后,规则的含义以及它们应当如何适用,这些问题的一致与分歧都根源于实践判断。即便是对于一些简单案件,更多的则是对于复杂案件而言,在对适用于事实的规则存在底线性分歧的情况下,明确的理由也不足以解释为何一个判决是法律上正确的,而相反的判决则是错误的。

确实,以美德为中心的解释能让我们认识到这样一个事实,即法律判决的解释和论证不止发挥一种作用。在一些案件中,当一个法官解释一个判决时,其目的就在于揭示这样一些前提与推理,它们促使法官从关于法律和事实的公认前提推导出关于什么是法律上正确之结果的结论。然而,在其他一些案件中,解释发挥了不同的作用。当案件的判决是基于法律视野或情境感而做出的——也就是说,这个判决是基于司法智慧(或者说,实践智慧)而做出的——那么,这个解释的关键就是让他人看清楚此案的相关特征。这类解释则不会重新建立这个判决的过程;相反,它们旨在让别人也能获得实践智慧。

因此,伯纳德·威廉姆斯(1980)所声称的公正判决的观念"优先于公平或公正之人的观念",充其量也只是部分正确。即使当一个法官仅仅是将规则适用于事实,公正的判决的观念也不能与抓住案件显著特征的有美德的法官的观念脱离联系。美德,尤其是实践智慧的美德或司法智慧,是这个故事中居于中心并且无法舍弃的部分。

2. 以美德为中心来解释合法的司法分歧

在这一点上,有人会认为,由于不同的原因,以美德为中心的解释是失败的。有人可能会认为,以美德为中心的解释要求两个完全相同的案件所得出来的不一致的结论都是法律上正确的。[①] 正如我们所看到的,对以美德为中心裁判理论的明确的反对,实则说明了它的一大优势。以美德为中心的理论能解释这样一个事实,即在很多案件中,不止一种结果具有法律上的正确性。

反对的声音首先对准我们称之为"有美德之判决的多样性"这一假设。此假设的核心观点很简单:存在这样一些案例,其中不同的具有美德的法官会根据一项特定的争点和一组特定的事实,做出不同的判决。第二种假设我们可以称之为"法律上正确之判决的唯一性"。这一假设的观点是这样的:给定一项特定的争点和一组既定事实,针对这项争点做出的判决只有一个法律上正确的解答。可将这一主张称之为美德与合法性的同一(identity),即一个判决在法律上是正确的,当且仅当,它是一个具备美德的法官在相关情境下将会做出的判决。那么,争论的轮廓现在清晰起来了。从法律上正确判决的唯一性

---

① 我感谢菲利普·普尔曼(Phillip Pullman)强有力地提出了他的反对意见,并感谢琳达·扎格泽博斯基(Linda Zagzebski)帮助我得出呈现在这里的回应。

与有美德之判决的多样性来看,似乎可以得出,某些有美德的判决是不正确的。如果这些假设都为真,则可以得出,美德与合法性的同一为假。

第一个假设,即美德之判决的多样性,它主张两个不同的有美德的法官在同一案件中可以得出不同的判决。这种说法似乎是合理的。不同的有美德的法官在影响他们判决的方式上存在差异。他们有不同的经历与信念,而这些差异很容易影响到他们在各种法律问题上的决定(decision)。特别是在所谓的疑难案件中,美德判决的多样性的可能性似乎很大,在这些案件中,双方都有好的法律论据。①

然而,第二个假设,即法律上正确的判决具有唯一性,是错误的。在很多情形中,不止一种结果是法律上正确的,基于各种理由,这一说法是正确的。首先,很多时候情况是这样的,即已有的法律规则不足以确定具体案件的结果。② 在美国,一种常见的情形是,在联邦上诉法院的不同巡回区,法律争点的解决方式不一样。这种现象被称之为"巡回区分歧"(circuit split)。除非最高法院来解决这种分歧,不一致的结果在不同的巡回区都将是正确的。在没有解决某个争点的巡回区,两个不同的主审法官可以得出不同的结论,且没有哪个法官做出的判决是法律上不正确的。然而,在第一类案件中,有人会认为,在某种意义上,不一致的判决仅仅是暂时正确的。如果最高法院解决了这种分歧,那么一类案件将被认可,与之相矛盾的那类则成为"恶法"。

当然,在有些情况下,巡回区分歧最好被如此理解:一系列正确的先例与一个理由不充分或忽视相关先例的立场之间的竞争。但其他时候,两种结论似乎都是合理的。因为最高法院留下了很多未得到解决的(数年、数十年,甚至永久的)巡回区分歧,对这种情况最好的描述则是,对同一争点上的两种不一致的立场都是正确的。两组先例系统都不能被认为是恶法。

其次,有时候法律本身将会赋予法官以自由裁量权来做决定。这种自由裁量权的范例,可以在初审法官掌理审判机制的权力中找到。初审法官拥有自由裁量权来决定审判将持续多长时间,每一方有多少证人可以出庭作证,以及允许对证人进行多长时间的讯

① 尽管我承认美德判决的多样性,但是我要指出,这种假设将会遭到各种方式的攻击。比如,我们也许会主张,拥有部分美德的法官们对同一案件同一问题做出的判决可能不同,尽管如此,拥有完整美德的法官将只会做出一项判决。换言之,由具备美德程度不同的法官所做出的不同判决,会随着美德程度的提升而集中到一个判决。这种论述也许符合某些类型的问题与案件,但我将表明,尚且存在一些情况和案件,并不符合增长的美德汇集成唯一结果的论述。

② 参见 Lawrence B. Solum,"On the Indeterminacy Crisis: Critiquing Crit-ical Dogma." U. of Chicago Law Review 54:462ff,1987(区分了不确定与欠确定)。当然,这种主张是有争议的。我在这里没有提及德沃金提出的重要且有说服力的论点。

问。如果一个有美德的法官作出这样的决定,那么它就是法律上正确的,即使另一个有美德的法官将作出不同的决定。然而,如果一项决定是司法恶习的产物——比如,它是腐败的产物——那么这个决定就是错误的——即使出于司法美德(而非恶习)作出的一个与之完全相同的决定是法律上正确的。程序法在酌情决定上诉审查的标准中反映了这一现象。相关的标准称之为"滥用自由裁量权",而且,鉴于滥用自由裁量权的标准,已经成为法律定论的是,针对相同的法律事实的同一争点而作出不一致决定,都可以是法律上正确的。①

此外,一些法律标准支持一组特定事实的多项法律上正确的结果。一个清楚的例子就是儿童抚养权纠纷中的"儿童最大利益"标准。尽管它表述成一项法律规则,但这项法律标准要求在具体的事实情况下运用实践判断。因此,上诉法院将维持初审法院对授予监护权的判决,即使上诉法官将会作出不同的判决。② 在这种案件中,两种不一致的判决中(将主要监护权判给一方或另一方)的任何一个都可以是法律上正确的。尽管"最大"是最优选项,也暗示着存在唯一的结果,但法院所理解的儿童最大利益标准,在大量的案件中允许结果的多样性,在这些案件中,父母双方都有好的理由来证明其将为孩子提供最大利益。

以美德为中心的裁判理论解释和证立了我们的司法实践的这一特征。在某些条件下,两个或者多个不同的(同时,某种意义上它们是"不一致"的)结果都是法律上正确的。以美德为中心的理论解释了这一点,其理由是,两个不同的具有美德的法官,即使都是出自美德审理案件,也可以作出不同的判决。在一些案件中,法官并非出自美德,而是出自恶习作出判决,比如出于腐败、故意忽视法律或者偏见,那么这种自由裁量的判决可能在法律上是错误的——即使一名具有美德的法官将会得出完全相同的、且可接受的判决结果。

(二) 公平的美德

以美德为中心的理论的独特贡献在第二类案件中体现得更为清楚,在这些案例中,符合法律规则之要求的结果与我们关于什么是公平的观念不一致。在这些案件中,以美德为中心的理论认为,依据公平的美德(即作为公平的正义)作出的出于美德的判决

---

① 请参见比如 1959 年琼斯诉斯特雷洪一案:"初审法官在其自由裁量权的范围内决定某一事项,其决定的方式将不同于一个被置于相同情境中的上诉法官,这样一种事实或情形并不表明发生了自由裁量权的滥用。"
② 参见 2002 年福特诉福特案(该案表明,判决上存在差异并不能证明撤销儿童抚养权的判决就涉及"滥用自由裁量权")。

(virtuous decision),区别于依据作为守法的正义所作出的判决。①

公平这一超越规则的观念源自亚里士多德,亚里士多德对公平与正义问题的论述是我们阐释的最佳起点:

> 困难在于这样一个事实,即公平是正义,但不是法律上的正义:它是对法律正义的纠正。对于这一点的解释是,所有法律都是普遍的,但是还存在一些用一般术语无法恰当表述的事物。因此,在必须使用一般表述,但又不能恰当表述出来的情况下,法律会考虑大多数情况,尽管这并非没意识到以此种方式会带来错误。然而,法律仍是正确的;因为错误不在于法律或立法者,而在于这些情形本身的性质;因为人类行为的原始质料本质上就是如此。(Aristotle 1976, 1137b9 – 1137b24)

这是亚里士多德 epiekeia 这一观念的核心,通常翻译为"衡平"(equity)或"心智的公正"(fair-mindedness)。就像在亚里士多德那里经常出现的情形一样,文本中的含义是不明确的。亚里士多德及其同时代的评注者②,让我了解了公平的含义,但是我并不认为我的解释就是亚里士多德本人的观点。

公平的特点之一就是,它涉及超越规则的意涵。任何一般规则对于该规则旨在达到的目标而言,可能涵盖过宽或不足。③ 在规则会导致不能预期与非正义结果的情况下,衡平法通过做出例外来修正法律的一般性。公平地超越规则,以两种不同的方式与立法者的意图相关。在一些案件中,依据衡平原则进行审理,要求法官了解立法机关的意图。在其他一些情况下,可能要求法官修正法律中立法者没有或不能预见到的缺陷。比如在一些案件中,情况已经发生了变化,或先前未知的事实已经显露出来。

公平的第二个特点在于其个别主义。衡平(equity)使法律能够符合具体案件的需求。将衡平理解成一种个别化的实践,能帮助我们将它与其他涉及超越规则的实践区分开来。比如,衡平并不等同于站在道德一方来解决法律与道德的冲突。法官也许会以奴隶制在道德上总是错误的为由,而宣布一项使人类奴隶制实践合法化的法令无效。这并不是衡平实践例子,因为这种裁决并未涉及根据具体案件的事实而超越规则。相反,这个裁决会

---

① Roger Shiner, "Aristotle's Theory of Equity." Loyola of Los Angeles Law Review 27: 1245ff, 1994.

② Roger Shiner, "Aristotle's Theory of Equity." Loyola of Los Angeles Law Review 27: 1245ff, 1994.; Richard Kraut, *Aristotle: Political Philosophy.* Oxford: Clarendon Press, 2002, pp. 108 – 11.

③ Frederick Schauer, *Playing by the Rules: A Philosophical Examination of Rule-Based Decision-Making in Law and Life.* Oxford: Clarendon Press, 1991.

建立在一般道德原则上——比如,不能适用恶劣的或不道德的法令。

公平使法律适应具体情形的要求。因此,公平可以(或应该)由一个明智之人(有道德与法律视野的法官)来实现。只有一名有美德的法官能实现公平。换个稍不同的说法,我们可以说"衡平"的实践只能由具备"公平"美德的法官来实现。正如罗杰•夏纳(1994,1260 - 61)所言:"公平是由特定的行为者,即法官在面对特定实践规则的局限性时,作出实践判断而展现出来的美德。这些实践规则,也就是该社会的法律体系,往往包含僵化的惯例和成文法。"

以美德为中心的裁判理论,为涉及衡平之考虑的案件提供了一种独特的进路。这里有一种阐述它的方法。其他规范性裁判理论难以解释,为什么需要一种与众不同的衡平实践。如果需要对法律规则进行例外处理,就应该修正这一法律规则(要求严格坚持平义的法律解释理论,赞成这种方法)。当然,有时候规则应当修改,但是以美德为中心的裁判理论表明了这样的主张,即总会存在这样的情况,其中问题并不在于规则没有得到最优的表述。相反,问题在于,具体事实情况的无限多样性与复杂性超过了我们制定一般规则的限度。解决办法不是试图制定一部终极法典,其中包含了处理每一种可能的事实变化的具体规定。不管有多长、多具体,也不论有多少例外以及例外的例外,一部法典也不可能足够长。[1] 相反,解决办法是,交由有美德的法官来审理,他们能作出符合具体案件的判决。

没有哪种"薄的"司法美德理论能够吸收衡平的美德。事实上,我敢说只有以美德为中心的理论为衡平提供了充分的解释。但亚里士多德关于规则的理解是正确的,没有任何一组规则能够在所有个案中实现正义。因此,我相信这篇论文的观点为以下主张提供了依据:美德法理学提供了一项规范性和解释性的裁判理论,能解释和证立衡平实践,但是其他法学理论恰恰在这一点上是失语的。

四、结论

本文考察了美德法理学的一个部分——以美德为中心的裁判理论。其目的在于要澄清这样一个观点,即一套裁判理论可以是以美德为中心的;同时主张一套以美德为中心的

---

[1]　即使法典可以足够长,让它"完备"也不会是个好主意,当我们提到"完备",意思是法典足够具体,理论上而言,它为每一个可能案件的决策提供了指南。完备的法典将会如此冗长和复杂,以至于它对指导判决不会有实际用处。参照 Lawrence B. Solum, "The Boundaries of Legal Discourse and the Debate over Default Rules in Contract." Southern California Multidisciplinary Law Review 3: 311ff.1993, p.324 - 27(在完整合同概念的语境中提出了相似的观点)。

理论是合理的。在两种语境中,都说明了以美德为中心的解释其优势之所在。当正义要求一项判决符合法律规则,以美德为中心的理论合乎常识,但同时解释了规则适用中实践判断发挥的作用,以及法律分歧的现象。当正义要求超越规则,以美德为中心的理论解释和证立了衡平的实践(practice of equity)。美德法理学完成了我们希望一套裁判理论能处理的工作。

Virtue Jurisprudence: A Virtue-Centred Theory of Judging

Lawrence B. Solum

【**Abstract**】 "Virtue jurisprudence" is a normative and explanatory theory of law that utilises the resources of virtue ethics to answer the central questions of legal theory. The main focus of this essay is the development of a virtue-centred theory of judging. The exposition of the theory begins with exploration of defects in judicial character, such as corruption and incompetence. Next, an account of judicial virtue is introduced. This includes judicial wisdom, a form of phronesis, or sound practical judgement. A virtue-centred account of justice is defended against the argument that theories of fairness are prior to theories of justice. The centrality of virtue as a character trait can be drawn out by analysing the virtue of justice into constituent elements. These include judicial impartiality (even-handed sympathy for those affected by adjudication) and judicial integrity (respect for the law and concern for its coherence). The essay argues that a virtue-centred theory accounts for the role that virtuous practical judgement plays in the application of rules to particular fact situations. Moreover, it contends that a virtue-centred theory of judging can best account for the phenomenon of lawful judicial disagreement. Finally, a virtue-centred approach best accounts for the practice of equity, departure from the rules based on the judge's appreciation of the particular characteristics of individual fact situations.

【**Keywords**】 Ethics, Justice, Jurisprudence, Law, Virtue

美德理论与至善主义法学:价值与限度①

[美]罗伯特·乔治②(著)

孙海波③(译)

【摘要】 古老的核心传统主张国家有义务通过立法的方式惩恶扬善,本文将为核心传统的这一至善主义的观点提供辩护。为了进一步驳斥自由主义的观点,文章集中关注和梳理了亚里士多德和托马斯·阿奎那关于政治社会、法律以及道德正直性方面的理论。在亚里士多德看来,城邦不仅要关心协调好人们之间的关系,同时也必须设法塑造人们的道德品性。阿奎那承袭了亚里士多德所提出的那个观点,但是他做了一些更为细致的阐述和补充,认为道德性法律本身必须是正当的,否则的话,不正当之法难以引导人们去做一个道德上更高尚的人。

【关键词】 核心传统,道德败坏,至善主义,道德立法

一、"至善主义"的核心传统

阿拉斯戴尔·麦金太尔将思想的"传统"与对于正义和政治道德的探究解释为一种贯穿时空的论证。在此论证中,它根据以下两种冲突对某些基本一致性进行解释或再解释:一种是批评者与那些传统之外的敌人之间的冲突,这些人全然否认或至少部分地拒绝那些基本一致性的主要内容;而另一种则是内部的、接受性的争论,通过这些争论,基本一致性的意义与合理性逐步得到表达,并且在这种论战的推进下便形成了一种传统。

这一界定无疑解释了以赛亚·柏林所称之为的(有关道德、政治与法律及其相互关系的)"西方思想的核心传统"。④ 这一传统事实上就是"贯穿时空的论证",在这种论证中,其"基本一致性"根据内部的论战和外部批评者之间的争论得到了解释和再解释。在这些"基本一致性"之间存在这样一种信念,即优良的政治与善法不仅渴望确保人们的安

---

① 本文译自 Robert P. George, *Making Men Moral*: *Civil Liberties and Public Morality*, Oxford University Press, 1993, chapter 1,标题和部分注释有删改,经授权发表。
② 作者简介:罗伯特·乔治,美国普林斯顿大学政治系麦考密克法理学教授,詹姆斯·麦迪逊研究中心主任。
③ 译者简介:孙海波,法学博士,中国政法大学比较法学研究院副教授。
④ Isaiah Berlin, *The Crooked Timber of Humanity*: *Chapters in the History of Ideas*, New York: Alfred A. Knopf, 1991.

全、舒适和繁荣,而且也想要让人们变得有德性。尤为重要的一点,正是因为这样一种信念,即法律和政治可以正当地关心一个政治共同体中成员的道德福祉,使得核心传统可以与其主要对手区分开来。

当代主流的自由主义(在马克思主义之后,它无疑是主要的对手)挑战了核心传统的"至善主义",认为它与一种对人类自由的应有的尊重是相冲突的。基于至善主义的法律与政治违反了正义与人权的基本原则,因而他拒绝接受核心传统鼓吹"使人成为有德之人"的做法。传统的自由主义者坚持认为,人类道德方面的完美尽管就其自身来看是值得追求的,但它并不是一个决定政治行动的有效理由。由此,他们提出了有关正义与政治道德的"反至善主义理论",并以此反对作为道德原则问题的"道德性立法"和其他至善主义的政治举措。

在接下来的几章中,我将为核心传统的至善主义理论进行辩护。我将指出,优良的政治与善法关心的是如何帮助人们过上一种道德上正直和有价值的生活,并且事实上,一个良好的政治社会可以正当地运用强制性的公权力保护人们免受邪恶的腐蚀。① 然而,我并没有打算接受核心传统的主要缔造者对于"为了让人们变得更道德而采取正当的政治行动"这个问题所表达的所有观点。因此,在当前的这一章中,我将向大家说明我会接受什么观点(这也意味着在接下来的几章中我要对什么观点进行辩护)以及我会拒绝什么观点(我发现这些观点是站不住脚的),对此我会进一步提供相应的理由。

我将会聚焦于亚里士多德和阿奎那的至善主义理论,这两位思想家对核心传统的形成产生最为深远的影响。尽管这一(体现在实在法、政策以及后世哲学家的思想中的)传统并没有在方方面面都沿袭了他们的学说,但是却蕴藏着他们对正义和政治道德的至善主义的理解。为了拒绝至善主义,传统的自由主义者否认了亚里士多德主义和托马斯主义政治理论基本原则的有效性。我承认自由主义对亚里士多德和阿奎那政治学说的重要内容进行了正确的批评,但是我将指出,除了这些错误的观点之外,他们的至善主义理论仍然是有效的和站得住脚的。

二、亚里士多德论城邦在使人成为有德之人方面的作用

在塑造核心传统有关政治和政治道德观念方面,亚里士多德居功甚伟。早在自由主义对核心传统发起全面攻击的前几个世纪,亚里士多德本人就曾预先考虑、批判和坚定拒

---

① Joseph Raz, *The Morality of Freedom*, Oxford: Oxford University Press, 1986, p.133.

绝了那种日益成为当代主流自由主义的最为典型性的信条(defining doctrine),具体来说是指这样一种信念,即一个政治社会(城邦)的法律(用古希腊智者里可弗朗的话说)应当仅仅旨在"'保证人们的权利免受互相的侵害',但其实法律应当是一种诸如让城邦成员过上一种良善而正直生活的规则"。① 亚里士多德在其《政治学》一书中是这样论证的:

> 任何一个不是徒有虚名而真正无愧于一城邦(polis)者,必须以致力于实现善德为目的。否则的话,政治的联合只会沦为一种同盟而已,这与其他形式的同盟所存在的唯一差别就体现在空间上,也就是说,一个城邦内的成员彼此邻近地生活在同一个空间内,而另一个同盟的成员则住在彼此相隔遥远的地方……一个城邦并不只是居住在同一个地方的居民的联盟,同时也不是为了防止人们之间的相互伤害或方便交易而结成的联盟。这些确实是一个城邦能够存在所必须具备的条件,但是仅仅凭借这些条件还尚不足以构成一个城邦。城邦是由过着良善生活的家庭和部族为了追求一种至善且自足的生活状态,而结合在一起所形成的……由此我们可以得出结论:政治联盟所存在的目的并不在于社会生活,而是在于维护一种良善的行动。②

亚里士多德认为,使人成为有德之人是任何政治社会的中心目的(如果不是全部目的的话)。为什么会这样?

为了回答这个问题,我们必须回到亚里士多德关于道德之善与美德的讨论。在《尼各马可伦理学》的结尾之处,他尖锐地质问有效的道德论证自身为何不足以引领人们远离邪恶和接近美德。通过(至少是概要地)对"美德、友爱与快乐"进行了一种哲学性的解释,亚里士多德指出了其在《政治学》一书中从事那一研究的必要性,他如是说道:

> 当道德论证似乎能够有力地鼓舞和激励心胸开阔的青年,使那些生性道德优越、崇尚高贵的青年能够拥有美德品质,但是它们却无法鼓舞多数人追求高贵和善。③

为什么不能呢? 是因为这"大多数人"太蠢以至于无法理解道德论证吗? 人们在先天的智力方面存在着明显的差异。并且,我们可以合理地认为只有少数人在智识上有能

---

① Aristotle, *The Politics of Aristotle*, translated by Ernest Barker, Oxford: Clarendon Press, 1946, iii. 5. 1280b.
② 同上。
③ Aristotle, *The Basic Works of Aristotle*, translated by W. D. Ross, New York: Random House, 1941, x. 9.1179b.

力遵循这种最为精妙而又复杂的哲学性论证。情况是这样的,当论及道德论证在鼓舞和激励人们崇尚高贵和善所起到的影响时,那么在那些尚不足以参透道德论证的"大多数人"与那些几乎完全需要这种道德论证的"少数人"之间的差别仅仅存在于先天的智力方面吗?

答案是否定的。当亚里士多德提出那些"大多数人"与"少数人"天生是不同的时候,在他看来,相关的差异(至少)从根本上并不是人们在遵循哲学性论证方面的先天智力的差异。相反,它是从一个品质上的差异开始。"大多数人"的问题在于:

> 大多数人从本性上只知恐惧而并不顾及荣辱,他们不去做坏事并不是因为羞耻,而是因为害怕受到惩罚。因为他们靠激情生活,追求他们自己的快乐以及达到这些快乐的方式;他们躲避与之相对的痛苦,他们甚至不知道到底什么是高贵、什么是真正的快乐,因为他们从来没有亲身体验过这种滋味。①

那么,对那些"大多数人"而言,美德是遥不可及的吗?普通人(他们"靠激情生活"并且缺乏"一种生性道德优越、崇尚高贵的美德品质")完全无法过上一种有德性的生活吗?亚里士多德事实上得出结论说:道德论证对于这类人来说是徒劳无益的。与他们进行这方面的争论是没有意义的。(道德)论证仅仅告诉人们做什么样的事情是正确的,但它并不会驱使人们这么做。由此,只有那些"心胸开阔的"少数人(他们在本性上已受惠于自身所拥有的美德品质)才能真正领悟这一论证。尽管如此,亚里士多德认为那些并非"生性高贵"从而可以获得某种程度道德之善的人可能更适应其他一些方式:

> 很难(如果不是不可能的话)通过这种论证来改变那些已经长期融入品性中的东西;当认为做一个公道的人会对自身产生重要影响时,如果我们因此获得一些德性,那么我们应对此感到满足。②

"做一个公道的人对人们的影响"是什么? 又如何能将这"大多数人"置于其下呢?亚里士多德显然认为品性总的来说是与生俱来的。在论及本性使人向善时,他说这"显然并非人力所能及,而是作为一种神圣性理由的结果,是由神赋予那些真正幸运的人的"。

---

① Aristotle, *The Basic Works of Aristotle*, translated by W. D. Ross, New York: Random House, 1941, x. 9.1179b.
② 同上。

尽管如此,他仍认为一般人的品性并不完全是先天所确定的,而是可以通过一些善的影响得到提升的(如果只是略有提升的话)。这些影响可以稍微(纵然明显不是很大地)提升常人品性中被本性所忽视的那部分内容,从而使其"获得一些美德"。

然而,由于常人是受激情而非理性所驱动的,为了让其拥抱美德,我们所需要的并不是论证而是一种强制。亚里士多德说,"一般而言,激情似乎并不屈服于论证,相反而是强制力"。① 由此,如果"大多数人"拥有即便是一点点道德之善,那么就必须禁止他们做道德上的错误之事,而同时要求他们做道德所允许之事。此外,这些命令还必须要以惩罚的威胁作为支撑。如果人们拥有一些激情动机(诸如贪图享乐)诱使自己做道德上错误的事,就必须为他们找到一些具有更强对抗性的激情动机(诸如惧怕痛苦)阻止其作恶。尽管我们期待那些受何为道德之善情感驱使的人能够因为这是正确之事(一旦他们认为这是正确之事)从而决意为之时,但是不能期待那些受激情驱使的人在以下两种情形下能够做正确之事,其中一种情形是他们拥有一种不去行善的激情动机,而另一种情形是他们不再拥有一种更强对抗性的激情动机。只有当其做正确之事的动机远远强于诱使其做错误之事的对抗性动机时,我们方可期待他们能够选择做正确之事。典型的情况比如说,对于一种适度惩罚的强烈恐惧就提供了对抗性的动机,有了它便可促使人们弃恶从善。

基于这样一种对品性及其形成的分析,亚里士多德提出了自己对于法律在促使人们变得更道德方面发挥何种作用的看法。这里,我再一次看看亚里士多德自己是怎么说的:

> 如果一个人不是在正当之法的环境下成长起来的,那么很难让他从小就接受追求美德的训练。因为对于大多数人而言,尤其是当他们年轻的时候,节制而耐劳地生活通常是不快乐的。正因如此,他们的生活和工作应受到法律的指引。这种生活和工作一旦成为一种习惯,便不再是痛苦的。但是,仅仅在他们年轻的时候就应获得妥当的培养和教育当然还不够,因为即便是在长大以后仍然要继续和习惯这种生活。为此我们也需要这方面的法律,并且一般而言我们需要一种能够涵盖整个生活方方面面的法律。因为大多数人服从的是这种必然性的法律而非论证,接受的是惩罚而不是什么所谓的高贵之物。②

明显地,他引用了柏拉图的学说,这样继续写道:

---

① Aristotle, *The Basic Works of Aristotle*, translated by W. D. Ross, New York: Random House, 1941, x. 9.1179b.
② 同上书,1179b - 1180a。

这就是为何一些人会认为立法者应激励人们追求美德的同时以高贵的动机催人奋进,基于这样的假设,那些通过形成习惯而受到良好教育的人将会受到这类影响。对于那些违背法律或品性低劣的人应施以惩罚或刑罚,同时应完全驱逐那些无可救药的恶人。一个善良的人⋯⋯会听从论证,而对待一个只贪图享乐的恶人就像对待牲畜一样用痛苦加以改造。这也就是为什么他们会说,所施加的痛苦应当完全对立于人们所渴求的快乐。①

从这些段落中我们似乎可以看到,亚里士多德似乎遗漏了道德之善的核心要点,亦即,强制人们去做正确之事(即便能够成功地做到的话)并没有让人们变得更道德。它只不过是产生了一种服从道德规范的外部一致性。然而,道德首先是一个有关内在态度的问题,是一个选择公正的问题:正是通过并且唯有通过做正确理由所要求的正确之事,人们才会在道德上变得道德。换句话说,与知识、美貌或精湛的技艺不同,道德是一种反思性的善(reflexive good),具体来说,这是一种通过(并且唯有通过)公正的、合理的和恰当的选择才能够实现的善,也是一种在其中能够进行真正的定义选择的善。然而,一种强制的选择并不采纳塑造那一选项的善和理性,相反,而是为了避免痛苦、伤害或者给自己带来其他损失才采纳那一选择的。因此,如果有人做了一些所谓的"真正公正与高贵之事",并不是因为这些事情本身是善的或正确的,而仅仅是出于对惧怕惩罚的考虑才这么做,那么,我们仍然很难说这个人就是"公正与高贵的"。如果通过法律强制执行道德义务对于大多数人而言不过是给他们提供了一种表面上服从道德要求的亚理性动机(subrational motives),它对于如何使人变得有道德无济于事。

然而,以下并不是亚里士多德的观点:一旦法律让人们的外在行为符合了道德的要求便会实现道德之善,即便是这种外在行为纯粹是作为恐惧惩罚的产物出现亦是如此。相反,亚里士多德认为,由于大多数人具有更青睐于依照激情动机而非理性(诸如善德)行事的自然倾向,如果想要帮助人们理解某些善、领悟某些在道德上进行公正选择的内在价值以及通过理性控制激情,那么法律必须首先让人们静下心来。单凭论证尚不足以担此重任,"因为靠激情生活的人听不进也理解不了那些想要说服他改变的话"。② 恰恰正是因为一般人习惯沉溺于激情,所以必须"要像对待牲畜一样"用对惩罚的恐惧来对他们加以整治。法律必须要用对抗性的激情动机与那些诱使其作恶的情感动机进行斗争。一旦

---

① Aristotle, *The Basic Works of Aristotle*, translated by W. D. Ross, New York:Random House, 1941, x. 9. 1180a.
② Nic. Eth. x. 9. 1179b.

法律能够成功地抑制其激情并习惯性地引导其弃恶从善,那么,(与粗鲁的野兽不同)他能够学会对自己的激情进行一些理智的、合理的和反思性的控制。即便是常人也能够慢慢学会道德之善,并且出于向善的目的,能够选择做一个道德上正直的人。

在亚里士多德看来,法律强制(通过让人们静下心来并引导其习惯性地追求美德)有助于人们领悟到道德正直的价值。然而一些人可能会对此提出反对意见,其理由在于这种强制更可能带来的影响是给人们灌输一些怨恨,甚至易于激起他们的反叛。亚里士多德对此给出了一个答案,他说:"尽管人们讨厌那些压迫其冲动的人,即便是这种压迫行为是正当的,但是要求人们弃恶从善则并不会招人厌烦。"①此处亚里士多德似乎想要说的是,尽管一个人为了阻止另一个人作恶而会激起一些怨恨和反叛,但是当全社会通过强有力的法律普遍禁止一种不道德之举时,人们便会更容易接受这种强制。

虽然如此,亚里士多德为何会认为应当必须由政府当局而不是一家之主来禁止某些不道德之举? 他的论证是这样的:

> 父亲的命令……便不具有强制性或强制力(除非他是一位国王或具有类似地位,否则其命令在整体上并不具备强制力)。然而,作为一种源自某类实践智慧与理性的规则,法律是有强制力的。②

再一次地,法律禁止的一般性给人们的行为举止造成了实践性差异。人们(特别是也包括儿童)不仅会形成家庭关系,而且也会形成邻里关系,甚至还会加入更宽广的社群。父母可以命令孩子们禁止做某些事情,但是他们能够成功地对孩子们执行这一命令的可能性并且向其传达对于这种被禁止行为的错误性的概率,将会降低到他们差不多能够自由从事此类行为的程度。

比如说,父母可以禁止其未成年的儿子阅读色情杂志。然而,如果经常在一起玩耍的其他小伙伴们经常自由地传阅这类材料,那么父母想要强制执行上述禁令将变得十分困难。除此之外,那些被父母禁止阅读色情杂志的孩子很可能会将那一命令当作是一种繁重的负担,因为就其所接触到的身边事而言,其他小伙伴们可以尽情放纵自己对于色情的癖好。当他们被剥夺了其他小伙伴们所享受的那种自由时,便更可能在内心燃起一种愤恨,甚至会表现出一种反叛。无论父母对于孩子拥有何种权威,他们都没有权力剥夺社会

---

① Nic. Eth. x. 9. 1180a.
② 同上。

中他人及其子女从事不道德行为的自由,而只有政府官员才享有此等权力。然而,如果政府当局未能采取措施以对抗某些恶习,那么恶习的盛行对整个社会道德环境的影响会让父母们(其正确地禁止自己的孩子沉溺于色情)管教孩子们的工作执行起来变得极其困难。

尽管如此,亚里士多德仍主张一旦城邦未能履行好其职责,其他机构(包括家庭)应尽可能努力去阻止不道德行为的泛滥。

最好是存在一个公共机构来正确地关心人们的成长,但是如果社会忽视了这一点的话,那么每个人似乎就应关心自己的孩子与朋友,努力设法使其成为一个有德性的人。他们应当拥有这么做的权力,或者他们至少应当选择这样去做。①

事实上,他似乎认识到那种发生于家庭之中的道德养成(moral formation),无论它有怎样的限度,在形塑个人的道德品质方面具有一些重要的意义。

像城邦生活中的法律与流行性的品德具有约束力一样,而在家庭生活中父亲的命令及其习惯也具有约束力,并且相比之下它们的约束力更强,这是因为他们之间存在的独特血缘关系以及父亲给予家庭成员的恩惠。同时也因为孩子们与他充满亲情并且愿意服从他。进一步地,家庭教育相对于公共教育有他自身的优点,这与医疗中的情形是一样的,一般说来,休息与禁食都有助于治疗发烧,但是对于一个特定的人来说,这两种办法可能都不奏效。……由此,具体情况具体分析可能产生的效果更好,原因在于每一个人都更倾向于得到适合自己需求的对待。②

简而言之,与政府当局不同,通过考虑每个个体的独特需求和处境,家庭可以将每一个个体成员当作一个个体来进行对待。由此,亚里士多德最后表达了这样一种观点,认为使人成为一种有德之人并不仅仅是城邦的职责:政治社会应尽其所能地鼓励人们弃恶从善,而与此同时,其他的一些机构也应想方设法地去辅助完成城邦的上述职责。

三、阿奎那论法律与政府的道德目标

在亚里士多德去世1500多年之后,他最虔诚的基督教追随者圣·托马斯·阿奎那在其《神学大全》一书中探讨了人定法的特点和目的,同样也得出了法律需要关注如何使人变得有道德这样一个结论。③ 对于他所谓人类"美德天赋"的普遍性,尽管阿奎那表现出

---

① Nic. Eth. x. 9. 1180a.
② 同上书,1180b。
③ St. Thomas Aquinas, *The "Summa Theologica" of St. Thomas Aquinas*, translated by the Fathers of the English Dominican Province, London: Burns, Oates & Washburn, 1915, Ⅰ—Ⅱ, q. 95, a. 1.

了一种比基督徒更乐观的态度,但是在下面这一点上他赞同亚里士多德的观点,即认为"人们必须通过某种形式的训练来实现自身美德的完善"。① 除此之外,对于亚里士多德所提出的如下质疑他也深表赞同,这个质疑是这样的:"尽管美德的完善主要在于将人们从一种过度的放纵中抽离出来(主要是针对那些有此种倾向的人,尤其是那些更易于接受训练的年轻人),在训练的这个问题上人们是可以让自身趋于完美的。"② 和亚里士多德一样,阿奎那也认识到:存在着这样一些人,"他们凭借自己和善的性情,或者是根据习惯,或者是依照神的恩赐而做出一些美德之举";就此而言,"这种伴随以劝诫的家长式训练便已足矣"。③ 然而,与此同时:

> 由于看到一些人很容易堕落和作恶,而且油盐不进、死不悔改。那么至少是为了阻止他们继续作恶,保障他人能够生活在一个和平的环境中,我们就有必要通过使用强制力和恐惧加以威胁来限制其恶行。与此同时,以这种方式对他们进行教化能够使其自愿地去做那些在恐惧的威胁之下才会做的事情,从而让自己变成一个有德性的人。由此,受惩罚之威胁为驱动力的此类训练,便是一种法律的训导。继而,为了让人们拥有和平与美德,便有必要制定一套法律体系。④

当阿奎那评论《尼各马可伦理学》时,他毫无异议地阐释了亚里士多德的观点,这表明他是赞同亚里士多德的观点的。然而,在他给一个基督教国王的建议(被名之以《论王制》)中,他为道德的法律强制提供了一个不同的(尽管并不必然是相互矛盾的)理据,这种为基督教徒所特有的理据是亚里士多德无论怎样都无法想到的。

在《论王制》中,阿奎那的基本前提在于:对每个人而言,终极的善是要进入天堂。获得这种神圣福祉(heavenly beatitude)便是人类的一种重要的共同善。对于此种善(或目的)的实现不仅是教堂赖以存在的目的,而且也是政府当局之所以存在的终极性理由。国王通过组织和谐有序的社会生活来提供共同善,从而使得人们能够履行敬爱邻人的义务。由此,完成摩西十诫的第二项目表的内容,进一步地通过耶稣的救赎,人们可以上升到天堂。

---

① St. Thomas Aquinas, *The "Summa Theologica" of St. Thomas Aquinas*, translated by the Fathers of the English Dominican Province, London: Burns, Oates & Washburn, 1915, Ⅰ—Ⅱ, q. 95, a. 1.
② 同上。
③ 同上。
④ 同上。

由此,尽管神圣福祉是我们现在所过德性生活的最终目的,但其与国王促进大众善良生活的职责是相适宜的,通过此种方式有助于让人们获得神圣福祉。也就是说,他命令人们去做那些能够让他们实现神圣福祉的事情,并且与此同时尽可能禁止他们去做相反的事情。①

国王何以能够确定何者可以帮助人们实现神圣福祉?阿奎那这样回答道:"是什么促成了或阻碍了真正福祉的实现,都可以从上帝之法中找到答案,传达其教义则属于牧师的职责。"②在牧师的引导下人们领悟到了上帝之法,国王"基于这种主要的考虑应想方设法使得臣民过上安居乐业的生活"。③ 国王的职责在于通过一种循序渐进的过程让人们过上一种有德性的生活:"首先,要帮助其统治下的臣民建立一种有德性的生活方式;其次,一旦确立这种生活方式之后,就要设法维系它的存在,从而使其慢慢趋于完善。"④

阿奎那认识到,一位希望努力完成让人们过上德性生活之职责的法官,必须提供和保证能够让他们过上德性生活的那些条件。这些条件既是物质性的,同时也是道德性的,具体而言:首先,他认为,"让大众处于一种和平有序的状态"是十分必要的;其次,必须指引以此种方式被团结在一起的大众"能够正确地行事";再次,"通过统治者的努力为开展正常的生活提供充分的物品是必须的"。⑤ 如果统治者想要完满地履行其职责,就必须确保一些物质性的条件,亦即"要有足够的实体性物品,想要过一种有德性的生活是离不开对这些物品的使用的,尽管它们对于一种有德性的生活方式而言仅仅只是'次要的和工具性的'"。⑥ 一旦离开了这种和平的团结以及其他的物质性物品,政治秩序将缺乏一种稳定性,从而使其自身无法满足为社会成员所需的共同善。事实上,安全和稳定性一样,都是必需的。由此,国王必须"保证那些委身于自己的大众免于受敌人的侵略,因为如果大众连来自外部的危险都无法逃避,再怎么堤防内部的危险都是无济于事的"。⑦

在《论王制》中,阿奎那宣称国王应当"通过其所制定的法律及发布的命令进行赏罚……避免其治下的臣民道德腐化,并引导他们做正直的事"。⑧ 然而,由于意识到公共

① St. Thomas Aquinas, *St. Thomas Aquinas On Kingship*, translated by Gerald B. Phelan, The Pontifical Institute of Mediaeval Studies, 1949, iv (i. 15) [1151].
② 同上书,[116]。
③ 同上。
④ 同上书,[117]。
⑤ 同上书,[118]。
⑥ 同上。
⑦ 同上书,[120]。
⑧ 同上。

权威所能有效和审慎地命令之事是有限度的,故而他主张应"尽可能地"限制一切恶行。在《神学大全》中,通过回应"抑制所有恶行是否是人类法的任务"这个著名的难题,他向我们解释了那些限度。① 对此他的回答是,"人类法确实是会容忍而非抑制一些恶行"。他从下面这个前提展开其推理,即法律应当适宜于人们的具体情况,大多数人在道德上无法做到尽善尽美,并且无法让自己的一举一动达到最高的道德标准。他说,"在许多方面是允许人们不用做到道德上的至善的,而这在一个有德性的人看来是无法忍受的"。

现在人类法是为普罗大众所制定的,而大多数人在道德上并非至善至美。由此,人类法并不禁止所有那些为有德之人尽力避免的恶行,而通常只是禁止一些为大多数人所尽力避免的较为严重的恶行,尤其是主要禁止那些对他人有害的恶行,如果不对这些恶行加以禁止,社会将难以为继。由此我们会看到,法律会禁止谋杀、偷盗以及诸如此类的行为。

正如乔尔·范伯格所认为的那样,②阿奎那在这里并不是要在原则上反对将一些无害的不道德之举犯罪化。相反,他认识到任何立法者都有必要调适刑法以适应其所在特定社会的特性和状态。当然了,阿奎那也意识到每个社会都会禁止一些行为,其理由非常简单,因为如果不对这些行为加以禁止,社会生活将无法继续进行下去。由此,没有一个社会会容忍其成员之间互相杀戮和偷盗。依照阿奎那的观点,法律能够并且应当超越对这些恶行的限制,并进而去限制其他一些大多数人都不愿从事的严重错误行为。阿奎那丝毫没有偏离亚里士多德的观点,坚信立法者应当竭尽所能地引导人们过一种有德性的生活。他限定亚里士多德的立场仅仅是要人们注意这样一个事实,即通过法律禁止不道德的行为无法一下子就能让人们变得更道德。

人类法的目的在于循序渐进地引导人们过有德性的生活,而不是一下子就能让人们成为有德性的人。由此,它不会将道德高尚之人所担负的责任——亦即,应克制自己避免做出任何邪恶的举动——施加给那些在道德上并不完美的普罗众生。否则的话,那些无法承受此类训令的不完美之人,将会催生为训令所蔑视的更大邪恶。而更为糟糕的是,那些蔑视这一点的人也将会从事一些十分邪恶的举动。③

对阿奎那而言,通过法律抑制邪恶的限度并不以一些人(他们的行为本来可能会被禁止)所假定的道德权利为基础。他并不认为人们拥有一项道德权利在法律上自由地从事

① Ⅰ—Ⅱ, q. 96, a. 2.
② 参见 Joel Feinberg, *Harmless Wrongdoing*, New York: Oxford University Press, 1988, pp.341 – 342。在这一点上,对范伯格解读阿奎那所做的批判,参见 Robert P. George, "Moralistic Liberalism and Legal Moralism", *Michigan Law Review*, 88 (1990), 1415 – 1429, at 1421 – 1422。
③ Summa Theologiae, Ⅰ—Ⅱ, q. 95, a. 1.

一些不道德的行为。在应对那些我们假定无害的不道德行为的问题上,他并没有援引任何被制造法律强制力的立法者所违背的政治道德原则。相反,他认为,考虑到人们的特定情况,一旦当法律对某类邪恶行为的禁止是效果甚微的或者糟糕的是易于产生更严重的恶习或错误时,人们克制自己不去从事这些恶习在道德上便是正当的。阿奎那引用了伊西多尔的话,主张如果想要让法律服务于那些能够引导人们过上德性生活的共同善,那么它们就必须要"符合一个国家的风俗习惯",①并且能够做到"因时、因地制宜"。②

阿奎那头脑里的想法是这样的,他认为那些在众人看来普遍难以遵守的法律将会在整体上产生一种关于法律的消极态度,并且会让人们怨恨,变得铁石心肠,甚至有可能会进行反叛。正如亚里士多德所认为的那样,如果引导人们做有德之人这一计划要求法律能够"让他们平静下来"并习惯做正确的事,那么为了实现这些目标所施加给他们的法律必须在其力所能及的范围之内。如果一项法律会激起怨恨和叛乱,那么该法非但不会让他们内心静如止水从而让自己变成有德之人,反倒是会让他们心乱如麻以至变得不那么的道德。由此,审慎的立法者会尽心尽力地让所立之法符合人们的客观情况,而不至于让法律禁止给人们带来太过严苛的负担。

我们可以合理地将此种推理描述为是审慎的,并且在下文中我也会这么来描述它。但是直到在后来的《神学大全》中,阿奎那讨论基督教统治者是否应包容犹太教和其他异教徒时,这种推理的根本道德特质才慢慢变得足够清晰。③ 在其看来,这些教派对人们是有害的,但是如若不信奉它们既不会带来厄运亦不会阻碍人们实现更大的成就时,就应当包容它们。他援引了圣·奥古斯丁著作中的一个例子,即我们有时候需要容忍卖淫,"如此一来男人们就不会肆意地发泄私欲"。

对于基督教的政治权威是否应当禁止基督教之外的其他教派,在这个问题上,尽管阿奎那认为现在所有的犹太人都应当成为基督徒,但其依然坚持主张在法律上应当容许犹太教的存在。他认为犹太教仍然有其存在的价值,尽管在未能承认基督这一点上它是不完善的,但它预示和预兆着全部的真理。而禁止这一教派的存在,将会丧失真正的(即便是不完美的)善。

然而他对于其他的异教徒则没有这么平和的态度,在其看来,那些异教派并没有任何存在的价值。尽管如此,他仍然主张人们可以正当地包容它们,这么做的目的并不是要维

---

① Summa Theologiae, Ⅰ—Ⅱ, q. 96, a. 2.
② 同上书, q. 95, a. 3。
③ 同上书, q. 10, a. 11。

护任何种类的善,相反而是要避免更大的邪恶。那么到底是何种邪恶呢?阿奎那似乎首先关心的是破裂和分裂,而一旦异教徒违背了压制他们的律法时,这种破裂和分裂就会发生。除此之外,他也主张禁止异教派的存在将会挫伤异教徒们对于基督教的热情,从而不再聆听福音,这就进一步使得传福音的任务变得更加的困难。换句话而言,强制他们避免做错误之事可能会阻碍他们最终去做一些正确之事,亦即,选择成为基督教徒并且接受永生的神圣提议。他说这种后果要比容忍那些无价值的教派更为糟糕。

当面对"强制性信念"(compelling belief)这个关键问题时,阿奎那主张由于信念在本质上是自愿性的,那么试图强迫那些本身不信某一信念的人去信奉或承诺这种信念便是毫无意义的。[①] 尽管如此,他仍然认为政府当局可以正当地并且事实上应当强迫基督教徒坚持一种他们所既已做出的宗教承诺,并且放弃异教信仰和避免叛教行为。[②] 很明显,在阿奎那看来,尽管信仰是不能被强制的,但是忠诚于某种以信念作为基础的承诺却是完全可能的。他主张坚守信念是"必然性的",也就是说,这从根本上是一个道德义务的问题。他对这个问题的观点无疑受到了那些中世纪社会运作赖以为基础的规范的影响:我们一旦做出了忠诚的承诺,就应受到该承诺的约束;我们向谁做出了承诺,该人就有权要求我们严格恪守自己的诺言。

明确无疑的是,阿奎那对于宗教的观点与今人是不同的(或者正如他自己的教派所已经理解的那样),也就是说,在今人看来,作为一个信仰问题,如果它是真实的并且是有价值的,那么其自身就必须并且应当是完全自愿性的,由此不应掺杂任何强制在内。不同的是,阿奎那将宗教信仰看作是一个人向上帝做出的承诺,他一旦做出了承诺就应受此承诺的约束,并且会受到来自教会和民间权威的双重约束。事实上,阿奎那甚至为公开处决异教徒进行辩护,其理由是容许信奉异教将会让痼疾在一个基于宗教信念型构而成的政治共同体内部蔓延。鉴于异教徒(其最终目的毕竟是要让人们升入天堂)相对于伪装者对一个社会的危害更大,所以他赞同中世纪社会在处理它们时所采纳的那种严苛手段。

与此同时,至于为什么基督徒和基督教国家不应要求非基督徒的孩子受洗,阿奎那对此提出了一种基于正义的论证(或者用我们今天的说法是一种基于权利的论证)。请记住,政治社会的全部意义就在于帮助人们依循道德律法,由此他们才能走进天堂。拯救灵魂,可以说是法律存在的全部理由。现在,阿奎那认为,没有经历过洗礼,人们就无法获得神圣的福祉。尽管如此,他仍然严格地坚守以下这个原则,即违背其父母的意愿强行给犹

---

① Summa Theologiae, Ⅰ—Ⅱ, q. 10, a. 8.

② 同上书, q. 11, a. 3。

太人的子女洗礼是错误的,尽管这么做对他们的救赎是绝对必要的。

他对这种做法的反对(而在当时,很多人明显都是支持这种做法的),并不仅仅只是"这么做有害于基督教的信仰",因为被迫接受洗礼的孩子一旦到了能够辨明是非的年龄阶段,"很容易被父母说服放弃自己在不知情的情况下所接受的东西"。更为重要的是,他认为这种做法是"违背自然正义的"。在《神学大全》第2集第2卷第10问第12条中,阿奎那针对自己要拒绝的那个命题提出了五个方面的论证,这比他通常提出的三两个论点要多一些。这些论证的数量,它们的严谨性,以及其所援引的权威典籍(包括奥古斯丁和杰罗姆的著作)的质量,可以清楚地显示他要在这个具有争议性的问题上采取一种强硬的立场。在回答这个问题时,他首先提出了教会自身的权威,其传统已经拒绝违背父母意愿强行给孩子进行洗礼,这种做法从根本上违背了其最崇高的神学教义。他继而主张,"父母有责任操心如何救赎自己的孩子",这些孩子在某种意义上"就是他们自身的一部分",这意味着:"如果一个孩子在尚不明白事理之前就被从父母的身边掠走,或者对他们做有违其父母意愿的事,那么便是违背自然正义的。"

四、对亚里士多德和阿奎那的批判

虽然阿奎那没有明确说,但他那政治权威需要通过禁止严重的恶以提升公共道德的观点毫无疑问被前天主教罗马时期的天主教的景象所加强。对于它像什么样子,以及一种可怕的替代选择是什么,奥古斯丁对此已经讲得很清楚了:

> 那些诸神(gods)的崇拜者——他们在自己的罪恶行为中很乐于效仿这些神灵——不关心他们国家彻底的腐败。只要……这个国家物质繁盛(他们认为的),战场上捷报频传,或者如果更好的话,稳定和平,他们还有什么好担心的? 我们关心的是我们应该一直在变得富裕,每天都能奢侈挥霍,足够圈养附从者。穷人服务于富人,为了得到足够的食物和在主人的恩惠下享受安逸的生活,这是没有问题的,但是如果富人利用穷人以纠集一群附从者维护自己的荣誉;如果人们为那些谄媚他人而不是劝诫他人的人喝彩;如果无人施加未经同意的义务,或者禁止不正当的娱乐;如果国王们不是对道德性而是对臣民的温顺感兴趣;如果行省的统治者不是行为的指导者而是物质财富的攫取者和物质享受的提供者,并且人们对他们只有卑躬屈膝的恐惧而不是发自内心的尊重。法律应该惩罚那些侵犯他人财产的违反者,而不是侵犯他人人格的违反者。除了对他人财产、房屋或个人的侵犯或侵犯的威胁,没人应被

送往监狱;但是,任何人都可以自由对他自己或用他自己的东西或用别人的东西,如果他人同意的话,做任何事情。将会出现大量的公共妓女,以迎合那些喜欢她们的人,尤其是那些养不起私人女仆的人。这将是好事,即大肆装修房屋,大摆宴席,如果他们愿意可以整日整夜花天酒地,吃喝玩乐,直到厌恶:任何地方都有喧闹的舞会,充斥着欢呼声的剧院和各种各样纵欲无度。任何不同意这种欢乐的人将被列为公共敌人;任何企图改变它或摆脱它的人将会被热爱自由的大多数驱逐出去。①

在这段内容中,奥古斯丁描述了一种只有在以下情形下才能实现的公共生活图景,其中法律被"私人"德性问题所剥离开,只追求保护个人免遭其他人的伤害,当它致力于将人们区分开来加以保护,因为每个人都要追求它自己的渴望实现的目标。他的观点是,法律并不像正统的当代自由主义者所设想的那样在道德上中立:法律要么促进德性,要么为罪恶打开方便之门。

也许每一代人都必须从其自身那里懂得"私人"的非道德性会产生公共性的后果。在我们自己的时代,我们有大量的理由去怀疑正统的自由主义者在私人道德和公共道德之间做出的区分,至少在考虑到这一核心传统试图通过法律禁止或限制的不道德行为类型这一方面。很明显,道德衰败深刻有损于道德上有价值的婚姻和家庭组织,②并且确实极大地削弱了对人性、婚姻和家庭的理解,而这些被认为是性方面的不道德的核心之处,以及给家庭生活带来意义和稳定性的贞洁和忠诚理念。激进分子或相对主义者认为传统婚姻和家庭生活是压制性的或仅仅是"众多同等有效的选择中的一个",为此他们谴责法律预设了性罪恶的观念,这是一回事;但自由主义者主张甚至传统道德观念的信徒也应该尊重对道德立法的批评,基于法律对"私人"非道德性的法律禁止不能产生任何公共善,这是另外一回事。

公共道德是一种公共善和不道德的行为——甚至相互同意的成人之间——因此就造成了公共伤害,这一观念没有被核心传统中的自由主义批评所驳斥。相反,现代文化的经历维护了这一观念,它从相反的方向预设了法律。婚姻和家庭制度很容易被这种文化削弱,即如果他们愿意的话,大部分人把他们自己看作是"快感的寻求者",当他们寻求或多或少的乱交、色情幻想、卖淫和毒品。当然,承认被推定为私人罪恶的公共后果并不意味

① De Civitate Dei, ii. 20; 引自 Thomas Aquinas, *The City of God*, translated by Henry Bettenson, Harmondsworth: Penguin Books, 1972, p.71。
② 参见 William A. Galston, *Liberal Purposes*, Cambridge: Cambridge University Press, 1991, pp.283 – 287。

着自由主义对道德立法的批评是错误的。正如我们在后面章节所看到的,当代自由主义者针对这样的立法提出了大量的道德主张,它们不依赖于公共道德不是一种公共善或私人道德不会产生公共伤害这样的命题。然而,这确实意味着反对道德放任主义的传统做法的核心预设仍然没有动摇:社会有理由关心那些可以被称作"道德生态"的东西。

这种传统表现在正统自由主义反对的各类法律和公共政策之中,但并没有在每个细节上都追随亚里士多德和阿奎那。与亚里士多德和阿奎那所认为的那些必要或适当之处相比,它赋予自由以更大的空间,在行使法律的强制力方面更加谨慎。我将提出,在这个传统以这些方式发展的地方,这样做是正确的。尽管亚里士多德和阿奎那在主张法律应被正当地和恰当地去寻求惩恶扬善方面是正确的,尽管包括亚里士多德和阿奎那在内的整个传统至少原则上看来,允许法律的准家长式(在一些情况下甚至是家长主义的)和教育式的使用以禁止特定的不道德行为方面超过自由主义,他们对这些问题的分析从多种方式看来都是有瑕疵的。确实,存在一些方面,尤其是那些触及宗教自由的地方,自由主义对传统的影响是有益的。

虽然古代和中世纪的生活不乏多样性,以赛亚·柏林认为传统没能理解善的基本形式和多元主义的有效范围的多样性,这一批评很可能是正确的。比如,亚里士多德在为他的伦理和政治理论提供空间方面就是明显失败的,这种支持不可还原的善的多样性的理论被认为是为行动和选择自由提供了基本的理由,正是大量有价值的但相互不可通约的选择、承诺与生活的计划和方式的基础。并且,他没有为他的观点提供良好的论证,即一定有一种唯一高级的生活方式,或者那些有能力的人能够追求的独特的最高生活;他也没有为获得一种可信的理论提供任何东西,即将那些没有能力追求这种最高生活的人融入这个以最佳方式对待的社会。

无须采纳这种相对主义的观点,即将善看作是根本上多元化的以至于人们想要的就都是善,我们也能够并且应该承认一种基本人类善的多样性和一种不同人们(和社会)在过有价值和道德上正直的生活方面追求和组织这些善的具体化的方式多样性。我们对价值多元主义(而不是相对主义)的承认开放出了一些亚里士多德从没有清楚提到的方面:人们并不是简单地被自然(和/或文化)所摆布;他们调整他们自己,并且能够以各种不同的方式或好或坏地调整他们自己。人类以不同的方式将他们的生活联系在一起,在不同价值的基础上做出不同的选择和承诺,并且这些价值为选择和行动提供了不同的理由。不存在良好生活模式的唯一类型,不是因为没有这样的事情算作好的或坏的,而是因为存在许多种善。而且,人们部分通过思索和选择适合自己的模式而自我实现。实践推理不仅仅是一种人类能力；它本身就是人类福祉和自我实现的基本方面：人类善的一个基本维度具体体现在为在相冲突的有价值的可能性、承诺和生活方式之间的思索和选择提供理由。①

由于缺乏对基本人类善的多样性的尊重，以及因此缺乏对适合普通人的有价值生活方式的尊重，亚里士多德错误地认为人们在生活中具有命定的位置，而关心提升德性的明智立法者所要完成的工作就是将人们投放在适当的位置上，以便每个人都能完成与其位置相应的义务。从一种关于人类善的不可信的受限制和等级化的观点来看，亚里士多德没能认识到每个人作为人类善和对自由选择进行自决的理性能力的载体，在尊严上是平等的，只是在能力、智力和其他天赋上是不平等的：换句话说，这就是他的精英主义，暂且不提他"自然的奴隶"那一著名的观点。

亚里士多德的精英主义犯了一个根本性的和粗糙的错误，这种错误植根于未能尊重人类基本善的多样性，在具体化和现实化这些善的过程中，个人得以实现自我。正是这种多样性挫败了表明一种"最高"或"最佳"生活的企图，这种生活被认为本性上适合于追求这种生活的人（因此也是人类中"最高的"和"最佳的"例子）。任何情况下，无论是否属于亚里士多德所生活的希腊的情形，代议制民主下的立法者不可能在道德上优于选举他们的人们。一些人会说，对那些得到公共官职的人而言，今天一般的立法者很可能普遍比一般的选民在遵守某些道德规范上更不严格。

与此同时，一般情形下没有理由认为，如亚里士多德那样，由于大多数民众没有资格过理性的生活，因此需要用恐惧来统治他们。也没有理由相信存在所谓的道德精英，这些人只需要理解道德真理以符合需求。事实上所有理性的人类都能够理解道德理由；不过所有人都需要从他人那里获得引导、支持和协助。所有人都有可能犯道德错误，甚至是严重的道德错误；并且所有人都能够从一种或多或少免于邪恶的强有力诱惑的环境中受益。所有人都需要能够让他们充分发展的自由；但不受限制的自由却是每个人福祉的敌人而不是朋友。

一旦我们关注人类善的多样性，很明显的是，试图促进道德的立法者不能对什么都做出禁止。最多，他们只能正当地限制少量的行为和实践，它们与任何道德上良善的生活是不一致的。善的多样性严格地限制了家长主义（paternalism），对这种多样性的承认让给人们分派"自然的"或"适当的"位置这种观点成为无稽之谈。当然，存在道德上有价值的

---

① 参见 John Finnis, *Natural Law and Natural Rights*, Oxford: Clarendon Press, 1980, pp.88 – 89。

制度,比如婚姻就是值得保护的,虽然对每个人并不都构成道德上的义务。为了在可能威胁它们的社会中捍卫这些制度的免于强制和发展,立法者就必须理解它们的本质、价值和弱点。对于立法者而言,设计保护像婚姻这样的制度的法律是复杂的。禁止像通奸这样的行为就是相当容易的(如果很难实施的话),基于这种行为的内在非道德性;然而,设计与夫妻感情破裂、离婚和看顾小孩相关的正当和良好的法律就没那么简单。

当然,甚至在内在非道德性不是一个问题的地方,政治权威正好规定对特定生活计划的追求,甚至基于能力欠缺或缺乏适当的训练而对某些人作出禁止,为了保护公众免受比如说不适合的内科医师、律师、会计师或教师带来的伤害。任何情况下,承认多样化的人类善和良好生活计划的多样可能性将既会有效限制旨在惩恶扬善的立法范围,又会使得涉及促进公共道德的立法者工作比亚里士多德所想象的更加复杂。

让我们转向阿奎那,他的观点中基本的和明显的(对现代读者而言)问题是,它涉及对道德和信念进行立法的适当性,具体来说即在这些道德被宗教权威接受和作为实现宗教信念目的的手段(例如神圣福祉)被提出但没有被理性自身验证。阿奎那将宗教信念问题作为政治的第一原则,因而提出了一个激进的宗教信条(establishment of religion),它完全与对宗教自由的适当关切不一致。我在后面将指出,宗教被作为实践理性范围内的一种基本人类善确实为政治行动提供了理由。然而,它不能为强制或禁止宗教信念或实践提供理由。从危及宗教自由的角度来看,阿奎那的进路陷宗教自身的价值于危险之中(至于原因我在后面会提到)。

我们看到,阿奎那自己主张,正义像审慎(prudence)一样,要求尊重贯彻宗教自由的一些措施:他容忍非天主教礼节的想法和他对违背父母意愿要求小孩洗礼的原则性反对。然而,他没有认识到尊重涉及每个人宗教自由的公民权威的理由,包括异教徒和背教者。承认宗教自由权的道德基础使得阿奎那在政治共同体和政治权威上的半神权(或圣礼的/神圣化的)观点变得不可接受。

众所周知,阿奎那的确承认对神圣福祉的政治追求的重要审慎限制。他敏锐地提出,审慎的立法者将会根据人们的性格和他们社会的道德状态相应地剪裁刑法,为了避免可能不好的结果,即给人们施加他们不能承受的负担。甚至当我们考虑到为了德性的目的而不是以此作为将人们送往天堂的手段的法律,这一点仍然是有用的。按照阿奎那提供的线索,我们能够辨别其他的审慎的(和道德上重要的)考虑,这些考虑在支持一种宽容某些道德恶方面的政策方面产生影响:例如,(1)避免将危险的权力放在可能滥用权力的政府手中的需要;(2)某些恶的犯罪化造成将垄断的特权交给那些能够更有效运作和扩散这些恶的有组织犯罪手中的危险;(3)产生针对无辜一方的二次犯罪的风险;(4)分散在阻止和起诉更严重犯罪方面的警察和司法资源的风险;(5)对实施道德义务的权力被社会中禁欲的、过分拘谨的或纪律的因素被利用的担心,当权力被用来压制道德上正当的活动和生活方式,而这些因素没能尊重这些活动和生活方式的真正价值;(6)建立太多权威和创造一种将人们主要与中心权威相联系的情形的危险,此时,人们必须不断避免冒犯权威,因而他们相互之间难以建立起真正的友谊来获得真实的友情和有价值的共同体。

五、至善主义之法与政策的价值和限度

有时候为了避免造成道德上严重的罪恶,或者因为在某些情况下不能容忍某种恶将会阻碍重要善的实现,我们必须要容忍某种程度的非道德性,阿奎那在这一点上是对的。然而,这些考虑具有更深的意涵,超出了阿奎那原本所意指的或者那些原则上同意他的人所普遍认为的内容。通过(并且唯有通过)趋善避恶,德性才能被具体化,有德的品性才能被建立起来。因而任何纪律严整的法律体制,即使能够保证外在行为与道德规则相一致,由于过度压制一些恶,结果将会制造其他恶繁荣的温床。明智立法者的目标是鼓励真正的道德善,而不仅仅是模仿真正德性的外在行为,因此立法者就要寻求保护和维持一种道德生态,即不仅对像色情、卖淫和滥用毒品这样的恶,而且对道德幼稚症、守旧、奴颜婢膝、盲目服从权威和虚伪这些恶不友好。

在评论 19 世纪 50 年代后期美国天主教学院和大学的处境时,杰尔曼·格里兹(Germain Grisez)就指出了道德和精神生活面临的危机,通过提出没能完全认识到单纯的外在符合道德规则与真正的道德行动之间差异的人格塑造。

这种人格塑造涉及对一系列具体规则和实践的外在符合,而不能保证任何内在的接受或变换。学生的自由并不能引导去承诺以下价值,这些价值为他想要确立的实践奠定了基础。

任何充分理解人类善并被任何共同体——政治的、宗教的,甚至家庭的——赋予立法能力的可信的立法者将会承认存在一些人们应该在其生活中努力实现的重要的善,这种实现只有在人们可以自由地选择做"适当的事情"——具体来说就是接受一种道德上正直的选择,在那些至少他们有理由去拒绝选择道德上错误之事的情形下——的时候才有可能。道德善是"反思性的",因为他们是选择包含意义的选项的理由;一个人除非通过选择行为,即意志的内在行为和这些选择所形成的内在性情,否则不算是参与了这些善。作为内在的行为,它们是超出法律强制之外的。这些善在人们选择做某事的过程中得到

具体化,这些事情是在他们意愿不能做时觉得应该做的,或者是当他们选择做这些事情时觉得不应该做的。在道德善的反思性审视之下,存在强有力的理由不去试图消除不道德性的所有机会。即使——哪怕不可能——政府能够在不损害重要的非道德性人类善的公民参与的前提下做这些事情,这样一种尝试也必然涉及对选择的取消和直接阻碍对反思性的善的公民参与。因此这就是不公正的,或者如我们刚才所说,就是一次人权的侵犯。

再者,政府有决定性的理由不去试图实施那些构成有价值社会实践基础的义务,这些实践的意义依赖于各方自由地完成他们的义务。例如,强制表达敬意,或赠送礼物,或认可成就,将会造成剥夺这些内在于重要实践中的社会生活意义和价值的效果,在这些地方,人们本应该表达敬意、赠送礼物或认可成就。不对这些实践施加强制的理由并不因环境而改变;它们不仅仅是审慎的理由。并且,它们能够作为原则问题将重要的道德维度排除在立法的射程之外。

然而,正义导向或权利导向的存在,和审慎的理由一样,"不压制所有的恶",这并不意味着基于这些恶的非道德性,从来没有有效的理由来合法地禁止这些恶。对一项恶的法律禁止具体能够得到保护人们免于道德伤害的保证,这项伤害确实针对他们和他们所在的社会。我已经观察到,仅仅通过要求外在行为符合道德规则并不能让人们成为道德上善的。一些人不做恶事仅仅是因为避免在一部禁止不能实现任何善(虽然他也许可以避免进一步的道德伤害)的恶事的法律之下被抓和被处罚。法律能够强制外在的行为,但不能强制意志的内在行为;因此,它们不能强制人们去实现道德善。在任何一种直接的意义上,它们都不能使人"成为道德之人"。它们使人成为道德之人的作用一定是间接的。

人们因从事恶而变得道德上败坏;他们可以通过禁止这些恶的法律而受到保护,这些法律使得他们免于受到强有力的诱惑性恶的腐蚀(在他们表现在外部行为的范围内),并且阻止这些恶在共同体中扩散。通过压制引诱道德软弱的产业和机构,和那些道德环境下使人们很难做出正确选择的存在形式,这些法律就保护人们免于受到恶的诱惑和勾引。从道德立法有助于维护道德环境的健康来看,它们使人们免于道德伤害。

任何社会环境都将部分地通过一种理解和预期框架建构起来,这种框架有时候深刻地影响人们实际上如何做出选择。反过来,人们的选择又形塑了这个框架。涉及性、婚姻和家庭生活的普通理解和预期的重要性是明显的。然而,这一点完全超出了这些事项;通过存在于特定社会中的理解和预期框架部分建构起来的道德环境将产生全方位的影响,从人们的性情到毒品滥用,到他们高速上的驾驶习惯,到他们在填写报税单时的诚实或撒谎。如果人们的道德理解或多或少是成熟的,以及如果这些理解反映了其他人的预期,那么如此建构的道德环境将会趋向于善。相反,如果人类关系是按照道德上有缺陷的理解和预期构成的话,道德环境将会诱导人们走向恶。在任何一种情况下,道德环境都不会消除道德趋向善和恶的可能性,因为人们在坏的道德环境中可以变好,在好的道德环境中可以变坏。然而,关键是一种好的道德生态通过鼓励和支持人们趋向善的努力而使人们受益;一种坏的道德生态通过给他们提供做那些恶事的机会和诱因而使人们受害。

受到污染的物理环境将会损害人们的身体健康,被恶所围绕的社会环境同样威胁人们的道德福祉和完整性。被恶所围绕的(和恶以抽象方式围绕)社会环境倾向于损害人们的道德理解和削弱他们的人格,当这些恶以诱至不道德性的方式发起破坏。然而,那些确实想避免这些他们本知道是恶的行为和性情的人们发现,他们自己屈服于流行性的恶以及不同程度地受到腐蚀。即使那些在强有力的诱惑面前挺直腰杆的人,也许发现他们在尽最大的努力给他们的孩子灌输一种为道德环境所反对的体面感和道德人格,这种道德环境充满了"诱至腐败和堕落"的活动和图画或表象——用普通法不太流行但很准确的话来说。

并且,甚至那些想去做不道德的事但害怕被抓和被处罚的人,或者那些希望去做并且道德立法的有效实施并没有完全消除这种做的机会的人能够被有效的法律所保护,免于(进一步)他们可能对自己犯下的道德伤害。道德立法阻止道德伤害,因而使潜在的失足者受益,简单地通过使他们免受从事恶的行为的(进一步)腐蚀影响。并不是那个被法律单独阻止免于失足的人实现了道德的善而非从事恶事。道德的善不能通过直接的家长主义被实现。而是,他尽管不情愿地避免卷入恶对他人格造成的(进一步)坏影响。

当然,主张法律自身就足以建立和维护一种健康的道德生态,这是错误的。然而,主张法律对这一目标没有任何贡献也同样是错误的。除了更加直接的作用,即限制特定的恶或消除人们从事这些恶的场合,道德立法有助于形成理解和期待的框架,这就有助于型构任何社会的道德环境。正如亚里士多德和奥古斯丁所正确地指出的,一个社会的法律不可避免地在社会生活中扮演重要的教育性角色。它们可以有力地加强或削弱父母和家庭、老师和学校、宗教领袖和共同体以及其他人和机构之间的教育,这些人和机构在每新一代人的道德形成方面占据着主导性地位。

虽然亚里士多德在指出父母有时需要普通人的帮助和法律的非人格化力量以培养孩子成熟的道德修养方面是正确的,但他将主要的道德教育者的角色分派给法律就错了。正如他自己模糊地意识到的那样,成熟的道德教育要求对个人道德发展的密切关注,作为独自的道德主体,个人在他们的选择和行动之中对道德的善和恶进行演绎(instantiate moral goodness and badness)。父母、老师和牧师可以以法律一般来说做不到的方式参与、理解和配合独立的个人。作为不同程度的非人格化指引,法律必须致力于一种支持性的或次级的角色。

同时,由于恶自身经常损害和削弱家庭、学校和宗教机构,维护公共道德的法律对于增强这些机构作为促进和繁荣主要的道德教育者的角色发挥着至关重要的作用。然而,作为已经充分说明过这一核心传统的现代支持者,如果法律僭越它的角色随之将自身设置为主要的道德导师,那么法律就误入歧途了——它削弱了这些有价值的"附属"机构以及会损害人们的道德福祉。

道德立法的批评者经常指出法律是一种"生硬的工具"。以下主张是有真知灼见的:法律实际上在适应处理个人道德生活的复杂性和具体性方面相形见绌。法律能够禁止严重形式的恶,但肯定不能规定德性的亮点。然而,有效促进公共道德的法律,通过维护社会生态,可以有力地促进社会共同善的实现,这种道德生态可或多或少地帮助人们形塑道德上具有自我建构性的选择,人们借此塑造了自己的性格,而这反过来又会影响自己和他人在将来做出这些选择的环境。

Virtue Theory and the Jurisprudence of Perfectionism: Its Value and Limits

Robert P. George

【Abstract】 The perfectionist view of the central tradition and argues that it is just for a political society to enact laws that offer protection from vice and moral corruption. To further strengthen the arguments against liberal thought, the chapter focuses on the political thought of Aristotle and St. Thomas Aquinas regarding political society, laws, and moral uprightness. According to Aristotle, the polis must not only be concerned with regulating the relationship with the people but must also exert effort in making its citizens morally upright. St. Thomas Aquinas echoes the point raised by Aristotle but further expounds his idea by adding that laws should be just in themselves for no unjust law can lead people to become virtuous.

【Keywords】 Central Tradition, Moral Corruption, Perfectionism, Moral Legislation

智德与道德:德性知识论的当代发展

米建国①

【摘要】"德性"这个概念是个传统复古的概念,也是个现代创新的用词。在希腊时代亚里士多德的哲学著作中,"德性"这个概念就扮演着一个十分重要的角色。许多后世的研究都希望透过对这个概念的厘清,进一步掌握"实践智慧"的想法,"幸福"的终极目标也才得以逐步实现。"德性"作为一个现代创新的用词中,当代德性伦理学的发展以"德性"作为"伦理规范性"之依据,而当代德性知识论的发展也以"德性"作为"知态规范性"之基础。在这个当代伦理学与知识论之创新想法的交互解释与发展之下,面对与解决道德的规范本质与知识的本质和价值问题,似乎都同时出现了一个新的契机,也为当代全球哲学发展开创出一个崭新的视野。

【关键词】智德,道德,德性知识论,德性伦理学

"德性"(virtue)这个概念是个传统复古的概念,也是个现代创新的用词。在希腊时代亚里士多德的 *Nichomachean Et-ics* 这本深具影响力的著作中,"德性"这个概念就扮演着一个十分重要的角色。许多后世的研究都希望透过对这个概念的厘清,进一步掌握"实践智慧"(practical wisdom)的想法,"幸福"(eudaimonia)的终极目标也才得以逐步实现。"德性"作为一个现代创新的用词中,当代德性伦理学的发展以"德性"作为"伦理规范性"(ethical normativity)之依据,而当代德性知识论的发展也以"德性"作为"知态规范性"(epistemic normativity)之基础。在这个当代伦理学与知识论之创新想法的交互解释与发展之下,面对与解决道德的规范本质与知识的本质和价值问题,似乎都同时出现了一个新的契机,也为当代哲学发展开创出一个崭新的视野。只是我们该如何了解与掌握"伦理规

---

① 作者简介:米建国,天津南开大学讲座教授,台北东吴大学哲学系特聘教授。

范性"与"知态的规范性"呢?

当代西方在伦理学与知识论的哲学研究,都同时在发生一个剧烈的变化与运动,"德性"伦理学与"德性"知识论的兴起,是这整个运动的见证与动能。这个德性转向的出现,意味着传统以来规范伦理学中以康德为首的义务论(deontology),将面对德性伦理学所带来的积极挑战;而传统以来知识论中以笛卡尔为首的义务论式的知识理论①,也将接受德性知识论的重新检视。值得注意的是,这个德性的转向,也正逐渐从西方的热烈讨论扩散到中国哲学的诠释与讨论之中。例如,Stephen Angle 的 Sagehood:The Contemporary Significance of Neo-Confucian Philosoph(Oxford University Press,2009)正在美国引起一股以德性理论重新解读传统儒学与宋明新儒学的风气,而余纪元的 The Ethics of Confucius and Aristotle:Mirrors of Virtue(Routledge,2007)这本著作,着重于对比亚里士多德的德性概念与孔子的伦理学之间的密切联结,也是一个被广为注意与讨论的题材。随着这个运动的影响,传统以来以牟宗三为首的当代新儒家用康德式义务论对中国儒家的诠释,将不再一枝独秀,亚里士多德式的德性理论将为我们提供一套了解与诠释中国哲学的新进路。此外,笔者与索萨(Ernest Sosa)和斯洛特(Michael Slote)于 2015 年共同合作编辑出版的 Moral and Intellectual Virtues in Western and Chinese Philosophy:The Turn toward Virtue(Routledge,2015)这本专著,更把中国哲学和当代德性知识论与德性伦理学,建立起一个紧密接触的桥梁,让中国哲学得以在德性理论的基础之上,和西方哲学主流传统的发展建立起一个互动与对话的沟通机制。立足在这个德性转向所引发的巨浪之上,中国哲学似乎有了一个乘风踏浪、走向国际的大好机会。中国哲学的全球化与国际化理想将不再只是一个口号,中、西哲学对话与交融在这个新纪元的运动中,似乎找到了一个很好的施力点与出发点。

首先,在德性伦理学的发展方面,作为一个在当代能和"义务论"与"结果论"相抗衡的一种规范伦理学,德性伦理学所关注的"德性",是以一种着重于"道德主体"(moral agent)为核心的进路,而不是一种以个别的道德行动(moral action)是否发自义务与法则,或者着重行动结果为考量的规范进路。德性伦理学强调来自道德主体在不同的环境与时空中,是否具有一种独特的人格特质,能够以一种合乎德性的方式回应来自各种不同情境

① 对于把笛卡尔以来传统知识论的主张视为一种义务论式的知识理论,这个说法已经逐渐获得一些人的认同,例如 Noa Naaman-Zauderer,Descartes' Deontological Turn:Reason,Will,and Virtue in the Later Writings(Cambridge University Press,2010)这本著作就极力倡导这个说法。另外,当代谈论或主张义务论式的知态证成理论的哲学家,也不乏支持者,例如,William Alston 的 "The Deontological Conception of Epistemic Justification"(Philosophical Perspectives,Vol. 2,Epistemology,1988)这篇文章中所代表的对于知识证成的看法,就是个最好的佐证。

下的能力与表现。当代最早提出德性伦理学想法的人,当推 G. E. M. Anscombe 在"Modern Moral Philosophy"(*Journal of Philosophy*,1958)这篇文章中所提出的观点,在这篇文章中,她提出了对于当代伦理学中义务论与结果论的不满意见与反驳论点,并以一种类似亚里士多德的德性概念,为当代德性伦理学提出了一个最原初的想法。A. MacIntyre 的 *After Virtue*(University of Notre Dame Press,1981)、I. Murdoch 的 *The Sovereignty of Good*(Routledge & Kegan Paul,1970)与 B. Williams 的 *Ethics and the Limits of Philosophy*(London:Fontana,1985)这三本著作,同时在 20 世纪 80 年代前后问世,共同推广并鼓舞了德性伦理学的真正发展。其后,R. Hursthouse 的 *On Virtue Ethics*(Oxford University Press,1999)、Michael Slote 的 *From Morality to Virtue*(Oxford University Press,1992)与 *Morals from Motives*(Oxford University Press,2001)、C. Swanton 的 *Virtue Ethics:A Pluralist Account*(Oxford Scholarship Online,2003),也都是当今伦理学发展中具有推波助澜的幕后功臣,更是当前最具有代表性的德性伦理学家。

德性知识论的当代发展大致可以从两个方向来了解:第一个方向是采取比较狭隘(或者专业)的角度来面对,第二个方向则是采取比较广义(或者应用)的角度来面对。前者是在一个 post-Gettier 的当代(传统)知识论发展进程中所出现的一种德性知识论类型,这种类型的德性知识论以解决"Gettier 难题"(也就是知识本质的难题)为主要核心,在寻求"知识"概念的本质定义这个主流发展的架构下,提供一种以"德性"为基础的规范性知识理论;后者则是在一个新亚里士多德主义的当代最新发展进程中所出现的另一种德性知识论类型,这种类型的德性知识论以解释"德性"这个概念为主要核心,特别是智的德性(或智德),在德性理论这个主轴发展的架构下,将"智德"与"道德"应用于知识论与伦理学这两个哲学的次领域当中,而分别形成当代的德性知识论与德性伦理学。

但是,不论是从专业深入的角度,或者是从应用广泛的角度来面对这个发展趋势,当代德性知识论发展的起点,主要都是从 1980 年 Ernest Sosa 在他的"The Raft and the Pyramid"(*Midwest Studies in Philosophy*,1980)这篇文章开始。在这篇文章中,Sosa 同时对当时的基础论与融贯论提出了根本上的批判,文章标题中的"竹筏"(raft)就是用来代表融贯论主张的一种象征,而"金字塔"(pyramid)则是代表基础论主张的一种隐喻。当代基础论与融贯论的争辩,主要是在针对构成知识的"证成"条件,特别是存在于信念与信念之间的证成关系,由这种证成关系所组成的信念之间的结构问题(the structure of justified beliefs):基础论者认为信念的结构犹如一栋建筑物,需要建立在一个稳固的基础之上;而融贯论者则认为信念的结构犹如一个信念之网(the web of beliefs),信念与信念之问是彼此互相依赖的,并不见得一定要有一套固定的基础所在。最后,Sosa 在这篇文章里,提出了一个类似"德性伦理学"的知识理论构想方案,对比智的德性(Intellectual Virtue)与道德德性(Moral Virtue),得到了一套当代德性知识论发展的原型想法(prototype),用来调节整合基础论与融贯论两者之间的争议,同时并保留两者之间各自原有的正确直觉。这篇文章的出现,宣告了当代德性知识论的正式诞生。

无论如何,Sosa 在这个具有开创性想法的原型理论之中,仍然没有跳脱 post-Gettier 的主流想法与核心焦聚,也就是对于"知识"这个概念之分析与处理:这里所遇到最主要的困难,就是所谓的 Gettier 难题,也就是知识本质的问题。Sosa 在解决这个难题时所依据的根本想法是,"一个认知主体的知识取得是因为他的德性(特别是智德)之展现"。虽然后来大部分支持并追随德性知识论的哲学家大都接受这个根本的想法,但是对于什么是"知识"、什么是"知识论"、什么是"因为"这个特殊的关系,特别是什么是"德性"与"智德",却有着相当不同的看法与主张。一个十分值得注意与有趣的发展观点,来自 Lorraine Code 于 1987 年出版的 *Epistemic Responsibility*(University Press of New England,1987)这本书中,提出对于 Sosa 德性知识论之原型想法的挑战与批评。Code 虽然很赞同 Sosa 从一个认知主体的角度来看待知识的议题(而不是从 post-Gettier 的主流发展中对于真信念的分析入手),但是她却认为 Sosa 基本上仍然受到当时外在论者的主张所影响,特别是一种可靠主义的立场,使得 Sosa 在看待"德性"或"智德"这个概念的时候,过度着重认知主体的"认知能力"与这份能力是否能可靠地帮助认知者获得真信念而进一步形成知识,而忽略了认知主体在追求知识过程中所应担负的"知态责任"与认知主体在面对知识追求时所应具有的人格特质(也就是所谓的智德)。

Code 对于强调认知能力的可靠性与认知过程中的认知责任两者之区分,在 James Montmarquet 的 1993 年 *Epistemic Virtue and Doxastic Responsibility*(Rowman & Littlefield,1993)一书之中,获得进一步的支持与发扬。Montmarquet 认为知态德性是一位认知者在追求真理过程中不可或缺的人格特质,而非认知者所具有的可靠认知能力。一位认知者在追求真理的过程,就像在伦理学中强调一位具有道德德性的好人,必须具备获得真理的一些知态特质,包括良知、勇气、无私与稳重。这种特质并不是可靠论者所强调认知过程中认知能力所应具有的一种"有助于获得真理"(truth-conducive)的特征,而是一位认知者对于真理渴望的一种人格特质。在 Montmarquet 对于知态德性的进一步推展努力之下,德性知识论已经开始出现德性可靠论与德性责任论两者之间的不同发展,前者强调偏向于一种类似外在论的知态可靠论发展倾向,后者强调一种类似智性伦理学的知态责任论发展倾向。

承续 Code 与 Montmarquet 的这个想法，Linda Zagzebski 在 1996 年出版的 *Virtues of the Mind：An Inquiry into the Nature of Virtue and the Ethical Foundations of Knowledge*（Cambridge University Press，1996）这本重要著作中，进一步批评 Sosa 的德性知识论并没有深入探究"德性"这个概念的核心特质与重要议题，特别像知态责任、良知、智德的可学习性与可发展的特质、德性的社会面向，还有智德与道德之间的重要联结。Zagzebski 著作的副标题中所提到的"知识的伦理学基础"，似乎就在标示出：德性伦理学与德性知识论中所要求的德性，几乎具有相同的结构与特质。在 Zagzebski 心目中所谓重要的德性条目，包括像谦虚、勇气、开放心胸、坚持、谨慎等，这些德性都代表着一个有德者（一个具有德性的认知主体或行动主体）所应具备的人格特质或气性，它们既是道德的德性，也是智能的德性。

由于 Zagzebski 的独特主张与后续影响，使得德性知识论正式出现了两种不同的发展进路与趋势：一种是以 Sosa 为首的"建立在卓越能力基础上之德性知识论"；另一种则是以 Zagzebski 为首的"建立在人格特质基础上之德性知识论"。前者是以一个发展知识理论为基调知识论，解决知识的本质问题（与如何定义知识这个概念）是这种知识论类型的首要任务，"智德"在这条发展趋势的进路中被视为一位认知主体的知态能力，这种能力可以帮助认知者可靠地形成真信念，并在获取知识的过程中展现了认知者的知态价值与成就。后者是以智性伦理学为讨论焦聚的知识论，解决知识的价值问题是这种知识论类型的主要目标，探讨什么是"德性"的本质则是核心的议题所在，"智德"在这条发展趋势的进路中被视为一位认知主体的人格特质，这种特质需要在行动主体追求知识与学习过程中逐渐养成，透过一种具有良知的求知态度，确保行动主体可以获得所需之相关知识，进一步达至幸福的目标。德性可靠论的主流发展，以 Sosa 为首，后续的 John Greco 与 Duncan Pritchard 是最具代表性的继承者与发扬者。而德性责任论则以 Zagzebski 为首，后续的 Robert Roberts、Jay Wood、Jason Baehr 与 Heather Battaly 都可以被视为最具有潜力的继承者。

以上这两种德性知识论的发展进路与趋势，刚好和我们一开始所提出了解德性知识论的当代发展的两个方向不谋而合。也就是，以 Sosa 为首的强调以卓越能力为基础之德性可靠论这个发展进路，刚好可以从一个知识论专业深入的角度，来了解当代德性知识论的一个发展面向。而以 Code 与 Zagzebski 为首的强调以人格特质为基础之德性责任论这个发展趋势，则刚好可以从一个知识论应用到智性伦理学的广泛角度，来掌握当代德性知识论发展与应用的另一个面向。

首先,从当代知识论专业主流的发展出发,也就是以解决"Gettier 难题"这个 post-Gettier 的主流发展为主,为德性知识论在这个专业发展过程中所扮演的角色加以定位与评价。Ernest Sosa 在他最近著作 *Knowing Full Well*(Princeton University Press,2011)一书中提出了一个"以表现为基础的规范性"(performance-based normativity),以此规范性作为模型,企图说明知态规范性究竟应该如何了解,这个模型同时也可以应用到对伦理规范性的说明上。但是更重要的是,这个模型的提出,也为当代解读"德性"这个概念提供了一个对话的平台与理论的基础。"表现"(performance)这个概念是个比较普遍的概念(特别是在英文的用法中),它可以是一种艺术的表演(performing),也可以是一种运动的竞技(playing),还可以是一种道德的行为(behaving or acting),甚至是一种知识的认知(knowing),最后(即使是非人类的表现)也可以是一种事物器具的功用(functioning)。只要是具有目标性或目的性的行动或运作,都可以视为一种表现。所以,我们可以说艺术表演的目标(goal)是在追求美的艺术价值,运动的竞技目标是在追求展现能力的运动价值,道德行为的目标是在追求善的伦理价值,而知识认知的目标是在追求真的知态价值。这些不同种类的"表现"都各自有其追求的目标与价值,而作为这些表现的行动与运作,就必须在其获致目标的追求过程当中,以相对于这些不同种类表现的规范性,来加以衡量与评价这些表现的价值,也因此,表现之所以作为一种表现,其自身的本质与特性才能够被加以彰显。所以,我们现在需要继续追问的是,用来评量一个"表现"的一般规范性究竟是什么?

Sosa 举出弓箭手的射击作为说明的例子。我们都知道,弓箭射击的目标在于击中标的,并且它的成功可以由它是否达到目标来判断,这就是它的精准度(accuracy)。然而不论它有多么精准,还有另一个评估的面向:那就是,这个射击包含的技巧有多么纯熟,这个弓箭手在射击时展现了多少技巧,又有多么熟练(adroit)。正中红心的一击,也许展现了高超的技巧,然而从另一个角度来看,作为一个射击,它有可能是全然失败的。例如,某一个射击因为一射出时就被一阵强风影响而转向,因而它偏离了箭靶之标的,但是第二阵风吹来却弥补了这个偏差,又将它带回轨道因而正中红心。这个射击虽然是既精准而且又熟练的,然而它的精准结果却并不是因为熟练而来,也不是因为弓箭手所展现的熟练技巧与能力所获致。因此,除了精准度和熟练度之外,从第三个评估角度而言,它是失败的:它不是适切的(apt)。透过这个例子,我们可以归纳的结论是,所有的表现一般都有这种三个评价层次的区别:也就是精准度(Accuracy)、熟练度(Adroitness)与适切性(Aptness)。

这就是 Sosa 近年来所提出的"以表现为基础的规范性"中之"三 A 架构"（AAA structure），利用这里所得出之规范性架构，我们可以试着把这个结果应用到伦理学与知识论的例子。

对于 Sosa 来说，"信念的形成"也是一种"表现"（一种认知的表现）。信念形成的目标在于真理，如果一个信念是真的，那么它就是精准或正确的。因此信念在认知的表现上，"获致真理"是个知态的主要目的（epistemic goal）。然而，就像射箭的例子一样，我们在评估一个认知者的认知表现时，还要评估这个认知者究竟有没有充分表现出其自身优秀的认知能力，同时也要衡量究竟这个认知者获得真理目标的结果，是不是借由（或"因为"）其自身的认知能力所达成。如此一来，信念之形成（作为一种表现）将不只是以精准（真理）为目的，同时还要兼具熟练度与适切性（亦即"知识"）之目的。对于真理和对于知识，如果一个认知者的信念同时达到这两个目的，将会比那些只达到前者目标的信念还要好。这也是为什么我们可以说"知识比起仅仅为真的信念还要来得好"的理由所在。

除此之外，还有一个问题需要加以面对：也就是，假设我们的弓箭手是一个猎人，而不是一个参加竞技的选手。比赛进行当中，竞技的参赛者在轮到他出场时就必须要射击，没有其他相关的射击可供选择。当然，他也许可以选择退出比赛，但一旦参加了，他便不被允许有任何关于射击的选择。相较之下，猎人的情况就有所不同了，猎人必须考量他可以投入的技巧与专注力来选择他的射击。选择具有适当价值的猎物，也是打猎活动中所不可或缺的一种特殊能力，而且猎人也必须谨慎选择他的射击，以确保合理的成功机会。比起参赛中的射击选手，我们因而可以从比较多的角度来评估一个猎人的射击。猎人射击所展现的表现可以有双重的评估面向：不只是他的执行射击能力（第一层次上能力的表现），还有这个射击所展现出猎人选择猎物、选择射击的能力（第二层次或者后设层次上能力的表现）。

知识或认知的规范性在此情境之下，也仍然只是这两种层次表现上的一个特殊例子。第一层次上适切的信念，也就是 Sosa 所谓的"动物之知"（animal knowledge），比起不适切但成功达到目标的真信念还要来的好。然而以第二层次适切地注意到而获得的第一层次之适切信念，也就是"省思之知"（reflective knowledge），比起只是第一层次适切的信念或者动物之知还要来的好，尤其是当这个反省之知有助于引导第一层次的信念，而使它成为适切的。如此一来，这个在第二层次适切地引导之下所获得第一层次的适切信念便是完全适切的，并且这个认知主体也可以说获得了完全适切的信念，也因此他就可以"知之完好"（knowing full well）。

因此，在 Sosa 的德性知识论中表现出两项基本的要义：第一项是把知识定义为适切的信念(apt belief);第二项是区分动物之知(animal knowledge)与省思之知(reflective knowledge)。前者主要的目的是用来回答有关知识的本质问题与价值问题,后者则是用来解决知识论传统中的怀疑论问题与当代的 Gettier 难题。

另外,在这个铺陈的过程中,Sosa 似乎也标示出三个不同阶层的知识状态:

第一层:动物之知,这个第一阶层的知识可以被定义为"适切的信念",也就是第一序的信念之所以为真,是经由认知主体透过相关第一序的认知能力所获致("the first-order belief that is true in virtue of the relevant first-order competence"①)。这个对于知识的定义,不仅一方面解释为什么知识并不只是真信念而已,同时另一方面也可以说明为什么知识比起真信念还要好。

第二层:省思之知,这个第二阶层的知识必须透过相关第二序的认知能力,特别是省思的能力,才能掌握、照亮或关注第一序的适切信念,而获致第二序的适切(或者是后设适切)信念,同时也享有比第一序适切信念更高的知态地位(epistemic status)。

第三层:知之完好(knowing full well),这种最高阶层(或完好)的知识必须同时包含第一序的适切信念与第二序的适切信念,同时也要求第一序信念的适切性是借由第二序适切信念的实际引导所获致,也因此,完好之知同时超越了动物之知与省思之知,具有最高的知态价值(epistemic value)。

在 Sosa 最新的著作 *Judgment and Agency* (Oxford University Press, 2015)一书中,他提出了一个所谓"比较好的德性知识论"("A Better Virtue Epistemology")之想法。在这个最新的主张之下,"知之完好"变成一个更重要与更根本的概念,而原本 Sosa 对于动物之知与省思之知的区分,则被"动物之知"与"知之完好"所取代,因为 Sosa 认为"知之完好"涵蕴了"省思之知",而且也是因为"知之完好"这个概念,才使得"省思之知"有其理论上的特殊意义。这个最新的转变与解释,一方面暗示了原先 Sosa 区分的三层"知识"状态的内在困难,另一方面也凸显了"省思"在由"动物之知"转化成"知之完好"的过程中——一种所谓"知态的升扬"(epistemic ascend)——所扮演的独特角色。②

"知之完好"也就是一种完全适切的表现或信念(fully apt performance),而一个完全适切的表现一般会要求:表现主体必须"知道"(适切性地省思到)他的表现(在第一层次

---

① Ernest Sosa, "Skepticism and Virtue Epistemology", *Universitas*: *Monthly Review of Philosophy and Culture*, 39 (2), pp. 10 – 11.
② Sosa 在 *Knowing Full Well* 一书之中,对于"省思之知"的处理与解释方式,笔者在《德性知识论的难题:反省知识》(《哲学与文化》,2014)一文之中,就已经率先提出了其中的本质难题与价值难题。

上）会是适切的，而且这个"知道"会指引着这个主体完成他的整个表现。因此，一个认知的主体不仅只是在追求（第一层次上）确信（affirmation）的正确性，同时也还要进一步（在第二层次上）判断是否第一层次上之确信具有适切性。一位认知主体也许能在第一层次之确信过程有效且可靠地达成适切的信念，然而在知态的地位却仍然有所不足，因为这个主体还有可能在第二层次上的判断并未臻于后设适切的状态。为了要获得第二层次上判断的适切性，主体必须要能在第二层次上适切地获致第一层次确信的适切性：也就是，认知者主体在判断"确信具有适切性"时，展现了主体的优秀省思能力。无论如何，在 Sosa 这个最新的"省思知识论"的发展中，对"省思"这个第二序的判断认知能力提供了一个比较完整的解说，并凸显"省思"在认知过程中所扮演的关键角色：第一序的适切信念表现是经由第二序的适切判断省思所获致的认知表现，才是一种完全适切的信念表现，而认知主体在这个表现中才能"知之完好"。

在一个"比较好的德性知识论"（*Judgment and Agency*，pp.89-106）中，Sosa 意识到"省思之知"作为由"动物之知"过渡到"知之完好"的一个媒介层次，似乎存在着一些根本的难题，不论是在知识的本质难题，或者是在知识的价值难题。因此，与其强调"省思之知"作为一种（第二层的）知识表现，还不如强调"省思"作为一种第二层次上的认知机制（它同时也是一种认知表现上"智德"之展现），可以帮助认知主体在认知表现上，由第一层次的"动物之知"，提升到"知之完好"的知态上最佳状态，使得认知上的"知态升扬"获得一个良好的实现。"知之完好"在 Sosa 最新的发展过程上，代表着一个指标性的概念，似乎所有的认知活动，都是以此指标作为最终的追求目标，"省思之知"则几乎被"知之完好"所覆盖，这也是为什么 Sosa 会认为："知之完好"涵蕴了"省思之知"，而且也是因为"知之完好"这个概念，才使得"省思之知"有其理论上的特殊意义。过去不论支持或反对 Sosa 区别"动物之知"与"省思之知"的人，未来都要重新面对"动物之知"与"知之完好"的区别，同时也要重新检讨"省思"这个概念在知识论或在认知过程中所扮演的角色。

"表现规范性的 AAA 架构"（精确性、熟练性与适切性）与"知态的两个层次上不同能力之展现"（动物性知识与反省性知识），共同支撑起 Ernest Sosa 建构与解释其"德性知识论"的基础蓝图。而试图以"知态规范性"同时解消"知识的本质问题"与"知识的价值问题"，更是德性知识论为当代知识论所带来的活泉。我们把德性知识论这个在当代新兴的运动，称之为当代知识论的"德性的转向"（the virtue turn），其实一点也不为过。当然在这个转向的过程之中，除了 Ernest Sosa 的许多重要著作之外，John Greco 的

Achieving Knowledge：*A Virtue-Theoretic Account of Epistemic Normativity*（Cambridge University Press，2010）与 Duncan Pritchard 的几部最新代表著作，都是一起促成这个转向的重要人物与代表著作。这个转向在知识论上不仅把当代对于"证成理论"（theories of justification）的讨论，转向对于"德性理论"（theories of virtue）的讨论；也把知识论中以"知识本质"为焦点的讨论（nature-driven epistemology），转向以"知识价值"为焦点的讨论（value-driven epistemology）；最后还把知识构成的基础条件问题，由"产品输出"（true belief）为导向的知态规范性讨论，转向以"主体德性"（virtuous agent）为导向的知态规范性讨论。

接下来，我们将以 Code 与 Zagzebski 为首的强调以人格特质为基础之德性责任论这个发展趋势，来掌握德性知识论在当代发展的另一个方向。这个方向的发展涉及一个知识理论广泛应用到智性伦理学的实践面向，德性知识论与德性伦理学在这个方向的发展上，得以更加紧密结合，在一些相关议题上彼此一方面积极进行互动，另一方面也实质上获得互补。特别是在"德性"这个概念上，智德与道德之间关系如何开展，将是十分关键的议题所在。

由于这个方向的德性知识论发展特别着重"德性"（或"智德"）这个概念，所以对于掌握什么是一个优秀的认知者或思考者所应具有的特质，是这个发展进路的核心问题所在。Battaly 在她的"Virtue Epistemology"（*Philosophy Compass*，2008）一文之中主张，在这个发展进路中，最需要处理的问题并不是对于"知识"概念的分析，反而是应该从针对"智德"这个概念加以分析入手。而分析这个概念，则有五个关键的问题需要回答：第一，到底德性是人类与生俱有的自然性质，还是后天学习而来的人格特质？第二，在从事具有智德的思考或认知行动时（如同在从事道德行动一般），是否要求认知者或思考者具备一种德性的动机或者德性的倾向？第三，德性是否有别于技能（skills）？第四，德性是否是可靠的？第五，为什么德性是有价值的（是什么使得德性具有价值）？其中最后一个问题，也就是有关"德性"的价值问题，和当代"知识"的价值问题息息相关，将是本文所要处理的重点所在。回答这个问题，将不仅有助于我们解决当代知识论的三大问题之一（也就是知识的价值问题、知识的本质问题与怀疑论问题），更有助于帮助我们认清德性知识论在当代知识论发展过程中所扮演的重要角色。

针对以上这五个关键的问题，也是当代德性知识论（在以人格特质为基础的德性责任论这个方向）的发展中五个至为关键的争论焦点，其实有着十分复杂与分歧的看法与主张。为了厘清以人格特质为基础的德性责任论对这些议题的多元化回应与立场，Baehr① 提出了一个很有用的划分与区隔，让我们对这些不同的德性知识论现况能够有个清晰可循的依据线索与掌握途径，也非常有助于（建立在这个基础之上）德性知识论未来的持续发展。Baehr 认为德性责任论，或者所谓以人格特质为基础的德性知识论，是一种当代德性知识论的特殊进路，这个进路以智性上的人格特质德性为核心与基本角色，而这些人格特质德性主要包括像：好奇心、谨慎、追根究底、省思、开放心灵、公平无私、智性上的勇气、自律自主、缜密的研究态度与谦虚。但是这些智德的概念在面对传统知识论的问题，究竟扮演什么样的角色？这些智德的概念是否能在传统知识论之外，又能独立开发出一套新的知识论发展理路？

针对以上这两个问题，Baehr 把第一个问题下所形成的德性知识论称之为"保守型德性知识论"，这类型的德性知识论主要针对智德概念在传统知识论中所扮演角色，及其所具有问题解决的能力，而可以再加以区分为"强的保守型德性知识论"与"弱的保守型德性知识论"。强的保守型德性知识论主张：智德在传统知识论中确实可以扮演着一个核心且基本的角色，用以解决其中许多难题。这个主张的主要代表人物还是以 Zagzebski 为首，在她的 1996 年的著作中，最能表现出这种强的保守型德性知识论。弱的保守型德性知识论则主张：智德这个概念和传统知识论的议题间，确实具有一定程度的关联，但是智德在其中所扮演的角色，并不特别具有核心的地位，甚至有被边缘化的现象。这个主张的主要代表人物是 Baehr 本人，他在几篇论文中（特别是 2006 年与 2009 年的两篇文章②）论证，智德这个概念和可靠论与证据论这两个当代知识理论有密切的联结，并可以弥补这两个理论的不足，为知识的本质问题提供一个良好的基础说明。

接下来，Baehr 把第二个问题下所形成的德性知识论称之为"自律型德性知识论"，这类型的德性知识论主要针对智德概念是否能够具有其自律性独立发展的可能（而不是只用来解决传统知识论的难题），并取代传统知识论，成为一个全新知识论的主流理论，依据这个考量，也可以再加以区分出"强的自律型德性知识论"与"弱的自律型德性知识论"。强的自律型德性知识论主张：我们可以有一个以智德概念为核心所独立发展出来的德性知识论，而这个最新的自律性知识论将取代传统的知识论，成为新的主流发展理论。这个

① 参见 Baehr "Four Varieties of Character-Based Virtue Epistemology" (*The Southern Journal of Philosophy*, 2008) 一文中的讨论。

② Baehr 的两篇文章，指的是 "Character, Reliability, and Virtue Epistemology" (*The Philosophical Quarterly*, 2006) 与 "Evidentialism, Vice, and Virtue" (*Philosophy and Phenomenological Research*, 2009)。

主张的主要代表人物为 Jonathan Kvanvig,在 1992 年 *The Intellectual Virtues and the Life of the Mind*（Rowman & littlefield, 1992）一书中,他论证传统知识论以分析"知识"和"证成"的概念为核心工作,并不能真正掌握人类知识的习得过程与实质内涵,只有以"智德"概念为核心的知识论研究,才能提供我们对于一个人类心灵认知生活的正确描述,吻合我们日常的认知经验,并可以帮助我们理解获取真理与避免错误如何可能。弱的自律型德性知识论则主张:一个聚焦于智德概念的独立自律发展理论,将可以和传统知识论产生互补的作用,但并不能取代传统的知识论。这个主张以 Code 为主要代表人物,后续还包括像 Hookway、Robert Roberts、Jay Wood、Jason Baehr 与 Heather Battaly 等人,也都可以被视为这种弱的自律型德性知识论的倡导者。

整体来说,最近哲学的主流发展主要是围绕在"德性"的概念与理论之框架下进行,结合智的德性与道德德性,分别从"德性作为一种人格特征"（personal traits or characters）、"德性作为一种可靠机能"（reliable faculties or competence）、"德性作为一种主体能力"（agent ability or disposition）,甚至"德性作为一种专职技能"（professional skills or expertise）,逐步讨论这些不同的进路对于德性伦理学、德性知识论、道德心理学（moral psychology）、社会知识论（social epistemology）,以至于对康德义务论的主张及中国宋明儒学的影响与挑战。

在德性伦理学的讨论与理论的建构当中,把"德性作为一种人格特征"（personal traits or characters）似乎是一个相当普遍的作法。从古代亚里士多德对于伦理学的一些看法,直至当代最新德性伦理学的许多代表著作,如 I. Murdoch、Michael Slote 与 Stephen Angle 等人的著作中,大都是以主体的人格特征作为德性理论的解释模型。然而,近年来关于道德德性（moral virtue）的探讨有了一个新发展,亦即有些学者试图以技能（skill）的概念来阐明道德德性之概念。Julia Annas 所建构的"德性理论"之版本,特别是她在 2011 年出版的新著 *Intelligent Virtue*（Oxford University Press, 2011）,就是技能模型的主要代表著作。之所以要以技能来说明德性,部分优点在于一般对德性与技能两者的现象学描述似乎显得十分接近,透过对技能的了解,可帮助我们更加清楚德性的本质与运作方式。"德性作为技能"之论点（the virtue-as-skill thesis）,可以进行两个面向上的探讨。第一个面向是探讨德性之技能模型的适切性,即探讨将德性理解成技能是否适切。第二个面向探究德性之技能模型中的道德技能（moral skill）的本质。

在德性知识论的发展过程中,对于"德性"这个概念的看法与解读则似乎显得比较有分歧。这个有分歧的现象主要依赖于究竟德性知识论与德性伦理学之间的关系密切与否而定。也就是说,如果把知识论与伦理学的理论架构与模型加以并列,并认为两者之间并无实质上的差异,如 Lorraine Code 的 *Epistemic Responsibility* 与 Linda Zagzebski 的 *On Epistemology*(Wadsworth,2009),那么"德性"这个概念将很自然地(就如同在德性伦理学的理论发展一样)被导向一种以"人格特征"作为模型的解释方式。然而,如果即使把知识论与伦理学的理论架构与模型加以并列,却主张知识论与伦理学仍然具有本质上的差异,如 Ernest Sosa 一向强调一个 Theory of Knowledge 与一个 Ethics of Knowledge 之间的差别,那么"德性"的概念将不再只能用"人格特征"来了解,甚至也不适宜用这种模型来解读,反而需要以一种"德性作为一种可靠机能"(reliable faculties or competence)或"德性作为一种主体能力"(agent ability or disposition)的方式来了解。Ernest Sosa 是前者的代表人物,而 John Greco 则是后者的主要倡导人,前者一般也可以称之为一种 Virtue Reliabilism,而后者则是一种 Agent Reliabilism(相较于 Alvin Goldman 的 Process Reliabilism)。

一般在论及德性知识论的议题时,为了一方面能和德性伦理学有一个参照的对比,另一方面也用来解析透视中国哲学中宋明儒家的"德性理论"之成分,大部分学者都会着重于 Linda Zagzebski 的德性知识论,也就是采取一种把"德性"视为"人格特征"的解释模型。但是也有一部分学者在面对德性知识论的议题时,大部分追随采用 Ernest Sosa 的理论架构,但是对于该如何解读"德性"的各种不同模型,以及究竟有多少不同解释"德性"的模型,都是值得继续从事的研究内容与探讨主题。

当我们主张当代兴起了一个"德性的转向",正是因为目前以"德性"作为哲学研究的驱策动能之现象,已经扩延到中、西哲学许多领域的探讨与辩论之中。这个德性理论的兴起,对于未来中国哲学的全球化发展,有着一股潜在的推动助力,这也代表着面对与理解中国哲学时,我们似乎拥有一个最新的诠释进路。这个发展与机会绝不只是我们个人的臆测或期待而已,最新的国际出版趋势与最近的国际会议的热门话题,都可以证明与支撑"德性的转向"已经是一个不可逆转的趋势。我们必须注意的是,一个完整的德性理论(也许我们可以拿亚里士多德的理想作为一个典范),也需要来自各种不同范畴、不同条件与不同环境、脉络的互相整合与融贯,才能实现一种"幸福""荣景""逍遥"与"圣人"的境界。中国哲学的学界,以至于整个亚洲华人的世界,都需要密切注意这个"德性转向"对中国哲学所带来的冲击与挑战。我们乐观地认为,这个冲击与挑战正好是中国哲学和西方哲学进行哲学对话最好的机会与切入点。

Intellectual Virtue and Moral Virtue:
Contemporary Development of Virtue Epistemology

MI Chienkuo

【Abstract】This paper is concerned with virtue, both intellectual virtue and moral virtue. "The Virtue Turn and/or Return" is the leading theme for the whole work. In epistemology, ethics, and Chinese philosophy, we all witness the same contemporary development. The study of virtue and articulation of virtue based approaches in various fields of philosophy is both traditional and contemporary. Both within the Western philosophical tradition and the Eastern philosophical tradition, Aristotle and Confucius are the exemplars par excellence of these respective traditions, virtue has played a very significant role. Virtue has not only been recognized as a constitutional element enabling human beings to achieve practical wisdom, but it has also been recognized as essential to guiding agents to realize their well-being (eudaimonia for Aristotle and sagehood for Confucius).

【Keywords】Intellectual Virtue, Moral Virtue, Virtue Epistemology, Virtue Ethics

作为能力知识的"理解"：从德性知识论的视角看①

徐　竹②

【摘要】"理解"与知识的差异与关联是当代德性知识论探讨的热点课题。普理查德把"理解"界定为"理智德性的认知成就"，其中的理智德性乃是获取相应真信念的认知能力。然而，从维特根斯坦的思路出发，理解与知识都应首要地与应用真信念的能力相联系；更具体地，基于海曼的"事实性理由"概念，知识归根到底是以事实作理由行事的能力，而"理解"则是一类特殊的能力知识，是以机制事实作理由行事的能力。在这个意义上，作为能力知识的"理解"要比普通知识具有更大的认知价值，要求承担更为充分的认知责任。

【关键词】理解，能力知识，机制，维特根斯坦，德性知识论

德性知识论（virtue epistemology）的兴起是当代知识论演进的重要成果，知识在其中被看作是认知者发挥自身的理智德性（intellectual virtue）所取得的认知成就（cognitive achievement）。例如，索萨（E. Sosa）论证说，知识要求信念在其为真的意义上是"准确的"（accurate），在其体现理智德性的意义上是"熟练的"（adroit），且必须由于其熟练性而为真，在这个意义上信念乃是"适切的"（apt）③。因此，"准确—熟练—适切"就构成了那种能够作为知识的"认知成就"的核心要义。但由于对"理智德性"的界定不同，德性知识论也常被认为存在两种立场。索萨和格莱科（J. Greco）等人认为理智德性就是认知者所具有的认知能力，包括知觉、记忆、直觉等，这被称作"德性可靠论"（virtue reliabilism）的观点；而在蒙马奎（J. Montmarquet）和扎克泽博斯基（L. Zagzebski）等人看来，理智德性并不等同于一般意义上的认知能力，而是某些卓越的、具有价值善好性的品质，譬如谦虚谨慎、善于"举一反三"等，作为评价认知者是否具备相应认知责任的依据，因此也被称作"德性责任论"（virtue responsibilism）。

通过把知识界定为体现理智德性的认知成就，德性知识论试图回答知识的价值问题。

---

① 本文为笔者主持的国家社科基金项目"当代科学哲学的因果理论前沿研究"（项目编号：12CZX016）的阶段性成果。

② 作者简介：徐竹，华东师范大学哲学系副教授，主要研究领域为当代知识论、行动哲学与社会科学哲学。

③ E. Sosa, *A Virtue Epistemology*: *Apt Belief and Reflective Knowledge*, Oxford：Clarendon, 2007, p. 23.

这一问题源自柏拉图的《美诺篇》:为什么知识比一般的真信念更有价值? 20 世纪 60 年代以来,随着盖梯尔(E. Gettier)问题的提出,知识论学者又关心另一个更进一步的价值问题:与得到辩护的真信念相比,真正的知识究竟有何独特的价值? 如果知识是一项成就,那么毫无疑问是有价值的,但困难在于如何说明价值的独特性,即便是得到辩护的真信念也不能具有的某种东西。在这个问题上,柯万维格(J. Kvanvig)的《知识的价值与理解的寻求》改变了讨论的方向。他提出,认为知识具有某种独特价值的假定也许从一开始就错了:真正有独特价值的不是知识而是理解。"我们没能找到知识的独特价值,但这失败不过是对更成功地寻求理解之独特价值的注脚。"①在德性知识论看来,理解也应是发挥理智德性取得的、通常比一般知识的价值更大的认知成就。

"理解"的认知价值还与其作为能力知识(knowledge-how)的意义相关。例如,维特根斯坦评论说:"'知道'一词的语法显然与'能够''有能力做'紧密相关,但同时也与'理解'紧密相关('掌握'一门技艺)。"②赖尔(G. Ryle)后来进一步提出了能力知识与命题知识的区分。从作为能力知识的意义上看,对理解的评价着眼于其应用,就是要看是否能够取得实践上的成功;但从德性知识论的角度来说,对理解的评价着眼于其形成,就是要看它在认知上的成功——获得真信念——是否源自某些理智德性的发挥。通常说来,对"理解"的这两个概念直觉各有道理,但却未必是连贯的。基于能力知识与命题知识的区分,那些能够保证实践成功的"理解"未必是由理智德性的发挥而取得的真信念,而作为认知成就的"理解"又未必是能够保证实践成功的能力知识。因此,如何与作为能力知识的"理解"相协调,就成为德性知识论的"理解"理论需要回答的问题。这就需要首先从"认知成就"的概念讲起。

一、理解与认知运气

当代分析哲学的知识论都是"后盖梯尔"意义上的研究。之所以这样说,是因为盖梯尔对"知识是得到辩护的真信念"这一经典定义所提出的反例③,从根本上重新擘画了此后对知识的定义和分析的讨论走向。盖梯尔反例的核心在于,知识并不止于要求"得到辩护的真信念",而且要求信念的辩护与信念为真之间存在着可靠的、非偶然运气的关联。

---

① J. Kvanvig, *The Value of Knowledge and the Pursuit of Understanding*, New York: Cambridge University Press, 2003, p. 185.

② L. Wittgenstein, *Philosophical Investigations* (2nd ed). G.E.M. Anscombe (trans.). Oxford: Blackwell, 1958, p.150.

③ E. Gettier, "Is Justified True Belief Knowledge?" *Analysis*, 1963, 23(6), pp.121–123.

因此,"后盖梯尔"的知识论理论大都有排除认知运气(epistemic luck)的理论诉求。

德性知识论正是在这样的背景中发展起来的。索萨等德性可靠论者将知识定义为"可归功于理智德性的认知成就",其中的"理智德性"就是一些可靠地产生真信念的认知能力,以此作为排除认知运气的根本途径。然而,认知成就的概念并不能排除所有类型的认知运气。譬如在著名的"假谷仓案例"中,认知者身处于周围布满假谷仓的环境,而碰巧他正看到的是一个真谷仓,同时他的视觉也的确是产生真信念的可靠认知能力,那么他关于"那是一个谷仓"的真信念就是由其理智德性造成的认知成就。但这显然是包含了认知运气的作用,因为假如碰巧他正看到的是这个环境中的其他任何假谷仓,他的认知能力的发挥就会导向假信念。

因此,德性知识论者在这里似乎面临两个选项:要坚持知识的"认知成就"的概念,就必须在某种意义上承认假谷仓案例中的真信念是知识,尽管它包含某种认知运气。索萨后来诉诸"动物知识"(animal knowledge)和"反思知识"(reflexive knowledge)的区分,作为动物知识的认知成就可以包含认知运气①;而从另一种直觉上说,我们似乎很难认可假谷仓案例中的真信念就是知识,那么也就意味着不能简单地把知识当作认知成就。普理查德(D. Pritchard)正是在这个意义上批评说:

> 然而问题在于,我们发现知识与认知成就并非同一回事。具体说来,人们可以拥有知识而不展现任何相应的认知成就,同样也可以作出认知成就却没能得到知识……这正是假谷仓案例中的情形,认知者没能获得知识,乃是由于其信念包含了某些为知识所不容的认知运气,但与一般的盖梯尔反例不同的是,假谷仓案例中的认知者的确作出了认知上的成就(亦即是说,其真信念的确首要地归功于认知能力的作用)。②

因此,知识并不是与认知成就相对应的合适概念。普理查德论证说,既然认知成就可以与排斥知识的认知运气相容,那么这似乎不能不得出这样的推论:知识的反运气条件乃

---

① E. Sosa, *Reflective Knowledge: Apt Belief and Reflective Knowledge* vol. 2, Oxford: Oxford University Press, 2009, pp. 135 – 136.

② D. Pritchard, "Knowledge and Understanding", in D. H. Pritchard, A. Millar, A. Haddock (eds.). *The Value and Nature of Knowledge: three investigations*, Oxford: Oxford University Press, 2010, p. 50. 这里普理查德区分了两种类型的认知运气。其中,假谷仓案例中的认知运气尽管也会阻碍信念成为知识,但并不会妨碍信念成为认知成就。普理查德在另一个地方把这种运气称为"环境性认知运气",因为"真信念的运气性完全是由于认知者事实上处于某个认知上不友好的环境",而不像盖梯尔类型的认知运气那样,是直接"干预了信念与事实的关系"(p. 78)。

是独立于"可归功于认知能力"的认知成就条件①，而"理解"却必然是认知成就，因为"理解似乎本质上是知识论内在论的概念，如果某人拥有理解，那么他拥有理解这个事实就不会对他自己含混不清——具体地说，人们应该对理解相关的那些信念拥有良好的反思性根据"②。因此，认知者可以有知识而无理解，只要他的真信念足以排除认知运气，却不能归功于理智德性；也可以有理解而无知识，只要真信念的取得包含了认知运气的作用。例如，我们可以有这样的运气性理解：

> 假设认知者碰到一幢烧毁的房屋。在此情境下，她询问一个看起来像是消防员的人起火的原因。而她所问的这个人的确是可靠的专家，也见证了起火的过程。消防员说房子是由于电线错误的接线导致起火的，而这也是正确的。然而，这个消防员周围还有很多穿着像消防员，却实际上只是路过这里去参加一个化妆派对的人。假如认知者当时问的是这些"假消防队员"中的任何人，他们就会把认知者引向有关起火原因的虚假信念。尽管这种运气阻碍了认知者真正知道起火的原因是错误的接线，但是，认知者却似乎真的理解为什么房屋会被烧毁，因为她具有关于起火原因是错误接线的真信念。③

在这个"消防员案例"中，认知者是拥有理解的，因为她有关"房屋为什么会被烧毁"的真信念得自于其理智德性。她并不是询问任何一个从旁边经过的人起火的原因，而是有意识地选择那些穿着像消防员的人作为证言的来源。但认知者仍然很容易出错：假设她碰巧询问到的对象是"假消防员"，那么就会持有虚假的信念，这就说明其真信念的获得仍然包含了认知运气的作用。

然而，作为"认知成就"的理解正是着眼于其形成过程的评价，而未能涵盖其作为"能力知识"的意义。如前所述，"理解"的另一概念直觉正是关涉应用真信念的能力，却往往与如何获得真信念的过程无关。还以消防员案例来说，即便关于"房屋为什么被烧毁"的真信念的确是认知者取得的一项认知成就，这是否就确保了她真的"理解"了起火的原因？这往往是不确定的，因为"理解"要在具体情境中应用真信念来展现。例如，如果她

---

① 普理查德实际上主张，知识所应满足的是排除认知运气的安全性条件："S 的信念是安全的，当且仅当，在那些最相邻的可能世界中，S 仍然以与现实世界中相同的方式形成对同一个命题的信念，而这一信念仍然为真。"参见 D. Pritchard，"Anti-Luck Epistemology." *Synthese*，2007，158(3)，p. 281。

② D. Pritchard，"Knowledge and Understanding"，p. 82.

③ K. Morris，"A Defense of Lucky Understanding"，*British Journal for the Philosophy of Science* 2012，63(2)，p. 359.

能向保险公司解释为什么房子会着火,或者在修缮房屋时关注防火材料与火警装置的安装,那么我们的确可能说她真的"理解"了起火的原因。然而,仅仅作为认知成就的意义并不能保证她具备应用真信念的能力倾向。

其次,认知运气究竟在何意义上影响了"理解"的形成? 里格斯(W. D. Riggs)指出,有两种意义的认知运气:在德性可靠论的意义上,认知运气是指造成真信念的非充分性,而德性责任论者却更倾向于诉诸认知责任的评价:认知运气意味着求知的意图并未在其形成真信念的过程中发挥恰当作用。① 所谓的"运气性理解"主要是在德性可靠论的意义上,然而认知责任的考量也同样重要:与一般知识不同的是,"理解"往往意味着对所理解对象的"透明性"把握——不仅掌握有关真信念而理解了对象,更是要对理解本身也保持自我"理解"。因此,"理解"就不能是自然发生在认知者身上的事件,而必须是其有意识地努力追求的结果:真信念得自于认知意图的作用,认知者必须对构成理解的真信念负责,这里可能就不再容纳运气因素的存在。

一言以蔽之,合理的理解理论必须表明,应用真信念的能力如何能够与认知成就的取得过程相联系,还应该表明认知者如何能够对其真信念担负其认知责任。当然,更为完善的解决方案应当把这两方面整合起来:"理解"作为一种特殊的认知成就,它的形成既保证了其作为能力知识的意义,又阐明了认知责任评价的理由。

二、事实性理由

实际上,不仅仅是理解,知识同样也能被刻画为在不同情境下应用真信念的能力。例如,维特根斯坦就认为,知识与理解都在语法上类似于能力的概念,其原初语境是要批评那种"认为理解是'心理过程'"②的哲学幻象。假如理解或知道某事的确是一种心理过程,那么理解或知识也就要和其他心理过程一样有时间性维度。例如,既然我们可以问"你的疼痛什么时候减轻的?",那看起来我们也可以询问"你什么时候停止理解那个词的?",或"你什么时候知道如何下棋的?"之类的问题,而这些实际上都太过荒谬以至于无从回答。尽管像"现在我知道/理解了!"这样的特殊表达,的确包含时间的索引词,但这并不意味着知识与理解原本就具备时间性维度。

---

① W. D. Riggs, "What Are the 'Chances' of Being Justified?" *The Monist*, 1998, 81(3), p. 466.
② L. Wittgenstein, *Philosophical Investigations* (2nd ed.), G.E.M. Anscombe trans. Oxford: Blackwell, 1958, p.154.

"能力"的语法在这一点上的确相似于知识或理解,也是非时间性的状态。① 能力应该是一种倾向,当条件适当时就会展现其自身。知识与理解也在相同意义上得到刻画。获得关于某事的知识并不意味着时时刻刻都要展现这种知识,而只是要求在必要的时候认知者能够运用这种知识。假如在恰当情境下,认知者不能成功地展现知识与理解,那么他就不能被当作是真正"知道"或"理解"了对象。这正像是说,如果一个人掉到游泳池中后无所适从,他也就不能被认为是真的学会了游泳。一言以蔽之,"应用仍然是理解的标准之一"②,这其实也是对普理查德理解理论的第一个质疑。

但究竟是哪种能力被归为"知道 p"呢?认知者一旦知道某个命题,的确意味着有能力去做很多与该命题相关的活动。例如,知道起火的原因意味着认知者能够回答有关房屋为什么会着火的问题。但无疑这些活动是非常有限的,范围上也过于狭窄,完全不能匹配"知道 p"的完整内涵。因此,我们可能还需要考虑某些与命题并非直接相关,但却也受其知识影响的活动。

海瑟灵顿(S. Hetherington)主张一种知识的实践主义概念,把"知道 p"定义为做如下这些事情的能力:"准确地相信 p,准确地记忆 p,准确地断定 p,准确地以 p 相关的方式回答,准确地表征 p,准确地感知 p,准确地以 p 相关的方式解释、提出假设、作出推理和行动,等等。"③实践主义的知识概念倒不再局限于与命题直接相关的活动,但却又过于宽泛,缺乏教益。一个明显的困难在于,在如此宽泛的定义下,"知道 p"与"知道 q"的区别如何界定?因为所谓的"以 p 相关的方式"可能同时也是"以 q 相关的方式"。根本的问题是,如果我们还是想找到与"知道 p"相对应的某些活动,并以做这些活动的能力来界定"知道 p",那么就总是会碰到要么过于狭窄,要么又过于宽泛的困难。所以,知识的能力理论看起来只能另辟蹊径,就是不再把"知道 p"定位于做某些具体活动的能力。

海曼(J. Hyman)由此主张,对应于"知道 p"的不是一些具体的活动能力,而是作为一种副词性倾向(an adverbial tendency)的能力,即知识不是做这种或那种事情的能力,它就是以如此这般的方式做事情的能力。这不仅规避了上述太窄或太宽的定义的两难,而且更实质性地抓住了知识的内在含义:新知识的获得往往意味着诸多的改变,其中某些变化并不是直接推动认知者有能力开展新的活动,而是深刻地影响着主体做事情的方式。因

---

① "想象这样一个语言游戏:用一只计时表来确定某个印象持续多长时间。知识、能力与理解的持续不可能以这种方式来确定。" L. Wittgenstein, *Zettel* (2nd ed.). G. E. M. Anscombe (trans.)., G. E. M. Anscombe and G. H. von Wright (eds.). Oxford:Blackwell, 1981, p.82。

② L. Wittgenstein, *Philosophical Investigations* (2nd ed.), §146.

③ S. Hetherington, *How to Know:a practicalist conception of knowledge*. Oxford:Wiley-Blackwell, 2011, p. 35.

此,知识的定义可能并不是在于做某些具体事务的能力,而是在于"以有见识的方式做事情"(to do things knowingly),以某种特殊的方式行动。对海曼而言,这种特殊方式就是以事实作理由的行动:"合理的一点是,知识是为着作为理由的事实而行动的能力,抑或是为着这样的理由而不做某事,或相信、愿望以及怀疑某事的能力。"①同样含义的一个最近的表述是,知识就是"那种能被事实所引导的能力"②。

这里的"事实"就是指真命题所陈述的东西。"知道 p",当且仅当有能力出于真陈述的内容而非仅是行动者的信念来做事情。通常认为,行动的理由总是行动者的信念、愿望等意向状态。然而,海曼论证说,信念等意向状态如果是行动的恰当理由,那么它就不能仅仅是根据行动者的"相信"态度而执行理由的功能,而必须是根据所相信的事实来解释或辩护行动。因而实际充当理由的并非信念、愿望等意向态度,而是事实本身。倘若行动者的确以其意向态度承担理由的功能,那么这也绝不是"行动的恰当理由"的情况,更不同于通常的"以意向状态作理由"的意义。

把"以事实作理由的能力"当作"知道"的充要条件,这很容易招致下述批评:假如某人缺乏以事实 p 作理由的能力,我们可以把这种欠缺解释为他"不知道 p",缺乏该事实的知识;但反过来说,假如某人不知道 p,却似乎并无道理把他的知识缺乏看作是出于"欠缺以事实 p 作理由的能力"。一言以蔽之,这里存在着解释的不对称性。③ 海曼回应说,这往往是我们对"解释""由于"这样的词产生了理解上的歧义。之所以能以"缺乏知识"来解释某种能力的欠缺,是因为这里我们追求的是因果解释;但也正是在相同意义上,我们会觉得不能用"欠缺某种能力"来解释"不知道 p",因为这里并不存在因果解释。然而,不存在因果解释并不妨碍可以存在其他意义上有效的解释,例如构成性的解释:如果"知道 p"本身就是由"以事实 p 作理由的能力"所构成的,那么我们当然能够以此种能力的欠缺来解释相应知识的缺乏了。④ 因而,上述表面上的"解释的不对称性"并不足以推翻知识的能力定义。

① J. Hyman, "How Knowledge Works" *Philosophical Quarterly* 1999, 49(197), p. 441.海曼举例说,"假设罗杰相信他正被安全部门追捕,那么有很多事情他都可以做。例如,他可能会逃到巴西,烧掉信件,抑或是向他的选区议员投诉。但假设他所做的只是去看心理医生……可以这样来解释这种差异:罗杰并不是基于他被安全部门追捕这一事实——至少是假设中的事实——而做出看医生的行动的;因为促使罗杰作出决定并指导其行动的,并不是他所相信的那个事实,而是'他相信'这个事实"。
② J. Hyman, *Action, Knowledge, and Will*, Oxford University Press, 2015, p. 170.
③ 参见 T. Williamson, *Knowledge and Its Limits*. Oxford:Oxford University Press, 2000, p. 64;K. Setiya, "Causality in Action", *Analysis* 2013, 73 (3), p. 511.
④ J. Hyman, *Action, Knowledge, and Will*, Oxford University Press, 2015, p. 183.

　　这似乎也为"理解"的能力理论开辟了道路。假如理解也能像知识一样被定义为"以事实作理由的能力",这实际上就响应了"应用是理解标准"的维特根斯坦观点。① 然而,这样的结论可能太过匆忙了。如果理解也像知识那样被刻画为"以事实作理由的能力",那么这可能意味着理解是某种特殊的知识。恰恰是在这一点上存在着很大的分歧。例如,利普顿(P. Lipton)主张理解只不过是原因的知识②,或可以更具包容性地界定为"对依赖性关系的知识"③。而普理查德的理解理论则提供了相反的例子:"理解"从认知价值和运气的角度上看,都是不同于知识的认知状态。

　　但即便是主张"理解是一种知识"的人也不能否认其中的区分:"理解"至少不同于普通的知识,因而才有可能有知识但欠缺理解。因此,如果"理解"也是一种类似于知识的能力,那么它的能力定义也必须能够使之区别于那种定义普通知识的能力。更为重要的是,这种区别必须基于认知主体视角中的认知责任(epistemic responsibility)才能得到澄清。较之于普通知识,"理解"更进一步地要求主体的求知意图在真信念的获得过程中发挥恰当的因果作用,并因而对相应的真信念负有充分的认知责任。这种认知责任通常体现在认知者视角中可以获致的理由上——真正的"理解"必然要求有根据地持有真信念;但这里的"根据"未必总是认知者的反思性理由:训练有素的科学家可能直接把握了所研究现象的因果关系,而并没有什么特殊的反思理由;但他仍负有充分的认知责任,因为其真信念的形成乃是求知意图的实现,而他在长期实践中形成的对因果关系的敏感性与洞察力,这些理智德性就是他得以持有因果关系信念的根据。反过来说,即便认知者真的具备某种特殊的认知能力,且也能使真信念满足安全性条件,但只要真信念的形成并非认知者求知意图的结果,就不会产生充分的认知责任,因而也就算不上"理解"。

　　最后,在完成上述解释目标的基础上,理解理论还应该解释"理解"何以比普通知识有更大的认知价值(epistemic value)。"理解"与普通知识的差异并非在同一个平面上,而是有着认知价值上的差序关系。知识的价值问题最早体现于柏拉图在《美诺篇》里的追问:知识何以比仅仅为真的信念更有价值? 在后盖梯尔时代,人们也开始质疑,尽管知识

① 尽管海曼的能力理论出自维特根斯坦主义的脉络,但"作为能力的理解"这一观点并不必出自同一个语境。其他的哲学思想资源也可以导致相同的结论。例如,扎克泽博斯基指出,从古希腊哲学特别是柏拉图的思想语境中来看,"理解也是从技艺(techné)的习得中获得的状态。人们通过知道如何做好一件事情而获得理解"(L. Zagzebski, "Recovering Understanding", *Knowledge*, *Truth*, *and Duty*, Oxford: Oxford University Press, 2001, p. 241)。

② P. Lipton, *Inference to the Best Explanation*, (2nd ed.). London: Routledge, 2004, p. 30.

③ S. Grimm, "Understanding as Knowledge of Causes", In A. Fairweather, *Virtue Epistemology Naturalized*: *bridges between virtue epistemology and philosophy of science*, Springer 2014, p. 341.

不等于"得到辩护的真信念",但它有无超出"得到辩护的真信念"的独特价值?① 并非所有知识论学者都给出肯定的答案。例如,柯万维格就认为,知识的价值实际上已为其所有组成部分的价值所穷尽,并无超越于其组分的独特价值;而真正所应当关注的是"理解",它具有超越于知识的独特价值。② 正是因为存在着这种价值上的差序关系,"有知识但欠缺理解"才会被看作是一个有待于改善的认知状态:"知道 p"远不是认识的终极目标,更有价值的是要理解它。

基于这些考虑,我们可以来评价一些"理解"的能力理论。一种思路是主张"理解"比普通知识具有更多的内在融贯性。扎克泽博斯基认为,"理解是对实在的非命题结构的把握状态"③,但要求融贯的凝聚力达到"非命题结构"似乎是一种过度的要求。相比之下,柯万维格的表述似乎更中道一些:"尽管知识以单个命题为对象,理解却未必如此。情况倒可能是,一旦实现了理解,理解的对象就是整个'信息块',而非许多单个命题。"④一言以蔽之,理解区别于普通知识的地方是其融贯性维度超越了零散的、无组织的一堆命题的总和。这就直接解释了认知价值的差序关系:显然,对一个具有内在融贯性的"信息块"的整体把握,要比知道一堆零散无组织的命题更有价值。但是,这一思路却不能再帮我们解释更多。"理解"并不会由丰富信息的整体而自发产生,而必须依赖于某些有关信息块内部结构的理由或根据。这其实就是"理解"的认知责任问题:通常正是那些信息在时空上的组织结构为我们对整个"信息块"的理解提供了理由。也正是在这个意义上,我们才说认知者能够对其真信念具有充分的认知责任,因为他的真信念导源于其求知的意图,具有理由或理智德性上的根据。而融贯的"信息块"概念本身并不能解释"理解"的认知责任要求。

此外,格林(S. Grimm)代表了理解的另一种能力理论:

> 理解就是具备某种能力或知道如何做某事。按照我们的观点,"看出"或"把握"

① 扎克泽博斯基提出,过程可靠主义的知识价值论证面临"淹没难题"(the swamping problem):正如更有价值的、更可靠的咖啡机并不必然使做出来的咖啡更有价值,产生于可靠认知过程的真信念也并不就比一般的真信念更有价值:"真加上某个独立的价值来源并不能解释知识的价值。"参见 L. Zagzebski, "The Search for the Source of Epistemic Good", *Metaphilosophy*, 2003, 34(1-2), p. 14。
② J. Kvanvig, *The Value of Knowledge and the Pursuit of Understanding*, New York: Cambridge University Press, 2003, pp. 185-186.
③ L. Zagzebski, "Recovering Understanding", *Knowledge, Truth, and Duty*, Oxford: Oxford University Press, 2001, p. 242.
④ J. Kvanvig, *The Value of Knowledge and the Pursuit of Understanding*, New York: Cambridge University Press, 2003, p. 192.

都是一种能力,能够看出或把握到某些特定属性(对象、实体)之间的模态关联,就意味着具备回答某一类问题的能力。这类问题就是詹姆斯·伍德沃德所说的"假若情况不同,事情将会怎样?"的问题。这就是要求人们能够看出或把握到,发生在某些项上的变化如何会引起(或不能引起)另一些项上的变化。①

格林所说的"把握"的能力的确是"理解"概念的重要内涵。在消防队员案例中,理解起火原因并不只是要求知道实际的起火过程,而是更进一步地要求能够把握某些可能情况中的变化,或者换句话说,就是能够回答那些"假若情况不同,事情将会怎样?"的问题。譬如说,对接线错误是起火原因的"把握",既要知道火势实际上源自接线错误而起,又要具备回答上述反事实条件设问的能力:假设没有接线错误,那么在其余情况不变的条件下,房子就不会着火。这种"把握"的能力就是厘清那些实际地造成差异(difference-making)的原因项,并能够以反事实条件的设问检验实际情况中结果对这些原因的依赖关系。这恰恰是为关于相应因果关系的真信念提供了理由,从而也解释了认知者何以能对"理解"状态承担充分的认知责任。然而,"把握"概念的弱点在于不能在"理解"与普通知识之间作出认知价值上的区分。还以消防队员为例,似乎没有理由认为,只有"理解"才要求具备回答反事实条件设问的"把握"能力,而对起火原因的知识就不需要。实际上我们也可以说,如果认知者"真正知道"接线错误与房屋起火之间的因果关系,那么他也同样要具备"把握"的能力。如果是这样,那么"理解"何以还会比普通的知识更有价值呢?认知价值上的差序关系体现在哪里呢? 格林的理论似乎尚没有令人信服的答案。②

总而言之,无论"理解"是不是一种知识,能力理论都需要使之至少区别于普通的知识。这既需要解释认知者何以能够对产生"理解"的真信念承担充分的认知责任,也需要解释"理解"何以能在认知价值上优于普通知识。我们已经看到,既有的能力理论在这两个方向上都作出了有益的尝试,但却不能同时解决两个问题。柯万维格的"信息块"概念有助于解释认知价值,不能解释认知责任的来源;格林的"把握"概念倒是有助于解释认知责任,却不能从认知价值上区别"理解"与普通知识,因而也就更不能确立"理解"的独

---

① S. Grimm, "Understanding as Knowledge of Causes", In A. Fairweather, *Virtue Epistemology Naturalized*: *bridges between virtue epistemology and philosophy of science*, Springer, 2014, p. 339.

② 在格林看来,所谓"理解"只不过是对原因的或依赖关系的知识,而"理解"的认知价值体现于这一事实:对原因的知识要比对非因果事实的知识更有价值。但是显然我们也可以知道起火的原因但仍缺乏"理解"。所以仍然未确定的问题是:因果意义上的理解是否比对原因的普通知识更有价值? 如果我们要确定"理解"的独特价值,这一问题却是不可避免的。

特价值。因此,认知责任与认知价值问题的同时解决有待于新的进路或理论可能性的引入,而我认为这就应当是基于海曼观点的能力理论。

三、机制事实

这里所要辩护的"理解"的能力理论既借鉴了海曼对"知识"的能力定义,同时也有赖于引入"机制"(mechanism)的概念:

> (UM)理解是一种以"机制事实"为理由而做事情的能力。

机制性联系对"理解"来说并不陌生,常识意义上的"理解"往往意味着对某些机制性关联的把握。如果消防队员案例中的认知者只知道接线错误是起火的原因,而对这一原因导致大火的中间机制不甚了了,那么似乎就很难说他获得了真正的"理解"。而认知者一旦掌握了其中的机制,他似乎也因此获得了某些在仅仅知道"起火原因"时所不具备的能力。正如上一节所讨论的,这种新能力也不是去做某些特殊活动的能力,而是应该被首要地看作是某种做事情的特殊方式,即以"机制事实"作理由而行事。

"机制"的概念主要来自当代科学哲学的讨论,其中的理论脉络纷繁芜杂,但举其要点,其内涵可以概括为以下四个方面:

(1)生成性条件:"机制"要求所理解的现象是被生成的。把握机制意味着厘清现象在时空上如何发生的实际过程,譬如生成这一现象需要由哪些实体来完成,它们各自需要参与什么样的活动,等等。[①]

(2)系统复杂性条件:机制的组分之间有系统整合,而与环境之间存在清晰的界限。从某种意义上说,机制的生成性特质也体现了其系统复杂性,要求其中的组分在时间和空间上有序排列,同时从整体上又作为一个"自然的单元"而区别于外部的环境要素。[②]

(3)层次性条件:机制不仅有时间或空间上的结构,而且有宏观层次与微观层次之间的层级秩序。宏观与微观之间的关系往往不是因果关系,而是构成性的关系,即微观机制

[①] "机制是组织起来的实体与活动,以便产生从初始条件到终结条件之间的规律性变化。"P. Machamer, L. Darden, C. Craver. "Thinking about Mechanisms", *Philosophy of Science*, 2000, 67(1), p. 3.

[②] W. Bechtel, R. C. Richardson. *Discovering complexity: decomposition and localization as strategies in scientific research*, Cambridge, MA: The MIT Press, 2010, p. 39.

并不是导致宏观机制现象的原因,而就是构成这一宏观机制的组分。①

(4) 模型的理想化条件:机制意味着某些相对稳健的联系,但并不是毫无例外的普遍过程。机制的模型通常都是对实际生成过程的理想化处理,而不是对现实的事无巨细的描述,其中总是会省略掉一些无关宏旨的细节。

总而言之,生成性、系统复杂性、层次性和模型的理想化是"机制"概念通常具备的主要内涵。从这四个特征上对机制性关联内容的具体陈述就是"机制命题",而使"机制命题"为真的东西就是"机制事实"。很显然,机制事实是一类特殊的事实,它与一般的、不涉及上述四个机制特征的事实区别开来;而这种区别很容易用于界定"理解"与普通知识的差异:在海曼的能力理论中,"知道"是以事实作理由的能力,而"理解"之所以区别于普通的知识,乃是由于它不是以一般的事实,而必须是以机制事实作理由的能力。

机制事实是作为机制命题的使真者而被定义的。但在命题层面,还存在一些虽与"机制"相关,却并未对机制性关联的内容作具体陈述的命题:一是存在性命题,例如"这里有一个机制";二是对机制的性质归属作分类的命题:"X 是一个物理的/化学的/生理的机制"。这两类命题是当我们意识到某个机制的存在但仍处于黑箱状态时最常用到的。对应于这两类命题的事实可称之为"相关于机制的事实"。不难看出,对那些"相关于机制的事实"的把握,还远远不是对机制事实的把握。即便我们对某个机制的生成性、复杂性、层次性与模型理想化等诸特征一无所知,我们也还是有可能作出与机制相关的存在性或分类的判断,即对"相关于机制的事实"有所把握。

机制事实与"相关于机制的事实"之间的区分,还体现在以两者作理由的能力差异上。譬如,认知者打开一个开关箱,并且也知道其中的每一个开关都有着具体的功能,控制着某一类线路。因此,他也能推论性地知道,在开关箱与这间房屋的电器设备之间存在着某种机制。或许通过咨询某些可靠的证言提供者,他甚至还能获知机制的某些细节。那么现在我们说,他所把握的究竟是机制事实还是"相关于机制的事实"呢? 显然,在对机制作出存在性判断的意义上,认知者已经"知道了"机制,他也具备了把"这里有一个机制"的存在性命题作理由的能力。仅以相关于机制的事实作理由,认知者能够在开关箱出故障时找专业电工来修理,却并不能自己动手来修理——即便他尝试想自己动手解决问题,他这样做的理由也并非出于任何事实,而只是自己的某些可能并不正确的信念。但

---

① C. F. Craver, *Explaining the brain*: *mechanisms and the mosaic unity of neuroscience*, Oxford: Oxford University Press, 2007, p. 166.

是,被请来修理开关箱的专业电工却不仅在存在性判断的意义上,而且也在生成性、复杂性、层次性和模型理想化特征的意义上"知道了"机制,那么原则上说,这就不仅能以相关于机制的事实作理由,而且也具备以机制事实作理由的能力。因此,电工可以自己来修理开关箱而无须求助于他人,并且当他这么做时,作为理由的正是机制事实本身,而并非仅仅是关于机制的信念。

按照 UM,上述例子中认知者与专业电工的区别就在于,认知者对开关箱的机制是"知道但欠缺理解",只能以相关于机制的事实而非机制事实本身作理由行事;而专业电工则理解开关箱的机制,因为他具备"以机制事实为理由做事情的能力"。这提示我们,通常说"知道一个机制"是有模糊性的。对机制的知识既可以是把机制保持为一个"黑箱"——例如存在性命题或分类性命题所做的——也可以是把"黑箱"打开,具体呈现其生成性、复杂性、层次性与模型理想化的特征。按照海曼的能力理论,即便是在保持黑箱的意义上"知道一个机制",也意味着某种"以事实作理由做事情的能力",只不过这只是以"相关于机制的事实"作理由而行事的能力。与此相比,在打开黑箱的意义上"知道一个机制",则意味着所把握的就是机制事实本身,而以其为理由做事的能力则就区别于以其他类型的事实,特别是"相关于机制的事实"作理由的能力。这正是"理解"与普通知识的区别。一言以蔽之,UM 揭示了"理解"在能力理论上与"知道"的区别与联系:"理解"不同于普通知识,因为前者要求以"机制事实"这种特殊类型的事实作理由而行事的能力;"理解"也不等同于"知道一个机制",因为这里的"知道"有可能仅仅是以"相关于机制的事实"而非机制事实本身作理由;当然,如果认知者是在"打开黑箱"的意义上具有机制的知识,即能够具体把握机制的生成性、复杂性、层次性和模型理想化等诸特征,那么他实际上也已经获得了"理解"——即在 UM 的意义上,"理解"就是"打开黑箱"的机制知识。

以 UM 定义"理解"的能力理论,需要回应两个可能的反驳:首先,UM 引入了机制的概念,应该主要适用于对自然现象的"理解",但除此之外,"理解"还有更广阔的应用范围,就未必符合 UM 的能力理论。尽管这一批评不无道理,但同样不能否认的是,UM 定义所蕴含的要求"打开黑箱"才能"理解"的直觉,有可能扩展到其他类型的"理解"上去,从而并不妨碍其作为"理解"的一般规定性。例如,"遵从规则"意义上的"理解"意味着"以规则事实为理由做事情的能力",而这又要求打开规则的"黑箱",具体把握其内在的规范性意义、实例合乎规则与否的复杂性等,从而区别于那种保持规则"黑箱"的知识,亦即区别于那种仅仅对"相关于规则的事实"的把握;文本诠释意义上的"理解"意味着"以文本意义为理由做诠释的能力"，这要求打开文本的"黑箱"，把握其内在的诠释学关联和文本复杂性，从而区别于保持文本"黑箱"的知识，譬如那种"知道"文本里有某种意义存在但欠缺"理解"的状态；对他心的"理解"意味着"以他人心智事实为理由解释其行为的能力"，这也要求打开他心的"黑箱"，把握从他心到外显行为的机制生成性、复杂性等特征，从而区别于保持他心"黑箱"的知识，亦即区别于那种仅仅对"相关于他心的事实"的把握……一言以蔽之，尽管"机制"概念及其生成性、复杂性等特征需要在"理解"的其他类型中重新诠释，但类似于"机制事实"与"相关于机制的事实"的区别却是共通的："理解"意味着打开黑箱的知识，区别于那种保持黑箱的知识，仅仅是"以相关事实作理由的能力"。

其次，机制的生成性、复杂性、层次性和模型理想化的特征往往依赖于科学的发现与理论的建构，因此 UM 所定义的"理解"就大多是专家的事情，特别是需要依赖科学才能达到的；而实际上我们有大量的例子表明，普通人也能够在常识意义上拥有很多"理解"。对这一批评的回应需要分两个层面：一方面，UM 意义上的"理解"的确是一种特殊类型的能力，而它的获得通常需要经由专门的训练与经验的积累，从而的确有常人与"专家"的区分。事实上，就日常生活的要求而言，具备"以相关于机制的事实作理由"的能力已基本足够了：我们只需知道关于机制的存在性命题与分类性命题，就已经知道在何种情况下求助于具备哪些"理解"的专家，从而能够应付生活中的诸多问题，而无须在"理解"上亲力亲为。这实际也不仅限于对自然现象的理解，在遵从规则、文本诠释和他人心智的"理解"上，我们也常会求助于某些更有经验、更有洞察力的"专家"。

另一方面，我们之所以承认那些"专家"拥有比我们所知道的东西更深刻的"理解"，乃是由于他们在把握机制事实、规则事实、文本意义或他人心智方面胜于我们，具备以这些特殊事实本身作理由行事的能力，而并不是因为他们拥有描述这些特殊事实的"科学理论"。就 UM 所定义的"理解"而言，机制事实是使那些打开机制"黑箱"的命题为真的东西，但仅仅相信并能复述这些命题并不等同于"理解"；类似地，仅仅相信并能复述对规则、文本或他心特征的命题也不等同于相应类型的"理解"。所以，这里所说的"专家"并不总是与科学理论知识联系在一起。事实上，基于 UM 定义的能力理论并不否认有大量常识意义上的"理解"。即便是在看起来最依赖科学理论的对自然现象的"理解"方面，以机制事实本身作理由的能力也并非仅靠命题知识就能获得，还必须要有专门实践的训练与经验积累。譬如，仅仅掌握书本知识的电工学徒能够从命题上描述开关箱机制的诸特征，但却还不能自己修开关箱，因为他尚不具备"以机制事实作理由的能力"。

四、认知责任与认知价值

任何"理解"的理论都需要解决两个问题:其一是解释"理解"的认知责任,与知识相比,"理解"更突出地要求主体的求知意图在真信念的获得过程中发挥恰当的因果作用,并因而对相应的真信念负有充分的认知责任,通常体现为认知者视角中可以获致的理由;其二是解释"理解"何以比普通知识有更大的认知价值。我们还看到,不管是柯万维格的还是格林的"理解"理论,都没有能同时解决这两个问题。那么,基于 UM 定义的"理解"的能力理论是否能做得更好?

首先来看"理解"的认知责任。按照 UM 的定义,"理解"就是在"打开黑箱"的意义上对机制事实的把握。但我们也可以设想这样一种情况:陈述"机制事实"的命题是认知者碰巧偶然得知的,或可能得自某个专家的证言,抑或是来某个甚至不为自己知晓的特殊认知能力——总之,在获得对机制事实的真信念的过程中,认知者自己的求知意图并未发挥实质的作用,因此他对所获得的真信念并未有充分的认知责任。在这种情况下,认知者对机制事实的把握还能算是"理解"吗?譬如,假如认知者并非出于自己的求知意图而得知了开关箱与各个电器设备之间联系机制的架构细节,那么这些"打开黑箱"的真信念是否足以使他具备"以机制事实作理由行事"的能力?

答案是否定的。非意图性地获得对机制事实的真信念并不足以造就"以机制事实作理由"的能力。一方面是对所理解之事实的求知意图,另一方面是以所理解之事实为理由做事的意图,两者并非彼此独立:假如对事实的求知意图付之阙如,则以事实为理由的行动意图亦不能独善其身。常识直觉上还有大量其他类型的"理解"的例子印证这一原则。例如,漠视规则的人并不会因为知道规则事实而能够遵从相应的规则行事;如果解释者对文本的意义毫无兴趣,即便从别人的证言中得知了意义关联,也往往不能由此把文本诠释得饶有趣味;如果我缺乏对他人心智的求知意图,根本对他人漠不关心,那么即便我有某些心理学知识,我也并不因此能理解他人,或以他心的事实解释他人的行为。换句话说,"理解"之所以比知识更加明确地要求充分的认知责任,是因为它作为一类特殊类型的行事能力,需要与之相匹配的行动意图,以及与该行动意图相联系的求知意图。我们或许能非意图性地"知道"某一机制事实,但我们绝不能在相同意义上获得"理解":缺乏对机制、规则、文本与他心的求知意图,我们也就不可能完整地具备以这些事实为理由的行动意图,从而从根本上丧失了"理解"的可能性。

然而,我们真的能非意图性地"知道"机制事实吗?假如我对消防员案例中的房屋起火原因没有任何求知兴趣,而通过可靠的证言告诉我是由"接线错误"导致的,那么我就非意图性地获得了起火原因的知识。但对于机制事实,情况却复杂得多。如前所述,对机制事实的把握既要着眼于系统复杂性特征——组分之间的系统整合及在时间空间上的有序排列,又要澄清层次性特征——宏观与微观之间的层级秩序与构成性关系。而要把握机制的系统复杂性与层次性,没有相应求知意图的参与几乎是不可能的。诚然我们可以设想这样一幅图景:你对开关箱如何联结到各个电器设备的机制毫无求知意图,但有个可靠的专家在你耳边喋喋不休地讲解这一机制的各个细节,它的复杂性与层次性特征。由于你有博闻强识的记忆力,能够完全复述出那些"打开黑箱"的真信念,而非仅仅是存在性或分类性的命题。所以这里所关涉的并非"相关于机制的事实",而就是机制事实本身。那么你是否对此拥有知识呢?

德性可靠论的答案无疑会是肯定的。即便如此,这也只能是非常单薄意义上的"知道",而不会由此具备以机制事实作理由的能力。但我想强调的是,常识上有非常强的直觉告诉我们,这里其实并没有对机制事实的知识。因为知道一个机制事实与知道"接线错误是起火原因"不同,它需要认知者能够条分缕析地把握机制的系统复杂性与层次性,能够从中提出具体的理由作为相应行动的参考。从这个意义上说,仅仅能够记住证言并复述出来并不能确保认知者的确形成了表征机制复杂性与层次性的真信念,进而也就不能说他真的"知道"这一机制事实。反过来说,假如认知者真的"知道"机制事实,那么他就必定能从机制复杂性与层次性特征中提炼出行动的理由,而这就要求认知者的意图参与其中,包括对机制事实的求知意图与以之为理由的行动意图,从而认知者就要对其真信念负充分的认知责任。一言以蔽之,机制的系统复杂性与层次性特征为"理解"所要求的认知责任提供了解释。对于这种厚实意义上的"打开黑箱"的机制知识,求知意图与认知责任乃是题中应有之义;因而具备这种知识也就是具有"理解",即以机制事实作理由行事的能力。

机制的系统复杂性与层次性特征与认知责任问题相联系,而机制的生成性与模型理想化特征却解释了"理解"之区别于普通知识的独特认知价值。正如 UM 定义所表明的,"理解"之所以区别于普通知识,就海曼意义上的能力理论而言,就是由于"理解"所要求的不是以普通事实作理由而行动的能力,而是以一类特殊事实——机制事实作理由的能力。如前所述,机制是生成性的,即它并不满足于把握诸变量之间的相关关系,而是要求厘清现象在时空上发生的实际过程;机制性的关联是在不同情境下都能保持相对稳健的联系,但对它的模型描述只能在一定范围内有效,理想化的处理是把握跨情境有效的关联的合适手段。机制的这两个特征对于人类的认识活动而言都极其有价值。人类的认识目标有高低之分。就高的目标而言,认识不仅要抽象地把握变量间的相关性,而且也着眼于具体把握现象的实际生成过程;不仅立足于澄清现实中发生的事情,而且还要以理想化模型把握现象的模态含义,也就是要考虑其在相邻可能世界中的情况。而 UM 所定义的"理解"通常就意味着这两方面的含义,它因而是比普通知识更值得追求的、更有价值的认知状态。

总而言之,"理解"的能力理论立足于对德性知识论的"理解"研究的批判性反思:一是对"理解"刻画应当着眼于应用真信念而非获得真信念的能力;二是需要解释"理解"何以比普通知识要求更充分的认知责任和更大的认知价值。在这方面,基于维特根斯坦哲学脉络的能力理论,特别是海曼基于"事实性理由"的能力理论,能够给"理解"很多可资借鉴的理论资源。如果我们可以接受"理解是一种特殊类型知识"的观点,那么我们就很容易引入机制概念而构造"理解"的 UM 定义:以"机制事实"为理由做事情的能力。基于此,利用"机制事实"与"相关于机制的事实"之间的区分,阐明机制的生成性、系统复杂性、层次性和模型理想化特征的理论蕴涵,我们就有理由证明,"理解"何以区别于普通知识,何以比普通知识要求更多的认知责任与认知价值。这恰恰表明,引入机制概念的"理解"的能力理论,能够比既有的"理解"理论更好地应对认知责任与认知价值方面的挑战。或许正是在这个意义上,亚里士多德才在《形而上学》的开篇说"人类就其本性而言渴求 epistéme",而 epistéme 在这里更应当译作"理解"而非"知识"①。

Understanding as Knowledge-how: A Notion from Virtue Epistemology

XU Zhu

【**Abstract**】 Virtue epistemology recently focuses upon the relationship between understanding and knowledge. Duncan Pritchard, for instance, argues that understanding is equal to the cognitive achievement from intellectual virtues, which are some reliable capacities in acquiring true beliefs. However, as Wittgensteinian notions, understanding and knowledge should firstly connect to capacities of applying true beliefs. Particularly, John Hyman argues that knowledge is the ability to do things for reasons that are facts. According to Hyman's

---

① L. Zagzebski, "Recovering Understanding", *Knowledge*, *Truth*, *and Duty*, Oxford: Oxford University Press, 2001, pp. 238 - 239.

account, understanding is therefore the knowledge how to do things for reasons that are mechanical facts. That notion of understanding requires more epistemic value and more sufficient responsibilities than knowledge does.

【Keywords】 Understanding, Knowledge-how, Mechanism, Wittgenstein, Virtue Epistemology

理智德性:值得钦慕的品质特征①

[美]琳达·扎格泽博斯基②(著)

方环非③(译)

【摘要】本文提出,无论是道德德性还是理智德性,都是值得钦慕的品质。在反思之后,我们会钦慕所有这样的德性。理智德性指向那些智识上深层的、后天获得的持久的特质。在实现真理时,它们不仅涉及值得钦慕的理智动机,还有可靠的过程。所有这些理智德性的特征,均可以通过反思我们在他人身上所钦慕的东西而得以辨识。钦慕会产生对值得钦慕的那些人的模仿,并因此激发出合情理的行为。与此同时,由于知识主要就是通过值得钦慕的(符合德性的)相信行为而获得真理,因此钦慕也是知识的基础。

【关键词】钦慕,德性,理智德性,道德德性,动机,知识,模仿

一、值得钦慕的人类特征

人类会因为很多不同的品质而受到称赞。通常情况下,尽管我们没有清楚地把握我们所称赞的品质的本质是什么,但是如果有个人是这一品质的范例(exemplar),他以非常生动的方式表现出来时,我们就会辨识出这一品质。当我们钦慕某个东西(或者某个人),并在反思之后依然继续钦慕它时,我们就会说它是令人钦慕的(admirable)——应该得到钦慕。当然,在什么是值得我们钦慕的这一问题上,我们可能会犯错误。我们可能会钦慕某一个并不值得钦慕的人,或者没有去钦慕一个值得钦慕的人。尽管如此,对值得钦慕的品质的辨识往往是基于我们钦慕的体验,毕竟那些值得钦慕的品质是经过我们反思之后仍得以存留的东西。

德性的讨论源自漫长历史中对"德性"一词的运用。这个词自身带有一些假设,比如

---

① 本文为国家社科基金项目"应用知识论研究"(项目编号:18BZX100)的阶段性成果。方环非教授为该项目的负责人。文章来源:Linda Zagzebski, "Intellectual Virtues: Admirable Traits of Character" in *Routledge Handbook of Virtue Epistemology*, edited by Heather Battaly, 2018, pp.26 – 36.

② 作者简介:[美]琳达·扎格泽博斯基,美国俄克拉荷马大学乔治·莱恩·克罗斯研究教授,金费舍尔宗教哲学与伦理学讲席教授。

③ 译者简介:方环非,宁波大学马克思主义学院教授,研究方向为知识论、伦理学。

德性是什么以及它们是如何构成的。然而,相比于德性是什么及德性应该以什么方式分类,我相信我们更加确定那些非常值得钦慕的人所具有的特性。有鉴于此,我认为探究理智德性最好的切入点就是考察我们所钦慕的各种各样的人。然后,我们就能运用反思性钦慕,产生对德性的分类,并辨别德性的构成要素。①

假定我们每个人都列出一些我们所钦慕的人。我的这个名单上会包括范尼云(Jean Vanier),他创立了方舟团体(L'Arche communities),在这个地方人们与心智障碍人士住在一起,并给他们充满爱意的家庭生活;还有迪波哈林(Tibhurine)的特拉普派修士(Trappist monk),他们在饱受战争摧残的阿尔及利亚拒绝放弃他们的神职,后来被叛军绑架并杀害。② 这个名单还包括圣加大肋纳·锡耶纳(St. Catherine of Siena),她是 14 世纪欧洲政治事件中神秘的重要人物,曾毫不畏惧地与多个教皇相对抗,并且成功说服教皇格里高利十一世从阿维尼翁(Avignon)迁回罗马。它还包括犹太人大屠杀中的营救者如索莎(Leopold Socha),他是一个波兰的下水道检查员和前科罪犯,把犹太人藏在利沃夫(Lvov)的下水道中达 14 个月,一开始他是为了钱,后来渐渐出于同情而做这件事,并冒着极大的人身风险。③ 我同样还钦慕迈尔斯(Arthur Miles),他是斯诺(C.P. Snow)的小说《大搜索》(The Search)中的主角,他是个踌躇满志的科学家,在晶体学研究中做出开创性研究。在接近于做出重要的发现时,他找到了他一开始试图消除的相反证据,但是他接受了这些证据,并报告称那个会使他名声大振的假设是错误的。④ 我的名单同样还包括莫扎特(W.A. Mozart)、达·芬奇、居里夫人以及肖(Brian Shaw),据说他是世界上最强壮的大力士⑤。最后,它还包括很多普通人,比如我所认识的一个女人,她在照顾患有阿兹海默症的丈夫的同时,自己打扮得干净利落,她的家始终保持随时聚会那般整洁。

这一名单上的那些人很显然彼此各不相同,但是我认为他们/她们有某种共同的东西引发我的钦慕,同时我还怀疑其他人所列名单上的人也会有某些相同的共通特性。每一

---

① 我认为,反思性钦慕应该包括反思那些我们信任的人的情感反应,以及在新证据出现时对被钦慕的人的持续反思。参见 L. Zagzebski, *Epistemic Authority: An Theory of Trust, Authority, and Autonomy in Belief*, New York: Oxford University Press, 2012, p.4。

② 参见 J. Kiser, *The Monks of Tibhurine: Faith, Love, and Terror in Algeria*, New York: St. Martin's Griffin. 2003, 以及 Xavier Beauvois 2010 年的电影《人与神》(*Of Gods and Men*)。

③ 参见 K. Chiger, and D. Paisner. *The Girl in the Green Sweater: A Life in Holocaust's Shadow*, New York: St. Martin's Press, 2008. R.Marshall, *In the Sewers of Lvov*, New York: HarperCollins, 1990, 以及 Agnieszka Holland 2011 年的电影《无光岁月》(*In Darkness*)。

④ J. Baehr 对此做了讨论,参见 J. Baehr, *The Inquiring Mind: Intellectual Virtues and Virtue Epistemology*, Oxford: Oxford University Press, 2011, p.142。

⑤ B. Bilger, "The Strongest Man in the World," *The New Yorker*, July 23, 2012.

位被钦慕的人都有一种人性的力量,表现为相当程度的智识上的优秀或者艺术天分、道德上的领导力、坚贞可靠的勇气、激情、开明的心智与理智上的真诚,有作为主人和体贴伴侣的德性,乃至身强体壮等。显然,在这些品质中,有一部分会比其他一些更加重要。有些品质与某个人之成为某人的根本特性没有什么关联,相反,其他品质则更具重要性,它们融入这个人的生命之中,比方说帮助那些"小人物"就相对于是支持范尼云这样的信念。①

我的假设是,按照我所列出的那些人类优秀品质,主要可以分为天赋的与获得性品质。身强体壮、音乐与艺术天赋、与生俱来的智力都属于天资。勇气、激情、希望、心智成熟以及热情都是后天获得的优秀品质。我认为,在同一个人身上兼有这两种不同类型的品质时,我们也是以不同的方式钦慕它们。有天资的人们通常会吸引我们的钦慕,因为他们通过训练后天获得品质进一步发展了他们的天赋。肖并不是生来就是世界上最强壮的大力士,他在经历了无数辛苦的训练之后才达到那个目标。居里夫人所具有的坚忍不拔的精神与后天获得技艺则解释了她被授予诺贝尔奖,这样的解释力至少与她天生智力上的优秀有相近的效果。因此我认为,拥有突出天赋的人都是值得钦慕的,在某种意义上是因为其天资聪颖,在另一种意义上则是因为他们所实现的优秀程度部分归因于,他们通过其能动性而发展了后天获得的品质。我们所感受到的对后天获得的优秀品质的那种钦慕,不同于我们对天赋的优秀品质的钦慕感受。

另一种审视两种不同优秀品质间差异的方式是进行情感对比,也就是我们对一些天赋的缺陷与后天获得的缺陷有不同的情感。如果我们对诸如友善这样的后天获得品质有钦慕之感,我们就会对刻薄这样的后天获得品质感到不屑。刻薄不只是友善的缺乏。它是一个后天获得的品质,与友善相反,它是一种恶。同样,不诚实也不仅仅是诚实的缺乏,它是一种后天获得的特征,会引起我们的不屑。这一点同样可以应用至怯懦、小气、不正当等。在每一种情形中,当这些特质得以表现出来时,我们都可以感受到一种与钦慕相反的情感,因为它们不仅意味着德性的缺乏,还有与德性相反的恶的呈现。相较之,我怀疑是否存在这种与天赋相反(anti-talent)的东西。当然,尽管存在缺乏天赋这种东西,但正常情况下我们都不会对它有轻视之感。一般来说,我怀疑我们是否会对缺乏某一天赋的人有什么感觉,如果某人完全缺乏某一正常的人类能力,比方说音盲(tone deaf),我们或

---

① 范尼云在新型社区问题上的革命性想象有很多动人的论述,其影响已然波及世界上每一个区域,参见 J. Vanier, *Becoming Human*, N.Y.: Paulist Press, 1998.K. Spink, *The Miracle, the Message, the Story: Jean Vanier and L'Arche*, Mahwah: Hidden Spring Press, 2006。

许会感到遗憾,但我认为我们不会感到不屑。这样说来,与钦慕后天获得的特征相比,钦慕与生俱来的能力会有不一样的,乃至相反的感受。这就再次表明,有两种钦慕分别指向两种品质。同样,是不是有不同的感受对应于钦慕天赋与钦慕后天获得的特征呢?

天然与后天获得的品质之间第三个重要差异在于,我们能够模仿后者,但不能模仿前者。这两类优秀品质与我们的动机有着不同的关联。这一差异已经在海德(Jonathan Haidt)与阿尔戈(Sara Algoe)的一系列研究中得以证实。① 海德区分了不同的"钦慕",一是被他称为指向天赋能力的情感(emotion),另一是被他称为"振奋"(elevation),他造出这一术语是为了指向后天获得的德性的那种情感。在一系列实证研究中,他辨识了这两类情感之间的差异。"振奋"的主要构成如下:

(1)它是由仁爱、感激、忠诚、慷慨,以及其他德性的强烈展示所引致。

(2)它导致独特的身体感受,包括感到胸腔的扩张与开放,并带有一个人被提升或"振奋"的感受。

(3)它会引起具体的动机或行为倾向:仿效,或者是自己想要实施同类行为。

在我看来,"钦慕"是个相当完美的术语,它指的是我们对先天赋予与后天获得的优秀品质的情感反应。尽管我已然强调了它们之间的差异,但相似性同样重要,我将不再按照海德的思路,用两个不同的名称来命名钦慕的情感。然而,姑且把名称上的差异放在一边,阿尔戈与海德的研究支持了我的主张——我们能够模仿后天获得品质,但对天生的品质则做不到这一点。他们的研究表明,无论是他们称之为"振奋"、指向道德品质上范例的情感,还是被他们称为"钦慕"、指向天赋能力的范例的情感,都提升并在某种意义上会导致仿效。不过,这里的差异则是,钦慕天赋能力会推动人们更加努力工作以达到他们的目标,而"振奋"则会导致他们仿效他人的道德目标。② 我想表达的是,后天获得的品质是可模仿的,而天赋品质则不是,尽管它们都那么具有激励作用。因此,我认为,海德的研究证实了我对人类品质以及我们对它们的情感性反应的分类。

接下来要注意的是,在两个分类中均存在理智德性。有一些理智德性就像是天赋能力,还有一些则是后天获得的道德德性。天生的理智能力包括与生俱来的智力、好记性和

① J. Haidt, "*Elevation and the Positive Psychology of Morality*," in by C. L. M. Keyes and J. Haidt (eds.), *Flourishing, Positive Psychology and the Life Well-Lived*. Washington, D.C.: The American Psychological Association, 2003, pp.275 - 289. S.B. Algoe and J. Haidt. "Witnessing Excellence in Action: The 'other praising' emotions of elevation, gratitude, and admiration," *Journal of Positive Psychology*, 2009(4), pp.105 - 127.

② 参见 S.B. Algoe and J. Haidt. "Witnessing Excellence in Action: The 'other praising' emotions of elevation, gratitude, and admiration," *Journal of Positive Psychology*, 2009(4), pp.105 - 127.

良好的推理能力。后天获得的理智德性则包括理智上的诚实、理智上的公正、理智上的勇气、理智上的慷慨、理智上的开明以及理智上的慎重与细心。在我看来,我们钦慕理智上诚实的方式,与我们钦慕实践领域中诚实的方式相同,以此类推,钦慕其他理智德性的方式与道德德性的方式相同。我们对心胸狭窄会感到不屑,这样的感受就像是我们面对理智上的不诚实与理智上的懦弱一样。我们同样迫切感受到要模仿心胸宽广、理智上充满勇气的人,其方式与我们迫切想模仿那个有同情心,或者慷慨的、有勇气的人一样。相比之下,面对一个智力低下,或者记忆力差,或者眼神不好的人,我们不会感到不屑。天赋的理智品质并不是那么能被模仿,其原因与其他天赋能力与身体强壮不可模仿一样。

我的结论是,天赋的理智品质与后天获得的理智品质与钦慕和人类的动机有着不同的关系。尽管按传统观点,可以根据它们所实施的领域,比如道德的、理智的和身体的领域将它们分为不同的德性,但我认为更有意义的做法则是根据我们对它们的不同反应来进行分类。后天获得的品质,不管是道德的还是理智的,都以相同的方式被钦慕。它们在人类品质的发展中,通过那些已然成为杰出之人的仿效,就会具有相同的功能。如果我们想要在形成、调节我们的信念方面变得更好,我们就要做好并专注于那些后天获得的理智德性。

二、品质特征的构成

到目前为止,我始终强调钦慕不止有一类,并且对天赋能力的钦慕在方式上不同于人们对它们的感受,而在人们典型的行为反应上则不同于对那些后天获得的品质的钦慕。我通常不会把天赋能力称为"德性",因此不是所有的品质都是德性。德性与恶性(vice)都是后天获得的特征。理智德性与恶性都是后天获得的理智特征。接下来我想考察一下,我们如何才能运用钦慕来辨识品质特征的构成,以及在辨识个体的德性中运用钦慕。

钦慕的出现通常是由于某种易于观察的东西,比方说口头或身体行为。不过我们认为,还有某种存在于一个人心理之中的东西,它被表达在可观察的行为中,这样的内在心理才是我们钦慕的对象。实际上,大部分被观察到的行为都有内在的心理构成,因此对被观察行为的钦慕甚至意味着,那个被钦慕的人的心理有某种特定的东西。我们所称的行为并不仅仅意味着身体的动作,还指向有意识的身体动作。我们所说的断言(utterance)不仅仅指语词的断言,还包括具有特定意义的语词的断言,一个演说者运用这些语词来传递信息或者向他人表达态度。在我们言说或行动时,我们会认为存在某种我们自身正在施行的东西,并且当它有所意向时,它就具有其他心理属性。这些心理属性是由这个人所拥有的更深层次的心理特征所引致,比如直觉、情感以及选定目标。我们会因为一个人做了什么或说了什么而钦慕她,就这个意义上说,产生这样的行为的原因在于其心理特征而不是某种外在于其能动性的东西,并且当我们发现那些心理特征究竟是什么的时候,我们的钦慕就可能会改变。值得钦慕的行为需要特定的心理缘由,这一观点具有深层的历史根基,无论是在东方还是在西方均是如此。①

我已然说过,我们假定使得一个人值得钦慕的东西是她内在心理的东西,它导致我们所钦慕行为的出现。它出自我们对某些情形的反应,在这些情形中我们发现一个值得倾慕的行为并不有其内在的心理根源,相反,大多数情况下它是由外在的环境所引起的。我们相信或逐渐发现,一个值得钦慕的行为的根源是独立于这个人的能动性的某种东西,在这个意义上,我们就不太会,或者根本就不会钦慕这个人。举例来说,如果我们发现一个明显的慷慨行为事实上是强制所致,我们就不会钦慕做出这一行为的那个人。与我们钦慕一个人后天获得的内在特征的方式一样,我们并不钦慕那种回避或无视一个人能动性的东西;同样,与我们钦慕后天获得的特征的方式一样,我们不会钦慕那种成为我们不去钦慕天赋能力的理由的东西。② 当某个东西是来自上天的礼物,或者是由某个外在的来源所赋予时,我们不会像钦慕通过一个人的能动性所获得品质那样去钦慕它,并且我们也无法模仿它。我们无法模仿外在环境,正如我们不能模仿天赋能力一样。不可模仿性与以下这样的天赋相关联,它处于我在本节中试图辨识的那个品质特征的大集合之中。它们都有后天获得的内在特征,尤其是对主体的环境做出情感反应的动机,也正是这些动机引导主体做出有特定目的的行为。

我们可以运用我们的钦慕反应或者非钦慕反应来对德性的构成做进一步区分。很明显,相比较另一些动机,我们会钦慕某些动机。比方说,我们的钦慕会强烈地受到出现自利动机的影响,而不是那种关注他人的动机的影响。我前面提到过,我钦慕的人中有一个人就是索莎,他将犹太人从纳粹分子手中营救出来,并将他们藏在利沃夫的下水道中达14个月之久。一开始他出于经济上的考虑,但是当这些犹太人没钱,无法支付给他的时

① 来自中国传统思想的证据表明,行为并不是真正值得钦慕的,除非它源自一个人深层的心理特征。安格尔(Stephen Angle, *Sagehood*, New York: Oxford University Press, 2009, p.53)主张,中国传统文化中的"德",大致可以翻译为"德性",在前古典时期指的是来自"上天"(Heaven)的礼物,后来逐渐开始指向一个人从内部(within)获得的东西,它来自内在的心理根源。如果行为是因为某种外在的东西或者某个外在的动机所产生,那么,甚至即使它看起来值得钦慕,它实际上也是很普通的。只有产生于一个人内心的行为才被视为"德"。

② 强制有不同的程度。有人告诉我说,以色列律法规定,旁观者在注意到有人处于危难之中时要施以援手。我假设,律法的强制力会消除或至少减弱对助人者的钦慕,因此也就会减少可钦慕性。

候,他继续对他们施以保护,并冒着人身风险照顾他们。甚至即使他的动机是一种自利,我也钦慕他,但是当他出于他的爱和关心他所保护的那些人的安宁时,我会更加钦慕他。我已然发现,在听完我所讲的索莎的故事后,人们几乎常常产生跟我一样的反应。

接下来,我所主张的是,当一个人的行为表现出长时间持续的心理倾向,并且这样的倾向是其心理的深层部分时,我们会更加钦慕这个人。① 以这样的方式,我要表明,即使一个人受到诱惑不这么做时,她也非常明显地表现出这种值得钦慕的倾向。有鉴于此,我认为,与不那么深层又不持久相比,一个深层的、具有持久性的心理倾向才更加值得钦慕,因此我假定德性是深层的、持久的。我们钦慕那些值得钦慕行为的心理缘由,并以这些方式表现出其深层与持久性,这一事实是个可检验的假设。②

至此,我们就可以说,德性是后天获得的深层的、持久的特征,是我们在反思之后会钦慕,并且包含着动机性要素(component)的特征。在我的前期研究中,我提出,每一德性都有两个关键要素,即特定的动机要素与成功要素。③ 在我最近的研究中,我认为这两个要素都能够经受钦慕测试。④

让我们先来看看动机要素。我们会钦慕某些特定的动机。其中有一些最为基础的、重要的动机是关心他人的幸福(welfare),想要获得真理以及帮助他人获得真理。对他人的关心往往隐含着各种其他更为具体的动机,包括想要施善于人——慷慨动机,想要纾解他人之痛——同情动机,以及想要让他人感觉受欢迎、欣赏——友善动机。对真理的关注则隐含着其他很多动机,比如想要广纳他人之言,甚至即使它们与自己的看法相悖,这是心智开明的动机,还有想要在证据获得、证据评价、达成结论中表现出慎重、专注、细致,这是理智上的慎重、投入与细致的动机。在与对他人的关心相结合时,对真理的关注会导致出现帮助他人获得真理的想法,这个动机就是理智上的慷慨与公正。

我认为,德性的动机要素作为一个情感倾向,它会导致产生认知行为,或者出现表观行为。这样的情感倾向通常就是倾向于以理性的方式控制我们的情感。在勇气这一德性

---

① 德性就是一种倾向,这样的倾向是即使主体受到诱惑以相反的方式行动时也会表现出来。这一看法与亚里士多德对德性与道德力量(strength)的区分相关联。不过亚里士多德走得更远些,他认为有德性的人的行为深深植根于其性格之中,以至于他无须与他受到的诱惑进行任何斗争,并且发现人们很愉快地以合乎道德的方式行为。参见《尼各马可伦理学》中的第Ⅶ部分,亚里士多德讨论了道德力量与道德弱点(weakness),该书第Ⅱ部分则评述了获得德性的过程,就是达到一个极致的状态——以合乎德性的方式行动是让人愉快的。

② 基础归赋错误指的是,人们会将一个具体的行为归赋为一个倾向。这或许可以证明,我们将不那么容易以深层和持久为标准来区分不同的特征。

③ L. Zagzebski, *Virtues of the Mind: An Inquiry into the Nature of Virtue and the Ethical Foundations of Knowledge*, New York: Cambridge University Press. 1996, pp.134 - 137.

④ L. Zagzebski, *Exemplarist Moral Theory*, Oxford: Oxford University Press, 2017, p.4.

中或许会涉及抑制诸如恐惧这样的情感,或者在怜悯这样的情形中会加强像同情这样的情感。我在其他地方已然论证过,理智德性会强化或抑制理智的自我信任或者对他人的信任。① 当我们将自己训练成对新证据保持警觉,愿意批判地对待自己的信念,并且敏感对待他人论证时,我们就学会了正确对待自我信任。我们学会避免一些不当的自我信任形式,比如一厢情愿的想法。同样还有一些德性则强化理智上的自我信任,比如理智上的勇气与坚韧。一个理智上坚决的人会适度赞同自身的信念。② 她既不固执、倔强,因而不会过于自信,她也不会过于优柔寡断、犹犹豫豫,并因此而显得过于缺乏自信。诸如胸怀宽广、谦逊以及宽容这样的理智德性,它们能抑制理智上的自信,通常也会强化对他人的信任。

我认为有一点很重要,我们不会考虑这些抑制或强化自信或信任他人,除非人们常常在获得真理时做到值得信任。理智上的专注、慎重、细致、坚韧以及对新证据的坦率等,也不会成为德性,除非人们经常在认识上显得可靠。那是因为,理智上专心致志、细致入微、无所畏惧、坚忍不拔乃至心胸开阔都没有什么意义,除非我们相信自己处于合理的轨道上。这一想法同样适用于在理智上信任他人。心胸宽广、理智上谦逊以及理智上宽容都不是德性,除非对他人的基础性理智信任是可靠的。理智德性有其预设,即人类本质上来说通常是可靠的。当它们有必要被强化时,这样的德性就强化了我们的自然倾向,并且在有必要抑制它们时,就会形成抑制,但是无论强化还是抑制都不值得钦慕,除非这些倾向一般来说都是利真的(truth conducive)。

我们认为理智德性之所以是德性,不仅是因为它们就是获得真理的动机,而且它们事实上也帮助我们获得真理,如果我这一看法没错的话,那么德性之中必然存在一个成功要素(success component),也就是我已然辨识出的第二个关键要素。不过这个成功要素必须要有多强,成功是否是每一个德性的要素,对此还争论不休。有证据表明,很多人都认为一个人不会以德行事,除非她在某一特定场合中成功达到德性之目标。比如,在普利(C. L. S. Pury)、考沃尔斯基(R. Kowalski)以及斯皮尔曼(M. J. Spearman)的一项研究中,在被要求描述他们自己的一个勇敢之举时,参与者基本上都描述了一个有着成功结果的行为,③普利与亨塞尔(A. Hensel)的一项研究则重复了描述他人勇敢之举这一问题上的

① L. Zagzebski, *On Epistemology*. Wadsworth Press, 2009, p.4.
② 可参考 Robert C.Roberts and W. J. Wood 对他们称之为理智上坚决这一德性所做的有趣讨论。Robert C. Roberts, W. J. Wood, *Intellectual Virtues: An Essay in Regulative Epistemology*. Clerenton Press, 2007,p.7。
③ C. L. S. Pury, R. Kowalski and M. J. Spearman. *Distinctions between General and Personal Courage*, *Journal of Positive Psychology* ,2007(2),pp.99–114.

相同发现。① 在另一项普利与斯塔基（C.B. Starkey）的研究中，参与者对于很多场景中勇敢的表现给出不同的等级。② 除了那些没有取得成功的行为，成功的行为相比于一些相似行为会被赋予更有勇气的评价。比方说，如果两个人冲入一栋正在燃烧的建筑，其中一人成功救出里面的一个人，而另一个人则没有，人们通常会认为第一个人比第二个人更为勇敢。我并不相信，参与者会被问及与没有取得成功的人相比，他们是否会更加钦慕取得成功的人，但是如果称那个成功者更有勇气，同样会使得这个成功者在他们眼中更加值得钦慕，出现这个情形也许就毫不奇怪了。

我并没有主张主体必须要在每一个她想达到德性目标的场合都取得成功，我只是说，拥有一个德性就要求在达致德性的动机性要素的目标过程中取得切实的成功。因此，跟前面提到的研究的参与者所假定的成功相比，我的成功条件事实上更加弱。当然，我的成功要素也会引起争论。人们很自然就会认为，既然我们不是钦慕一个人的方方面面，也不钦慕没有反映其能动性的行为，那么在这种成功的切实性（reliability）是部分地，或者大部分不受她自己控制的情况下，我们为何更应该钦慕那个在达成其目标中取得切实成功的人呢？

作为回应，我首先想要指出的是，在某种意义上说，成功要素并非在其控制之外，它已然被包含在动机要素之中。正常情况下，一个具有德性的动机主体会从失败中吸取教训。如果她被适当激发之后去帮助遭受苦难的人，并对世界有合理的认知与理解，她就会发现，她在特定情形中的行为是否没有成功实现目标，并且她会在未来修正其行为。这一点同样适用于没有做到慷慨、节制与公正的情形。然而，还有一些情形中，行动者在动机上表现出富有德性的特征，他们对具体情境则表现出一定的情感反应，并致力于实现动机最终的目标，但是通常情况下，即使其自身没有犯下什么错误，也无法实现那个目标。那么她是有德性的人吗？我的看法是，她在部分意义上有德性。完全的德性要求经常取得成功。当然，我们不会去责备超出其掌控范围的失败的行动者，但是她仍然没有能够拥有完全的德性，并因此而不具有完全德性所蕴含的任何程度的可钦慕性。我认为，这就是我们有时可能遭遇道德运气的方式之一。然而，甚至即使我仍倾向于认为德性在达成富有德性的动机的过程中，具有切实成功的要素，但我认为这个问题可以通过检验我们在反思之

① C. L. S. Pury, and A. Hensel. "Are Courageous Actions Successful Actions?", *Journal of Positive Psychology*, 2010(5), pp.62 – 73.

② C. L. S. Pury, and C. B. Starkey. "Is courage an accolade or a process? A fundamental question for courage," in S. J. Lopez and C. L. S. Pury（eds.）*The psychology of courage*: *Modern research on an ancient virtue*. Washington D. C.: American Psychological Association, 2010, pp.67 – 87.

后钦慕什么而得以解决。①

德性中切实成功的要素意味着，如果一个人面对他人遭受痛苦，她明显有同情之感，但又不会切实以某种方式采取行动，以减轻其痛苦，那么她就不具有同情之德性，尽管她在动机上值得钦慕。一个人有抑制其愉悦的欲念，但又没有切实做到，那么这个人就没有节制之德性。一个人想要对他人的看法保持开放之心，但又没有切实做到，或许是因为她常常发现那些与她意见不合的人比较讨厌，那么这个人就没有心胸开阔的德性，一个人在评价证据时有专注、慎重、细致的动机，但却没有以这样的方式采取行动，那么这个人就缺乏理智上专注、慎重、细致的德性。

正如我已经提到过的，德性之下隐含的动机有着直接的目的和更为一般的目的。我们致力于减轻伤痛，是因为我们在意他人的幸福，并在意痛苦会导致减弱其幸福。我们会基于相同的理由而善待他人。怜悯、慷慨和友善都是德性，它们是建立在对他人之福关心的基础上，每一个德性都要求在助推他人幸福这一点上达到切实的成功。公平与正义的基础则在于对每个人价值的尊重，这样的德性都要求人们在行动中取得切实的成功，在具体行为中则表现出那样的尊重，并导致表现那种尊重的社会状况的产生。理智德性建立在关心真理价值的基础上，既指向自身也指向他人。我们认为，心智开明、理智上的勇气、理智上的专注与细致以及理智上的诚实等都是德性，因为我们认为这些特征都是我们信念形成中的行为倾向，在具体行为中使得我们获得真理成为可能。至少，我们认为，与我们没有这些德性相比，如果拥有这些德性，我们获得真理的可能性就会更大。那么，我的看法是，如果其他条件不变，在对他人观点的开放情感的激发之下，通过由此产生的认知行为，心智开明就会切实地在达致真理方面取得成功。我们钦慕那些人，他们心胸开阔、理智上细致入微、慎重、谦逊、勇敢、公正。在钦慕他们之前，我们通常不会问他们是否成功地获得真理，但是我们认为拥有这些理智德性这一点有助于我们以及我们的共同体找到真理。这就是我为什么在前面说理智德性预设我们对获得真理这一意图的信任。

这一部分的结论就是，德性是一种值得钦慕的特征，通过反思性钦慕这样的情感可以辨识出来。对德性的要素的辨识，可通过我们面对人类行为的各种特征时的钦慕反应与非钦慕（dis-admiration）反应来实现。我们钦慕内在动机而不是行为的外在原因。我们会

---

① 有效利他主义（the Effective Altruism）运动作为一种社会运动，其要旨是将证据用于确定哪些才是有效改变世界以使其变得更好的方式。我认为显而易见的一点是有效比无效要好，并且在我看来，一个完全德性要求这样的有效性。然而，我同样认为，一个德性要求一个值得钦慕的动机倾向。我已然听闻对有效利他主义运动的批评，其根据是相对于主体的内在因素它过分强调结果。我不知道如何评价这些批评，但我认为这个运动存在本身就很有意思。

更加钦慕一些动机而不是另一些动机。我们会更加钦慕达致动机的目的过程中取得切实的成功而不是无果而终。德性会强化或抑制人类的自然倾向,这些倾向会把我们引向诸如真理、人类幸福这样的善。

那么我这里的看法是,德性是后天获得的深层、持久的品质,包括值得钦慕的动机倾向,以及在达成动机目的过程中因为该动机所导致的行为而取得切实的成功。理智德性就是深层、持久的获得性品质,包括值得钦慕的理智动机倾向,以及在实现真理过程中因为该动机所导致的行为而取得切实的成功。

同样,我还认为,德性的可钦慕性不同于天赋能力与先天倾向。不像天赋的品质,德性是可以通过模仿而获得的。那就使得它们对教育与自我提高而言显得意义重大。它意味着,我们需要理智德性以及道德德性方面的范例,而且实证研究能够揭示出,理智德性之中以及理智德性与道德德性之间是否有所关联。一个在某些方面是个道德范例的人,是不是有可能以其他可辨别的方式被视为理智上的范例呢?在给他人以真理与关心他人幸福的欲念之间是不是有所关联呢?诸如诚实与公正这样的道德德性之下隐含的动机,与相信一个真理的欲念之间是否有关联呢?尽管"道德与理智德性相互独立"这一假设能够被检验,但我怀疑它是错误的。

三、理智的品质特征与知识论

至此,很重要的一点是,我已经论证了后天获得的理智品质在其结构上与后天获得的道德品质非常相似,同样重要的是,它们不同于与生俱来的理智品质。既然获得性品质能够通过模仿那些拥有这些德性的人而得以培育,那么它们对教育来说就显得意义非凡。然而,在天赋品质与后天获得的品质中,到底哪一种理智品质对知识论而言更加重要呢?

很显然,天资聪颖、记忆力强以及感觉敏锐等与生俱来的品质都有助于获得知识。这就是我们将这些特征视为优秀品质的主要原因。任何具有这样的特征的人都比那些不具有这些特征的人拥有更多知识。进一步说,在形成自身信念过程中,我们都相信我们的感觉、我们的记忆、我们的推理能力以及我们的背景知识,我们别无选择而只能如此。我们所假定的是,我们的感觉、记忆与推理通常情况下都是可靠的,我们的背景信念通常都为真。这个意义上的自我信任是天生的,也是无可避免的。[①] 然而,我们同样会根据经验而知道我们并不完美。我们拥有一些虚假的或误导性信念、失准的知觉、错误的记忆,并且

---

① 在 *Epistemic Authority* 中,我详细讨论了认知自我信任的必要性问题,L. Zagzebski, *Epistemic Authority: A Theory of Trust, Authority, and Autonomy in Belief*, New York: Oxford University Press, 2012, p.4。

常常会以明智的方式收集、评估证据。我们在推理中会做出谬误推论,也会因为我们想要相信什么而不是对真理的欲求而引导我们的思维。对于纠正我们会犯的错误来说,获得理智德性是最好的机会,它也会强化我们求真的天性。如果我们想获得真理、避免错误,那么我们最好的做法便是获得理智德性并避免理智之恶。甚至即使我们不会对自身的求真之欲进行自我反思,我们也不会获得很多真信念,但是知识总是比真信念更好一些,原因在于它是一个人对自身求真与避误之欲善加使用的结果。这就是为什么后天获得性理智德性对知识论而言比天赋品质更加重要的原因。

我并不主张任一场合中的知识都需要拥有理智德性。在《心智的德性》(*Virtues of the Mind*)一书中,我提出知识是理智德性的行动。这样的说法意味着,行动是德性激发的结果,它通过德性激发的行为而成功实现真理。然而,我同样说过,在并不拥有被我们称为深层、持久的德性的情况下,我们仍然能够实施德性之行动。[①] 在没有友善之德时,一个人能够施行友善之行。当她并不拥有公正之德性时,她能够做出公正的行动;在她没有相应的德性时,她能够实施理智上的细致、专注与开放的行动。在我们(并)不拥有德性的情况下,我们都会获得德性之行动的赞誉(credit),并且我们因为那些行为而值得钦慕。我的立场是,知识就是一种状态,我们因为实现真理而从中获得赞誉,同时在我们的信念源自善加调节(conscientiously governed)求真之欲时,我们就获得赞誉。

善加调节意味着,信念的获得方式必须契合于相应的场合。好在知识并不总是要求理智的规约(discipline)。然而,为了获得知识,对信念持有者所提出的慎重、细致与专注的要求必须契合于相应的情境。在一个信念是基于知觉的情形中,我们的专注有必要做到与这个情形相契合。在获得相关证据并对其善加评价的过程中,我们的慎重必须要与之相契合。如果对其真实性存在疑问,我们就要通过另一信息源对我们的记忆加以确认。当讨论一个争议的话题时,我们就要本着开放的心态对待那些与我们意见相左的人的看法,并且不能仓促认为他们无知或者充满理智之恶。我们要谦逊地承认,我们可能会犯错,并且当我们强烈的探究欲望与我们的信念相抵触时,我们要乐于改变主意。我同样会坚持认为我们知道为真的东西,甚至即使它与大部分人的观点相左。然而理智德性的运用并不要求在每一个情形中都要有特殊的行为。有时做一些符合德性的事情显得很正常、很自然。像友善、公正这样的德性我们也会持相同的看法。在很多情况下友善而公正的行动就是做你觉得自己喜欢做的事情。与之相似,很多情形中以符合德性的方式相信,

① L. Zagzebski, "The Admirable Life and the Desirable Life," in T. Chappell (ed.) *Values and Virtues*. Oxford:Oxford University Press,2006,pp.53 – 66.

就是尽责地相信,但是尽责地相信有一个我们会在尽责行为中发现的特征。我们的自然倾向需要经由反思得以引导,但反思告诉我们,这些倾向通常都是值得信任的,不需要予以特殊关注或干预。有德性的信念就是尽责的信念。这样说来,知识就是通过尽责的信念来获得真理。

知识是一种状态,其价值足以使得它成为至少自柏拉图时代以来哲学家们持续研究的对象。既然事物的价值会以不同方式表现出来,那么历史上不同时代的哲学家就以不同的方式拥有关于知识的思想。知识是天资还是成就呢?知识的自然主义进路将其视为天赋之物。因为我们与生俱来的能力理解了环境,并且这个环境又赋予我们现成的知识,我们才能够知道天正在下雪、办公室有一杯咖啡、脸书上的朋友正在庆贺生日。有些人的能力比另外一些人更好,并且他们拥有那些难以获得的知识,这样的知识要求特别的技巧和训练,但是使得状态之为知识的东西并不需要认知者的能动性。根据这一进路,因为天性是善,所以知识就是善。与之相比,我的主张是,德性是品质特征,它们带有那些使得它们自身值得钦慕的内在特征。德性改善并校准天性。理智德性改善并校准我们天性中信念形成的部分。知识就是一种状态,在这样的状态中,行动者因为其动机以及由此导致的行为而获得实现真理的赞誉。在特定情境中的知识并不要求拥有持久的理智德性,但它要求我们相信的方式是我们对信念善加调节求真之欲的结果。导致德性形成的动机同样会导致知识的产生。这就使得知识更像是一种成就而不是天资。这个进路的优势在于,它能够解释知识何以常常被视为人类的一种善,它们比单纯的真信念更好,同时它还能够将知识与信念中自我反思的方面相关联,在传统的理解中后者与确证(justification)密切相关。

如果我们将理智德性看成是后天获得的品质特征,还会有另外一个优势。这些德性包括了我们在知识共同体成员中所需要的那些特征。分享知识是任何共同体中非常重要的一个方面,并且我们需要共同体成员做到理智上慷慨、理智上公正、理智上宽容、理智上诚实,在真理问题上对共同体其他成员周密考虑。有些认识上的善并不可分割,换言之,它们无法在个体间完全分离,但是这样的善却可以为共同体自身所拥有。认识上的公正与认识上幸福就与道德意义上的公正与幸福紧密平行,而且很重要的一点是,知识论学家要研究产生这些善的社会与结构性条件。在漫长的历史中,与诸如公正、幸福这样的价值相关联的那些一长串德性,能够帮助知识论学家研究这些条件,正是这些条件产生并维系着公正、持续繁荣的知识共同体。

有关作为品质特征的理智德性,我想要谈它的最后一个优势,它在结构上类似于道德德性的获得模式。有些德性既是道德的又是理智的。明智(wisdom)或许是最为重要的一个德性,因为它直接关联于知识以及后天获得的道德特征。明智的人知道事物的价值,不仅是在它们出现在独立发生的、特定的生活片段中,在作为整体的生活中也出现。这就是为什么亚里士多德认为,明智(或实践智慧)对于拥有道德德性既是必要条件也是充分条件,因此理智德性对于一个道德上拥有德性之人十分重要。甚至即使我们并不赞成亚里士多德的强立场,也难以否认明智确实能够反映出将道德德性与理智德性相分离显得非常刻意。相比之下,我认为将德性与自然能力、天赋相分离则没有那么刻意。如果我们想的话,我们就可以称信念形成能力为德性,但是它们之所以为德性,是因为身体强壮和耐力同样也是德性。后天获得的特征是那些改善我们自然倾向的东西,它们是能够被教授的东西,它们会导致认知状态的出现,这些认知状态是人类过上一种好生活的重要组成部分。

Intellectual Virtues: Admirable Traits of Character

Linda Zagzebski

【Abstract】 This paper argues that both moral and intellectual virtues are admirable qualities, those we admire upon reflection. Intellectual virtues are deep and enduring acquired intellectual excellences that involve both admirable intellectual motivations and reliable success in reaching the truth. All of these features of intellectual virtues can be identified by reflecting upon what we admire in others. Admiration leads to emulation of admired others, so it motivates good behavior. It is also the basis of knowledge because knowledge consists in getting the truth through admirable (virtuous) believing.

【Keywords】 Admiration, Virtues, Intellectual Virtues, Moral Virtues, Motivation, Knowledge, Emulation

难道我来到这个世界是为了接受惩罚吗?

——评电影《何以为家》

余达淮①

【摘要】移民父母究竟在战乱、贫困的社会现实中承担何种角色? 因父母在家庭伦理道德中的缺位而引发社会问题,这一缺位可以视为"无恩论"的观点,这种相对伦理的"缺失"是生而不养的社会原因;但深层次矛盾在于更残酷的现实。对父母在家庭伦理道德中的缺位如何进行道德谴责? 这种谴责不应被价值观操纵,子女追求幸福和自由不一定等同于父母,这可以以拉康的镜像理论为依据;通过比较《何以为家》与《小偷家族》这两部影片可以看出,绝对伦理在淡化,关爱和教养子女是相对伦理的关键,但道德却在生而不养的代际传递性面前显露出面对残酷社会现实的无奈。

【关键词】生而不养,无恩论,相对伦理,绝对伦理,道德困境

不到一岁的婴儿、十一岁的新娘、十二岁背负养家重担的主角,乍一看《何以为家》是一部儿童剧。当我们面对混乱、暴虐和压抑的镜头时,除了流泪和沉默之外,我们会想,这些儿童的天性呢? 他们生活在什么国家? 谁使得儿童所在的社会失去了对儿童保护的规则? 谁的父母这样失去爱的怜悯,让孩子置身于凄苦的童年情境?

电影实际上是围绕着一场庭审开始的倒叙情节。在开头和结尾,法官与小主人公赞恩有这样的对话:

"你知道为什么你会被带到这个地方吗?"

"知道。"

---

① 作者简介:余达淮,河海大学马克思主义学院教授,从事伦理学研究。

"为什么呢?"

"我要起诉我的父母。因为他们生下了我。"

......

"没有能力,就不要让孩子来到这个世界。"

电影导演娜丁·拉巴基说:"我想讲述孩子们的故事,讲述他们被极端忽视的悲惨人生,讲述孩子经历过各种各样的暴力、剥削、殴打、强暴,他们从来没有感受到爱,也不懂什么是爱。我曾经到监狱、劳教所和福利机构,采访过很多很多的孩子,每次对话的结尾,我都会问他们一个相同的问题,'生而为人,你快乐吗?'几乎所有的回答都是:'不,我不快乐,我希望我没有被生下来。'我记住了这个答案,我也试图去翻译这种怨恨,这些孩子很痛苦,他们每天过着充满暴力的生活,他们不能理解为什么我要忍受饥饿,我要承受身体上无尽的折磨,没有人会在我睡前轻轻亲吻我的额头,没有人会在我难过时给我一个拥抱,如果是这样的话,为什么要把我带到这个世界上?"她真诚地接着说:"我不想去指责什么,但我希望让大家关注到这些孩子不为人知的痛苦的秘密;我们有责任拯救这些灵魂,当然除了我们之外,希望更多家长意识到这一点,你不能只生下一个孩子,就放任他们在这个社会上野蛮生长;我们探讨的是爱、关爱,每个孩子都需要;这是能够保护他们的最强大的武器。"

这个电影的故事发生在黎巴嫩,演员自己就是来自叙利亚的难民,一开始看觉得赞恩父母太坏了,尤其是用对比的方法叙述了拉希尔对约纳斯无微不至的关爱之后;但看到后面赞恩父亲的一句话就把我们所有人都反驳了,他父亲说:"我也是这样出生的,我也是这样长大的,我到底做错了什么?如果有选择我能比你们任何人都好。"这句话背后不仅仅是个人层面,还是社会层面的东西,是移民带来的社会混乱的问题,是贫穷。

生而不育,养而不教,何以为家?家其实是一个社会化的概念,家庭的建立需要教和养这些社会化的行为来支撑,但是如果单独来探讨个人,其实从哲学角度来讲,更多关注的是一个个体性的概念,或者说主体性的概念。所以在这部电影里面,看完后的第一感觉就是,有一个道德困境,传统的血亲伦理意味着儿子对父亲的遵从,但在现代社会当中,每一个人都被强大的社会机器所钳制,那种安提戈涅式的血亲伦理或者说绝对伦理之所以出现冷漠、令人失望,原因并不在于绝对伦理与相对伦理的冲突,而在于,国家的"人的立法"这样的相对伦理退隐缺失,模糊飘忽;这种基于你如何待我我就如何待你的"塔木德信条"在裂变的社会现实面前相形见绌,金钱统治了社会,当我们控告父母为什么"未经子女同意"生下他们时,他们可以如同赞恩的母亲那样说道:"我这一生都是奴隶,如果你换成我,你连活下去的勇气都没有。没有人有权批评我,我是我自己的法官。"这或许就是所谓父母子女"无恩论",而且越来越多的人开始支持这种观点,就是说父母子女之间没有恩情所在。我觉得应该把这个问题分成两个部分来看,一个是生养的恩情,是自然化的过程;第二个就是在家庭中养育或者教育的恩情。在电影中,赞恩首先质疑的就是为什么生我?生育这件事上父母对我没有恩情,没有征得我的同意,这也是这个道德困境中的一个论点,也即是说没有经过我这个主体,父母的恩情到底意味着什么?人是一个独立的个体,父母在带一个生命到这个世界之前,一定要做好准备。孩子越长大,父母的难度就越大,孩子自我意识开始萌发的时候就会越来越难驾驭,自我意识很容易产生冲突,因为其背后是不同的社会与不同的时代背景。安提戈涅的身份认同以及多种释义之所以令人将信将疑,回归到一点,父女之间的血亲伦理在今天也可以"有似无",也可以这样"自然"着;第二个就是赞恩所质疑的生而不教,不给予我爱和教育,那么,我独自咀嚼着痛苦,经历着痛苦,我才在这个过程中发现自己活着的感觉;这也是"无恩论"的一种表现。

然而,如果说在这种战乱、贫穷、移民问题、文化糟粕、文化歧视、早孕的社会现实面前凸显了相对伦理的苍白,表现为樊浩教授所言的"缺伦理",那么,娜丁·拉巴基的指责是站不住脚的;基于现实主义的立场,并不让我们惮于思考如何对待孩子之外的问题,即我们应该如何对待我们的父母以及我们的社会?如果说孩子的教育培养是孩子的一种权利,那么,父母的生育权利不是一种权利吗?两种权利孰重孰轻?我们不得不将目光引向国家与政权,在黎巴嫩,国家深受"难民潮"影响,数以百万计的民众生活无依,这对于一个小国来说,相当于半数人口处于水深火热,所以不难想见,黎巴嫩目前的政治、经济环境有多么糟糕,它们的社会伦理已经满目疮痍。

《何以为家》在中国香港的上映名称叫《星仔打官司》,在中国台湾叫《我想有个家》,但都不如内地叫《何以为家》能够引起人的思考。《何以为家》,这个电影又名《迦百农》,是《圣经》里的一个地名,耶稣曾经在迦百农这个地方略有困顿,电影用《迦百农》这个名字,其实也是意指影片里所涉及的那些底层人民生活的苦痛和不堪。黎巴嫩是个非常奇特的地方,她1943年独立,1975年爆发了一场持续近15年的内战,这场内战具有极大的复杂性,不仅涉及宗教派别、政治、"冷战"等,同时也是一个国外各方势力参与角逐的战场,严重破坏了黎巴嫩的经济发展,并且和以色列、叙利亚两国关系紧张。而且黎巴嫩本身并没有一个独立统一的权力中心,经常发生多党派之间的小规模冲突;生活在黎巴嫩的普通公民也难以保障自己的人身安全。所以有人评论道:全剧没有一枪一炮,却是血雨腥风。当然,看到了黎巴嫩的社会背景,我们明白所有的问题不仅仅只是这个国家本身的问题。在这部电影中,表面所呈现的是赞恩控诉父母,其父母只行使了生孩子的权利,却没有尽到抚养孩子的义务。深层次则是,一方面国内外复杂背景的混乱影响,另一方面是其父母的"无思性"。阿拉伯世界出生率世界最高,移民所到之国,父母没有固定工作,为了生存,男孩则沦为养家工具,女孩成为商品,最后的结果就是越穷越生。同时也不禁反思,这个越穷越生,越生越穷的恶性循环,人没有通过自己的努力改变现实,只是选择了沉沦,一种无意识的被放弃的"无思性",向这个时代与社会妥协。

从社会伦理的角度,我们反倒认为社会的最大悲剧是"缺伦理",影片并未刻意渲染赞恩父母的生活、情感,然而指责也是可想而知的,用日本小说家伊坂幸太郎曾经说过的话,就是"一想到为人父母,居然不用经过考试,就觉得真是太可怕了"。所以娜丁·拉巴基说:"激发我创作的原点应该是发觉儿童'被忽视'的现状,而受到冲击最严重的便是孩子们。我们每天都会看到,无家可归的孩子被迫在街头乞讨,他们不得不去搬运一些远超过体格承受极限的重物,在雇主的剥削下工作赚钱等;对于我来说,如果谁在面对所有这些不幸时还能无动于衷,不想为他们做些什么来改变这一切的话,那么他几乎不配被称为人;所以我认为我作为这个社会系统中的一分子,我有责任站出来发声;在此之前我已沉默很久,甚至已经在面对这些罪恶时,选择了接受;这是不对的,不可以的,如果再继续放任下去,我们每个人都会成为这种不幸的帮凶。"

这里边其实牵涉到影片中如何进行道德谴责的问题。道德谴责是什么?赞恩将父母告上法庭,他的理由是父母生而不养;生而不养是一种道德谴责吗?其实,所谓道德谴责,是在被想起的情境之下,个人对屈辱、失望和伤害的态度。它并不在某种被操纵的价值观之下,而毋宁是一种情感宣泄。如果在多人的关系当中,或许它体现某种社会的价值观,如果在两人关系当中,可以表现为以善抗恶,当然也可表现为以恶抗恶,甚至于以恶抗善。《何以为家》之所以被称为"催泪大片",除了音乐表现效果的冲突之外,这里面有拍摄手法对比的问题;两种对比,一种是隐形的平静颐和的环境与破破烂烂的赞恩家的住宅区的对比,一种是赞恩父母表现非常糟糕的一面与约纳斯的母亲拉希尔的对比。赞恩除了被骂挨打之外,没有获得父母的爱意,而在面对拉希尔对约纳斯喂奶与亲吻一系列表达爱意的动作时,赞恩是很羡慕的,因为他从未体会过。面对命运的选择,让我想到一个问题,就是我们怎么对赞恩的父母进行道德谴责? 赞恩的母亲探视儿童监狱里的赞恩时说,"上帝拿走你的一些东西,总会给你另外的东西作为回报。"暗示赞恩又有了个弟弟,赞恩就彻底失望了,因为这种选择对其父母而言是好的,但对赞恩来说却是相反的,所以才要控告他的父母。影片充分表达了孩子应该拥有权利,其权利是什么? 不仅是生存,而且是追求幸福。当然,父母也有权利,赞恩的父母追求的只是活着这么一种生存权,其余的自己想想都不寒而栗;所以,父母是一种自在的、低级的自由,没有反抗意识,赞恩追求的则是更为高级的自由,是一种反抗,一种选择,使得其精神上有自我意识与自由的意识,非得过且过,而是要反抗现状,选择幸福。

在精神分析学中,拉康有一个很经典的理论即镜像理论,在前镜像阶段,婴儿在一岁半之前,其实是没有主体这个概念的,不知道我是我,也不知道他者是谁,对自己的存在是一种纯粹感受性的存在,没办法分清我与世界的区别。到了镜像阶段,比如我们照镜子,通过镜子来分辨自己与镜子中这个人的区别,这种身体性的分离就是发生了一种对象性的指认,我是镜中对象投射的主体。在拉康看来,镜像阶段其实是自我意识的开端。现在的问题是,赞恩的自我意识是不是纯粹的? 有一个概念叫作他者,还有一个西方概念叫大他者的凝视,从婴儿开始就无法逃脱整个社会的驯化,甚至在出生之前就无法逃脱了,比如父母对子女性别的期盼,甚至对孩子起名字其实已经暗含了社会的驯化,将我的期望投射到孩子身上,这就是大他者的凝视。在这部影片当中,赞恩的一些语言,如坏人、狗杂种、婊子等,似乎表明他有了自我意识;但在精神分析看来,语言也是被驯化的工具,语言中我们最多学习到的就是对语言的规则和社会的习俗,这两者就是社会这个大他者给我们的影响和传递。不管审美还是语言,赞恩都被所在的社会驯化了。再看看自由这个问题,不只是绝对自由与相对自由的边界,或者说消极自由与积极自由的边界,在我们当下的这种社会环境当中,自由可以脱离开脚镣跳舞吗? 人以怎样的方式来获得自我意识乃至于绝对精神的自由呢? 我觉得这是一个问题。人活着就是要追求自由自在的生活,自由自在的内涵是很丰富的,涉及自己与国家间关系,自己与社会与他人之间关系等,最重要的是自己与自己的关系,处理好自己与自己的关系才能有自由。当然赞恩可能也不具备完全的自我意识,他的对象不是他自己,反而成为自我意识发展的一种障碍,不管他面对妹妹萨哈遭遇的不幸,还是面对约纳斯的无能为力,以及后来将之卖掉。赞恩其实一直在努力,不想和他父母一样生活在这种肮脏困顿的状态里,他反抗,最后拿刀捅了小店老板,他是做出了选择,但却不是好的选择。

这部《何以为家》可以与日本电影《小偷家族》相对比。《小偷家族》表面上看起来挺悲惨的,但内里是积极的。所以在我看来两部电影的剧情以及所传达的意义都是完全相反的。《何以为家》中父母生了很多孩子,但最后却与孩子对簿公堂,家庭关系沉闷、不和谐。《小偷家族》里可以把"小偷家族"定义为"后现代家庭",即非血缘的,但以相互需要为机缘而"社会"在一起的所谓"组合性家庭"。《小偷家族》中女主角虽然没有生育能力,通过非法手段在自己家里养了一些孩子,但是家庭关系非常温馨。所以这个电影的宣传语就是:"我们什么都没有,但是我们只有爱。"虽然他们又穷又苦,但是精神上富足。女主角被抓进警局,律师说:"每个孩子都需要自己的母亲。"女主角就抛出了一个深刻的问题:"你生下了孩子,你就自动成为母亲了吗?"这个问题可以放到《何以为家》之中,这部电影当然是现实主义的,但是有着象征、自然的意味。一直看不见赞恩的笑脸,因为他精神上是压抑、痛苦的;这就让我们思考《小偷家族》女主角的问题,你凭什么做父母? 你做了什么事情而有资格做父母?

电影依然是吊诡的,在这部体现娜丁·拉巴基现实主义电影美学的作品里,斧凿的痕迹还是随处可见的。比如黎巴嫩零乱天空里灰色的鸟群象征着什么? 比如赞恩虽然是个了不起的小男孩,用尽办法解决各种问题,甚至比大人做得都要出色,但无奈之下依依不舍卖掉约纳斯,这与当初自己的父母嫁掉萨哈如出一辙;极度贫穷使他也成为一个自己失望、憎恨的人,父母不自知的恶很可能已经延续到赞恩身上。影片其实是通过小主人公赞恩说出一个警示,那就是:如果你生而不养,请不要随便把孩子生下来,更不要以爱的名义。还有赞恩最后的微笑仿佛并不是留在既定的场景,而是对未来的一种有意味的象征;赞恩的一丝笑意是去北欧的笑,而不是在黎巴嫩的笑,所以赞恩怎样才能成为自己的救世主,而不是所向往的北欧那种外在生活的救世主?

在今天,即使是一部现实主义的作品,它的象征的意味、它的自然主义的精神也是俯拾皆是的,这也是为什么这部作品打动我的原因;回到开头的问题,当我们走出影院之际,我们庆幸没有生活在那样混乱的社会环境中。我们会想,在这个并不能剔除象征、自然、现实主义乃至浪漫主义的情境之下,劳动与创造,珍惜爱,珍惜美好生活,温情及怜悯,或许是最好的选择。

希望每一个人成长的路上,都不要有这辈子难以忘怀的伤痛。

Did I Come to This World to Accept the Punishment?
Comment on the Movie *Capharnaüm*

YU Dahuai

【Abstract】 What kind of role do immigrant parents play in the social reality of war and poverty? The absence of parents in family ethics raises social issues, and this kind of absence can be regarded as a "no kindness between children and parents" view. The "missing" of this relative ethic is the social reason for being born and not being raised, but the deep contradiction lies in a more cruel reality. How to morally condemn the absence of parents in family ethics? This kind of condemnation should not be manipulated by values. Children's pursuit of happiness and freedom is not necessarily equivalent to parents. It is based on the "mirror stage" theory of Lacan. By comparing the two films "Capharnaüm" and "Shoplifters", it shows a conclusion that the absolute ethics is weakening. Caring and raising children is the key to the relative ethics, but the morality reveals the helplessness of the cruel social reality in the face of intergenerational transmission.

【Keywords】 Born But Not Raised, "No Kindness Between Children and Parents" View, Relative Ethics, Absolute Ethics, Moral Dilemma

泰西哲人杂咏（三）

钟　锦[①]

【摘要】 言哲学者,殊少言色诺芬,非偶然也。苏格拉底于道德之超越性最有所会,柏拉图得其精,而当天人之际,未免失当。苏格拉底无所作,吾人亦无能辨与柏拉图之同异。色诺芬精粗莫识,浑噩言之,固不足论也。然具眼者听其言,思其义,复与柏拉图相参,蒙者发之,误者正之,苏格拉底之说宛然可辨,所以不可废也。微者实微,非有大义隐焉,而善读者发抉之,正不当以隐微标榜尔。戊戌十一月廿六。我瞻室识。

【关键词】 色诺芬,苏格拉底,柏拉图,哲学,诗歌

色诺芬一

死乐生哀为老悲,从容临义是何时?

只知德行当身立,未悟穷通各背驰。

色诺芬《苏格拉底辩词》云:"倘吾犹生,则老不可避也,目昏耳背,艰于求知,若是而觍颜言生乐,可乎?故神甚厚我,使我不老而死,且为朋辈所念,不亦佳乎?"柏拉图则云:"吾畏死否,姑不言。以吾之年望,哀哀求生,不羞吾、汝与国乎?"是色诺芬之见事也,殊未及柏拉图。盖彼但识德当身为福,不识德福本自背驰也。此于苏格拉底,见其外而忘其内,得其粗而忘其精也。

色诺芬二

神言正直不须疑,翻使俗人心更危。

今日竟传申辩语,居然谈笑证无知。

---

① 作者简介:钟锦,华东师范大学哲学系副教授,主要研究柏拉图与康德哲学。

色诺芬《苏格拉底辩词》云:"凯瑞丰往德尔菲,众中问苏格拉底于阿波罗神,神曰:从心而不逾,安节以正直,无过彼者。"雅典人遂以嫉妒而陷之罪。柏拉图作《辩词》,从容谈笑,以证无知。彼之证也,非肆讥讽,实破俗见,径示向上一途。色诺芬安足知此?迄康德时,尚无闻知者。虽康德后,知者亦眇也。学理湛深,固乏解者,而谈笑高视,风致宛然,柏拉图所以不可及。

色诺芬三

精灵冥会莫言奇,触起人心俨若思。

可惜悟时都未彻,神通终是误良知。

色诺芬《苏格拉底辩词》云:"吾未言他神也,但言精灵冥会若相语,示我所当为者。"柏拉图《辩词》云:"精灵亦神之属,安得云吾不信神。"盖精灵者,苏格拉底以言良知也,为其离言而超绝,黾勉言之耳。柏拉图则变言"理型"。皆言其不待学而能知也。色诺芬亦知精灵即思,特未悟其良知也。故末又言苏格拉底预言安尼托子,若别具神通者。柏拉图语录中亦有《忒阿格斯》,颇与相类,然皆疑伪托者。是精灵之真意,久成误会矣。

色诺芬四

盛时全覆远征师,家国存亡欲付谁?

众口不容诸将绩,长城从此是孤危。

色诺芬《希腊史》卷一云:雅典科农等十将败斯巴达水师于阿吉努塞诸岛间,以营救伤兵不利,为众所讼,六将立决。执政者皆畏众口,不敢言,惟苏格拉底言此非法也。雅典遂无名将,而斯巴达将吕山德率师尽败雅典军,逼为城下盟,比雷埃夫斯港之长城毁焉。雅典人悔之,皆以为民政之恶。虽然,苏格拉底旋亦为民政致死,可嗟矣。

色诺芬五

牧民端在正其邪,若纵私回政即差。

休怨嚣嚣腾众口,一专权柄更堪嗟。

色诺芬《希腊史》卷二述克里提亚斯为三十霸主首,怒塞拉麦涅斯不与其专权,遂杀之。塞拉麦涅斯缚赴刑途,力呼其冤。萨提鲁斯谓之曰:"不缄尔口,必将惩。"应之曰:

"倘吾不语，固能免乎?"从容之际，若苏格拉底然。后三十霸主遂无忌惮，行事惟其所欲。民政固多昏聩，而霸政则惨厉矣。柏拉图所以言王政，深心在焉。一间未达，则与霸政、帝政无别耳。

色诺芬六

节文曲备总难量，至治空言在哲王。

内外精粗都不辨，世间只是认骊黄。

色诺芬《斯巴达政制》叙来库古斯之法，与柏拉图《王政》最近，故世皆以柏拉图之王政出斯巴达政制也。然事有貌同实异者。一法也，行之或为王政，或为僭政，此《希普帕尔库斯》所言者也。柏拉图《王政》之尚学，固非斯巴达之节文所能尽。柏拉图殆忧人之不辨，《法政》篇首，殷殷叮咛，知其注意所在实非此也。

色诺芬七

孰云政可在平民，但使由之即是仁。

一旦秀材摧折尽，国家眼见属凶人。

色诺芬《雅典政制》，或言托名者，所论皆能持平。虽然，卷端即明言：吾不能许雅典人当前之政制也。色诺芬为雅典所放，终其身不得返国。遂从斯巴达王阿格西劳斯，甚致敬谊，而竟老死于彼。其之不许雅典也固宜。柏拉图之王政，或引绪于苏格拉底，色诺芬不能辨其同异，遂以斯巴达为可尚耶? 又逢英主若阿格西劳斯者，则彼之在斯巴达，亦可谓行其志矣。

色诺芬八

莫信波斯善战名，西来万骑任纵横。

君如论德轻言勇，只自纷纭逐利行。

色诺芬《远征纪》言希腊万人之伍从小居鲁士战，为乞利也。小居鲁士败死，乃历险巇，冒兵矢，纵横波斯疆土，行岁余而归焉。其伍，皆一时英杰也，而不免逐利贪诈。柏拉图《理想国》言国之兵卫辅主治民，勇而近智，其德也。盖亦知兵卫性未足信，故射御之余教之诗乐，期成其德。斯德也，孟子所谓"威武不能屈"，属之大丈夫。匹夫之勇，安足信?

色诺芬九

君人不易将兵难,好德空生好色叹。

国在言辞终恨浅,长输跃马试危安。

色诺芬《远征纪》卷五言其身为伍帅,颇识君人之不易,人人贪食色也,而好德者盖寡。喻诸父母之于子,医之于病夫,舵手之于舟子,与《理想国》所言尤近。或皆闻诸苏格拉底耶?固未及柏拉图运思之超绝,而实统兵卒,要亦非玄谈之疏阔者。昔之功业俱泯,立言徒在,后来者尚能识其精粗耶?

色诺芬十

巧技良知肯妄占?人神于此不相兼。

是中果有微言在,只恐痴儿未许觇。

色诺芬《追思录》卷一辩言苏格拉底之敬神,征以祭与占。其云占也,蔑鸟之迹,见性之知。又云诸巧技不占,占则妄也。所占者,莫测之命耳。孟子云:有求之在我者,有求之不在我者。以是言人神之际,固不得兼也。潜以道德神学易神学道德,虽云不敬其神可也。其中微言,本不须穿凿求之,返诸性可矣。所穿凿者,非痴而何?

色诺芬十一

一多静动总无同,仍昧人间赏罚公。

从此不言天上事,致知都在反身中。

色诺芬《追思录》卷一言苏格拉底毋问天之成,物之性,盖论者皆歧其说,而罔存虔心,皆愚妄也。故求超越者,自天而之人,与康德自思理而之行理合,亦与孟子求诸本心合。得之而后言天,则求之不在我者宛然神道不可渎,非无神者妄作之比矣。同一敬神也,苏格拉底因德而虔,讼之者因虔而德,固可言不信邦之神。

色诺芬十二

择主难同卜筮谋,孰云用智反为忧。

从来士有恒心在,自是穷民解覆舟。

色诺芬《追思录》卷一言讼者谓苏格拉底疑拈阄择为政者实愚行也,恐致人子弟衔怨国家,遂成祸患。然苏格拉底启人之智,惟智能为士,士无恒产而有恒心,何足忧?治国无智,使民穷,必有覆舟之忧。苏格拉底亦惟是之忧,而败人子弟者,果何人哉?

色诺芬十三

但求义理性俱贤,变化功输气质全。

莫用从游徒责备,一身嗜欲久相捐。

色诺芬《追思录》卷一辩言苏格拉底之败人子弟,征以其身之淡泊。盖有从其游者,近之则有节,远之则放,亦不能不贻人以言也。道费而隐,不学不能知,故人之学也,厥求义理。知之即须行之,而气质蔽焉,往往不能致。虽学中本有变化气质之功,非可必者,故学而不能善,责在弟子不在师也。

色诺芬十四

本性贤愚一例同,仍须择处省吾躬。

若非天纵将为圣,敢与顽嚚试用功?

色诺芬《追思录》卷一言:或疑人一至善,将不复恶,故克里蒂亚与阿尔喀比亚德之去苏格拉底也,必不当为恶。然性善虽同,君子尚居择处,日省身,惧习染与懈怠也。况亲善之缘于外者乎?自非具圣人拯世胸怀,不近顽嚚,而况不能必其变化气质耶?以此相难,毋乃太苛?

色诺芬十五

言如尽意百无功,谁用深思到义穷?

此事恐君殊未会,不应着语太匆匆。

色诺芬《追思录》卷一言哈利克里斯禁苏格拉底与少年语,苏格拉底问:几龄为少年?曰:不足三十。遂问:不足三十者售物,吾得询其值否?曰:可。问:询汝与克里提阿,吾得答言否?曰:可。克里提阿曰:毋得言诸匠人事,汝言之已滥矣。苏格拉底曰:吾乃不能从之学义与敬也。哈利克里斯曰:汝亦不能从牧人学,将亲减其所牧也。试取柏拉图书读之,反复问难,必致辞穷,适见超越之理不能以言尽。而色诺芬似未会意,转失苏格拉底所极高明处。

色诺芬十六

定名虚位两难全，立法浑忘理在天。

说到豪强权势重，人间正义总轻捐。

色诺芬《追思录》卷一言阿尔喀比亚德与伯利克里论法，皆准强力，或出独夫，或出愚众，浑忘有天理之存。盖理为定名，法是虚位。法者，准天理则公道存，准强力则正义丧，两不相全也。

色诺芬十七

神所善兮何所辞？人间祸福不须疑。

从来富贵危机在，一例痴儿总未知。

色诺芬《追思录》卷一言苏格拉底祈神，惟祈神之所善，盖善者惟神知之也。彼祈富贵者，若祈博弈耳。盖凶吉所未定也。此变神治为神义，与《欧绪弗伦》似，康德道德神学之滥觞。

色诺芬十八

万物森然尽有归，应从天春识其机。

更闻卜筮殷勤语，长与人间判是非。

色诺芬《追思录》卷一言阿里斯托底莫斯不祭，不占，视神蔑如也。苏格拉底语之曰：万物秩然有序，各有所归，惟人识之，盖神使之也。此目的论神学也。又曰：神用卜筮示人凶吉，人之知也，惟神之畏。此辗转而为道德神学也。皆与康德之说合若符契。

色诺芬十九

好学虽忘俗世欢，箪瓢乐处惜微寒。

若教俯仰都无愧，人欲尽时天理安。

色诺芬《追思录》卷一言安提丰嘲苏格拉底粗粝弊衣、无取金银，而哀其不幸。苏格拉底谈笑辩之，陈义虽高，而所言者自足，非实足也。盖古人先理后欲，固足多者，而理非能掩欲。使人人皆得所欲而无相害，天理之全也，何独令哲人乏欲耶？哲人自厉，即许俗人从而厉之，可乎？

色诺芬二十

训之有国忍坚强,莫怪庄生说让王。

比德于劳福于惡,从来人世费平章。

色诺芬《追思录》卷二言苏格拉底论训有国者之方,必事勤苦,以厉其德。阿里斯提普斯殊未企之,甘为氓隶于安乐也。苏格拉底为述赫拉克勒斯遇德神、福神事,盖德神先使之劳,行终有誉,福神虽处之逸,名实近惡。此与《王道》所言差似。而《庄子·让王》篇,理固同而境界迥异矣。

色诺芬廿一

牧人惠爱及牛羊,谁谓成功在杀伤?

说到宽柔君子道,南方强胜北方强。

色诺芬《追思录》卷二言苏格拉底言牧人所思者,群羊之利也;将帅所思者,兵士之利也;王者所思者,民众之利也。柏拉图《王道》全用其语,言城邦之卫士,必若牧羊之犬,刚猛于敌,宽柔于民。《中庸》曰:"宽柔以教,不报无道,南方之强也,君子居之。"庶几近之乎?

色诺芬廿二

谋国论兵一例该,求由进退教因材。

圣贤气象轻描出,谁识功从不器来?

色诺芬《追思录》卷三记苏格拉底言行,颇类《论语》记夫子也。谋国论兵,均之求道,而不废言术。其术,非以为庸常也,盖随机而发,应时而用也。进卡尔米德,退格劳孔,亦因材而施教也。于中颇见圣贤气象,非俗儒之比。辨安提斯泰尼不知兵而可为将,以见其组织之才。苏格拉底盖能张之使大者欤?子曰:"君子不器。"庶几近之矣。

色诺芬廿三

岂止功难二美俱,一时为惡亦区区。

只知与善应非异,识得全轻利欲无?

色诺芬《追思录》卷三记苏格拉底言美,曰:美者殊不必同;又曰:一物也,亦美亦惡。

盖视美与善同，而此善也，又不超拔乎利欲之外，故有是语。《大希庇阿斯》所述亦略同。苏格拉底言善，尚未尽别善之为目的与手段也，言美则不知其无功利也。

色诺芬廿四

利功勇智总偕行，信是冥冥天道平。

王者所执惟此理，强权众势位常轻。

色诺芬《追思录》卷三第九章，言勇智必利，故知者不他行也。无勇智则狂悖，不践义则忧患。王者，识是理、明治道也，非拥强权、擅众势也。此与《王道》所言无以异，柏拉图固袭苏格拉底而加密者也。然非色诺芬书，其实亦不易知。

色诺芬廿五

美人香草亦同俦，何必物芳殊物尤？

却笑仲由呆不悦，输他阮籍擅风流。

色诺芬《追思录》卷三记苏格拉底见名娼赛阿达泰，从容谈笑，且言精爱欲之术，娼甚倾倒，欲苏格拉底常往视彼。苏格拉底曰：我不欲为汝倾，汝其来视我！盖言好色不若好德也。屈子托言美人香草，其志洁故其称物芳。今对美人，志反不洁耶？子见南子，子路不悦，子路必拘儒也。乃阮公就邻妇沽酒，往兵家哭女，一何洒落！

色诺芬廿六

王道何能与义违？一时言义意俱微。

自知参到无知处，善恶应须泯是非。

色诺芬《追思录》卷四之第二章，与《王道》意最近。以义为首出，而为其权也，毕竟无知。德尔斐庙墙有铭文曰：当知汝。盖晓汝以良知，非徒言知也。而良知必先以无知，善恶因之俱泯矣。不泯，则众言乱，大道隐。

色诺芬廿七

用足财丰即有神，人天异处各成仁。

可怜不识微言在，法义相循总未真。

色诺芬《追思录》卷四自用足财丰处见神，盖目的论之说也。是则人天之仁，颇相雠对,盖天予之财用,人辨之道德也。道德首出以义,然皆微言也,微而至于不知所指。色诺芬不能以无知知之,而以法界之,遂致法、义相循,失苏格拉底之旨矣。观柏拉图可知。

色诺芬廿八

在人曰义在神虔,守礼安知尚用权?

说到无知君未识,微言已绝意难全。

色诺芬《追思录》卷四述苏格拉底云:有法,守之于神曰虔,守之于人曰义。此皆色诺芬误会也。盖此诸义,有所执,必生权,无所得义,而苏格拉底慨乎言:我无知也。因无知,遂托精灵言之,超越义生矣。若色诺芬言,安在其所见之卓耶?

色诺芬廿九

修身曾说必齐家,纵是士农休漫夸。

善亦二歧谁解得? 视群如己又先差。

色诺芬《家政》言齐家之术,先以雠论启人之疑,终以德为之主。论之雠,善有二歧也。所取异,必不相合。于己善,于群殊未必善,此修身与治人亦不必合。修身齐家之语,虽行之士农,仍近夸诞,况行之工商乎? 其使苏格拉底言无产故无所告,良有以也。

Mischellaneous Poems on Western Philosophers Ⅲ

ZHONG Jin

【**Abstract**】 It is no accident that people who discuss philosophy seldom mention Xenophon. Socrates has the most profound comprehension of the transcendence of morality, and Plato grasps the essence of Socrates' comprehension, but his ideas on the relation between the Nature's way and human affairs are rather problematic. Socrates has no writings, nor can we distinguish between his and Plato's doctrine. Xenophon can not identify subtlety and roughness of thought, and makes his point of views in a muddled way, so his thought is not enough to merit a discussion. Nevertheless, if some discerning men ruminate on Xenophon's words and deliberate about his intentions, then compare with and reference to Plato's theory, express fuzzy views and correct erroneous views further, they will clearly distinguish Socrates' doctrine. Therefore, we can not abolish Xenophon's theory. Subtle thoughts are really refined, but there are no profound meanings hidden in these thoughts; in fact, good readers refine something subtle exactly, so subtle thoughts have no substance of esotericism. I wrote these words on the November 26st of 2018, in Wozhanshi Room.

【Keywords】 Xenophon, Socrates, Plato, Philosophy, Poems

改变需要抑或是改变世界？
——读努斯鲍姆《欲望的治疗》①

叶晓璐②

【摘要】本文通过梳理希腊化时期的伊壁鸠鲁学派、怀疑论及斯多亚学派对哲学的基本看法,得出他们都把哲学类比为治疗灵魂疾病的医术,认为哲学治疗的是由错误信念所引起的疾病。在伊壁鸠鲁学派那里,通过改变错误信念消除空洞的欲望达到治疗目的;在怀疑论那里,通过否定信念本身来治疗灵魂的疾病;在斯多亚学派那里,通过根除激情来达到灵魂的安宁。通过与亚里士多德的比较,努斯鲍姆指出,希腊化时期的思想家是"通过改变需要来迎合世界",反之,亚里士多德则是"通过改变世界来满足人的需要"。努斯鲍姆认为,改变需要和改变世界同样重要,改变需要意在改变人性,改变世界诉诸制度建设,最好的政治就是改变人性和制度建设同时进行,人性的改变有利于制度的实施,制度建设有利于人性的培养。

【关键词】亚里士多德,伊壁鸠鲁学派,怀疑论,斯多亚学派,哲学,信念,情感,激情

《欲望的治疗》是努斯鲍姆探讨希腊化时期情感理论的代表作,是另一部大部头的著作《善的脆弱性》的"姊妹篇"。该著作的中心思想是探讨希腊化时期,包括伊壁鸠鲁学派、怀疑论以及斯多亚学派对哲学的阐释,总体而言,他们都把哲学类比为治疗灵魂疾病的医术。"哲学治疗人的疾病,由错误信念所引起的疾病。其论证针对灵魂,宛如医生的治疗针对身体。"③本文拟对希腊化时期三大学派的相关思想进行梳理,在此基础上分析

---

① 本文系2017年度教育部人文社会科学研究青年基金项目"情感政治视域下的纳斯鲍姆正义理论研究"(项目批准号:17YJC720034)的阶段性研究成果。
② 作者简介:叶晓璐,哲学博士,复旦大学哲学学院副研究馆员,研究方向为国外马克思主义和西方道德哲学。
③ 〔美〕玛莎·努斯鲍姆:《欲望的治疗:希腊化时期的伦理理论与实践》,徐向东,陈玮译,北京:北京大学出版社,2018年,第12页。

努斯鲍姆对此一思想的阐释以及对我们的启发意义。

一、

在正式探讨希腊化时期三大学派的相关思想之前,先要讲讲亚里士多德的思想,努斯鲍姆认为:"正是亚里士多德首先对伦理论证的一种治疗观念的潜力和限度提出了一个详细而系统的论述,陈述了这个类比所能做的工作和不能做的工作。"①因而,对于以欲望的治疗为己任的希腊化时期的三大学派而言,梳理亚里士多德的思想具有正本清源的作用。另外,努斯鲍姆在文中引入了一位假想的学生妮基狄昂,这个学生一心渴望学习如何过一种好生活,如何克服恐惧、怨恨和困惑,从而获得心灵的安宁,如何希望自己总是站在真理的一边,她"将依次出现在不同的哲学运动中,从中进行学习和请教,在每种情形中询问每个学派如何对她进行诊断和治疗,如何跟她说话,如何'治愈'她"。②

妮基狄昂首先来到了亚里士多德所创立的吕克昂学园。亚里士多德认为,伦理论证通过哲学讲座实施,它的目的是"用一种辩证的方式来澄清每个学生的伦理信念和回答",即它有一个实践目标,回应的是每个学生的具体情况;从而寻求"那个所有人都能分享的观点中最好的观点",此观点不仅有益于学生个体能力的发展,也有益于一个更大的共同体成员的繁盛,而且两者之间是协调一致的。也就是说,在吕克昂学园,"妮基狄昂的哲学教育,通过促进她以前的生活可能并不鼓励的一种全面反思,就可以促进她与其他同胞的共同生活。这会让她在个人生活和政治互动中成为一个更善于做出选择的人"。③

但亚里士多德的治疗观念仅限于伦理论证和哲学讲座,换言之,他强调理性的说理,而非强制性的惩戒,从医疗类比的角度来说,这样一种方式是不全面的。希腊化时期的思想家就是从此处入手对亚里士多德展开批判并加以超越的。他们指出,如果只用说理的方式,意味着亚里士多德招收的学生必须是有选择的,那就是一个相对成熟的、有一定的实践经验的、从事一种政治职业的、具有良好教养及平衡的情感的男性,这样的人,才是合适的说理的对象。而儿童、妇女或精神失常之人,这些或是理性不全或是非理性的人们,"他们的状况所产生的不是论证,而仅仅是'强制'"。在亚里士多德看来,"医治是某种形式的强制,是一种外在的因果干预。论证是一种其他的东西,一种看起来更加文雅、更具

① ［美］玛莎·努斯鲍姆:《欲望的治疗:希腊化时期的伦理理论与实践》,徐向东、陈玮译,北京:北京大学出版社,2018 年,第 52 页。
② 同上书,第 42-43 页。
③ 同上书,第 60 页。

有自我管理且更为互惠的东西。前一种东西适合于年轻人以及（或者）在心理上严重失常的人们，后一种东西适于合情合理的成年人"。① 在这里，我们看到，亚里士多德认同通过伦理论证或者说理的方式来改变学生信念从而达到治疗的目的，只是医疗类比的一种形式，但此种形式确实把很大一部分人排除在外了。也正因为如此，妮基狄昂并不能光明正大地进入吕克昂学园，她不得不乔装打扮，她得女扮男装，她得装得很成熟，看起来已经有了一定的自我训练并且有稳定的生活模式和政治职业，对城邦的各种制度都有某种程度的第一手经验并且有经济基础和空闲时间到学园接受教育。如此苛刻的条件，对于实际生活在雅典的妮基狄昂而言，早晚有一天是会露馅的。而一旦她脱下那副精心准备、不可或缺的伪装，她的灵魂的疾病、她在公民经验方面的欠缺、她因为受到排斥而遭受的痛苦该怎么办？从这个意义上看，亚里士多德为了符合他的技术规范而甄选学生，确实"可以改善某些有教养的幸运儿"，"却几乎不能为改善现实世界中的不幸状况做出努力"，用一种比喻的说法，"如果医疗仅仅是把维生素给予健康人，仅仅是去设计不可实现的、理想的健康保险方案，那么它就名不符实了"。② 这也是希腊化时期的哲学家必须超越亚里士多德的缘由。

二、

希腊化时期首先登场的是伊壁鸠鲁学派，伊壁鸠鲁学派认为哲学论证唯一恰当的任务就是消除人类的苦难，获得心灵的安宁。这是伊壁鸠鲁对哲学的医疗类比的明确运用。亚里士多德的哲学只针对城邦生活中理性的成年男性，而伊壁鸠鲁的哲学针对的却是社会上为了追求财富、名声、权力、情爱，乃至不朽的生命而狼奔豕突的芸芸众生，这些人们的灵魂处于一种令人痛苦的紧张、焦虑和困扰状态之中，是一群需要治疗的人。那么，如何治疗？首先需要找到这种状态产生的原因，伊壁鸠鲁认为，原因在于"欲望的那种看似'无边无际'的要求"。按照古希腊思想家对情感或欲望③的共同看法，即情感或欲望与信

---

① ［美］玛莎·努斯鲍姆：《欲望的治疗：希腊化时期的伦理理论与实践》，徐向东、陈玮译，北京：北京大学出版社，2018 年，第 69 页。

② 同上书，第 77，101 页。

③ 在努斯鲍姆的语境中，"情感""激情"是一组可以互换的词，属于同一种属（genus），而悲伤、恐惧、怜悯、愤怒、羡慕、嫉妒、爱、欢乐等都是它的种。参看［美］玛莎·努斯鲍姆：《欲望的治疗：希腊化时期的伦理理论与实践》，徐向东、陈玮译，北京：北京大学出版社，2018 年，第 36 页注释［33］及第 327 页注释［4］。笔者以为，从某种笼统的意义上讲，欲望亦可归在"情感"和"激情"的属之下，欲望的治疗即情感的治疗、激情的治疗，《欲望的治疗》一书探讨的是希腊化时期的情感理论，这是努斯鲍姆一贯以来的关注。所以，笔者在文中使用"情感""激情"或"欲望"时，大致指的是同一个意思。

念有着密切的联系,可以随着信念的修改而被修改。"对我们来说,那些引起焦虑和狂热活动的相同欲望,以及它们贪得无厌毫不知足而引发的各种苦恼,也是彻底依赖于错误信念的那些欲望,因此,消除这种信念也就有效地消除了那种欲望,从而也就消除了烦恼。"①

当然,在伊壁鸠鲁这里,他对欲望是进行了分类的,一类欲望是空洞的欲望,它是社会教导和教化的产物,因为社会本来已经腐坏,所以其教导和教化的欲望也必然是扭曲的,这类扭曲的欲望是伊壁鸠鲁要加以消除的,上述对名利、情爱以及不朽的生命的追求就属于这一类,对于这类欲望,消除错误信念是消除它们的充分条件;另一类欲望是自然的欲望,也就是属于我们本性的欲望,它存在于尚未被社会教化所腐化的人中间,比如说孩童,这种欲望应该在我们本性所设定的限度内得到满足。还有一类是自然但并非必要的欲望,比如性欲,此类欲望的根源在于我们的自然构造而非社会教导和教化,如果它们没有对我们的幸福状况造成困扰和威胁,则无需处理;如果它们一旦变成一种紧张而强烈的渴求,一种不可满足、毫无限制的品格,也就是说从单纯的性欲变成了情爱,那么对待它们的方式就如同对待空洞的欲望,必须消除之,因为"情爱是错误信念对自然的性冲动进行腐化的结果"②。

鉴于欲望与信念之间的紧密联系,要消除空洞的欲望,就要治疗错误的信念。治疗的方法是远离城邦,切断与城邦中的伙伴的联系,进入伊壁鸠鲁共同体,通过信奉伊壁鸠鲁的哲学,改变错误信念,从而祛除那些空洞的欲望。需要指出的是,伊壁鸠鲁的哲学也是通过论证来展开的,这一点与亚里士多德及随后的斯多亚学派一致,但是与亚里士多德主义和斯多亚主义相比较,他的哲学论证是工具性的,一切论证都是为了接受伊壁鸠鲁哲学的目标:"把运气、把我们无法控制的事件容易对我们造成伤害这件事情从对幸福的追求中完全消除。"③这种对哲学论证的工具性运用,导致的后果之一是,伊壁鸠鲁哲学是相对主义的,无论在伦理学方面还是在价值方面;后果之二是,挫败实践理性那种独立推理的能力,有可能导致填鸭式的教学以及偶像崇拜。

事实上也确实是如此,伊壁鸠鲁在城邦之外建立一个治疗的共同体(菜园,the Garden),这个共同体由于在经济上是自给自足的,所以可以与原来的城邦断绝联系,在这

---

① [美]玛莎·努斯鲍姆:《欲望的治疗:希腊化时期的伦理理论与实践》,徐向东,陈玮译,北京:北京大学出版社,2018年,第105页。
② 同上书,第155页。
③ 同上书,第121页。

个共同体中,一切活动都是由该共同体的目标,即消除空洞的欲望为指导,并由伊壁鸠鲁亲自教导管理,伊壁鸠鲁会通过哲学论证来教授他的哲学,但仅仅是在有用的、工具的意义上来使用论证,一旦这一论证无法满足治疗的目标,比如有学生没有时间去弄清论证的细节或者有学生缺乏论证方面的经验,伊壁鸠鲁就会让他们记住最重要的结论,所以,在伊壁鸠鲁共同体中,记忆、坦白和通告亦是常用的方法,伊壁鸠鲁事实上变成了哲学权威,他向学生们灌输正确的思考方式,试图让学生们在灵魂深处闹革命,将治疗的目标深深地扎在学生的内心深处,从而达到改变信仰,治疗空洞欲望的目的。

但是,对于学生妮基狄昂而言,也许空洞欲望被治愈了,但同时她的独立思考能力也有可能被扼杀了。"伊壁鸠鲁的学术不被鼓励去面对他的体系来提出自己的异议或进行辩驳性的论证;随着她愈发依赖这位大师的文本和学说,她可能变得不太擅长独自进行推理了。"①也正因为此,无论是亚里士多德还是斯多亚学派,都拒斥伊壁鸠鲁这种类似哲学权威的方式,因为这与哲学尊崇理性的精神是相违背的,一旦理性的独立推理能力被摧毁,一旦不经思考的信任和尊敬成为习惯,再从事积极的批判任务就变得不可能,"因为人可以变成阉人,而阉人绝不会变成人"②,怀疑论学派哲学家阿尔凯西劳斯这句话,从某种意义上对伊壁鸠鲁学园提出了深刻的批评,指出一旦剥夺了学生自主的理智活动,后果是不可逆的。

三、

怀疑论作为希腊化时期的一个哲学流派,分享这一时期对情感的共同看法,即情感与信念之间的联系,而且,"怀疑论者与当时的其他学派共同持有如下观点:所有这些情感状态,包括那种以不稳定的外部事物的出现为基础的不确定的喜悦,都具有令人不安的特征,因此在生活中具有这些情感就不是好事"。③ 伊壁鸠鲁学派已经指明了人类的疾病是一种信念方面的疾病,并认为取消那些与空洞欲望相关的错误信念,信奉伊壁鸠鲁的信念即可治愈疾病,简言之,伊壁鸠鲁学派的方法是以一种信念取代另一种信念。但是,怀疑论者却来了个釜底抽薪,他认为"这种疾病不是错误信念的疾病:信念本身就是有病的——因为信念是一种承诺,是关切、忧虑和脆弱的一种来源"。④ 所以,想要治愈灵魂的

---

① [美]玛莎·努斯鲍姆:《欲望的治疗:希腊化时期的伦理理论与实践》,徐向东、陈玮译,北京:北京大学出版社,2018年,第136页。
② 同上书,第140页。
③ 同上书,第303页。
④ 同上书,第290页。

疾病,摆脱困扰获得安宁,怀疑论的方法就是直接否定信念本身。"当希腊怀疑论与医学类比发生联系时,它推荐这种诊断并提出一种极端疗法:把一切认知承诺和一切信念从人类生活中予以清除。"①怀疑论者用比喻的说法指出,其他哲学只是把疾病从一个地方转移到另一个地方,而怀疑论则把疾病一扫而光,就是这么彻底。

在怀疑论者的眼里,伊壁鸠鲁主义者终究还是教条主义者,以一种信念取代另一种信念,这就像"恶的无限性",每一个论证都会有另一个同样强的论证可以反驳你,同理,每一种信念也总有另一种信念可以与之对立,所以,怀疑论者干脆不留一点余地,认为生活无需信念,"人类生活的目的是什么呢? 当然就是生活,就是生活实际上展现的方式——要是你还没有通过引入信念把生活之流搞得乱七八糟的话。这不是对那个问题的回答,而仅仅是用一种方式告诉提问者不要继续打破砂锅问到底,不要关心答案"。② 怀疑论提出的具体做法就是悬搁判断,不捍卫任何一个论点,不相信任何一个信念,不确信任何一个答案,从而将妮基狄昂从"担忧何为真何为假的负担中解放出来,然后将她从一个信念(对一种关于'什么是善'的观点所持有的信念)中解放出来",免除对任何实践目标的紧张追求,从而摆脱困扰,达到心神安宁。③

这是怀疑论在治疗灵魂疾病时的大致观点,当然对它的批评亦是很尖锐的,最直接的批评是,怀疑论虽然否定信念本身,但是悬搁一切判断的目的还不是为了摆脱困扰或者获得心神安宁,那么此目的难道不是怀疑论的承诺? 因此,怀疑论真的能做到它所许诺的消除任何信念,避免一切承诺吗? 怀疑论者对此的回应是:心神安宁只是作为一个意外的结果偶然出现的,而非出自某个非教条的动机并遵循某个过程的结果,因而无须把任何承诺赋予它。④

这一回应是否有理,不是本文关注的重点,与本文相关的是,怀疑论这种高高挂起的态度所导致的后果,第一个后果是理性比在伊壁鸠鲁那里更具有工具性的特征,怀疑论者有一个泻药的比喻,泻药不仅从身体里清除体液,也将自身与坏的体液一道排出,此处的泻药相当于理性论证的过程,一旦论证结束,理性也随即退出舞台,这种对理性的工具性运用比伊壁鸠鲁学派更加彻底。第二个后果在于,人会变成一种无动于衷的超然的存在,还是以妮基狄昂说事,"妮基狄昂最终会缺乏一切按照标准来说的情感,也就是说,所有基

① [美]玛莎·努斯鲍姆:《欲望的治疗:希腊化时期的伦理理论与实践》,徐向东,陈玮译,北京:北京大学出版社,2018年,第290页。
② 同上书,第296页。
③ 同上书,第302页。
④ 同上书,第306页。

于信念的意愿态度,所有诸如愤怒、恐惧、妒忌、悲伤、羡慕、热烈的爱之类的态度。之所以如此,是因为它们都立足于信念(怀疑论者及其对手都同意这一点);她将没有任何信念"。① 这种孑然一身、孤家寡人的生活恐怕不是妮基狄昂所向往的。在努斯鲍姆看来,这种生活也是对人类本性的违背,因为"人类本性的一个显著特征就是要成为一个社会存在者,成为其他人当中的一员,能够形成对其他人的稳固承诺"②,于是,不甘心如此的妮基狄昂来到了廊下学园(the Stoa)。

四、

到了廊下学园的妮基狄昂,首先不需要像在亚里士多德的吕克昂学园中那样乔装打扮;也不需要像在伊壁鸠鲁学派中那样有时候需要用消极的信任去接受导师的教条学说;更不需要像在怀疑论者那里那样,最终放弃对理性的承诺,放弃用思想来掌控生活。斯多亚学派最大的特点在于对每一个人的尊重以及对理性的尊重,他们认为,所有人都有着类似的起源,那就是都来神,既然所有人都来自神,那么他们身上就都有神性,他们都是平等的,因而,每一个人都是值得尊重的。斯多亚学派后来提出的"世界公民"思想,其核心之点就是强调对全人类的敬畏;而"人和神之间有一种由理性淬炼出来的亲密关系"③,每一个人都分享神性,每一个人都值得尊重,由此每一个人所具有的理性亦值得尊重。

基于上述理解,在斯多亚学派这里,哲学课程是"一门以理性的自我管理和普遍公民身份的思想为基础的课程"。④ 哲学教育的最终结果是要让学生振作精神,自作主张,不再需要一位权威的教师,学生本人就是教师。"这种哲学教导因此就会产生这样一个结果:心灵本身就能将自身带到自己的法庭面前,去接受自主的、秘密的、自由的审判。"⑤也就是抛弃在伊壁鸠鲁学派中那样的对教师的顺从,学会教育自身,学会自己判断。

当然,斯多亚学派对哲学的基本看法依然遵循希腊化时期对哲学的基本看法,即哲学是医治灵魂的医术,而对灵魂的医治是通过改变错误的信念。但斯多亚主义学派对灵魂的医治提出了更加细致深入的方法。他们认为他们的哲学教育需要借助具体事例、运用例证,因为只有这样一种高度个人的、活泼泼的方式才能吸引一个特定的灵魂,也因此才

---

① [美]玛莎·努斯鲍姆:《欲望的治疗:希腊化时期的伦理理论与实践》,徐向东,陈玮译,北京:北京大学出版社,2018 年,第 320 页。
② 同上书,第 322 页。
③ 同上书,第 363 页。
④ 同上书,第 326 页。
⑤ 同上书,第 349 页。

能改变这个特定灵魂的错误信念。"斯多亚学派的治疗认为,除非借助具体事例,否则你不可能促使学生去批评更加抽象或一般的信念。"①这意味着,在斯多亚学派的教学中,叙事和范例具有重要作用,而这与他们归于具体性的那种重要性发生了密切联系。

"总的来说,妮基狄昂在斯多亚学派这里接受的训练,正如她在希腊化时期其他学派那里得到的训练一样,并不仅仅是学术教导,同时也是一种用推理来管理的生活方式。与民间宗教所提供的生活相比,这是一种决心从事论证的生活,其神灵是内心之中的神灵。与怀疑论的生活相比,这种生活是积极的、警觉的、批判性的,并对真理有所承诺。与伊壁鸠鲁主义的生活相比,这种生活对任何外在权威都有所怀疑,只敬畏推理本身;它在理性方面是平等主义的和普遍主义的,致力于在自我当中、在整个世界中培养合理性。"②看起来,这是一种十分理想的生活方式。

但是,在斯多亚学派这里,尊重理性隐含着对激情的根除。"斯多亚主义者宣称(不管成功与否),对理性的自我决定的承诺,若恰当地理解,实际上要求根除激情。"③在斯多亚学派那里,激情或情感是对外在事物的一种评价和判断,换言之,是包含信念在内的。但他们却认为这是一种错误的信念,"激情是各种形式的错误判断或错误信念"④,因为那些外在事物,包括健康、财富、荣誉等这些"外在善"以及政治权利、友情等这些"关系性的善",都是行动者无法完全控制的、能够被偶然事件所切断或妨碍的东西,都不具有内在的价值,只有美德才具有真正的价值,"按照斯多亚主义,唯有美德才因其自身而值得选择;美德本身就足以满足一个完全好的人类生活即幸福(eudaimonia)的需要"。⑤ 也就是说,妮基狄昂如果待在廊下学园接受斯多亚学派的教育,她会成为一个重视自己的理性,具有反思精神的人,但她也必须得时时监视自己,监视自己的情感,一旦有情感冒头,必须立马加以根除,因为它们对美德的形成不仅没有助益,甚至是有害的。但是,对情感的这样一种看法,其实是违背大多数普通人的常识的,或者说是违反人性的,对妮基狄昂而言亦是如此。

对于妮基狄昂来说,待在廊下学园接受斯多亚学派的哲学教育可能产生两种结果,一种是斯多亚学派所承诺的,妮基狄昂从悬而未决和兴高采烈转变到稳固的自我专注,从惊

① [美]玛莎·努斯鲍姆:《欲望的治疗:希腊化时期的伦理理论与实践》,徐向东,陈玮译,北京:北京大学出版社,2018 年,第 346 页。
② 同上书,第 361 页。
③ 同上书,第 366 页。
④ 同上书,第 375 页。
⑤ 同上书,第 367 页。

异和自发性转变到慎重警觉,从对分离的、外在事物的好奇转变到对自身安全的考虑,用塞涅卡在性方面的隐喻来说,就是从热烈的交欢、生育和养育转变为单性繁殖,然后把受孕的孩子永远保留在子宫中。① 昔勒尼曾说,人世间最美好的东西是"不要出生",用在这里有异曲同工之妙,不出生就不会发生任何事情,那就能保证绝对安全。而还有一种可能的结果是:妮基狄昂虽然愿意成为一个能够自我主张的理性之人,但同时又担心失去好奇心和自发性,失去自己与其他人之间最深的联系。这也是努斯鲍姆提出的疑问:"一个人能够生活在斯多亚主义者用这种方式来理解的理性王国中,同时又是一个好奇、悲伤和爱的存在者吗?"②显然几乎是不可能的,看来妮基狄昂是要活到老,探究到老,斯多亚学派并未给她带来她希望过上的好生活。

五、

行文至此,我们对希腊化时期三大学派关于哲学治疗的思想有了较清晰的了解。三大学派的共同点都是通过哲学教育对欲望的治疗达到心神安宁,大致的思路都是对外在事物的摒弃(尽管程度有所不同),这不得不让我们重新回到亚里士多德,通过与亚里士多德的比较,来更深地理解他们的思想。

对情感的判断,对情感的本质的认识,亚里士多德在总体上与希腊化时期的思想家是一致的,那就是"情感不是盲目的动物性力量,而是人格当中具有理解力和辨别力的部分"③,也就是说,情感具有认知的维度,与信念密切相关,或者说,信念是情感的一个必要条件。这一观点,是医学治疗的基础,对灵魂的治疗就是修正信念,修正信念即修正情感、修正欲望,即哲学的治疗成功! 希腊化时期的思想家在这一点上是继承亚里士多德的,这一点可以表述为:"在一种描述的意义上,所有情感在某种程度上都是'理性的'——它们都是认知的、立足于信念。"④

但是对于情感的作用,或者说在规范的意义上,亚里士多德却与希腊化时期的思想家有截然相反的认识。亚里士多德认为,情感在好的人类生活中具有重要的意义,它在合乎美德的能动性中具有价值并且是其重要的组成部分。因而,对于妮基狄昂这样一个情感充沛的人,亚里士多德的教育是如何培养合适的情感,而不是像希腊化时期的思想家那

---

① [美]玛莎·努斯鲍姆:《欲望的治疗:希腊化时期的伦理理论与实践》,徐向东,陈玮译,北京:北京大学出版社,2018年,第409页。
② 同上书,第366页。
③ 同上书,第78页。
④ 同上书,第81页。

样,将情感看作是不可辩护的错误判断,所以是必须加以清除的。而亚里士多德对情感的这一判断,源于他认为人并不是自足的,他需要有外在于行动者的世界中的某些东西,比如城邦生活、朋友等,而这些东西都是行动者自己不能充分控制的,比如爱,是对另一个分离的生命的一种深刻依恋,比如怜悯和恐惧,是对某些受到重视的东西遭到损毁时产生的感受,这意味着,"情感所依据的信念在如下意义上是密切相连的:对世界上不受控制的人和事的任何深刻承诺,在环境发生了恰当变化的情况下,都可以为任何乃至一切的情感提供基础"。① 也就是说,在亚里士多德那里,立足于一系列关于外部事物之价值的信念的情感在好的人类生活中具有重要价值,因而,在亚里士多德看来,"对一个朋友的死亡感到悲伤是对的,因为那是在承认这段关系和这个人的重要性";"好人并不是一个毫无恐惧的人,而是这样一个人:他会有适当的而非不适当的恐惧,而且不会因为有了这种恐惧就不去做必须做的事以及高贵之举"②,诸如此类。当然,情感并非总是正确的,因而对情感充沛的妮基狄昂而言,需要做的并不是祛除情感,而是如何通过教育培养合适的情感,"在经过教育后,情感不仅作为动机力量而对美德的行动来说是本质的,同样也对真理和价值有所认识,因而是美德的能动性的构成要素"。③ 总之,对于亚里士多德而言,人并非是自足的,他必须生活在城邦之中,必须依赖于某些外在的善及关系性的善,这又回到了我们前面的论题,对于亚里士多德而言,哲学教育的目的不仅仅是追求个人的繁盛生活,也是为其他人追求繁盛生活,而其他人的繁盛生活由亚里士多德的学生比如妮基狄昂通过政治安排加以设计。

顺着这个思路,我们知道,在亚里士多德这里,政治规划是十分重要的。"亚里士多德坚持认为某些'外在善'对于幸福是必要的,因此就转向那种让世界来适应人类需要的政治规划;相比之下,希腊化时期的思想家要求人调整自己的目的来适应世界的不确定和不公正。"④换言之,"当学生的需要令其依赖于一个并不总是满足于那些需要的世界"时,希腊化时期的思想家是"通过改变需要来迎合世界",反之,亚里士多德则是"通过改变世界来满足人的需要"。⑤ 当然,这只是一种大体的、倾向性的说法,我们可以把它们归纳为:对于这个世界而言,为了过上好生活,到底是改变需要迎合世界还是改变世界满足需要?

---

① [美]玛莎•努斯鲍姆:《欲望的治疗:希腊化时期的伦理理论与实践》,徐向东,陈玮译,北京:北京大学出版社,2018年,第92页。
② 同上书,第94-95页。
③ 同上书,第96页。
④ 同上书,第516页。
⑤ 同上书,第515页。

用哲学的话来说,为了过上好生活,是改变人性更重要,还是制度建设更重要?

　　这是一个开放性的问题,但也是一个值得思考的问题。对于希腊化时期的思想家而言,他们看到财富、权力和奢华的竞争支配着这个社会,社会上的人们如此热衷于追求这些东西,以至于各种对抗、斗争、分崩离析乃至于残忍的行为都由此而产生,人们舍本逐末,仿佛那些外在的善具有内在的价值。希腊化时期的思想家用自己的理论告诉人们:"财富、权力和奢华之类的东西没有内在价值,只是纯粹的工具。"①因而,为了社会的和睦,人们可以舍弃这些东西,希腊化时期的哲学就是教导人们如何来舍弃这些外在事物,通过欲望的治疗,改变自己的需要,从而让自己心神安宁,住在由自身的美德构成的坚固大厦中,成为似神的存在。我们看到,希腊化时期的思想家的出发点亦是为了改变世界,只是最终走到了治疗欲望和改变需要的路上去了。努斯鲍姆指出,"希腊化时期的思想家都承认,人是由他们所生活的制度条件和物质条件来塑造的。事实上,正是制度对欲望和功能的扭曲影响成了他们的起点。然而(这是核心的困难),他们似乎把逐一生产完美的人视为己任,就好像在不深刻改变物质条件和制度条件的情况下,可以把完美的人生产出来"。"实际情况是,他们自己对欲望和偏好的扭曲思考自然地走向要求哲学与政治结为伙伴的方向:因为唯有与在外部世界中做出的努力相结合,思想和欲望的生活才能在这种结合中以任何一种有意义的方式真正发生转变。"②

　　也正是在这个意义上,努斯鲍姆认为亚里士多德为政治确立了正确方向,因为亚里士多德注重外在善和关系性的善对于人过一种欣欣向荣的好生活的重要性,因而明白物质上和制度上的保障的重要性。当然,努斯鲍姆也从希腊化时期的思想家那里吸收了资源,她指出,希腊化时期特有的一种从个人心理入手的探讨可以为政治提供资源,"政治就不仅仅在于对平常物品和职位进行分配。政治也涉及整个灵魂,涉及它的爱、恐惧和愤怒,涉及它的性别关系和性欲,涉及它对财物、孩子和家庭的态度"。③ 因此,对于努斯鲍姆而言,改变需要和改变世界同样重要,最好的政治就是改变人性和制度建设同时进行,人性的改变有利于制度的实施,制度建设有利于人性的培养。这种相互作用、互为因果的关系,用黑格尔的观点来看,是实证研究中所能达到的最高境界。虽然黑格尔认为相互作用范畴的应用还只是"站在概念的门口",还未进入概念,但那是本体论所要讨论的问题,并

① [美]玛莎·努斯鲍姆:《欲望的治疗:希腊化时期的伦理理论与实践》,徐向东,陈玮译,北京:北京大学出版社,2018年,第514页。
② 同上书,第519页。
③ 同上书,第517页。

非本文的关注。

这也就可以从某种角度解释,为什么在生活中我们看到的一个个的个体其实都是有道德感的人,但是整个社会的道德状况却令人堪忧,那是因为制度建设没有跟上,从而无法保证有道德之人所做之事得到公正的对待;而有些制度看着挺完美,却往往无法推行下去,那是因为没有适合实施这些制度的人性。事实上,创设新制度和改变人性这两者之间的关系,一直以来是政治哲学领域关注的问题,在文明发生危机的时刻,更是全社会关注的问题。从写文章的角度,可以很容易地得出两者都很重要,两者都需要抓,这也是这篇文章最后得出的结论。但是,理论是灰色的,生命之树常青,这个问题在实践领域将会是常实践常新的问题,也是值得我们不断思考的问题。

Alter Needs or Alter the World?
——On Nussbaum's *The Therapy of Desire*

YE Xiaolu

【Abstract】 This article sorts out the Epicurean School, the Skepticism and the Stoic School's basic views on philosophy during the Hellenistic period, all of which consider philosophy as the treatment of diseases caused by false beliefs, comparing philosophy to medicine for the treatment of soul diseases. The Epicurean School removes empty desires for therapeutic purposes by changing false beliefs, while the Skepticism treats the disease of the soul by negating the belief itself and the Stoic School achieves peace of mind by extirpating the passions. By comparison with Aristotle, Nussbaum points out that the thinkers of the Hellenistic period alter needs to meet the world, while Aristotle alters the world to meet human needs. Nussbaum believes that altering needs and altering the world are both important and the intention of the former is to change human nature while the latter is for system construction. The best politics is to change human nature and construct system simultaneously. The change of human nature is helpful for the implementation of the system, and the system construction is helpful for the cultivation of human nature.

【Keywords】 Aristotle, Epicurean School, Skepticism, Stoic School, Philosophy, Beliefs, Emotions, Passions

图书在版编目（CIP）数据

美德伦理新探 / 邓安庆主编. — 上海:上海教育出版社, 2019.11
（伦理学术）
ISBN 978-7-5444-9632-2

Ⅰ.①美… Ⅱ.①邓… Ⅲ.①伦理学－研究 Ⅳ.①B82

中国版本图书馆CIP数据核字(2019)第277682号

策　　划　王泓赓
封面题词　陈社旻
责任编辑　戴燕玲
助理编辑　张　娅
封面设计　周　亚

美德伦理新探
邓安庆　主编

出版发行　上海教育出版社有限公司
官　　网　www.seph.com.cn
地　　址　上海市永福路123号
邮　　编　200031
印　　刷　上海叶大印务发展有限公司
开　　本　787×1092　1/16　印张 20.75
字　　数　379 千字
版　　次　2019年12月第1版
印　　次　2019年12月第1次印刷
书　　号　ISBN 978-7-5444-9632-2/B·0171
定　　价　68.00 元

如发现质量问题，读者可向本社调换　电话:021-64377165